PALAVRAS, ATOS E JULGADOS
DE UM CONSELHEIRO DE CONTAS

DURVAL ÂNGELO ANDRADE

Prefácio
Cármen Lúcia Antunes Rocha

Posfácio
Mauri José Torres Duarte

PALAVRAS, ATOS E JULGADOS DE UM CONSELHEIRO DE CONTAS

1ª reimpressão

Belo Horizonte

FÓRUM
CONHECIMENTO JURÍDICO
2022

© 2022 Editora Fórum Ltda.
2022 1ª Reimpressão

É proibida a reprodução total ou parcial desta obra, por qualquer meio eletrônico, inclusive por processos xerográficos, sem autorização expressa do Editor.

Conselho Editorial

Adilson Abreu Dallari
Alécia Paolucci Nogueira Bicalho
Alexandre Coutinho Pagliarini
André Ramos Tavares
Carlos Ayres Britto
Carlos Mário da Silva Velloso
Cármen Lúcia Antunes Rocha
Cesar Augusto Guimarães Pereira
Clovis Beznos
Cristiana Fortini
Dinorá Adelaide Musetti Grotti
Diogo de Figueiredo Moreira Neto (*in memoriam*)
Egon Bockmann Moreira
Emerson Gabardo
Fabrício Motta
Fernando Rossi
Flávio Henrique Unes Pereira

Floriano de Azevedo Marques Neto
Gustavo Justino de Oliveira
Inês Virgínia Prado Soares
Jorge Ulisses Jacoby Fernandes
Juarez Freitas
Luciano Ferraz
Lúcio Delfino
Marcia Carla Pereira Ribeiro
Márcio Cammarosano
Marcos Ehrhardt Jr.
Maria Sylvia Zanella Di Pietro
Ney José de Freitas
Oswaldo Othon de Pontes Saraiva Filho
Paulo Modesto
Romeu Felipe Bacellar Filho
Sérgio Guerra
Walber de Moura Agra

FÓRUM
CONHECIMENTO JURÍDICO

Luís Cláudio Rodrigues Ferreira
Presidente e Editor

Coordenação editorial: Leonardo Eustáquio Siqueira Araújo
Aline Sobreira de Oliveira

Rua Paulo Ribeiro Bastos, 211 – Jardim Atlântico – CEP 31710-430
Belo Horizonte – Minas Gerais – Tel.: (31) 2121.4900
www.editoraforum.com.br – editoraforum@editoraforum.com.br

Técnica. Empenho. Zelo. Esses foram alguns dos cuidados aplicados na edição desta obra. No entanto, podem ocorrer erros de impressão, digitação ou mesmo restar alguma dúvida conceitual. Caso se constate algo assim, solicitamos a gentileza de nos comunicar através do *e-mail* editorial@editoraforum.com.br para que possamos esclarecer, no que couber. A sua contribuição é muito importante para mantermos a excelência editorial. A Editora Fórum agradece a sua contribuição.

Dados Internacionais de Catalogação na Publicação (CIP) de acordo com ISBD

A553p	Andrade, Durval Ângelo
	Palavras, atos e julgados de um conselheiro de contas / Durval Ângelo Andrade. 1. Reimpressão.- Belo Horizonte : Fórum, 2022.
	352 p. ; 14,5cm x 21,5cm.
	ISBN: 978-65-5518-322-1
	1. Direito. 2. Direito Público. 3. Direito administrativo. 4. Direito constitucional. 5. Direito Tributário. I. Título.
2021-4755	
	CDD 341
	CDU 342

Elaborado por Vagner Rodolfo da Silva - CRB-8/9410

Informação bibliográfica deste livro, conforme a NBR 6023:2018 da Associação Brasileira de Normas Técnicas (ABNT):

ANDRADE, Durval Ângelo. *Palavras, atos e julgados de um conselheiro de contas.* 1. Reimpr. Belo Horizonte: Fórum, 2022. 352 p. ISBN 978-65-5518-322-1.

Vivemos no Brasil um momento de grande ataque ao serviço público e, particularmente, ao funcionalismo, em função das políticas "ultraneoliberais", voltadas à implantação do Estado Mínimo. Se, por um lado, os tempos de pandemia evidenciaram a importância das políticas públicas e da presença do Estado — em especial, do SUS — na garantia de serviços básicos à população, por outro, temos pela frente um longo caminho de resistência, contra o desmonte do serviço público e pela valorização de seus trabalhadores, enquanto "peças" essenciais ao funcionamento do país.

É neste contexto que, como uma questão de justiça, reconhecimento e coerência, dedico este livro a toda a equipe do meu gabinete no Tribunal de Contas do Estado de Minas Gerais. Com sua dedicação e competência, eles comprovam a singularidade e a importância dos servidores públicos nas tarefas de Estado.

Meus sinceros agradecimentos

A Adriana do Carmo, jornalista, professora e mestre em Comunicação Social, por sua contribuição na organização da obra, redação e revisão dos textos.

Aos servidores do meu gabinete Ana Carolina Fernandes Bernardes, mestranda em Direito Político; e Gustavo Vidigal Costa, mestre e doutorando em Direito Público, em processo de defesa de tese, pela contribuição na elaboração e revisão dos aspectos jurídicos do livro.

À Ministra do Supremo Tribunal Federal, Cármen Lúcia Antunes Rocha, por nos honrar com o prefácio desta obra.

Ao Conselheiro do Tribunal de Contas de Minas Gerais Mauri Torres, pela amizade, parceria e contribuição neste trabalho.

À Editora Fórum, na pessoa de seu presidente e editor, Luís Cláudio Rodrigues Ferreira, pela confiança na publicação de mais este trabalho.

A vida é curta,
a arte é longa,
a oportunidade é fugaz,
a experiência enganosa,
o julgamento difícil.[1]
(Hipócrates)

---

[1] Traduzido do latim: *Vita brevis./ ars longa,/ occasio praeceps,/ experimentum periculosum,/ iudicium difficile.* Hippocrates. «Aphorismi». *In*: LITTRÉ, Emile. *Oeuvres complètes d'Hippocrate.* [S.l.]: Hakkert.

SUMÁRIO

PREFÁCIO
Cármen Lúcia Antunes Rocha...13

APRESENTAÇÃO...19

CAPÍTULO I
A PRESCRIÇÃO E A GARANTIA DA SEGURANÇA JURÍDICA
E DA AMPLA DEFESA...27
REPRESENTAÇÃO Nº 959.076...33

CAPÍTULO II
OPERAÇÕES NO MERCADO FINANCEIRO E A ATUAÇÃO
DOS TRIBUNAIS DE CONTAS CONTRA DANOS AO ERÁRIO......71
REPRESENTAÇÃO Nº 1.024.572...81

CAPÍTULO III
INCIDENTE DE INCONSTITUCIONALIDADE E A
INDEPENDÊNCIA DOS TRIBUNAIS DE CONTAS.............................141
INCIDENTE DE INCONSTITUCIONALIDADE Nº 898.492..............147

CAPÍTULO IV
FUNÇÃO EDUCATIVA DOS TRIBUNAIS DE CONTAS E O NOVO
FOCO DA PRESTAÇÃO DE CONTAS DO TERCEIRO SETOR –
O CASO DAS APACS DE MINAS GERAIS...181
PROCESSO Nº 1.092.340 – DENÚNCIA...187

CAPÍTULO V
EMPRESA PÚBLICA, TERCEIRIZAÇÃO E A "FORÇA
NORMATIVA DOS FATOS"..203
REPRESENTAÇÃO Nº 1.047.886...211

CAPÍTULO VI
SOBRE A ABRANGÊNCIA DA SANÇÃO NO IMPEDIMENTO
DE LICITAR..257
PROCESSO Nº 108.894 – CONSULTA 263

CAPÍTULO VII
MAIS DO QUE FISCALIZADORES, TRIBUNAIS DE CONTAS
SÃO ALIADOS NA EXECUÇÃO DAS POLÍTICAS PÚBLICAS........277
AUDITORIA OPERACIONAL Nº 1.054.302 285

CAPÍTULO VIII
INEXIGIBILIDADE DE LICITAÇÃO, SINGULARIDADE
DO OBJETO E O FOCO NO INTERESSE PÚBLICO............................305
REPRESENTAÇÃO Nº 1.058.875...313

CAPÍTULO IX
LIDERAR PELO EXEMPLO – O COMBATE E A PREVENÇÃO
AOS ASSÉDIOS MORAL E SEXUAL NOS TRIBUNAIS
DE CONTAS..333

CARTILHA DE CONSCIENTIZAÇÃO E COMBATE AO
ASSÉDIO MORAL E SEXUAL NOS TRIBUNAIS DE CONTAS........339

POSFÁCIO
Mauri José Torres Duarte 351

PREFÁCIO

O cidadão que desempenha suas atividades no espaço estatal tem compromissos específicos e diferentes daqueles assumidos pelos que optam por se manter no setor de atividades particulares. Esses não deixam de se comprometer e de tantas vezes pensar e cuidar do seu irmão mais carente. Mas o interesse público, para aqueles que fazem a escolha por palmilhar essa segunda senda, é secundário em relação ao interesse particular. Diferente disso, o cidadão que escolhe cumprir sua vocação de servir ao público assume responsabilidade de natureza diversa. Pensa no outro para, no seu desempenho, oferecer sua parcela de contribuição para realizar o bem ser de todos. Cumprir o interesse próprio é secundário em relação a seus deveres, que são primários.

Ocupar cargo público é uma responsabilidade cívica, pelo que deveria ser precedida de questionamento específico sobre a vocação para tanto. O figurino social e administrativo adotado não pergunta a vocação do candidato ao cargo público. Para grande parte das funções estatais, o que se indaga, previamente ao ingresso no serviço público, é o conhecimento técnico de cada setor no qual se entra a trabalhar.

A vocação indica o talento de cada pessoa. E nenhum *curriculum* substitui o talento. Até porque o talento impõe um atuar da pessoa. O conhecimento apenas direciona e dita como atuar.

Durval Ângelo tem vocação para servir ao público. Mostra-o seu absoluto e permanente empenho em cumprir seu pendor sem mostrar cansaço ou descaso com o outro. Seu talento pode ser comprovado em seu exercício como professor, como deputado estadual, como Presidente da Comissão de Direitos Humanos da Assembleia Legislativa de Minas Gerais ou como membro da Comissão de Ética pública estadual. Qualquer dos cargos de alto relevo por ele ocupado deixa o rastro de seu comportamento, que não se afasta nem altera no modo de levar a efeito seus compromissos democráticos e sua vinculação aos valores nos quais acredita.

Deputado eleito reiteradas vezes, sabe dessa sua elevada condição humana o eleitor, cidadão que necessita da nobre atividade política a se realizar na ágora republicana. Durval indigna-se pelas iniquidades sem perder a capacidade de persistir em sua crença no ser humano e põe-se sempre ao lado dos que mais precisam da sociedade e do Estado. Suas lutas pela democracia são sempre as mesmas em cada arena na qual atue. Essas lutas traduzem o objetivo do democrata de fazer realidade o princípio da dignidade humana pelo exercício da fraternidade. Olhar voltado sempre ao mais necessitado, ação compadecida com o princípio constitucional da existência digna, Durval Ângelo expressa a capacidade de ser com o outro. Presidente da Comissão de Direitos Humanos da Assembleia Legislativa de Minas Gerais ou Conselheiro do Tribunal de Contas do Estado, mostra-o o seu desempenho atento aos princípios decorrentes do viver solidário.

A escolha que sobre ele recaiu para o cargo que agora ocupa, Conselheiro do Tribunal de Contas do Estado de Minas Gerais, ele mesmo adverte em sua obra, poderia parecer aos desavisados uma mudança de rota. Bem diferente disso, é a manutenção do mesmo rumo em direção ao servir ao público com o agudo sentido de quem assunta a queixa humana e propõe-se a ajudar, no seu ofício, para o atendimento da necessidade e a superação do quadro de carência. E ela é tão grande no quadro brasileiro! Há tanto a fazer!

Por isso, a presença de Durval Ângelo no Tribunal de Contas do Estado de Minas Gerais tem especial relevo para o cumprimento das funções deste órgão.

O histórico do Tribunal de Contas no Brasil mostra a inegável importância desse órgão para a maturação das instituições republicanas. Atua ele, de forma específica e objetiva, na construção de um Estado no qual precisam ser desempenhadas atividades de controle dos gastos públicos e de fiscalização da administração da coisa pública. Órgão que integra o quadro institucional desde a formação estatal brasileira, data dos primeiros momentos da República recém-proclamada (foi iniciativa do Ministro da Fazenda do Governo Provisório, Ruy Barbosa, instituir o órgão de contas que, pelo Decreto nº 966-A, de 7 de novembro de 1890, o criou). A necessidade de sua instituição foi sempre realçada por Ruy Barbosa. Ele atribuía a essa Casa as características de autonomia, a função de vigilância e a natureza de competência estatal entre jurisdicional e administrativa. Sua importância na República não é posta em questão.

De Ruy Barbosa a Seabra Fagundes, os grandes juristas brasileiros anotaram, sempre, a imprescindibilidade do Tribunal de Contas para a efetivação da publicidade dos atos estatais e para o controle das atividades administrativas, a ser exercido por órgão autônomo e imparcial.

Sem publicidade não há Democracia e sem controle não há Estado de Direito.

Desde sua criação, o Tribunal de Contas foi tido como o órgão que propicia ao cidadão certificar-se da necessária fiscalização dos gastos e da eficiência das políticas públicas para o atendimento das demandas dos cidadãos, especialmente quanto aos serviços públicos essenciais de saúde, educação, saneamento básico, segurança pública, dentre outros.

Se, em seus primórdios, o Tribunal de Contas recebeu atribuição de "vigilância", exercendo funções fiscalizadoras e de julgamento de contas dos agentes públicos, exercício que foi, inicialmente, mais formal que material, a complexidade do Estado contemporâneo, a necessidade de se controlar, de forma eficaz, procedimentos administrativos conduziu ao crescimento das competências conferidas, constitucionalmente, àquele órgão. E essas competências também reforçaram a necessidade de respeito à autonomia do Tribunal de Contas. Paralelamente, cresceu também a responsabilidade dos Conselheiros e Ministros que compõem aqueles órgãos, pela multiplicidade de temas, pela interdisciplinaridade das matérias cuidadas, pela profundidade e tecnicidade das questões levadas à solução pelo Tribunal de Contas.

No Brasil, a Constituição de 1988 introduziu, pela primeira vez, no sistema jurídico fundamental capítulo especificamente dedicado à Administração Pública. E ali expressou princípios a serem obedecidos pelos Poderes da República, além dos que decorrem do regime e da opção pelos direitos humanos.

Os princípios da legalidade e da moralidade estão na base da democracia. O cidadão não confia em agente estatal que faz do voluntarismo o seu norte (ou a sua falta de rumo), nem em governo descomprometido com a ética pública. Todo cidadão tem o direito ao governo honesto. Que honestidade não é qualidade, é dever humano de um para com o outro cidadão. Máxime, em se cuidando da coisa pública: pois o administrar republicano é atividade de quem cuida da res alheia. Por isso ao titular do direito, que é o povo, deve prestar contas.

Mas não basta que a Constituição da República exija o cumprimento dos princípios jurídicos acolhidos. Há de se ter o controle jurisdicional e administrativo do proceder do agente público para a certeza do cidadão de que o direito impõe deveres de que não se pode afastar o Estado nem os seus agentes.

A Constituição do Brasil de 1988 passou a expressar também o princípio da impessoalidade. Não sem tempo, constitucionalizou-se a imposição de igualdade dos cidadãos, sem preferências nem preconceitos. O nepotismo dominou, tristemente, a história (não) republicana brasileira. Não basta o título de República para que ela se realize. Fosse a sua inscrição no texto constitucional suficiente e efetivado estaria o princípio da igualdade dos cidadãos, base da República e fundamento da democracia. E a história brasileira mostra que os descaminhos da desigualdade e dos privilégios prosperou tempo demais.

Também se patenteou, no texto constitucional de 1988, o princípio da publicidade, contido no nome mesmo adotado para o Estado brasileiro, que é "República Federativa". *Res publica*: nem precisaria, em tese, ter explicitado o princípio da publicidade. Mas as sombras circundaram práticas estatais e a corrupção ocupou espaços subalternos e obscuros a exigir luz e certeza para o controle pelo cidadão e por seus órgãos de representação estatal.

Em 1998, pela Emenda Constitucional nº 19, introduziu-se no sistema constitucional o princípio da eficiência. Não se pode gastar muito e, mais grave ainda, gastar mal o que há de se voltar para o atendimento das carências dos cidadãos. Há que se gastar o necessário para suprir as demandas sociais e dos que mais precisam do Estado. Há que se despender os recursos com eficiência e atingir-se a finalidade pública que obriga o agente estatal. Sem escola, sem atendimento aos cuidados com a saúde, sem cuidado com o meio ambiente, sem garantia de segurança pública, não há como se afirmar observados os princípios da dignidade humana (inc. III do art. 1º da Constituição), da existência digna (art. 170), da cidadania (inc. II do art. 1º). E, principalmente, não há de se esperar que o cidadão confie no Estado. E sem confiança não há tranquilidade na sociedade.

Não se há de perder de vista, por igual, o disposto no art. 3º da Constituição do Brasil. Nele se impõe o agir estatal no sentido de dar cobro ao que é estabelecido como objetivos da República, pelo que a adoção de políticas públicas que possam levar ao descumprimento daquelas finalidades há de ser tida por inconstitucional. Políticas que gerem maior nível de pobreza, o aumento das desigualdades sociais e regionais, o aumento do preconceito entre os cidadãos, são ilegítimas politicamente e inválidas juridicamente.

O papel do Tribunal de Contas na República foi, assim, encarecido na Constituição do Brasil de 1988 como sequência lógica no sistema da adoção do constitucionalismo de princípios a serem acatados pelos agentes, órgãos e entidades públicas. E alça-se a fator determinante da assunção das novas e mais extensas e complexas funções deste órgão de contas a atuação do Conselheiro.

Desse desempenho necessário e inovador dá notícia, nesta obra que agora vem a público, o Conselheiro e homem público, por excelência, Durval Ângelo.

Os temas de relevo nos julgamentos levados a efeito e expostos na presente obra esclarecem os princípios norteadores a que se vincula o Tribunal de Contas e sua primazia na atuação do Conselheiro Durval Ângelo. Sempre atento à fonte constitucional desta instituição, ao direito do cidadão à ampla defesa e ao contraditório, à atenção ao princípio da segurança jurídica, à responsabilidade com os casos de assédio, sua compreensão é objetiva e clara do que adota como legítimo em face do direito vigente e é defendido em seus trabalhos e votos com argumentos técnicos, administrativos, sempre com base no direito vigente. Assim, independentemente de entendimento diferente que se possa adotar sobre os temas apresentados (e o direito tem na pluralidade das interpretações de normas a sua riqueza e possiblidade de seu crescimento e atualidade permanentes), o posicionamento seguro e transparente que se mostra na obra afirma, uma vez mais, a vocação cívica e o compromisso humanístico do autor, cujo traço marcante expõe a característica humana de um cidadão firme em suas convicções, diligente em suas ações e exemplar como agente público.

Os problemas da atualidade não são pequenos nem de solução singela. No espaço público estatal mais ainda. A sociedade ficou mais complexa, os problemas são novos e as soluções são velhas. A leitura da obra que agora vem a lume, com a conclusão de cada tema exposta de forma séria e encadeada, poderia até deixar a ilusão de que as questões postas a exame do Tribunal de Contas e julgadas pelo Conselheiro Durval são descomplicadas. Não são. O que sobrepaira é o talento de um homem público de coragem e empenho para o enfrentamento de questões tormentosas, apreciadas com densidade e compromisso e conjugadas com os valores maiores do humanismo e com a firmeza de uma responsabilidade que não esmorece.

Durval Ângelo cumpre papel de agente estatal apegado a princípios e procedimentos, o que já demonstraria sua especial qualidade. Mas, para além disso, mostra-se ele exemplo de um ser humano que faz de suas convicções a bússola a dar uma direção a seus atos e julgados, mantendo-se vinculado ao ser humano, suas chagas e suas alegrias. E a humanidade é assunto sério, de que não se descuida o homem de bem. Esta obra é o testemunho de Durval Ângelo de que suas palavras são expressões dos atos que compõem o seu agir no espaço público com compromisso e responsabilidade.

Brasília, 1º de dezembro de 2021.

Cármen Lúcia Antunes Rocha
Ministra do Supremo Tribunal Federal.

APRESENTAÇÃO

*Eu sou eu e minha circunstância, e se não
salvo a ela, não me salvo a mim.*

(José Ortega y Gasset)[1]

Em *Meditaciones del Quijote*, publicado em 2014, o filósofo e pensador espanhol apresenta na frase citada a "espinha dorsal" da sua filosofia humanista. Axioma que também expressa a síntese filosófica mais marcante do século XX e que se tornou um paradigma para a compreensão de um tempo de grandes contradições e revoluções; de uma época determinante para a humanidade. Um século de guerras, emoldurado em sangue; com esforços de paz, guerras silenciosas e frias; com cortinas de ferro e muros de vergonha; com fascismo e intolerância. Mas, sobretudo, um século em que ecoou um grito de esperança das massas sobrantes do processo de exclusão econômica que brotou das periferias deserdadas da Terra.

Nesse cenário, a nova identidade constitutiva do ser humano, do homem e da mulher do século XX, é o "ser eu" (ser ele mesmo); ser a sua individualidade própria e irrepetível, mas também condicionada, com determinações e "circunstâncias" de tempo e espaço, históricas, culturais, econômicas, sociais e políticas. Como define a boa filosofia alemã: o ser do século XX é o *Dasein*:[2] o ser no mundo, o poder ser, o ser em construção.

---

[1] ORTEGA Y GASSET, J. Meditaciones del Quijote. *In: Obras completas de José Ortega y Gasset.* 7. ed. Madrid: Revista de Occidente, 1966. v. 1, p. 310-400). (Trabalho original publicado em 1914).

[2] Martin Heidegger (1889-1976), a partir de sua obra *Ser e Tempo*, propõe, em seu pensamento, a superação da tradição filosófica do Ocidente, retomando o questionamento sobre o sentido do ser. Para ele, somente o único ente diverso dentre os outros existentes, o "Dasein" (ser-aí), seria capaz de compreender o ente diverso dele. Com "Dasein", Heidegger designou a manifestação do ser enquanto ente. O "Dasein" se compreende a si mesmo enquanto ser que existe. Sua substância é a existência e ele não pode ser caracterizado fora dela.

Diferentemente da velha lição tridentina[3] — "Salva a tua alma!" —, o sentido teleológico ensinado por José Ortega y Gasset é o de uma "salvação" sistêmica e dupla: a circunstância e o eu. Em sua admirável síntese filosófica, Gasset aponta a constituição histórica do SER e a necessidade permanente do engajamento histórico-social-político na transformação do mundo — das circunstâncias —, enquanto processo constitutivo do EU. Foi o que também expressou outro filósofo, quase 70 anos antes, ao afirmar: "Não basta interpretar o mundo. É preciso transformá-lo".[4]

Tendo clara a dimensão circunstancial na constituição desse "ser" histórico, há três anos e meio, aceitei o desafio de assumir o múnus público como Conselheiro do Tribunal de Contas de Minas Gerais (TCE-MG). Não se tratou de uma ruptura, como muitos imaginaram, mas de uma continuidade da minha vida pública, iniciada como militante de pastorais sociais da Igreja Católica e que prosseguiu no ofício de professor da rede pública de ensino, como ativista social e político e ainda como parlamentar.

A bem da verdade, como disse o poeta Thiago de Mello, "não tenho um caminho novo. O que eu tenho de novo é um jeito de caminhar." Citei essa frase em minha posse no TCE-MG, em 1º de agosto de 2018, para reafirmar que continuo empunhando, mas de outra maneira, aquelas que têm sido bandeiras permanentes de vida. Referia-me, especialmente, à defesa da dignidade humana, necessidade imperiosa nestes tempos tão sombrios, como ressaltei em meu pronunciamento.

> Vivemos tempos difíceis em nossa sociedade. Tempos de intolerância e preconceitos, que nos fazem lembrar a Itália e a Alemanha das décadas de 1920 e 1930. O restante da história todos conhecem: a tragédia vivida pela Europa e todo o mundo na Grande Guerra. Uma barbaridade tão grande que ao final de 1945, a humanidade se interrogava: "Teria Thomas Hobbes razão? Seria o homem o lobo do próprio homem?".
>
> Em 10 de dezembro de 1948, em uma tomada de consciência da humanidade, foi proclamada pela Assembleia Geral das Nações Unidas, em Paris, a Declaração Universal dos Direitos Humanos. Tratou-se de um importante apontamento no sentido de que a nossa sociedade deveria ser repensada e reconstruída sobre outros alicerces. Os 30 artigos

---

[3] Relativa ao Concílio de Trento, conselho ecumênico católico realizado de dezembro de 1545 a dezembro de 1563.

[4] MARX, Karl. XI Tese sobre Feuerbach.

da Declaração podem ser sintetizados no resgate da dignidade humana, por meio da garantia dos direitos.

Veio desse ideal de resgate da dignidade humana a minha militância [...]. Essa militância de toda uma vida se deve à convicção de que os direitos humanos são hoje o novo nome da democracia e existem para que repensemos a sociedade em uma nova dimensão, em um novo olhar: o da vida e do amor. (ANDRADE, 2018)[5]

Ao refletir sobre aquele novo mister, ressaltei que minha atuação se pautaria pela compreensão da missão do Tribunal de Contas como duas faces de uma mesma realidade.

De um lado, a fiscalização. Do outro, a orientação segura. Penso que as duas vertentes devem ser trabalhadas em conjunto e minha convicção é que devemos privilegiar o caráter educativo, pois a fiscalização se torna mais eficaz, se acompanhada corretamente. Esta possibilita, inclusive, maior segurança e rigor na punição dos erros de agentes públicos. Afinal, como diz aquela máxima do Evangelho, "a quem muito foi dado muito será exigido".

Minha visão é dentro de um princípio cada vez mais adotado na atualidade: o da "Justiça Restaurativa". Ele pressupõe que, mais do que punir, atuemos nas causas do delito, no sentido de reparar. Assim, até por ser professor, defendo que o Tribunal de Contas se revista, ainda mais, de uma função educativa, visão que não é isolada nesta Casa. Destaque-se, inclusive, que o Tribunal de Contas de Minas Gerais se tornou a grande referência no País na informatização e agilidade de seus feitos, bem como na orientação dos agentes públicos do Estado. (ANDRADE, 2018)

Apontei, ainda, a importância de termos órgãos públicos — inclusive, Tribunais de Contas — comprometidos com a inclusão daqueles que vivem à margem da sociedade e com a participação social na criação e execução de políticas públicas mais eficientes.

Penso ser papel de todos os poderes e órgãos públicos contribuir para a execução de políticas públicas que melhorem a vida das pessoas, sobretudo as empobrecidas, que são as que mais precisam delas. Dom Luciano Mendes de Almeida nos dizia que a política verdadeira tinha que ser voltada sempre para os mais excluídos na sociedade.

---

[5] ANDRADE, Durval Ângelo. Discurso por ocasião da posse como conselheiro do Tribunal de Contas do Estado de Minas Gerais. Belo Horizonte, 1º ago. 2018.

O TCE deve atuar de forma permanente com setores da sociedade civil organizada para que as políticas públicas em saúde, educação e assistência social tenham um acompanhamento direto.

Como parlamentar, elaborei uma série de cartilhas intitulada Conselhos de Cidadania: exercício de democracia, na qual orientamos sobre a criação dos conselhos de políticas públicas. [...] É com base nessa experiência que trago a ideia de que este Tribunal estabeleça uma parceria com os conselhos, oferecendo formação e disponibilizando os dados necessários para que possam controlar a aplicação dos recursos públicos.

Esses conselhos poderiam ser "braços" do Tribunal de Contas para o exercício da cidadania, que é um dos cinco pilares do Estado Democrático de Direito estabelecidos pela Constituição Federal. E o que é ser cidadão? Como disse Aristóteles, "ser cidadão é ter poder". (ANDRADE, 2018)

Com os mesmos princípios democráticos e humanistas que me motivavam quando assumi o cargo de Conselheiro de Contas, edito agora este livro, no qual apresento algumas decisões importantes das quais fui relator e reflito sobre os fundamentos que pautaram nossos votos.

A presente publicação se justifica por diferentes razões. Uma delas é que sempre tive em minha vida pública a preocupação de prestar contas e agir com transparência, pois entendo que, em uma democracia, o verdadeiro "dono" dos cargos públicos que temporariamente ocupamos é o povo, a sociedade. Eis a lógica do regime democrático, como já nos ensinavam os atenienses, com suas assembleias populares — as "eclésias"[6] — e os indígenas de Chiapas:[7] "Aquele que manda deve ser o que mais obedece". Assim, a essência da democracia é

---

[6] A eclésia era a principal assembleia da democracia ateniense na Grécia Antiga. Consistia em uma assembleia popular, da qual podiam participar todos os cidadãos do sexo masculino, com mais de 21 anos, que tivessem prestado serviço militar e fossem filhos de pai e mãe nascidos na pólis. Decidia sobre assuntos judiciais, da legislação, administração e política externa, além de fiscalizar aqueles que detinham cargos de poder.

[7] No estado de Chiapas, um dos mais pobres do México, vários camponeses de procedência indígena organizaram, em 1994, o Exército Zapatista de Libertação Nacional. Conquistando a simpatia de uma expressiva parcela da população camponesa do México, o movimento luta pela ampliação de direito dos camponeses, pelo fim do NAFTA (Tratado de Livre Comércio da América do Norte), a soberania do país frente à interferência norte-americana, a autodeterminação de seu povo e por uma profunda transformação política, social e econômica. O movimento dos Chiapas ganhou destaque nas manchetes do mundo inteiro, demonstrando as desigualdades e os problemas históricos dos camponeses mexicanos.

"mandar, obedecendo". Em uma democracia deve prevalecer esse poder obediencial. Foi neste mesmo sentido que sempre defendi que os cargos do Judiciário — e também dos órgãos de controle, como o TCE —, devem ter processos diferenciados de seleção. Temos que criar um sistema mais republicano e com maior participação popular na ocupação dos referidos cargos.

Outro propósito desta obra é consistir em uma fonte de consulta para operadores do Direito, estudantes, servidores públicos e cidadãos e cidadãs interessados. Alguns dos votos que publicamos aqui são alvos de um elevado número de consultas no *site* do Tribunal de Contas, ou ainda requisitados diretamente ao TCE pelo público em geral. É compreensível, pois a temática trazida diz respeito à vida e à história de mais de 16 mil órgãos jurisdicionados de Minas Gerais, sem contar os cerca de 1,3 milhão de servidores públicos do Estado. E poderíamos afirmar até que tais decisões dizem respeito a toda a população mineira, superior a 21 milhões de pessoas.

Também nos motiva a necessidade do registro histórico. Como professor de História, tenho a convicção de que a sociedade precisa olhar no "retrovisor do passado" para se guiar em direção ao futuro. E, otimista que sou, acredito que, apesar de toda a violência humana contra a Terra, nossa mãe Gaia, a humanidade ainda tem uma longa história pela frente. Sei também que gerações futuras vão nos julgar — pelo que fizemos ou por nossas omissões — e os registros que deixarmos serão fundamentais para isso. Não podemos permitir que o "trem da história" se perca em meio à poeira. Que os filhos dos filhos de nossos filhos possam nos enxergar.

Por fim, tenho, ainda, uma motivação pessoal na produção deste livro, que é um misto de dever cumprido, necessidade de demonstrar a utilidade do nosso trabalho e, por que não dizer, vaidade humana. Como dizia Millôr Fernandes, "não ter vaidades é a maior de todas". É o "eu" constitutivo desse complexo ser: homem ou mulher.

Já no que tange aos votos publicados neste livro, faço a ponderação de que o Direito não é uma ciência exata, como a matemática ou a física. Consiste em uma ciência que trabalha com a hermenêutica, com a interpretação, como explica o professor da Universidade Federal de Minas Gerais (UFMG) Ricardo Henrique Carvalho Salgado,[8] em *Hermenêutica filosófica e aplicação do Direito* (2005). A fim de explicitar o

---

[8] SALGADO, Ricardo Henrique Carvalho. *Hermenêutica filosófica e aplicação do Direito*. Belo Horizonte: Del Rey, 2005.

que vem a ser a hermenêutica, ele retoma o valor semântico da palavra, citando outros autores:

> [...] Palmer assim a explicita.
>
> As raízes da palavra hermenêutica residem no verbo grego *hermeneueuin*, usualmente traduzido por interpretar, e no substantivo *hermeneia*, interpretação [...] apenas notaremos a associação das palavras com o deus Hermes.

O mesmo ocorre, dentre outros, com Gusdorf:

> A palavra grega *Hermeneia* remete ao deus grego Hermes, mensageiro entre os deuses e os seres humanos... O sentido primeiro e antigo de *hermeneueuin* seria então 'significar falando', manifestar por meio da linguagem o *logos* interior... (SALGADO, 2005, p. 1)

Ricardo Salgado também recorre ao pensamento de Gadamer, citado por Gusdorf, para definir a hermenêutica. Para Gadamer, Hermes não apenas anuncia um comunicado dos deuses, mas traz explicações das ordens divinas, em uma tradução da língua dos deuses para a dos homens. Ao "transferir um complexo de significação de um mundo para o outro", faz a fusão dos dois mundos, ou seja, promove o encontro dos dois horizontes culturais.

E conclui o professor Salgado que...

> Essa objetivação, portanto, é alcançada por Gadamer na medida em que ela se dará através da experiência, ou seja, enquanto a objetividade kantiana é conseguida por um eu transcendental, em Gadamer será alcançada através de um tu (de uma linguagem), dando possibilidade para a existência de um diálogo, através da dialética de perguntas e respostas.
>
> Dessa maneira, seguindo-se a hermenêutica filosófica de Gadamer, toda e qualquer aplicação de uma norma jurídica será obtida pelo diálogo realizado entre o intérprete e o texto legal, portanto, não alcançando apenas a literalidade da lei, ou seja, buscando sempre a *mens legis* atualizada. Por outro lado, também não descartará o aplicador do processo de aplicação.
>
> Resumindo, podemos dizer que não ocorrerá uma simples exegese da norma, mas também nunca um arbítrio por parte do intérprete; ocorrerá, sim, uma decisão fundamentada não apenas na literalidade da norma, mas em uma compreensão total de todo o mundo jurídico. (SALGADO, 2005, p. 145-146)

O presidente do Tribunal de Contas do Município de São Paulo

(TCMSP), Conselheiro João Antônio da Silva Filho,[9] em obra recente, destacou que o futuro dos Tribunais de Contas, partindo de uma premissa inegociável de intransigente defesa do Estado de Direito, é centralizado em três pilares fundamentais:

> I) a legitimidade do poder político centrada no sufrágio universal e na democracia participativa, entendendo-a como toda forma controle social institucionalizado; II) respeito ao pacto constitucional nas suas dimensões político-jurídica como mecanismo de sedimentação do tecido social e III) fortalecimento das instituições de Estado como instrumento de freios e contrapesos, sempre com a visão de proteger a sociedade. É neste contexto que estão inseridos os Tribunais de Contas. (SILVA FILHO, 2019, p. 141)

Nesta linha, é evidente que o objetivo final deste trabalho é resgatar o papel dos Tribunais de Contas na consolidação do Estado Democrático de Direito, questão decisiva para sua existência e até para sua credibilidade na sociedade brasileira.

---

[9] SILVA FILHO, João Antônio da. *Tribunais de Contas no Estado Democrático e os desafios do controle externo*. São Paulo: Contracorrente, 2019.

CAPÍTULO I

A PRESCRIÇÃO E A GARANTIA DA SEGURANÇA JURÍDICA E DA AMPLA DEFESA

> *Deus que tudo sabe e tudo pode, antes de proferir a sua sentença contra Caim, que acabava de derramar o sangue de seu irmão, quis ouvi-lo, como narra a Sagrada Escritura, dando aos homens, com este exemplo, a indicação irremovível de que o direito de defesa é, entre todos, o mais sagrado e inviolável.*
>
> (Sobral Pinto)[1]

Em 29 de setembro de 2015, o Tribunal de Contas do Estado de Minas Gerais (TCE-MG) recebeu a representação posteriormente identificada com o número 959.076. Aquela que, inicialmente, consistia em somente mais uma das inúmeras denúncias encaminhadas ao órgão, de possíveis irregularidades em licitações, viria a desencadear uma "mudança de paradigma"; tanto em âmbito pessoal, modificando o meu entendimento, como de forma mais ampla, com reflexos nas

---

[1]   PINTO, Sobral. *In*: PAULO FILHO, Pedro. *A revolução da palavra*. 2. ed. p. 168.

Cortes de Contas de todo o país. A bem da verdade, o julgamento daquela representação seria como um marco no reconhecimento dos limites temporais impostos aos Tribunais de Contas para a aplicação de penalidades e determinação do ressarcimento de danos ao erário público.

A representação teve como autores vereadores da cidade de Taquaraçu de Minas, na Região Metropolitana de Belo Horizonte, e tinha por objetivo analisar a legalidade das tomadas de preços realizadas em 2014, pela prefeitura do município, para a pavimentação de ruas e reforma de uma quadra poliesportiva.

Ao analisar os autos, a unidade técnica do TCE-MG concluiu pela existência de indícios de irregularidades. E seguiu-se o trâmite do processo, que incluiu eventos como: solicitação de documentação, manifestação do Ministério Público, requisição de projetos da obra, atraso na entrega dos documentos, intimação do gestor, pedido de dilação do prazo, mudança do prefeito da cidade, entre outros.

Passaram-se mais de cinco anos. Até que, em fevereiro de 2021, a unidade técnica do TCE-MG apontou a ocorrência da prescrição da pretensão punitiva do Tribunal de Contas, a qual foi reconhecida também pelo Ministério Público de Contas.

Importante esclarecer que o reconhecimento da prescrição da pretensão punitiva impede a aplicação de multa aos responsáveis, mas não a atuação do Tribunal de Contas, tendo em vista que seu dever vai além da sanção. Implica também a apuração de prejuízo ao erário e o caráter pedagógico, o qual evita que os gestores cometam os mesmos erros em contratações futuras.

Uma vez que tanto o Ministério Público quanto a unidade técnica concluíram que havia ocorrido apenas a prescrição da pretensão punitiva, restava apurar o dano ao erário. Por isso, ambos concordavam que os responsáveis pelas irregularidades deveriam ser citados, também em função do prejuízo à coletividade, já que a reforma da quadra poliesportiva havia sido abandonada pela empresa contratada.

Assumi a relatoria dessa representação em 01.08.2018, quando tomei posse como conselheiro do Tribunal de Contas de Minas Gerais, e, naquela época, tinha posição formada de que a prescrição não cabia em casos de prejuízos ao erário público. Por sinal, esse era o entendimento de praticamente todos os Tribunais de Contas (TCs) do país, inclusive do Tribunal de Contas da União (TCU). A defesa da impossibilidade de reconhecimento da prescrição da pretensão ressarcitória, ou seja, da imprescritibilidade da obrigação de ressarcir o erário público de eventuais prejuízos, fundamentava-se no parágrafo 5º do artigo 37 da Constituição Federal de 1988, segundo o qual: "a lei estabelecerá os prazos de prescrição para ilícitos praticados por qualquer agente, servidor ou não, que cause prejuízos aos erários, *ressalvadas as respectivas ações de ressarcimento*" (grifo nosso).

Respaldadas pelo dispositivo constitucional e devido à interpretação usual dada a ele, por longo tempo, as Cortes de Contas brasileiras atuaram sem o limite temporal da prescrição para a pretensão de ressarcimento, no âmbito de suas decisões. No entanto, ao nos dedicarmos a uma nova e aprofundada análise do tema, constatamos que também ali "sopravam os ventos da mudança".

É fato que o Supremo Tribunal Federal (STF) já havia se pronunciado sobre o tema em, pelo menos, três julgamentos, no sentido de que a ressalva constitucional de imprescritibilidade não se aplicava aos processos de controle externo, mas a casos de danos ao erário decorrentes de ato doloso de improbidade administrativa. Os Tribunais de Contas, porém, ainda não haviam "introjetado" esse entendimento, não se alterando o que, tradicionalmente, vinha sendo decidido.

Quando voltamos a nos debruçar sobre o tema, partimos da compreensão de que a discussão do instituto da prescrição deveria ter como "pano de fundo" algo ainda mais caro ao Direito: o sagrado direito de defesa. Além disso, a polêmica perpassava outras questões fundamentais, como a garantia da justiça e da segurança jurídica.

Especificamente sobre o artigo 37 da Constituição, que, até então, fundamentava a defesa da imprescritibilidade, nosso novo entendimento foi consonante às posições do STF, de que a ressalva somente se aplicava à prática de crime doloso de improbidade administrativa, cujo julgamento compete exclusivamente ao Poder Judiciário. Consideramos, ainda, que a passagem do tempo poderia comprometer o devido processo legal, o exercício do contraditório e a ampla defesa, o que, por si só, já justificaria a observância do prazo prescricional.

Assim, no julgamento da Representação nº 959.076, tendo em vista que havia sido extrapolado o prazo de cinco anos para que o TC pronunciasse sua decisão do mérito, apresentei minuta de voto pelo reconhecimento da prescrição da pretensão punitiva e de ressarcimento, extinguindo o processo. O voto foi aprovado pelos meus pares, o que impediu a análise do mérito.

Merece destaque — e fiz constar em meu voto — que a prescrição extingue somente a pretensão de punição e ressarcimento por parte do Tribunal de Contas, mas não anula o direito em si. Permanece a possibilidade de cobrança da reparação de dano ao erário, por meio de ação judicial. Por isso, determinei que, após trânsito em julgado da decisão, os autos fossem encaminhados ao Ministério Público Estadual, para que avaliasse a pertinência da proposição de tal ação, inclusive, podendo incorporar todos os relatórios técnicos do órgão de contas, a fim de efetivá-la.

A decisão do Tribunal de Contas de Minas Gerais, além de inédita no âmbito dos processos de controle externo no Brasil, contribuiu para que outros TCs também passassem a observar o prazo de prescrição de cinco anos, tanto para a pretensão punitiva, quanto para a pretensão ressarcitória.

Como acontece em toda ruptura, a mudança vem acompanhada de resistência e estranhamento, mas também carrega a semente da evolução. Além da garantia da justiça, acredito que ela será como uma "mola propulsora", impulsionando nossos órgãos de contas na busca de ainda maior eficiência e celeridade em seus julgamentos. Além disso, o respeito ao contraditório, à ampla defesa e à segurança jurídica são imprescindíveis, posto que corolários constitucionais indispensáveis.

É bom frisar que qualquer provimento, jurisdicional ou não, que possa intervir em direitos individuais — como a propriedade, no caso de condenação ao pagamento de multa ou ao ressarcimento ao erário — deve observar os princípios do devido processo legal, do contraditório e da ampla defesa previstos no artigo 5º da Constituição Federal.

O contraditório e a ampla defesa são princípios que caminham juntos. Basicamente, significam que se alguém é acusado de algum ilícito — por exemplo, no âmbito do Tribunal de Contas, de cometer irregularidade em um processo licitatório — tem direito a se defender de forma ampla para a formação do contraditório. Assim, denunciante e denunciado têm oportunidades iguais no processo, para produzir provas, juntar documentos etc. Os "dois lados da moeda" são, então, analisados por um terceiro imparcial — no nosso caso, um Conselheiro da Corte de Contas. É esse direito de se defender que se visa preservar com o instituto da prescrição.

Como pode o Tribunal de Contas garantir o pleno exercício do direito de defesa quando já se passaram mais de cinco anos dos fatos? Como nos ensina a Ministra Cármen Lúcia, é a solidez do sistema que está em perigo: "Segurança jurídica diz, pois, com a solidez do sistema. É desta qualidade havida no ordenamento que emana a sua credibilidade e a sua eficácia jurídica e social".[2]

Estamos diante, portanto, de uma ruptura necessária, que além de consolidar o direito ao contraditório e à ampla defesa, garante ao cidadão seu direito à segurança.

---

[2] ROCHA, Cármen Lúcia Antunes. O princípio da coisa julgada e o vício de inconstitucionalidade. *Fórum Administrativo – Direito Público – FA*, Belo Horizonte, ano 9, n. 100, jun. 2009. Disponível em: https://www.editoraforum.com.br/wp-content/uploads/2014/06/O-principio-da-coisa-julgada-e-o-vicio-de-inconstitucionalidade.pdf. Acesso em: 18 nov. 2021.

REPRESENTAÇÃO Nº 959.076[3]

I RELATÓRIO

[...]

II FUNDAMENTAÇÃO

II.1 Prejudicial de mérito

II.1.1 Aspectos introdutórios sobre o instituto da prescrição

A prescrição, tal como vigora nos ordenamentos jurídicos modernos, tem origem no direito romano. Ressalte-se que a partir dos tempos do imperador Teodósio II foram introduzidos, na via legislativa, limites temporais para o exercício de direitos em juízo.[4]

O ilustre jurista Humberto Theodoro Júnior destaca que, no direito romano, as limitações temporais não se referiam diretamente aos direitos, mas diziam respeito à possibilidade de demandá-los em juízo, por meio de determinado remédio, fosse uma ação, uma exceção ou interdito.[5]

---

[3] Todas as informações sobre este processo, bem como a íntegra do nosso voto, podem ser obtidas na busca de processos do *site* do TCE-MG: https://www.tce.mg.gov.br/.

[4] THEODORO JÚNIOR, Humberto. *Prescrição e decadência*. Rio de Janeiro: Forense, 2018. p. 10.

[5] *Ibidem*, p. 11.

Ainda seguindo as lições do referido doutrinador, pode-se dizer que essa visão da prescrição, edificada em Roma, passou pela Idade Média e pelo direito intermédio, em toda a Europa, e chegou à Inglaterra no século XVII, onde perdura, até hoje, como restrição aplicável ao exercício do direito em juízo, e não como causa de extinção propriamente dele.[6]

A prescrição se impõe toda vez que ocorre a inércia na perseção de um direito, como forma de perda da sua exigibilidade. Trata-se de um princípio geral do direito, aplicável tanto no âmbito do direito privado quanto no do direito público.

No Direito Civil, a prescrição é a extinção da pretensão relacionada a direitos subjetivos de cunho patrimonial, em decorrência do decurso de tempo, conforme lição de Flávio Tartuce:[7]

> Na prescrição, nota-se que ocorre a extinção da pretensão; todavia, o direito em si permanece incólume, só que sem proteção jurídica para solucioná-lo. Tanto isso é verdade que, se alguém pagar uma dívida prescrita, não pode pedir a devolução da quantia paga, eis que existia o direito de crédito que não foi extinto pela prescrição.

Tal conceito está positivado no art. 189 do Código Civil: "violado o direito, nasce para o titular a pretensão, a qual se extingue, pela prescrição, nos prazos a que aludem os arts. 205 e 206". Com a ocorrência da prescrição, o direito patrimonial persiste, mas não pode ser exigido.

Importante destacar que a prescrição incide até mesmo no âmbito das ações penais, podendo ser definida como a perda do direito-dever do Estado de punir a prática de determinado delito, o *jus puniendi*, em razão do decurso do prazo previsto em lei. A Constituição Federal, no art. 5º, incisos XLII e XLIV, estabelece dois delitos imprescritíveis: racismo e ação de grupos armados contra a ordem constitucional e o Estado Democrático. **Em relação, portanto, à pretensão punitiva estatal no que se refere à prática de crimes, a regra é a prescritibilidade.**

No âmbito do Direito Administrativo, é usual falar em prescrição administrativa em sentidos distintos: ela designa, de um lado, a perda do prazo para recorrer de decisão administrativa; de outro, significa a perda do prazo para que a Administração reveja os próprios atos;

---

[6] *Ibidem*, p. 11.
[7] TARTUCE, Flávio. *Direito Civil I*. Rio de Janeiro: Forense, 2015. p. 467.

por fim, significa a perda de prazo para aplicação de penalidades administrativas.[8]

No que tange aos ilícitos administrativos, há previsão constitucional, também, para a aplicação do instituto da prescrição sob vários aspectos, tanto em relação às pretensões de interessados em face da Administração, quanto às desta em relação aos administrados. Se a Administração não toma providências para apuração e responsabilização do agente, sua inércia gera a perda de seu *jus persequendi*.[9] É o que reza o art. 37, §5º, da Constituição Federal:

> Art. 37. A administração pública direta e indireta de qualquer dos Poderes da União, dos Estados, do Distrito Federal e dos Municípios obedecerá aos princípios de legalidade, impessoalidade, moralidade, publicidade e eficiência e, também, ao seguinte:
>
> [...]
>
> §5º A lei estabelecerá os prazos de prescrição para ilícitos praticados por qualquer agente, servidor ou não, que causem prejuízos ao erário, ressalvadas as respectivas ações de ressarcimento.

O eminente administrativista Marçal Justen Filho destaca que a redação do dispositivo constitucional retrotranscrito é confusa, tendo produzido intepretações problemáticas ao longo do tempo. Segundo suas lições:[10]

> Difundiu-se a concepção de que o dispositivo teria consagrado a imprescritibilidade das ações de ressarcimento. Anote-se que a expressão "imprescritível" não consta do texto constitucional. A CF/1988 restringe-se a afirmar que as ações de ressarcimento são "ressalvadas". Mas não há clareza quanto ao objeto da ressalva. Ou seja, as ações de ressarcimento são ressalvadas de quê? A ressalva tanto pode referir-se a "prazos de prescrição" quanto à "lei". **Afigura-se que não é compatível com a Constituição a interpretação de imprescritibilidade de alguma ação, especialmente da ação de ressarcimento de danos.** (Grifei)

---

[8] DI PIETRO, Maria Sylvia Zanella. *Direito administrativo*. 28. ed. São Paulo: Atlas, 2015. p. 890.

[9] SILVA, José Afonso da. *Comentário Contextual à Constituição*. São Paulo: Malheiros, 2007. p. 349.

[10] JUSTEN FILHO, Marçal. *Curso de Direito Administrativo*. 13. ed. São Paulo: Revista dos Tribunais, 2018. p. 1349.

O Supremo Tribunal Federal (STF) analisou a hermenêutica do §5º do art. 37 da Constituição Federal acerca da imprescritibilidade das ações de ressarcimento de dano ao erário em três ocasiões, como demonstrarei mais adiante no item II.1.3 deste voto. **Concluiu, coerentemente, que a ressalva final do dispositivo deve ser aplicada restritivamente apenas ao ressarcimento de dano ao erário decorrente de ato doloso de improbidade administrativa.**

O STF, como órgão de cúpula do Poder Judiciário e instância máxima da interpretação das normas constitucionais, atribuiu o devido sentido e funcionalidade ao disposto no referido dispositivo. Lenio Streck,[11] um dos maiores juristas do país, discorre com objetividade sobre o tema da hermenêutica jurídica:

> Com efeito, no âmbito da dogmática jurídica, há um considerável sincretismo. Por exemplo, em Aníbal Bruno (1967, p.198), interpretar a lei é penetrar-lhe o verdadeiro sentido, sendo que quando a lei é clara (*in claris non fit interpretatio*), a interpretação é instantânea. Conhecido o texto, complementa o autor, aprende-se, imediatamente, o seu conteúdo. Na mesma linha, Paulo Nader (1995, p. 306) entende que interpretar a lei é fixar o sentido de uma norma e descobrir a sua funcionalidade, colocando a descoberto os valores consagrados pelo legislador. Para ele, todo subjetivismo deve ser evitado durante a interpretação, devendo o intérprete visar sempre à realização dos valores magistrais do Direito: justiça e segurança, que promovem o bem comum. Carlos Maximiliano (1965, p.13, *et. seq.*), autor da clássica obra sobre hermenêutica, entendia que interpretar é a busca do esclarecimento, do significado verdadeiro de uma expressão; é extrair de uma frase, de uma sentença, de uma norma, tudo o que na mesma contém.
>
> [...]
>
> Mais contemporaneamente, **Maria Helena Diniz (1993, p. 384 *et. seq.*) entende que interpretar é descobrir o sentido e o alcance da norma, procurando a significação dos conceitos jurídicos. Para ela, interpretar é explicar, esclarecer; dar o verdadeiro significado do vocábulo; extrair da norma, tudo o que nela se contém, revelando seu sentido apropriado para a vida real e conducente a uma decisão.** (Grifei)

No mais recente julgamento sobre o assunto, nos autos do RE nº 636.886/AL,[12] o STF definiu o Tema nº 899 e concluiu que é prescritível

---

[11] STRECK, Lenio Luiz. *Dicionário de Hermenêutica*. 2. ed. Belo Horizonte: Casa do Direito, 2020. p. 129.

[12] Supremo Tribunal Federal. RE nº 636.886/AL. Plenário. Relator ministro Alexandre de Moraes. Julgado em 20.04.2020.

a pretensão de ressarcimento ao erário fundada em decisão de Tribunal de Contas, conforme abordarei detalhadamente mais adiante.

O que se busca alcançar com a aplicação da prescrição é o afastamento de situações de instabilidade, pois é inadmissível que o Estado possa manter o direito de ação de modo indeterminado. Há, sem dúvida, a necessidade de se **preservar o princípio da segurança jurídica**, que tem por escopo assegurar a estabilidade das relações consolidadas. Trata-se de um princípio de envergadura constitucional previsto no inciso XXXVI do art. 5º, o qual determina que "a lei não prejudicará o direito adquirido, o ato jurídico perfeito e a coisa julgada".

A segurança é um dos pilares mais valiosos do plexo axiológico da experiência jurídica, sinalizando a importância da estabilidade e da previsibilidade nas relações sociais como meio para a concretização do direito com justiça.[13]

Ressalto que a segurança jurídica foi prevista de forma expressa no art. 5º, inciso VII, da Lei estadual nº 14.184/2002 como um dos princípios norteadores do processo administrativo, conforme transcrição abaixo:

> Art. 5º – Em processo administrativo serão observados, dentre outros, os seguintes critérios:
>
> [...]
>
> **VII – adoção de forma que garanta o adequado grau de certeza, segurança e respeito aos direitos das pessoas;** (Grifei)

O referido princípio também está positivado no art. 2º, *caput*, e no art. 2º, parágrafo único, inciso IX, da Lei Federal nº 9.784/1999, a qual regula o processo administrativo no âmbito da Administração Pública Federal.

Realço que, em consonância com o §7º do art. 76 da Constituição do Estado, cuja redação foi inserida pela EC nº 78/2007, o controle externo a cargo deste Tribunal deverá ser exercido com a observância aos institutos da prescrição e da decadência, prestigiando, assim, uma atuação à luz do aludido princípio da segurança jurídica:

---

[13] SOARES, Ricardo Maurício Freire. *Elementos de Teoria Geral do Direito*. São Paulo: Saraiva, 2013. p. 342.

Art. 76 – [...]

§7º – O Tribunal de Contas, no exercício de suas competências, **observará os institutos da prescrição e da decadência**, nos termos da legislação em vigor. (Grifei)

Feitas essas considerações preliminares sobre o instituto da prescrição, passo a verificar a sua incidência no âmbito da competência deste Tribunal no que se refere à aplicação de sanções **(pretensão punitiva)** e para imputar ao responsável ou ao interessado a devolução de valores ao erário **(pretensão de ressarcimento)**.

II.1.2 Prescrição da pretensão punitiva

Pela análise dos autos, reconheço a incidência da prescrição sobre a pretensão punitiva deste Tribunal, com fundamento no art. 110-C, inciso V, no art. 110-E e no art. 110-F, inciso I, da Lei Complementar estadual nº 102/2008, em razão do transcurso de prazo superior a cinco anos desde a ocorrência do primeiro marco interruptivo da prescrição, que se consubstanciou com o recebimento da representação em 29/09/2015, sem que este Tribunal tenha proferido decisão de mérito recorrível.

II.1.3 Prescrição da pretensão de ressarcimento

De início, ressalto que, em várias decisões,[14] aderi ao posicionamento de que nenhuma das teses de repercussão geral fixadas pelo Supremo Tribunal Federal (STF) nos Temas nºs 666, 897 e 899 se aplicava aos processos de controle externo. Por conseguinte, manifestei-me contrariamente à incidência da prescrição **sobre a pretensão deste Tribunal de Contas de apurar a ocorrência de prejuízo ao erário e de condenar o(s) agente(s) que lhe deu(ram) causa ao ressarcimento dos valores devidos**, pretensão essa adiante denominada apenas de **pretensão de ressarcimento**.

---

[14] Seguem adiante especificados processos de minha relatoria nos quais defendi a tese da imprescritibilidade da pretensão de ressarcimento do Tribunal de Contas: Tomada de Contas Especial nº 885874 (1ª Câmara, julgado em 25.08.2020), Recurso Ordinário nº 1015376 (Tribunal Pleno, julgado em 05.08.2020) e Recurso Ordinário nº 1047689 (Tribunal Pleno, julgado em 12.08.2020).

No entanto, em recentes julgados do Tribunal Pleno[15] e da Primeira Câmara,[16] após refletir sobre os novos argumentos trazidos pelo Conselheiro Cláudio Terrão e pelo Conselheiro Sebastião Helvecio, modifiquei o meu entendimento a respeito do sentido e do alcance da ressalva contida na parte final do art. 37, §5º, da Constituição Federal ("ressalvadas as respectivas ações de ressarcimento"), conforme será adiante detalhado.

Informo que o Ministério Público junto a este Tribunal[17] já teve oportunidade de se manifestar a respeito do tema, aderindo ao posicionamento de que a ressalva da imprescritibilidade não se aplica aos processos de controle externo, conforme se verifica do parecer emitido nos autos do Recurso Ordinário nº 1098280, cuja conclusão segue transcrita:

> Diante da interpretação do art. 37, parágrafo 5º, da Constituição de 1988, desenvolvida pelo Supremo Tribunal Federal nos Temas de Repercussão Geral nºs 666, 897 e 899, de que **a pretensão ressarcitória exercida pelos Tribunais de Contas nos processos de sua competência não estão incluídos na ressalva da parte final do referido dispositivo**, entendo que deve ser extinto o processo, com resolução de mérito pela ocorrência da prescrição das pretensões punitiva e ressarcitória do TCEMG. (Grifei)

Antes de elucidar as causas do meu novel entendimento, reitero minhas colocações iniciais quanto ao instituto da prescrição, em especial a mencionada lição de Tartuce de que a prescrição extingue apenas a pretensão, mantendo incólume o direito em si. Claro este meu

---

[15] Seguem adiante especificados processos do Tribunal Pleno nos quais passei a aderir ao entendimento de que a pretensão de ressarcimento do Tribunal de Contas encontra-se sujeita à prescrição: Recurso Ordinário nº 1066476 (relator conselheiro Claudio Terrão, julgado em 28.04.2021), Recurso Ordinário nº 1077095 (relator conselheiro Cláudio Terrão, julgado em 28.04.2021), Recurso Ordinário nº 1084258 (relator conselheiro Cláudio Terrão, julgado em 28.04.2021), Recurso Ordinário nº 1084623 (relator conselheiro Cláudio Terrão, julgado em 28.04.2021), Recurso Ordinário nº 1082569 (relator conselheiro Wanderley Ávila, julgado em 28.04.2021), Embargos de Declaração nº 1092661 (relator conselheiro José Alves Viana, julgado em 28.04.2021), Recurso Ordinário nº 1084527 (relator conselheiro José Alves Viana, julgado em 28.04.2021) e Recurso Ordinário nº 1054102 (relator conselheiro Claudio Terrão, julgado em 28.04.2021).

[16] Seguem adiante especificados processos da Primeira Câmara nos quais passei a aderir ao entendimento de que a pretensão de ressarcimento do Tribunal de Contas encontra-se sujeita à prescrição: Denúncia nº 888137 (relator conselheiro Sebastião Helvecio, julgado em 04.05.2021) e Processo Administrativo nº 679815 (relator conselheiro Sebastião Helvecio, julgado em 04.05/2021).

[17] Manifestação da lavra do Procurador Daniel de Carvalho Guimarães.

entendimento quanto à permanência do direito em si, a despeito da prescrição da pretensão de ressarcimento em âmbito administrativo, sinto-me à vontade para esmiuçar melhor o tema, sob a ótica da jurisprudência do STF.

Desde a promulgação da Constituição Federal, questiona-se a interpretação que deve ser dada à parte final do seu art. 37, §5º, tendo prevalecido durante décadas o entendimento de que o legislador constituinte definiu que as ações de ressarcimento ao erário eram imprescritíveis, fossem elas decorrentes de atos de improbidade ou não. Tal interpretação decorria de argumentos vários como o de que o patrimônio público pertence a toda a coletividade, de modo que o dano contra ele, por afetar toda a sociedade, exige proteção diferenciada. Por esse motivo, a Constituição haveria estabelecido a imprescritibilidade das ações voltadas à recomposição do erário. Este argumento conferiu uma superioridade à coisa pública que sempre destoou do sistema jurídico por impactar sobremaneira a proteção dos princípios da ampla defesa e da segurança jurídica.

Em 2008, ao julgar o Mandado de Segurança nº 26.210/DF,[18] o STF reafirmou, por maioria de votos, a tese da imprescritibilidade da pretensão de ressarcimento do dano ao erário:

> MANDADO DE SEGURANÇA. TRIBUNAL DE CONTAS DA UNIÃO. BOLSISTA DO CNPq. DESCUMPRIMENTO DA OBRIGAÇÃO DE RETORNAR AO PAÍS APÓS TÉRMINO DA CONCESSÃO DE BOLSA PARA ESTUDO NO EXTERIOR. **RESSARCIMENTO AO ERÁRIO. INOCORRÊNCIA DE PRESCRIÇÃO.** DENEGAÇÃO DA SEGURANÇA. I – O beneficiário de bolsa de estudos no exterior patrocinada pelo Poder Público, não pode alegar desconhecimento de obrigação constante no contrato por ele subscrito e nas normas do órgão provedor. II – Precedente: MS 24.519, Rel. Min. Eros Grau. **III – Incidência, na espécie, do disposto no art. 37, §5º, da Constituição Federal, no tocante à alegada prescrição.** IV – Segurança denegada. (Grifei)

A partir de 2016, o STF voltou a enfrentar, de forma verticalizada, pelo reconhecimento da repercussão geral, a questão hermenêutica da parte final do art. 37, §5º, da Constituição Federal. Numa sucessão de julgamentos que originou os Temas nºs 666, 897 e 899, a Corte finalmente

---

[18] Supremo Tribunal Federal. MS nº 26.210/DF. Plenário. Relator ministro Ricardo Lewandowski. Julgado em 04.09.2008.

se manifestou quanto à celeuma interpretativa para adotar teses mais restritivas ao poder estatal.

Primeiramente, ao julgar o RE nº 669.069/MG,[19] o STF enfrentou a controvérsia quanto à prescritibilidade das ações de ressarcimento ao erário decorrentes de ilícitos civis, sem entrar na questão das ações decorrentes dos atos penais e de improbidade, divergência levantada pelo ministro Luís Roberto Barroso, que, à época, afirmara não haver consenso sobre a questão da imprescritibilidade em matéria de improbidade, tendo, ainda, ponderado que o recurso analisado estava restrito à prescrição de ilícitos civis. Também o ministro Marco Aurélio Mello reafirmou seu entendimento já manifestado no Mandado de Segurança nº 26.210/DF, supracitado de que as ações patrimoniais não são imprescritíveis.

Segundo o professor Emerson Gabardo,[20] fervoroso defensor da tese da prescritibilidade das ações de ressarcimento ao erário, "a pergunta a ser respondida pelo STF naquela oportunidade poderia assim ser descrita: 'são ou não imprescritíveis as ações de ressarcimento ao erário oriundas de ato ilícito?'".

O acórdão, objeto do RE nº 669.069/MG, proferido pelo Tribunal Regional Federal da 1ª Região, assim consignou:

> [...] os requisitos que legitimam a ação de improbidade administrativa, imprescritível nos termos do permissivo constitucional inscrito no §4º do artigo 37,[21][22] não se confundem com aqueles decorrentes da ação de

---

[19] Supremo Tribunal Federal. RE nº 669.069/MG. Plenário. Relator ministro Teori Zavascki. Julgado em 03.02.2016.

[20] GABARDO, Emerson. A mudança de entendimento do STF sobre a imprescritibilidade das ações de ressarcimento ao erário. *Revista Colunistas de Direito de Estado*, ano 2016, n. 81. Disponível em: http://www.direitodoestado.com.br/colunistas/emerson-gabardo/a-mudanca-de-entendimento-do-stf-sobre-a-imprescritibilidade-das-acoes-de-ressarcimento-ao-erario. Acesso em: 21 maio 2021.

[21] A menção no acórdão recorrido ao art. 37, §4º, da Constituição Federal foi considerada *obiter dictum* após manifestação do ministro Luís Roberto Barroso. O relator, ministro Teori Zavaski, pontuou que a tese da repercussão geral era "imprescritibilidade das ações de ressarcimento de danos causados ao erário ainda que o prejuízo não decorra de ato de improbidade administrativa", todavia o ministro Luís Roberto Barroso sustentou a necessidade de aterem-se ao caso concreto, o qual versava sobre uma ação de reparação de dano por um acidente automobilístico. O posicionamento do ministro Luís Roberto Barroso foi encampado pelo voto vista do ministro Dias Toffoli, prevalecendo ao final a tese: "É prescritível a ação de reparação de danos à Fazenda Pública decorrente de ilícito civil.".

[22] O *obiter dictum* (*obiter dicta*, no plural) ou simplesmente *dictum* é o argumento jurídico, consideração, comentário exposto apenas de passagem na motivação da decisão, que se convola em juízo normativo acessório, provisório, secundário, impressão ou qualquer

ressarcimento dos prejuízos ao patrimônio público por causa diversa, no caso, acidente automobilístico, que deve observar, dentre outros, a prescrição quinquenal.

A Fazenda Pública sustentou que "as ações de ressarcimento ao erário propostas em caso de ilícitos civis praticados contra o Poder Público são imprescritíveis" e "que, ainda quando direcionadas contra particulares, as ações de ressarcimento ajuizadas em nome do patrimônio público estariam ressalvadas da prescrição, pois o dispositivo constitucional em questão estaria impregnado de noções de supremacia e de indisponibilidade do interesse público".

De acordo com o Procurador-Geral da República, no RE nº 669.069/MG, o art. 37, §5º, da Constituição Federal deveria alcançar também os ilícitos civis, pois "a regra da imprescritibilidade, ao ser consagrada no texto constitucional, por legítima decisão do legislador constituinte, acarreta a afirmação da segurança jurídica em prol do interesse público consubstanciado na proteção do erário".

Os argumentos da defesa não prosperaram e o STF adotou a seguinte tese, configurada no Tema nº 666: **"É prescritível a ação de reparação de danos à Fazenda Pública decorrente de ilícito civil."**.

Dessa forma, permaneceu a discussão quanto à imprescritibilidade da pretensão de ressarcimento decorrente de ato de improbidade. Destaco, por oportuno, que, em 2016, não havia distinção entre ato ímprobo doloso e culposo.

Com o Tema nº 666, o STF dava início a uma importante guinada interpretativa, pois, até então, o esforço doutrinário e jurisprudencial era quase que em sua totalidade voltado para a interpretação literal, e não sistemática, da Constituição Federal.

Quanto a esse ponto, a ministra Cármen Lúcia destacou, no julgamento do RE nº 669.069/MG, a doutrina do professor titular de Direito Administrativo da Pontifícia Universidade Católica do Paraná, Emerson Gabardo, em que ele aborda os dilemas envoltos no interesse público primário e a questão interpretativa e em que, fundamentalmente, defende que o reconhecimento da prescritibilidade não é apenas questão de segurança jurídica, mas sobretudo de **justiça**:

---

outro elemento jurídico-hermenêutico que não tenha influência relevante e substancial para a decisão ("prescindível para o deslinde da controvérsia"). Conceito extraído de: DIDIER JUNIOR, Fredie; BRAGA, Paula Sarno; OLIVEIRA, Rafael Alexandria de. *Curso de direito processual civil – v. 2*: teoria da prova, direito probatório, decisão, precedente, coisa julgada e tutela provisória. 10. ed. Salvador: JusPODIVM, 2015. p. 444.

[...] o Direito não existe sem o tempo. Todo o ordenamento constitucional está implicado pela sustentação dos fatos passados e seus efeitos, pela estabilidade do presente e pela garantia de um futuro previsível. Esta estruturação, essencialmente jurídica, está intimamente ligada a outro direito fundamental presente na Constituição Federal de 1998: a ampla defesa.

[...]

As normas constitucionais não devem ser entendidas topograficamente ou literalmente. Elas dependem do sistema como um todo e do relacionamento interno e externo entre os princípios e direitos fundamentais incidentes. No caso, embora seja um interesse público relevante o ressarcimento, há um valor maior que deve ser considerado: o direito real (efetivo) de o indivíduo se defender de qualquer imputação de responsabilidade que lhe atinja, realizado o devido processo legal. E não é crível imaginar que o cidadão terá condições de se defender sem que possua um prazo certo no qual sabe que possam lhe ser cobradas explicações em face dos seus atos. Se a passagem do tempo muitas vezes torna impossível ao cidadão provar seus direitos perante o Poder Público, quanto mais se defender de acusações (considerando, inclusive, o atualmente tão desvalorizado, mas importantíssimo, princípio da presunção de inocência).[23] (Grifei)

Dois anos após a formulação do Tema nº 666, em agosto de 2018, no julgamento do RE nº 852.475/SP,[24] foi fixada a seguinte tese, consubstanciada no Tema nº 897: **"São imprescritíveis as ações de ressarcimento ao erário fundadas na prática de ato doloso tipificado na Lei de Improbidade Administrativa.".**

Como já mencionei, até então, não havia distinção entre atos de improbidade culposos e dolosos. Tal diferenciação foi proposta pelo ministro Luís Roberto Barroso para resolver a questão processual exposta pelo relator, ministro Alexandre de Moraes, especialmente quanto às ações materialmente objetivas, em que não há verificação de culpa ou dolo para a caracterização da improbidade.

A Lei nº 8.429/1992, ao tratar dos atos que configuram improbidade administrativa, admitiu imputação por culpa apenas nos atos

---

[23] GABARDO, Emerson. A mudança de entendimento do STF sobre a imprescritibilidade das ações de ressarcimento ao erário. *Revista Colunistas de Direito de Estado*, ano 2016, n. 81. Disponível em: http://www.direitodoestado.com.br/colunistas/emerson-gabardo/a-mudancade-entendimento-do-stf-sobreaimprescritibilidade-das-acoes-deressarcimento-ao-erario. Acesso em: 21 maio 2021.

[24] Supremo Tribunal Federal. RE nº 852.475/SP. Plenário. Relator ministro Alexandre de Moraes. Julgado em 08.08.2018.

descritos no art. 10. Para todos os outros, arts. 9º, 10-A e 11, a imputação ocorre apenas a título de dolo.

Dessa forma, somente é imprescritível a pretensão de ressarcimento ao erário envolvendo atos de improbidade praticados dolosamente.[25] Se do ato de improbidade praticado culposamente decorrer prejuízo ao erário, a pretensão de ressarcimento será prescritível e deverá ser proposta no prazo do art. 23 da Lei nº 8.429/1992, que é, em regra, de cinco anos.

Emerson Gabardo e Lucas Saikali,[26] ao examinarem os atos de improbidade, destacam a distinção destes atos para os demais atos ilícitos:

> Entende-se que a improbidade administrativa **não é a mera ilegalidade administrativa, mas sim a ilegalidade qualificada pela desonestidade.** É o agir do gestor público ou de beneficiário da Administração Pública de forma improba. É totalmente equivocada, portanto, a redação legal ao aceitar a modalidade culposa, se causar dano ao erário. Nesse sentido, **a improbidade difere da ilegalidade em sentido estrito, uma vez que não se busca a condenação do eventual gestor ou administrador inábil, de gestão imperfeita dos recursos públicos, pois ausente o elemento da "desonestidade".** (FIGUEIREDO, 2009, p. 49 *apud* GABARDO *et* SAIKALI).

Retomando a importância da questão interpretativa, o reconhecimento, no RE nº 852.475/SP, da conexão hermenêutica[27] entre os §§4º e 5º do art. 37 da Constituição Federal, determinou o entendimento de

---

[25] Para Juliana Fagundes Mafra, em seu artigo intitulado "Primeiros reflexos dos julgamentos dos temas de repercussão geral sobre dano ao erário na jurisprudência do Tribunal de Contas do Estado de Minas", publicado na Revista deste Tribunal (n. 37, v. 2, jul./dez. 2019): *"Apesar de o STF, ao julgar o RE n. 852.475, leading case do Tema 897, ter alcançado a maioria para declarar a prescritibilidade do dano ao erário, ao final do julgamento o tema fixado apenas confirmou o que o dano ao erário decorrente de ato doloso de improbidade administrativa é imprescritível, não alterando o que vinha sendo decidido até então, apesar de as discussões terem indicado a tendência da Corte em declarar prescritíveis os demais casos de dano ao erário.*
A Tese 897 poderia ter efetivamente inovado, declarando passível de prescrição o dano ao erário que não constitua ato doloso de improbidade administrativa, mas não o fez, indicando que a questão ainda não está madura no Supremo Tribunal Federal.".

[26] GABARDO, Emerson; SAIKALI, Lucas Bossoni. A prescritibilidade da ação de ressarcimento ao erário em razão de atos de improbidade administrativa. *Revista Jurídica*, Curitiba, v. 01, n. 50, p. 514-543, 2018.

[27] FERRAZ, Luciano. Segurança Jurídica Positivada: interpretação, decadência e prescritibilidade. *Revista Eletrônica sobre a Reforma do Estado (RERE)*. Salvador: Instituto Brasileiro de Direito Público, n. 22, jun.-ago. 2010. Disponível em: http://www.direitodoestado.com/revista/RERE-22-JUNHO-2010-LUCIANO-FERRAZ.pdf. Acesso em: 21 maio 2021.

que a **imprescritibilidade serve apenas para as ações judiciais que possam levar à tipificação das condutas na Lei de Improbidade Administrativa**, ou seja, a ação judicial de conhecimento que conclui pelo ato ímprobo doloso é pressuposto da ação de ressarcimento ao erário. Quero registrar que vejo na evolução jurisprudencial do STF, ao tratar da (im)prescritibilidade da pretensão de ressarcimento de dano ao erário, uma incontestável e necessária adequação aos parâmetros trazidos à Lei de Introdução às Normas do Direito Brasileiro pela Lei nº 13.655/2018, publicada também em 2018, notadamente ao seu art. 28:

> Art. 28. O agente público responderá pessoalmente por suas decisões ou opiniões técnicas em caso de dolo ou erro grosseiro.

Rodrigo Valgas dos Santos (2020, p. 201),[28] em livro publicado em 2020, cujo título já nos provoca importante reflexão — "Direito Administrativo do Medo" —, ao tratar da casuística disfuncional nas ações de improbidade, diz que:

> De regra os tribunais de contas acabam por impor responsabilidade objetiva ao gestor público, partindo da premissa que por ser ordenador de despesa, deva, necessariamente, defluir sua responsabilidade civil. Sua obrigação originária acaba por transmutar-se, automaticamente em responsabilidade.
>
> Todavia, **a responsabilidade a incidir na espécie é sempre a responsabilidade civil subjetiva** [...].
>
> **Além disso, a mera culpa simples na atual dicção da Lei de Introdução às Normas do Direito Brasileiro – LINDB, não é suficiente para a responsabilização do agente público que atue na condição de ordenador de despesas. É necessário que tenha agido com dolo ou culpa grave no processo de tomada de decisões** [...]. (Grifei)

Em 2020, ao julgar o RE nº 636.886/AL,[29] o STF fixou, por unanimidade, o Tema nº 899, que possui inquestionável repercussão no exercício das competências dos Tribunais de Contas, nos seguintes termos: **"É prescritível a pretensão de ressarcimento ao erário fundada em decisão de Tribunal de Contas."**.

---

[28] SANTOS, Rodrigo Valgas do. *Direito administrativo do medo*: risco e fuga da responsabilização dos agentes públicos. Thomson Reuters Brasil, 2020.

[29] Supremo Tribunal Federal. RE nº 636.886/AL. Plenário. Relator ministro Alexandre de Moraes. Julgado em 20.04.2020.

A posição ora firmada modifica o entendimento do próprio STF consolidado no MS nº 26.210/DF que citei inicialmente, indicado como precedente acerca da imprescritibilidade dos processos de competência dos Tribunais de Contas.

Em primoroso artigo, Daniel Giotti de Paula[30] esclarece acerca dos precedentes:

> O que seria precedente? Ravi Peixoto, após estabelecer que seria essa uma categoria da teoria do direito, diferencia precedentes próprio e impróprio.
>
> O sentido próprio faria "referência a todo o ato decisório, abarcando o relatório, a fundamentação e o dispositivo. Nesse aspecto, **o precedente é texto, é fonte do direito. A partir dele e das decisões posteriores é que será formada a norma geral".[31] Importa, porém, o sentido impróprio, mais restrito, que seria o aspecto normativo do precedente, "refere-se à *ratio decidendi*, ou seja, a norma jurídica a ser desenvolvida a partir da decisão enquanto texto a ser interpretado".[32]**
>
> **Precedente se torna algo importante por se relacionar à segurança jurídica, por ser algo que permita que se conheça o direito, possa-se confiar na sua estabilidade, protegendo-se situações consolidadas no passado, e prever as condutas, a projeção para o futuro, com a possibilidade de saber as consequências aplicáveis a atos e fatos no tempo.**
>
> **Trata-se das três dimensões da segurança jurídica: cognoscibilidade, confiabilidade e calculabilidade.[33]** A todo modo, **trata-se de uma tutela da previsibilidade**, o que motivou a que no Código de Processo Civil tenha se previsto pelo artigo 927, §3º, que "na hipótese de alteração de jurisprudência dominante do Supremo Tribunal Federal e dos tribunais superiores ou daquela oriunda de julgamento de casos repetitivos, pode haver modulação dos efeitos da alteração no interesse social e no da segurança jurídica". (Grifei)

---

[30] PAULA, Daniel Giotti de. A superação de precedente na exclusão da base de cálculo do PIS e da COFINS (ou o STF decidindo o que é precedente e as consequências da alteração da jurisprudência). *Revista Colunistas de Direito de Estado*, ano 2021, n. 481. Disponível em: http://www.direitodoestado.com.br/colunistas/daniel-giotti/a-superacao-de-precedente-na-exclusao-da-base-de-calculo-do-pis-e-da-cofins-ou-o-stf-decidindo-o-que-e-precedente-e-as-consequencias-da-alteracao-da-jurisprudencia. Acesso em: 21 maio 2021.

[31] PEIXOTO, Ravi. *Superação do precedente e modulação de efeitos*. Salvador: Juspodium, 2021. p. 108 (prelo).

[32] *Idem*.

[33] ÁVILA, Humberto. *Segurança jurídica*: entre permanência, mudança e realização no direito tributário. São Paulo: Malheiros, 2011.

O RE nº 636.886/AL foi interposto contra acórdão do Tribunal Regional Federal, que manteve sentença do juiz de primeiro grau, que reconheceu de ofício a prescrição de um título executivo decorrente de decisão do Tribunal de Contas da União (TCU) em uma tomada de contas especial. De acordo com a sentença, "a União não realizou diligências efetivas depois de decorridos mais de cinco anos do pronunciamento que determinou o arquivamento provisório da execução". O juízo de primeira instância reconheceu a prescrição intercorrente com fundamento no art. 40, §4º, da Lei nº 6.830/1980 (Lei de Execução Fiscal), ou seja, aplicou a norma de prescrição da dívida ativa da Fazenda Pública em um título executivo do TCU decorrente de decisão condenatória de ressarcimento ao erário.

De início, a União, por meio do RE nº 636.886/AL, atacou o acórdão do Tribunal Regional Federal por entender pela impossibilidade de prescrição dos títulos executivos já emitidos pelos Tribunais de Contas. Tanto este era o objeto do recurso que, ainda hoje, muitos Tribunais de Contas insistem na incidência da imprescritibilidade no bojo dos processos de controle externo, sob o argumento de que o referido recurso não tratou de prazo prescricional na fase de constituição do título executivo, já que o caso concreto se referia à fase executória de título já constituído.

Ora, devo frisar que a norma que fundamenta a imprescritibilidade das ações de ressarcimento ao erário é a mesma tanto para a constituição do título executivo, quanto para a sua execução: §5º do art. 37 da Constituição Federal. Inclusive, nesse ponto, trago à baila para contribuir com o meu raciocínio, a Súmula nº 150 do STF: "Prescreve a execução no mesmo prazo da prescrição da ação.".

Concordo que, no acórdão que reconheceu a repercussão geral, houve uma ampliação do tema para decidir-se sobre o alcance da regra estabelecida no §5º do art. 37 da Constituição Federal relativamente a pretensões de ressarcimento ao erário fundadas em decisões de Tribunais de Contas.

Todavia, essa ampliação encontra guarida no art. 322, parágrafo único, do Regimento Interno do STF (RISTF)[34] pela existência de

---

[34] Art. 322. O Tribunal recusará recurso extraordinário cuja questão constitucional não oferecer repercussão geral, nos termos deste capítulo. (Redação dada pela Emenda Regimental n. 21, de 30 de abril de 2007).
Parágrafo único. Para efeito da repercussão geral, será considerada a existência, ou não, de questões que, relevantes do ponto de vista econômico, político, social ou jurídico, ultrapassem os interesses subjetivos das partes. (Redação dada pela Emenda Regimental n. 21, de 30 de abril de 2007).

questões relevantes do ponto de vista econômico, político, social ou jurídico, que ultrapassam os interesses subjetivos das partes, conferindo certo grau de abstração à questão, o que configura requisito para o reconhecimento da repercussão geral.

Em seu relatório, o ministro Alexandre de Moraes, relator do RE nº 636.886/AL, destacou:

> A excepcionalidade reconhecida pela maioria do Supremo Tribunal Federal no Tema 897, não se encontra presente, uma vez que, no processo de tomada de contas, o TCU não julga pessoas, não perquirindo a existência de dolo decorrente de ato de improbidade administrativa, mas, especificamente, realiza o julgamento técnico das contas a partir da reunião dos elementos objeto da fiscalização e apurada a ocorrência de irregularidade de que resulte dano ao erário, proferindo o acórdão em que se imputa o débito ao responsável, para fins de se obter o respectivo ressarcimento.

E, ainda, acrescentou "[...] **não ser legítimo o sacrifício de direitos fundamentais dos indivíduos, como forma de compensar a ineficiência da máquina pública"**.

O ministro Gilmar Mendes, em seu voto vogal, ao conjugar a análise dos Temas 666 e 897 no RE nº 636.886/AL, concluiu que:

> Da conjugação de tais precedentes firmados em repercussão geral, sobressai a conclusão de que, **em regra, as ações de ressarcimento ao erário são prescritíveis, salvo as ações fundadas especificamente na prática de ato doloso tipificado na Lei 8.429/1992.**
>
> **Isso inclui, por óbvio, todas as demandas que envolvam pretensão do Estado de ser ressarcido pela prática de qualquer ato ilícito, seja ele de natureza civil, administrativa ou penal, ressalvadas as exceções constitucionais (art. 5º, XLII, e XLIV, CF) e a prática de ato doloso de improbidade administrativa (excluindo-se os atos ímprobos culposos, que se submetem à regra prescricional).**
>
> O que se percebe, portanto, é a necessidade de revisão da jurisprudência consolidada no âmbito desta Corte, no MS 26.210, Rel. Min. Ricardo Lewandowski, Pleno, DJe 10.10.2008, mais especificamente em relação ao ressarcimento ao erário decorrente de acórdão da Corte de Contas.

Mais adiante, resgatando os trabalhos da Assembleia Nacional Constituinte no tocante à redação do dispositivo constitucional em análise, buscou o ministro Gilmar Mendes demonstrar inclusive a intenção do Constituinte:

A questão veio à tona no Substitutivo 2 do relator da Comissão de Sistematização e foi mantida no Projeto A, do início do 1º Turno de votação, com a seguinte redação:

"A lei estabelecerá os prazos de prescrição para ilícitos praticados por qualquer agente, servidor ou não, que causem prejuízos ao erário, **ressalvadas as respectivas ações de ressarcimento, que serão imprescritíveis**".

Do Projeto B em diante **até a promulgação do texto, a expressão "que serão imprescritíveis" foi suprimida, o que nos orienta no sentido de que a imprescritibilidade das ações de ressarcimento não fora pretendida pelo Constituinte**. O dispositivo, tal como promulgado, prevê que a lei em sentido formal estabelecerá os prazos de prescrição para ilícitos praticados por qualquer agente público, servidor ou não, que causem prejuízos ao erário, excluindo expressamente as ações de ressarcimento. Tal fato não tem o condão de garantir a imprescritibilidade das ações de reparação de danos ao erário [...]. (Grifei)

Em seguida, ao citar o art. 6º, inciso II, da Instrução Normativa nº 71/2012 do TCU, que dispensa a instauração da tomada de contas especial se houver transcorrido prazo superior a 10 anos entre a data provável de ocorrência do dano e a primeira notificação dos responsáveis pela autoridade administrativa competente, aduz:

Vê-se, pois, que a própria Corte de Contas Federal reconhece a dispensa de instauração de tomada de contas especial quando superado o prazo de *"(dez) anos entre data provável de ocorrência do dano e a primeira notificação dos responsáveis pela autoridade administrativa competente"*, **constatação da qual se deflui o claro reconhecimento administrativo de que o decurso do tempo decenal impede o prosseguimento das medidas administrativas cabíveis para desaguar na cobrança de ressarcimento ao erário.**

Dito isso, **assento que é prescritível a pretensão de ressarcimento ao erário fundada em decisão de Tribunal de Contas, restando saber qual seria o seu transcurso: cinco ou dez anos.**

[...]

Considerando que a atividade de controle externo, a cargo do Poder Legislativo e auxiliado pelo Tribunal de Contas, é exercida, *mutatis mutandis*, como poder de polícia administrativa *lato sensu*, cujo objeto é agir preventiva ou repressivamente em face da ocorrência de ilícito que possa causar ou cause prejuízo ao erário, **entendo aplicável o prazo quinquenal punitivo para os casos de ressarcimento aos cofres públicos, salvo em se tratando de fato que também constitua crime, ocasião em que a prescrição reger-se-á pelo prazo previsto na lei penal.**

Até porque, como garantia fundamental do cidadão fiscalizado, conforme visto, é **etapa obrigatória a efetivação do contraditório e da ampla defesa no processo de tomada de contas para que, após o regular processo administrativo, culmine-se com o título executivo extrajudicial que enseje a cobrança judicial visando ao ressarcimento ao erário.** (Grifei)

Finalizando seu voto vogal, o ministro Gilmar Mendes apresenta a seguinte conclusão sobre os prazos prescricionais:

Por oportuno, **registro a incidência de prazos diferenciados a depender da fase fiscalizatória em que se encontre o fato que cause prejuízo ao erário.**

Primeiro, **há prazo decadencial (prescricional punitivo, nos termos da lei) quinquenal entre a data da prestação de contas e o início da fase preliminar de tomada de contas especial** (citação ou notificação do interessado ou responsável pela prestação de contas na fase preliminar de tomada de contas pelos órgãos internos ou externos), **com a observância de causas de interrupção** (retificação da prestação de contas pelo responsável) **e de suspensão** (enquanto durar a fiscalização preliminar realizada pelo controle interno do Ente Público, diante da inexistência de inércia estatal na averiguação do fato). Pela obviedade, em se tratando de ato de fiscalização prévia (controle externo preventivo), sequer existe a inércia estatal a justificar o início de qualquer decurso de tempo.

Secundariamente, **uma vez iniciada a tomada de contas pelo órgão de controle interno ou externo, de forma preliminar, em decorrência de ser causa interruptiva legal, reinicia-se novo prazo decadencial (prescricional punitivo) até a decisão condenatória recorrível pelo Tribunal de Contas.**

Terceiro, **a contar da decisão final do Tribunal de Contas, inicia-se prazo prescricional (próprio) para ajuizamento da correspondente ação de execução.**

[...]

Por conseguinte, **há, em regra, prazos quinquenais diferenciados a depender da fase fiscalizatória em que se encontre o fato que cause prejuízo ao erário: fase administrativo-fiscalizatória** (prazo decadencial ou prescricional punitivo) e **fase executória** (prazo prescricional próprio), observadas as causas suspensivas ou interruptivas dos cômputos. (Grifei)

Em recente artigo[35] sobre o Tema nº 899, Luciano Ferraz cita o julgamento da ADI nº 5259/SC[36] contra a Lei Complementar estadual nº 588/2013[37] de Santa Catarina, que instituiu prazo quinquenal de prescrição para processos administrativos submetidos à apreciação do Tribunal de Contas do Estado de Santa Catarina. Ao acrescentar o art. 24-A à Lei Complementar estadual nº 202/2000, estabeleceu o prazo de cinco anos para análise e julgamento de todos os processos administrativos relativos a administradores e demais responsáveis que praticarem ilícitos ofensivos ao erário. No caso, o STF declarou a lei constitucional reiterando a tese firmada no julgamento do RE nº 636.886/AL. De acordo com Ferraz (2021):

> Nos termos do voto do relator, ministro Marco Aurélio, **a fixação de prazo para análise e julgamento de processos administrativos em curso no Tribunal de Contas não é incompatível com o artigo 37, §5º, da Constituição, apresentando-se, portanto, como subordinado ao prazo de fulminação (decadência ou prescrição).**
>
> Ao acompanhar o relator, **o ministro Alexandre de Moraes acrescentou, referindo-se ao RE 636.886, que a pretensão de ressarcimento ao erário fundada em decisão de Tribunal de Contas é prescritível,** havendo de prevalecer na espécie a orientação do Tema 666 do STF: "*É prescritível a ação de reparação de danos à Fazenda Pública decorrente de ilícito civil.*". (Grifei)

Em recentes decisões prolatadas em mandados de segurança, os ministros do STF têm enfrentado o Tema nº 899 e afirmado que a atuação dos Tribunais de Contas, em tomada de contas especial, não está abarcada pela exceção constitucional de imprescritibilidade estatuída na parte final do §5º do art. 37 da Constituição Federal, pois a mencionada exceção tem âmbito de aplicação restrito às ações de ressarcimento ao erário fundadas na prática de ato doloso tipificado na Lei de Improbidade Administrativa. Assim, sem prejuízo de que a União, se assim entender, persiga os valores referentes ao ressarcimento do dano

---

[35] FERRAZ, Luciano. The walking dead na Administração Pública – Temporada 1 (Prescrição e TCU). *Consultor Jurídico.* Janeiro de 2021. Disponível em: https://www.conjur.com.br/2021-jan-07/interesse-publico-the-walking-dead-administracao-publica-temporada#_ftn1. Acesso em: 21 maio 2021.

[36] Supremo Tribunal Federal. ADI nº 5259/SC. Plenário. Relator ministro Marco Aurélio. Sessão virtual em 14.12.2020.

[37] Disponível em: http://leis.alesc.sc.gov.br/html/2013/588_2013_lei_complementar.html. Acesso em: 24 maio 2021.

na esfera judicial, o STF tem declarado a ocorrência da prescrição da pretensão de ressarcimento fundada em decisão do TCU.

No MS nº 37.089/DF,[38][39] impetrado contra o Acórdão nº 2.705/2019-TCU/Plenário, no qual o TCU julgou as contas irregulares e determinou o pagamento de multa e o ressarcimento ao erário, o relator ministro Ricardo Lewandowski informa que:

> Com base no acórdão supratranscrito, a Corte de Contas sustenta que a tese firmada no julgamento do Tema 899 da Repercussão Geral, a saber, de que "é prescritível a pretensão de ressarcimento ao erário fundada em decisão de Tribunal de Contas", **seria aplicável apenas à fase de execução da pretensão de ressarcimento fundada em acórdão de Tribunais de Contas, impossibilitando a sua aplicação ao caso dos autos.**
>
> *In casu*, conforme relatado, está-se diante de controle externo exercido pelo TCU com vistas **à aplicação das sanções previstas em lei e ao ressarcimento de valores, em caso de ilegalidade de despesa ou irregularidade de contas.**
>
> [...]
>
> Assim, faz-se necessário levar em consideração que os fatos objeto da apuração conduzida pela Corte de Contas remontam aos anos de 2009 e 2010, enquanto a citação nos autos do TC 028.371/2016-0, com a efetiva comunicação do ora impetrante, aconteceu em 9/12/2016 (pág. 1 do documento eletrônico 14), **ou seja, mais de 5 anos após a prática do ato.**
>
> Nesses termos, aplicando-se a regulamentação da Lei 9.873/1999 ao caso concreto, **observa-se que a pretensão sancionatória do TCU em relação aos atos praticados pelo impetrante prescreveu 5 anos após a ocorrência do fato.** Esse também foi o entendimento ao qual chegou o Ministério Público Federal:
>
>> Em razão disso, em que pese a gravidade dos fatos imputados pelo Tribunal de Contas da União, no acórdão condenatório n. 2705/2019-TCU-Plenário, nos autos da Tomada de Contas Especial n. 028.371/216-0, **observa-se o transcurso prazo prescricional de 05 (cinco) anos entre a data das irregularidades apontadas, no período de 17.07.2009 a 10.12.2010, e a instauração do processo administrativo em que aplicadas as sanções, em 04.10.2016.** (pág. 5 do documento eletrônico 211).

---

[38] Supremo Tribunal Federal. Mandado de Segurança nº 37.089/DF. Relator ministro Ricardo Lewandowski. Decisão monocrática publicada em 16.11.2020.

[39] Foi interposto agravo regimental que não foi julgado até esta data (25.05.2021).

No mesmo sentido são as manifestações exaradas pelo MPF nos autos do MS 35.430/DF, de relatoria do Ministro Alexandre de Moraes e do MS 35.165/DF, de relatoria do Ministro Gilmar Mendes.

Isso posto, adotando o entendimento apresentado no parecer ministerial, concedo a segurança para **declarar a ocorrência da prescrição da pretensão punitiva do Tribunal de Contas da União, em relação às infrações imputadas ao ora paciente nos autos da TC 028.371/2016-0, sem prejuízo de que a União, se assim entender, persiga os valores referentes ao ressarcimento dos danos na esfera judicial.** (Grifei)

No Ag. Reg no MS n.º 34.467/DF,[40] interposto contra a decisão unipessoal por meio da qual, com supedâneo no art. 205 do RISTF,[41] a relatora ministra Rosa Weber concedeu a ordem para anular as deliberações proferidas pelo TCU na Tomada de Contas Especial TC nº 575.497/1998-0, o TCU argumentou a inexistência de jurisprudência consolidada e específica sobre o tema a justificar a aplicação do art. 205 do RISTF pela relatora:

> Com a devida vênia, **não há precedente específico desse Supremo Tribunal Federal sobre a matéria discutida neste processo**, consubstanciada na incidência de prazo prescricional ou decadencial, **no tocante à pretensão de ressarcimento ao erário, na fase prévia à formação do título executivo extrajudicial** (procedimento de tomada de contas especial).
>
> Com efeito, **são invocados, na decisão agravada, os seguintes precedentes**: RE-RG nº 669.069, Rel. Min. Teori Zavascki, DJe 28.04.2016 **(Tema nº 666)**; RE-RG nº 852.475, Rel. Min. Alexandre de Moraes, Red. p/Acórdão Min. Edson Fachin, DJe 25.03.2019 **(Tema nº 897)**; RE-RG nº 636.886, Rel. Min. Alexandre de Moraes, DJe 24.06.2020 **(Tema nº 899)**.
>
> Conquanto todos esses julgados versem sobre a interpretação da parte final do art. 37, §5º, da Constituição — segundo o qual "lei estabelecerá os prazos de prescrição para ilícitos praticados por qualquer agente, servidor ou não, que causem prejuízos ao erário, ressalvadas as respectivas ações de ressarcimento" —, é possível afirmar que nenhum deles trata da matéria discutida neste processo.

---

[40] Supremo Tribunal Federal. Ag. Reg. no Mandado de Segurança nº 34.467/DF. Primeira Turma. Relatora ministra Rosa Weber. Sessão virtual em 05.03.2021.

[41] **Capítulo II** – DO MANDADO DE SEGURANÇA
[...]
Art. 205. Recebidas as informações ou transcorrido o respectivo prazo, sem o seu oferecimento, o Relator, após vista ao Procurador-Geral, pedirá dia para julgamento, ou, quando a matéria for objeto de jurisprudência consolidada do Tribunal, julgará o pedido. (Redação dada pela Emenda Regimental nº 28, de 18 de fevereiro de 2009).

[...]

Vê-se, pois, que **esse Supremo Tribunal Federal ainda não se manifestou, de forma conclusiva, sobre o tratamento jurídico a ser conferido ao lapso temporal decorrido entre o ato lesivo ao erário e a decisão condenatória proferida pela Corte de Contas.** Por conseguinte, não se revela possível potencializar o alcance da solução preconizada no referido precedente, de modo a alcançar o caso sob análise.

[...]

Em verdade, inexistindo precedente específico que tenha afastado a imprescritibilidade das pretensões de ressarcimento ao erário durante a fase administrativa do julgamento de contas, permanece hígida a diretriz jurisprudencial firmada pelo Plenário desse Excelso Pretório por ocasião do julgamento, em 2008, do Mandado de Segurança nº 26.210, Rel. Min. Ricardo Lewandowski, DJe 10.10.2008.

[...]

[...] **mesmo que a tese fixada por ocasião do julgamento do RE-RG nº 636.886 também abarcasse a fase anterior à formação do título executivo extrajudicial — o que se admite apenas para fins argumentativos —, não se pode admitir a sua aplicação aos acórdãos do Tribunal de Contas da União prolatados anteriormente ao julgamento do referido paradigma de repercussão geral, em homenagem aos princípios da segurança jurídica e da boa-fé objetiva.**

Conforme demonstrado no tópico anterior, a jurisprudência dessa Suprema Corte consolidou-se no sentido da imprescritibilidade de todas as pretensões de ressarcimento ao erário, tendo em vista o disposto no art. 37, §5º, da Constituição. Tal entendimento jurisprudencial orientou, durante todos esses anos, o proceder do Tribunal de Contas da União, que, de modo a melhor espelhá-lo, editou a já mencionada Súmula nº 282.

Não há dúvida, portanto, que se está diante de uma mudança de jurisprudência. Desse modo, como corolário do princípio da segurança jurídica e da proteção da confiança legítima, o novo entendimento deve ser aplicado de forma prospectiva (*ex nunc*), não abarcando as situações já consolidadas.

[...]

Por conseguinte, **mesmo que se entendesse,** *ad argumentandum tantum,* **aplicável ao caso dos autos a tese fixada por ocasião do julgamento do RE-RG nº 636.886, ela não poder ser invocada como fundamento para o desfazimento do ato do Tribunal de Contas da União impugnado, tendo em vista ter sido proferido em data anterior ao julgamento do mérito do mencionado paradigma de repercussão geral.** (Grifei)

Em seu voto, aprovado por unanimidade pela Primeira Turma, a ministra Rosa Weber, após mencionar os recursos extraordinários paradigmáticos e que deram origem aos Temas n°s 897 e 899, consignou que:

> Houve, assim, adequada aplicação à espécie do art. 205 do RISTF, uma vez que, à luz da jurisprudência consolidada desta Suprema Corte, **a atuação do Tribunal de Contas da União, em tomada de contas especial, não está abarcada pela exceção constitucional de imprescritibilidade, estatuída na parte final do §5º do art. 37 da Magna Carta**. Isso porque, como se extrai dos precedentes a que me reportei, a mencionada exceção tem âmbito de aplicação restrito às ações de ressarcimento ao erário fundadas na prática de ato doloso tipificado na Lei de Improbidade Administrativa.
>
> [...]
>
> **Verifico que, quer no RE nº 852475, com acórdão já transitado em julgado, quer no RE nº 636886, em que pendente o julgamento de embargos de declaração, não houve até o momento qualquer deliberação desta Casa no sentido de emprestar efeito prospectivo ao ali decidido. <u>Vale dizer que situações anteriores também são alcançadas pelo entendimento assentado ao julgamento dos mencionados recursos extraordinários paradigmáticos</u>, ausente, à luz do art. 927, §3º, do Código de Processo Civil, decisão implementadora de modulação temporal de efeitos.**
>
> **Afigura-se, portanto, superada, no âmbito desta Suprema Corte, compreensão segundo a qual a atividade do Tribunal de Contas da União, em tomada de contas especial, seria desenvolvida sob o signo da imprescritibilidade, no tocante a eventual imputação de débito, para efeito de ressarcimento ao erário.**
>
> [...]
>
> Situada a atuação do TCU em tomada de contas especial fora do restrito e excepcional alcance da imprescritibilidade estatuída no art. 37, §5º, parte final, da Magna Carta, reitero, portanto, que, na espécie, até mesmo o lapso temporal mais dilatado previsto para o exercício de pretensão na seara civil, qual seja, o de dez anos, restou ultrapassado, circunstância que ensejou a concessão da ordem mandamental, por meio da decisão unipessoal ora agravada.
>
> Registro, em acréscimo, que eventual aplicação à espécie do art.1º da Lei nº 9.873/1999, para **regular a atuação do TCU, na imputação de débito, e não apenas na aplicação de multa ou outras sanções** (MS 32.201, Rel. Min. Roberto Barroso, Primeira Turma, DJe de 07.8.2017; e MS 35.940, Rel. Min. Luiz Fux, Primeira Turma, DJe de 14.7.2020), como sinalizado em decisões monocráticas de alguns de meus eminentes pares (exemplificativamente: MS 37.628, Rel. Min. Cármen Lúcia, DJe

de 04.02.2021; MS 37.423, Rel. Min. Dias Toffoli, DJe de 04.02.2021; e MS 37.368 MC, Rel. Min. Marco Aurélio, DJe de 28.10.2020), em nada modificaria a conclusão esposada na decisão unipessoal agravada. Isso não apenas porque, como já enfatizei, o lustro a que alude o mencionado dispositivo legal é inferior ao decênio, que parametrizou a argumentação desenvolvida na decisão agravada e ora retomada neste voto, mas também porque, quer nas informações, quer no presente agravo interno, a autoridade impetrada não indicou a ocorrência, entre a data da primeira citação válida na tomada de contas especial e a da deliberação que primeiro imputou débito à impetrante, ora agravante, de marcos interruptivos suscetíveis de afastar a incidência do cutelo prescricional quinquenal.

Assim por qualquer ângulo que se examine a pretensão, concluo pela insuficiência das razões da parte agravante para modificar a decisão agravada, balizada na jurisprudência desta Suprema Corte a respeito do tema, traduzindo o presente recurso mero inconformismo e resistência em pôr fim à demanda. (Grifei)

Resumidamente, o STF resolveu pacificar a questão atinente ao §5º do art. 37 da Constituição Federal e o fez por meio de teses firmadas em repercussão geral, correspondendo aos Temas nºs 666, 897 e 899.[42]

No primeiro, consolidando a tese de que **"é prescritível a ação de reparação de danos à Fazenda Pública decorrente de ilícito civil".** No segundo, fixando a tese de que **"são imprescritíveis as ações de ressarcimento ao erário fundadas na prática de ato doloso tipificado na Lei de Improbidade Administrativa".** E, no último, a tese de que **"é prescritível a pretensão de ressarcimento ao erário fundada em decisão de Tribunal de Contas".**

Em consulta ao sítio eletrônico do Supremo Tribunal Federal na data de 23/8/2021, constatei que os Embargos de Declaração no Recurso Extraordinário 636886 (Tema 899) foram julgados pelo Plenário Virtual em 20/08/2021.

Cabe ressaltar que o voto vencedor do Ministro Alexandre de Moraes, com a divergências dos ministros Roberto Barroso e Edson Fachin, rejeitou os embargos de declaração aviados – sem qualquer modulação de efeitos da decisão exarada no Acórdão do Recurso Extraordinário 636886.

---

[42] Os autos do RE nº 636.886/AL estão conclusos para decisão em embargos de declaração opostos pela União.

Após detida leitura do voto condutor, destaco a sua parte final assim enunciada, *verbis*:

[...]

Por fim, registro que não se mostram presentes os requisitos necessários à modulação de efeitos, seja para a preservação da segurança jurídica, seja para o atendimento a excepcional interesse social.

Como também já asseverei, no meu voto, as repercussões econômico-financeiras ao Estado não legitimam o sacrifício de direitos fundamentais dos indivíduos, como forma de compensar a ineficiência da máquina pública.

O Direito oferece um caminho para eventual cobrança de quantias devidas ao Erário quando, exsurgindo elementos consistentes da atuação consciente e dolosa, no sentido de má gestão e dilapidação do patrimônio público, abre-se a possibilidade de ajuizamento da ação civil pública por ato de improbidade administrativa, na qual (a) os acusados terão plenas oportunidades de defesa; e (b) a condenação ao ressarcimento, comprovado o agir doloso, será imprescritível, na forma da jurisprudência desta CORTE.

Realço, ainda, nos autos da decisão do Recurso Extraordinário em questão, que o Min. Alexandre de Moraes entendeu que...

as razões que levaram a maioria da CORTE a estabelecer excepcional hipótese de imprescritibilidade, no tema 897, não estão presentes em relação às decisões do Tribunal de Contas que resultem imputação de débito ou multa, e, que, nos termos do §3º, do artigo 71 da CF, tem eficácia de título executivo; sendo, portanto, prescritível a pretensão de ressarcimento ao erário fundada nessas decisões; uma vez que, (a) a Corte de Contas, em momento algum, analisa a existência ou não de ato doloso de improbidade administrativa; (b) não há decisão judicial caracterizando a existência de ato ilícito doloso, inexistindo contraditório e ampla defesa plenos, pois não é possível ao imputado defender-se no sentido da ausência de elemento subjetivo.

E que, ainda,

analisando detalhadamente o tema da prescritibilidade de ações de ressarcimento, este SUPREMO TRIBUNAL FEDERAL concluiu que somente são imprescritíveis as ações de ressarcimento ao erário fundadas na prática de ato de improbidade administrativa doloso tipificado na Lei de Improbidade Administrativa Lei 8.429/1992 (TEMA 897). Em relação a todos os demais atos ilícitos, inclusive àqueles atentatórios à probidade da administração não dolosos e aos anteriores à edição da Lei 8.429/1992, aplica-se o TEMA 666, sendo prescritível a ação de reparação de danos à Fazenda Pública (item 2 da Ementa do RE 636886).

Pois bem, em interpretação sistêmica dos Tema 666, 897 e 899, compreendo que o Supremo Tribunal Federal corrobora com o atual entendimento deste Tribunal de Contas acerca da possibilidade de reconhecimento da prescrição da pretensão ressarcitória, pois o Pretório Excelso decidiu que a imprescritibilidade das pretensões de ressarcimento só seria aplicável nos casos de ressarcimento ao erário fundadas na prática de ato de improbidade administrativa doloso tipificado na Lei de Improbidade Administrativa (Lei 8.429/1992).

Destaco que, ainda que, no exercício de suas atribuições, esteja sob exame ato de gestão que, em tese, possa configurar ato de improbidade administrativa, tal fato não autoriza o Tribunal de Contas a se manifestar quanto à adequação da conduta aos tipos previstos na Lei nº 8.429/1992, seja porque, em conformidade com a referida lei, essa manifestação compete exclusivamente ao Poder Judiciário, seja porque, nos processos de controle externo, embora haja a observância dos princípios constitucionais do contraditório e da ampla defesa,[43] não se abre ao responsável ou ao interessado a possibilidade de se defender com a mesma extensão e as mesmas garantias existentes no processo judicial. Na realidade, existem significativas diferenças entre o processo judicial e o de controle externo, conforme adiante exposto.

O primeiro ponto de diferenciação que entendo imprescindível realçar diz respeito ao fato de que o processo judicial somente pode ser instaurado "mediante provocação de uma das partes (o autor) que, por ser titular de um interesse conflitante com o de outra parte (o réu), necessita da intervenção de terceira pessoa (o juiz)",[44] caracterizando-se pela formação de uma relação triangular, composta pelo autor, pelo juiz e pelo réu. Por outro lado, o processo de controle externo, como qualquer processo administrativo, pode ser instaurado mediante provocação ou

---

[43] Nos termos do disposto no art. 183 do Regimento Interno (Resolução nº 12/2008), o contraditório e a ampla defesa, nos processos de competência deste Tribunal, serão assegurados aos responsáveis e aos interessados por meio de: vista e cópia dos autos; apresentação de documentos, justificativas e alegações escritas; sustentação oral, perante o Tribunal Pleno e as Câmaras; obtenção de certidões e informações; conhecimento das decisões do Tribunal; e interposição de recursos.

[44] DI PIETRO, Maria Sylvia Zanella. *Direito Administrativo*. 29. ed. Rio de Janeiro: Forense, 2016. p. 766.

por iniciativa do próprio Tribunal de Contas, e é constituído por uma relação bilateral, estando, de um lado, o responsável ou o interessado, que pode ser uma pessoa física ou jurídica, e, de outro, o Tribunal de Contas, que, ao decidir, **não age como terceiro estranho à controvérsia**, mas sim como órgão de fiscalização legitimado a defender o interesse da coletividade e o patrimônio do órgão ou entidade afetada pelo suposto ilícito praticado, nos limites que lhe são impostos por lei.

Em decorrência da relação bilateral formada nos processos administrativos, Maria Sylvia Zanella Di Pietro assevera que as decisões proferidas nesses processos poderão ser revistas no Poder Judiciário com fundamento no princípio da inafastabilidade da tutela jurisdicional, previsto no art. 5º, inciso XXXV, da Constituição Federal.[45]

Quanto à eficácia das decisões dos Tribunais de Contas, na obra denominada *O valor das decisões do Tribunal de Contas da União sobre irregularidades em contratos*, Carlos Ari Sundfeld e outros autores afirmam que:

> Não existe, no direito brasileiro, reserva de competência para o TCU decidir, com exclusividade ou com efeito de coisa julgada judicial, sobre a existência de irregularidade ou dano em contrato estatal. O Judiciário possui jurisdição autônoma e plena a respeito dessas questões.[46]

Outro ponto de distinção que merece ser salientado refere-se ao **ônus da prova**. Explico-me: numa ação judicial de improbidade administrativa com pedido de ressarcimento ou numa ação judicial autônoma de ressarcimento, o ônus da prova sobre o efetivo prejuízo ao erário, sobre a responsabilidade de quem lhe deu causa e sobre a existência de dolo na conduta do responsável incumbe àquele que pleiteia a reparação. Já no processo de controle externo, **com destaque para a tomada de contas especial**, há a inversão do ônus da prova, na medida em que caberá àquele que recebeu os recursos públicos comprovar que os aplicou de forma adequada e regular. Nessa circunstância, se não houver a comprovação da adequada e regular aplicação dos recursos públicos, presume-se o comportamento culposo

---

[45] DI PIETRO, Maria Sylvia Zanella. *Direito Administrativo*. 29. ed. Rio de Janeiro: Forense, 2016. p. 766.

[46] SUNDFELD, Carlos Ari *et al.* O valor das decisões do Tribunal de Contas da União sobre irregularidades em contratos. *Revista do Direito GV*, São Paulo, v. 13, n. 3, p. 866-890, set./dez. 2017. Disponível em https://www.scielo.br/pdf/rdgv/v13n3/1808-2432-rdgv-13-03-0866.pdf. Acesso em: 11 maio 2021.

do agente e a ocorrência do dano ao erário, estando o Tribunal de Contas autorizado a imputar-lhe sanção (pretensão punitiva) e débito (pretensão de ressarcimento). Complemento, dizendo que a inversão do ônus da prova na situação aqui narrada encontra respaldo no parágrafo único do art. 70 da Constituição Federal, que dispõe sobre o dever jurídico de prestar contas de todo aquele que administra recursos públicos.[47]

Em virtude dessa distinção do ônus da prova entre o processo de controle externo, no caso a **tomada de contas especial**, e o processo judicial, o Superior Tribunal de Justiça (STJ), no Recurso Especial nº 1.480.350/RS,[48] decidiu que a prescrição incide não apenas sobre a pretensão punitiva do TCU, mas também sobre a sua pretensão de ressarcimento. A título de elucidação, transcrevo excerto do voto do relator, ministro Benedito Gonçalves:

> [...] os autos não versam sobre o exercício do direito de ação, ou seja, de pedir ressarcimento perante o Poder Judiciário. Ao contrário, tratam da imputação de débito e aplicação de multa promovida pelo Tribunal de Contas da União, no exercício do seu poder/dever de velar pelas contas públicas, mediante atuação administrativa, oportunidade em que não há falar em exercício do direito de ação.

> Trata-se de procedimento de controle das finanças públicas, de grande valia, a fim de constituir crédito não tributário, no caso de contas julgadas irregulares, com reconhecido status de título executivo extrajudicial, nos termos dos arts. 19, *caput*, e 24 da Lei 8.443/92 [...].

> Sob esse prisma, o ônus da prova do adequado e regular emprego das verbas públicas é imputado, como não poderia ser diferente, ao responsável pela utilização dos valores repassados pela União. Assim, a não comprovação da adequada aplicação dos recursos públicos traduz, <u>apenas por presunção</u>, a ocorrência de prejuízo ao erário e, consequentemente, a imputação do débito e multa ao gestor falho ou faltoso. E nesse ponto reside o principal fundamento para entender que a atuação administrativa está sujeita a prazo para a constituição do crédito não tributário.

---

[47] O comando do parágrafo único do art. 70 da Constituição Federal foi reproduzido no §2º do art. 74 da Constituição do Estado.

[48] Superior Tribunal de Justiça. Recurso Especial nº 1.480.350/RS. Primeira Turma. Relator ministro Benedito Gonçalves. Julgado em 05.04.2016. O mesmo entendimento a respeito da aplicação da prescrição sobre a pretensão punitiva e de ressarcimento do Tribunal de Contas da União também foi defendido pela Segunda Turma do Superior Tribunal de Justiça no Recurso Especial nº 1.464.480/PE, de relatoria do ministro Francisco Falcão, julgado em 13.06.2017.

Enquanto que na tomada de contas especial o ônus da prova incumbe ao responsável pela aplicação dos recursos repassados, característica intrínseca do processo de prestação ou tomada de contas; na ação de ressarcimento, imprescritível, o ônus da prova do efetivo prejuízo ao erário incumbe a quem pleiteia o ressarcimento, perante o Poder Judiciário.

Não é razoável cogitar, mediante singelo raciocínio lógico, que ex-gestor público permaneça obrigado a provar que aplicou adequadamente verbas públicas após 30, 40 ou 50 anos dos fatos a serem provados, em flagrante vulneração dos princípios da segurança jurídica e da ampla defesa, bases do ordenamento jurídico, afinal é notória a instabilidade jurídica e a dificuldade, ou mesmo impossibilidade, de produção de provas após o decurso de muito tempo.

Lado outro, a imprescritibilidade das ações de ressarcimento visa, à evidência, o resguardo do patrimônio público a qualquer tempo. Nessa hipótese, conforme a dicção constitucional 'ação de ressarcimento', o ônus da prova incumbe a quem alega a ocorrência do prejuízo ao erário e atribui responsabilidade ao seu causador, perante o Poder Judiciário. Assim, a exceção constitucional à regra da prescritibilidade pressupõe o exercício da jurisdição e a efetiva prova do prejuízo ao erário e da responsabilidade do seu causador, ônus de quem pleiteia.

[...]

Dessa forma, repito, a atuação do Tribunal de Contas da União, mediante tomada de contas especial, atribuindo o ônus da prova a quem recebeu repasse de verbas públicas federais é legítima e possível, nos termos da legislação, em especial a Lei 8.443/92. Entretanto, a não sujeição dessa atuação a limite temporal conduziria a situações de profunda e grave perplexidade, contrárias ao Estado de Direito. (Grifei)

Como terceiro ponto de diferenciação entre os processos judiciais e os de controle externo, friso que, nos primeiros, em especial nos de natureza civil, para demonstrar a verdade dos fatos, as partes possuem "o direito de empregar todos os meios legais, bem como os moralmente legítimos", ainda que não especificados no Código de Processo Civil, nos termos do disposto no art. 369 desse Código. Já nos processos de controle externo, "as provas que a parte quiser produzir perante o Tribunal **devem sempre ser apresentadas na forma documental**, mesmo as declarações pessoais de terceiros" (Grifei), em conformidade com o disposto no art. 190, *caput*, do Regimento Interno (Resolução nº 12/2008). Em outras palavras, não se admite a produção de prova oral nos processos de controle externo, como a prova testemunhal e o depoimento pessoal.

Quanto à produção de provas por iniciativa do próprio Tribunal Contas, em decorrência dos princípios da oficialidade e da verdade material, previstos no art. 104 do Regimento Interno, ressalto que existem alguns entraves ao exercício pleno dessa prerrogativa, conforme descrito pelo procurador do Ministério Público junto ao TCU, Sérgio Caribé, em parecer emitido no Processo TC 000.012/2020-3, do qual decorreu o Acórdão nº 18/2021 – TCU – 1ª Câmara:[49]

> Não se disponibilizam ao Tribunal de Contas da União, por exemplo, os instrumentos investigatórios próprios das polícias judiciárias. Desse modo, a produção de provas por iniciativa do próprio TCU está limitada à fiscalização executada por seus auditores, o que inclui auditorias e diligências. Não obstante a excelência do corpo de auditores, o trabalho investigativo realizado por um órgão policial, sobretudo quando **autorizado judicialmente**, com muito mais condições poderá amealhar provas cabais da existência de dolo. (Grifo no original)

Destaco que outra limitação ao contraditório e à ampla defesa decorrente da sistemática do processo de controle externo refere-se à reapreciação das deliberações proferidas por este Tribunal. Explico-me: embora estejam previstos na Lei Complementar estadual nº 102/2008 instrumentos para questionar as deliberações proferidas por este Tribunal, como, por exemplo, os recursos e o pedido de rescisão, na realidade, a reapreciação da deliberação ocorrerá pelo próprio colegiado que a proferiu ou por parte do colegiado que a proferiu, o que flexibiliza o princípio do duplo grau de jurisdição.

Chamo, também, atenção para o fato de que o rito previsto para as ações de improbidade administrativa possui peculiaridades que conferem maiores garantias ao exercício do contraditório e da ampla defesa, o que o difere do rito de outros procedimentos próprios do Poder Judiciário ou de competência do Tribunal de Contas. A título de elucidação, menciono que, nos termos do disposto no art. 17, §§7º e 8º, da Lei nº 8.429/1992, o juiz, após determinar a autuação da petição inicial, "ordenará a notificação do requerido, para oferecer manifestação por escrito, que poderá ser instruída com documentos e justificações, dentro do prazo de quinze dias". Em seguida, com o recebimento

---

[49] Tribunal de Contas da União. Acórdão nº 18/2021. Primeira Câmara. Relator ministro Vital do Rêgo. Julgado em 26.01.2021.

dessa manifestação, em decisão fundamentada, o juiz poderá rejeitar a ação, "se convencido da inexistência do ato de improbidade, da improcedência da ação ou da inadequação da via eleita", hipótese em que a citação do agente não será concretizada.

Sobre a questão ora discutida, transcrevo excerto do parecer emitido pelo Ministério Público junto a este Tribunal nos autos do Recurso Ordinário nº 1098280:

> O terceiro aspecto é a possibilidade de o Tribunal de Contas reconhecer um fato como ato doloso de improbidade administrativa para fins de aplicação da tese da imprescritibilidade. **Indaga-se se seria possível o Tribunal de Contas exercer pretensão ressarcitória imprescritível, caso os fatos sob o seu crivo pudessem ser qualificados, ainda que sem caráter de definitividade, como atos dolosos de improbidade.**
>
> **A resposta deve ser negativa.** A nosso ver, os julgados do STF, em especial aquele do tema 899, não deixam margem a essa possibilidade. O juízo acerca da qualificação dos atos como dolosos de improbidade administrativa pertence ao Poder Judiciário, que o fará seguindo regras materiais e processuais explicitadas na lei de improbidade administrativa, que não podem ser manejadas pelos Tribunais de Contas.
>
> Caso eventualmente as situações de fato possam ser enquadradas como atos dolosos de improbidade e não houver mais prazo viável ao Tribunal de Contas exercer a pretensão ressarcitória deles decorrente, a solução jurídica encontrada pelo STF é permitir a busca do ressarcimento perante o Poder Judiciário, tendo com causa de pedir o reconhecimento de uma situação fática como ato doloso de improbidade causador de dano ao erário. (Grifo no original)

Em razão do acima exposto, considerando as teses de repercussão geral fixadas pelo STF nos Temas nᵒˢ 666, 897 e 899 e considerando a ausência de competência dos Tribunais de Contas para se manifestarem sobre a existência de ato de improbidade administrativa, entendo que a atuação deste Tribunal, tanto na aplicação de sanções como na imputação de débito, deve estar submetida a limites temporais, em observância aos princípios basilares do Estado de Direito, como a duração razoável do processo e a segurança jurídica, a qual garante a estabilidade das relações jurídicas bem como a confiança e a boa-fé dos administrados.

Em recente decisão, o Tribunal de Justiça de Minas Gerais anulou condenação administrativa imposta por este Tribunal, com o reconhecimento da prescrição sobre a pretensão de ressarcimento ao erário, tendo em vista o decurso de tempo entre a instauração do processo administrativo e o julgamento meritório da imputação do débito:[50]

> EMENTA: APELAÇÃO – AÇÃO ORDINÁRIA – ANULATÓRIA DE CONDENAÇÃO IMPOSTA PELO TRIBUNAL DE CONTAS DO ESTADO DE MINAS GERAIS – EX-PREFEITO DO MUNICÍPIO DE ALFENAS – RESSARCIMENTO AO ERÁRIO – RE N. 636.886 (**TEMA N. 899**) – PRESCRITIBILIDADE – AUSÊNCIA DE AFERIÇÃO ADMINISTRATIVA DO ELEMENTO SUBJETIVO NECESSÁRIO À CHANCELA DA NATUREZA ÍMPROBA DO ATO – VIA PROCESSUAL INADEQUADA PARA A REFERIDA PERQUIRIÇÃO – ATO PRATICADO ANTES DO ADVENTO DA LEI COMPLEMENTAR N. 102/08 (ORGANIZAÇÃO DO TRIBUNAL DE CONTAS DO ESTADO DE MINAS GERAIS) – APLICAÇÃO CONCRETA DO DECRETO N. 20.910/32 – DECURSO DE QUATORZE ANOS ENTRE A INSTAURAÇÃO DO PROCESSO ADMINISTRATIVO E O JULGAMENTO MERITÓRIO DA IMPUTAÇÃO – SEGURANÇA JURÍDICA – PRESCRIÇÃO INTERCORRENTE CONFIGURADA – CONDENAÇÃO ANULADA – RECURSO PROVIDO
>
> - Consoante sedimentado pelo colendo Pretório Excelso no âmbito do Recurso Extraordinário n. 636.886, a impossibilidade de aferição pelas Cortes de Contas do elemento subjetivo balizador da conduta investigada afasta do correspondente processo a imprescritibilidade prevista no artigo 37, §5º, da Constituição Federal.
>
> - Praticada a conduta antes da entrada em vigor da Lei Complementar n. 102/2008, que regulamentou a prescrição no âmbito dos processos administrativos instaurados pelo egrégio Tribunal de Contas do Estado de Minas Gerais, hão de incidir na espécie, consoante já decidido pelo colendo Superior Tribunal de Justiça, as disposições do Decreto nº. 20.910/32.[51]
>
> - **Em prol da segurança jurídica, o decurso de mais de quatorze anos entre a instauração do processo administrativo e o julgamento**

---

[50] Tribunal de Justiça de Minas Gerais. Apelação Cível nº 1.0000.18.126718-8/002. Relator: Desembargador Corrêa Junior. Julgado em 02.03.2021.

[51] Com o advento da Lei Complementar estadual nº 120/2011 e da Lei Complementar estadual nº 133/2014, as quais introduziram na Lei Complementar estadual nº 102/2008 (Lei Orgânica deste Tribunal) disposições sobre a incidência da prescrição nas atividades de controle externo, informo que este Tribunal, nos processos de sua competência, tem usado essas disposições inclusive sobre os **fatos praticados antes da entrada em vigência das referidas leis.** A meu ver, não se justifica a aplicação de regramento distinto, como defendido na decisão do TJMG, uma vez que existe regulamentação específica para a matéria e tal regulamentação pode ser aplicada de forma retroativa, na medida em que o reconhecimento da prescrição ou da decadência beneficia o responsável ou o interessado, impedindo a sua condenação por este Tribunal.

meritório da imputação impõe o reconhecimento da prescrição intercorrente em relação à investigação perpetrada, o que deságua na anulação da condenação administrativa fustigada.
- Recurso provido. (Grifei)

Desse modo, partindo-se do pressuposto de que a ressalva prevista na parte final do §5º do art. 37 da Constituição Federal não incide sobre os processos de controle externo, estando restrita às ações judiciais de reparação de dano ao erário decorrente da prática de ato doloso de improbidade administrativa, surge a questão afeta a qual regramento legal deverá orientar a verificação da prescrição da pretensão de ressarcimento deste Tribunal.[52]

Nesse contexto, tendo em vista que existe, na Lei Complementar estadual nº 102/2008, disciplina específica para a prescrição da pretensão punitiva deste Tribunal, na qual foram consideradas as particularidades do processo de controle externo para se definirem prazos, modalidades, termo *a quo* e causas interruptivas; e tendo em vista que os pressupostos de aplicação do instituto da prescrição neste Tribunal são os mesmos para o exercício da pretensão punitiva e para o da pretensão de ressarcimento, estou de acordo com o entendimento defendido pelo conselheiro Cláudio Terrão no Recurso Ordinário nº 1066476[53] de que a questão deve ser solucionada mediante a aplicação das disposições da Lei Complementar estadual nº 102/2008 atinentes à prescrição da pretensão punitiva, até que sobrevenha, se for o caso, regulamentação própria para a pretensão de ressarcimento.[54]

Realço que a Secretaria de Recursos do TCU, no processo TC 027.624-2018-8, do qual decorreu o Acórdão nº 2620/2020 – Plenário,[55] aderiu ao posicionamento de que as pretensões punitiva e de ressarcimento **devem estar sujeitas ao mesmo regime** no exercício do controle externo, com base nos seguintes argumentos:

---

[52] Conforme preceito contido no art. 37, §5º, da Constituição Federal, a prescrição somente poderá ser disciplinada por lei formal.

[53] Tribunal de Contas do Estado de Minas Gerais. Recurso Ordinário nº 1066476. Tribunal Pleno. Relator conselheiro Cláudio Terrão. Julgado em 28.04.2021.

[54] Esse entendimento também foi defendido pelo Ministério Público junto a este Tribunal no parecer emitido nos autos do Recurso Ordinário nº 1098280: "[...] o regime jurídico aplicável pelo Tribunal de Contas de Minas Gerais deve ser aquele da prescrição da sua pretensão punitiva, pela similitude e até identidade das situações jurídicas reguladas pela norma em relação àquelas que envolvam dano ao erário.".

[55] Tribunal de Contas da União. Acórdão nº 2620/2020. Plenário. Relator ministro Vital do Rêgo. Julgado em 30.09.2020.

O uso de critérios uniformes para as prescrições que incidem nesta fase do processo [a que antecede à fase de execução do título no Poder Judiciário] se justifica, pois a prescrição seria para o tribunal de contas agir, buscando caracterizar o ilícito, identificar seu autor, dimensionar os efeitos da conduta (notadamente a quantificação do dano, se existente) e impor as consequências legais, independentemente do fato de tais consequências terem natureza punitiva ou ressarcitória.

Afinal, o instituto da prescrição busca indicar se ainda é possível ao tribunal de contas exercer a apuração e julgamento dos fatos, o que deve ser decidido levando-se em conta não tanto o desfecho do processo (se haverá imputação de débito ou a aplicação de sanções), e sim o prazo para que a ação de controle se inicie. É da essência do instituto a finalidade de fixar prazo para a iniciativa da pretensão (a prescrição intercorrente, que incide sobre um processo já validamente iniciado, apenas confirma essa regra geral), independentemente do eventual desfecho.

Ademais, [...] a fixação de um prazo prescricional também objetiva não comprometer a possibilidade de defesa pelo demandado. E a defesa, pelo responsável, se dá quanto aos fatos que lhe são atribuídos, independentemente se, após a apuração, as consequências da responsabilidade se situem no âmbito do ressarcimento ou da sanção. É a possibilidade de plena defesa, quanto aos fatos, que o instituto visa resguardar, sendo certo que determinadas sanções, de elevado impacto (como a inabilitação para o exercício de cargo comissionado ou a inidoneidade para participar de licitações) podem ter efeitos até mais gravosos que certas ordens de ressarcimento (de baixa materialidade).

Informo, ainda, que o Tribunal de Contas do Estado de Goiás, no Acórdão nº 1.695/2021[56] e no Acórdão nº 2.462/2021,[57] reconheceu que a persecução do dano ao erário encontrava-se prescrita com base nas normas dispostas em sua Lei Orgânica (Lei nº 16.168/2007) para a prescrição da pretensão punitiva. Nesse sentido, transcrevo excerto do voto da relatora do Acórdão nº 1.695/2021, conselheira Carla Cíntia Santillo:

Por se tratar de prazo prescricional constante da Lei Orgânica deste Tribunal dirigido à pretensão punitiva desta Corte, entendo apropriada a utilização por analogia da mencionada norma, ante a inexistência de

---

[56] Tribunal de Contas do Estado de Goiás. Acórdão nº 1.695/2021. Tribunal Pleno. Relatora conselheira Carla Cíntia Santillo. Julgado em 01.04.2021.

[57] Tribunal de Contas do Estado de Goiás. Acórdão nº 2.462/2021. Tribunal Pleno. Relator conselheiro Saulo Marques Mesquita. Julgado em 23.04.2021.

norma regulamentadora estadual do prazo prescricional da pretensão reparatória, de forma que os critérios para exame da prescrição para ambas as pretensões (punitiva e de ressarcimento) restem unificados.

[...]

Insistir na continuidade da persecução reparatória mesmo depois de tão longo lapso temporal, importaria na anulação ou supressão, mesmo que parcial, das garantias constitucionais do devido processo legal, do contraditório e da ampla defesa, sem falar da grave ofensa à estabilidade das relações jurídicas estabelecidas entre o poder público e os particulares (segurança jurídica).

Ante o exposto, [...] voto pelo conhecimento dos Embargos de Declaração interpostos pela empresa [...], para, no mérito, dar-lhe provimento [...], ante o reconhecimento da prescrição da pretensão reparatória deste Tribunal de Contas, por aplicação analógica do art. 107-A, inciso III, §3º da Lei Orgânica deste Tribunal, extinguindo-se o feito, com resolução de mérito, e, consequentemente, determinando o seu arquivamento. (Grifei)

Nesses termos, com base na argumentação acima desenvolvida e configurando a prescrição matéria de ordem pública, passível de ser reconhecida, em qualquer etapa processual, de ofício pelo julgador, mediante provocação do Ministério Público junto ao Tribunal ou mediante requerimento do responsável ou interessado, faz-se necessário examinar a sua incidência sobre a pretensão de ressarcimento, à luz das disposições da Lei Complementar estadual nº 102/2008.

Com efeito, reconheço, nos presentes autos, a incidência da prescrição sobre a pretensão de ressarcimento, com fundamento no art. 110-C, inciso V, no art. 110-E e no art. 110-F, inciso I, da Lei Complementar estadual nº 102/2008, em razão do transcurso de prazo superior a cinco anos entre a ocorrência do primeiro marco interruptivo da prescrição e a prolação da decisão de mérito recorrível sem que este Tribunal tenha julgado em caráter definitivo a matéria.

Vale salientar que, mesmo que a atuação deste Tribunal tenha sido atingida pela prescrição, permanece a possibilidade de ser cobrada, por ação judicial, a reparação de eventual dano ao erário decorrente da prática de ato doloso de improbidade administrativa. Dessa maneira, na mesma linha da argumentação defendida pelo conselheiro Cláudio Terrão no Recurso Ordinário nº 1066476[58] e em outros processos, entendo que, após o trânsito em julgado da decisão, os autos deverão

---

[58] Tribunal de Contas do Estado de Minas Gerais. Recurso Ordinário nº 1066476. Tribunal Pleno. Relator conselheiro Cláudio Terrão. Julgado em 28.04.2021.

ser encaminhados ao Ministério Público junto ao Tribunal, para que: (1) avalie se existe suposto dano ao erário e se o ato, objeto de apuração neste Tribunal, pode, em tese, ser enquadrado aos tipos previstos na Lei nº 8.429/1992, (2) e, havendo indícios de dano e desse enquadramento, com fundamento no art. 32, inciso VI, da Lei Complementar estadual nº 102/2008, envie ao Ministério Público do Estado de Minas Gerais cópias de documentos aptos a instruir ação judicial em curso ou a ensejar a sua proposição.

III CONCLUSÃO

Diante do exposto, reconheço, em prejudicial de mérito, a ocorrência da prescrição da pretensão punitiva e de ressarcimento, com fundamento no art. 110-C, inciso V, no art. 110-E e no art. 110-F, inciso I, da Lei Complementar estadual nº 102/2008, devendo, por conseguinte, o processo ser extinto com resolução de mérito, em conformidade com o preceituado no art. 110-J da referida lei.

Intimem-se os representantes, Sr. Rogéres José Ferreira e Sr. Webert Júnior S. Moreira, vereadores da Câmara Municipal de Taquaraçu de Minas.

Transitada em julgado a decisão, encaminhem-se os autos ao Ministério Público junto ao Tribunal, para que avalie a necessidade de acionar o Ministério Público do Estado de Minas Gerais, nos termos do disposto no art. 32, inciso VI, da Lei Complementar estadual nº 102/2008.

Ao final, arquivem-se os autos com base no art. 176, inciso I, do Regimento Interno (Resolução nº 12/2008).

ACÓRDÃO

Vistos, relatados e discutidos estes autos, ACORDAM os Exmos. Srs. Conselheiros da Primeira Câmara, por unanimidade, na conformidade da Ata de Julgamento e das Notas Taquigráficas, e diante das razões expendidas no voto do Relator, em:

I) reconhecer, em prejudicial de mérito, a ocorrência da prescrição das pretensões punitiva e de ressarcimento, com fundamento no art. 110-C, inciso V, no art. 110-E e no art. 110-F, inciso I, da Lei Complementar estadual n. 102/2008;

II) declarar, por conseguinte, a extinção do processo com resolução de mérito, em conformidade com o preceituado no art. 110-J da Lei Complementar estadual n. 102/2008;

III) determinar a intimação dos representantes, Sr. Rogéres José Ferreira e Sr. Webert Júnior dos Santos Moreira, vereadores da Câmara Municipal de Taquaraçu de Minas;

IV) determinar, após o trânsito em julgado da decisão, o encaminhamento dos autos ao Ministério Público junto ao Tribunal, para que avalie a necessidade de acionar o Ministério Público do Estado de Minas Gerais, nos termos do disposto no art. 32, inciso VI, da Lei Complementar estadual n. 102/2008;

V) determinar o arquivamento dos autos, com base no art. 176, inciso I, do Regimento Interno (Resolução n. 12/2008).

Votaram, nos termos acima, o Conselheiro José Alves Viana e o Conselheiro Presidente Gilberto Diniz, ressalvada a compreensão divergente de ambos quanto à prescrição da pretensão ressarcitória.

Presente à sessão o Procurador Daniel de Carvalho Guimarães.

Plenário Governador Milton Campos, 21 de setembro de 2021.

GILBERTO DINIZ
Presidente

DURVAL ÂNGELO
Relator

CAPÍTULO II

OPERAÇÕES NO MERCADO FINANCEIRO E A ATUAÇÃO DOS TRIBUNAIS DE CONTAS CONTRA DANOS AO ERÁRIO

> *Percebe-se, pois, que a Administração não pode proceder com a mesma desenvoltura e liberdade com que agem os particulares, ocupados na defesa de suas próprias conveniências, sob pena de trair sua missão própria e sua razão de existir.*
>
> (Celso Antônio Bandeira de Mello)[59]

Uma medida cautelar que concedi em abril de 2020 configurou, a meu ver, um verdadeiro *case* para estudos futuros. Ela demonstrou o quão complexas podem ser determinadas operações financeiras, as quais — com dolo ou não, por parte do gestor público — acabam por acarretar imensos danos ao erário público. Faço aqui uma síntese, a fim de instigar o leitor a conhecer os detalhes da intrincada operação, descrita na fundamentação do meu voto, o qual apresento mais à frente.

Em outubro de 2017, o Ministério Público (MP) junto ao Tribunal de Contas do Estado de Minas Gerais (TCE-MG) ofereceu representação em face do município de Belo Horizonte e da PBH Ativos

---

[59] BANDEIRA DE MELLO, Celso Antônio. *Curso de Direito Administrativo*. 4. ed. São Paulo: Malheiros, 1993. p. 22.

S.A, entidade da administração indireta. O *Parquet* apontava uma série de irregularidades em uma operação no mercado financeiro promovida pela prefeitura da capital mineira para securitização da dívida ativa do município.

Na representação, o MP afirmava que a instituição da PBH Ativos S.A., para a emissão de debêntures lastreadas em direitos da dívida ativa do município, teria gerado, de forma mascarada, operação de crédito por Antecipação de Receita Orçamentária (ARO), sem autorização da Receita Federal, ou do Senado Federal. Além de afrontar a Lei de Responsabilidade Fiscal, o ato teria levado a alteração substancial dos limites de endividamento do município.

Entre vários outros pontos, o MP questionava, ainda: a doação pelo município de bens imóveis para integralizar o capital social da PBH Ativos, por valor abaixo do mercado e sem licitação; a contratação, sem concurso público, de empregados para prestação de serviços à entidade; e a ausência de publicidade nos atos praticados pela PBH Ativos.

A mesma operação também foi objeto de uma Comissão Parlamentar de Inquérito (CPI) da Câmara Municipal de Belo Horizonte, cujas apurações fundamentaram uma nova representação ao TCE-MG, feita por um vereador. Entre outros indícios de irregularidades, ele destacava a contratação da instituição financeira BTG Pactual para operacionalizar e coordenar o processo de emissão de debêntures, criando endividamento para o município, enquanto garantidor de toda a operação.

Tanto o Ministério Público, quanto o parlamentar solicitavam a atuação imediata do TCE, por meio de medidas cautelares. O primeiro requeria que o Tribunal determinasse a suspensão de novas transferências patrimoniais do município à PBH Ativos S.A., bem como proibisse a emissão de novas debêntures pela entidade, até decisão de mérito. O segundo, que fosse determinada a interrupção de todo e qualquer ato praticado pela PBH Ativos S.A.

Em agosto de 2018, tornei-me relator do processo e constatei, de pronto, que precisaríamos estabelecer claramente os limites e as possibilidades da atuação do órgão de contas para paralisar aquele possível dano ao erário. Aguardamos, para tanto, o posicionamento da Coordenadoria de Fiscalização e Avaliação da Macrogestão Governamental de Belo Horizonte (CFAMGBH), que realizava uma série de diligências para produção do relatório técnico que fundamentaria nossa decisão.

Em maio de 2019, a Coordenadoria apresentou seu relatório, com posicionamento contrário às medidas cautelares requeridas pelos representantes e defendendo novos encaminhamentos. Intimei o diretor-presidente da PBH Ativos para que apresentasse esclarecimentos e documentos, e em sua resposta, acompanhada de parecer técnico, a empresa solicitou indeferimento dos pedidos de medidas cautelares.

Conforme verificamos, a operação de emissão das debêntures foi coordenada pelo Banco BTG Pactual, vencedor e único participante do procedimento licitatório para a prestação do serviço de assessoria no processo de estruturação e emissão dos títulos. Foram emitidas, em 14.04.2014, 2.300 debêntures com valor nominal unitário de R$100 mil, totalizando uma emissão de R$230 milhões, com vencimento em 15.04.2021.

Ocorre que as debêntures lançadas foram integralmente adquiridas pelo próprio BTG Pactual, o qual, por obrigação contratual, na condição de coordenador líder do procedimento, deveria comprar os títulos, caso não surgissem interessados no mercado; como, de fato, aconteceu. A complexa operação foi explicada pela própria PBH Ativos, em resposta ao questionamento da CPI da Câmara Municipal:

> A modelagem da operação estabeleceu a obrigatoriedade de haver "garantia firme de colocação" [...], ou seja, na hipótese de haver sobras ou de não haver interessados do mercado, as debêntures sêniores deveriam ser subscritas pelo Banco Coordenador/Estruturador. Assim, todas as debêntures colocadas no mercado foram subscritas. As debêntures seniores foram adquiridas pelo Banco BTG Pactual (2.100 debêntures seniores) e BTG Pactual Resseguradora (200 debêntures seniores), sendo recebido em contrapartida o valor correspondente pela PBH Ativos S.A., atualizado até a data do efetivo pagamento, que imediatamente utilizou a quase totalidade dos recursos recebidos para amortização de sua dívida, representada pelas debêntures subordinadas, junto ao Município. Assim, o mercado adquiriu o valor correspondente a R$230.000.000,00 (duzentos e trinta milhões de reais) em debêntures seniores, também chamadas de debêntures com garantia real. Recebido esse valor pela PBH ATIVOS S.A., a sociedade de economia mista municipal repassou R$200.000.000,00 (duzentos milhões de reais) ao Município, em forma de amortização de debêntures subordinadas.

Um dos indícios de irregularidades refere-se à taxa de remuneração das debêntures, fixada na operação. Inicialmente, a escritura da emissão dos títulos estabelecia que a PBH Ativos pagaria mensalmente a taxa interna de retorno das Notas do Tesouro Nacional – Série B

(NTN-B) com vencimento em 15.08.2016, mais um percentual de *spread*,[60] a ser definido em procedimento de *bookbuilding*[61] realizado pela assessoria contratada e limitado a *no máximo*, 5% ao ano. O limite havia sido estabelecido em Assembleia Geral da PBH Ativos, no entanto, no edital de licitação para contratação da assessoria financeira, o *spread* foi fixado em 5%.

A cláusula gerou pedidos de esclarecimentos por parte de outros potenciais investidores — Itaú e Santander —, mas o edital não foi corrigido. Único participante e vencedor da licitação, o BTG Pactual fixou o *spread* no limite e, posteriormente, um aditamento à escritura modificou a remuneração das debêntures, consolidada em 11%, ao ano, mais a correção monetária.

Constatamos que a fixação equivocada do *spread* pode ter reduzido a competitividade do certame, pois invalidava cláusula do edital que previa um prêmio para a instituição contratada, caso reduzisse o montante de juros pagos pela PBH Ativos. E o mais grave é que, no "frigir dos ovos", optou-se por onerar os cofres públicos no teto máximo, o que atenta contra o princípio da economicidade.

O relatório técnico demonstrou que caso o *spread* fosse variável e a contratada conseguisse diminuí-lo de 5,00% para 4,90%, por exemplo, o custo total da operação cairia em mais de R$655 mil. Metade desse valor seria o prêmio da contratada e a outra parte resultaria em recursos públicos economizados durante o procedimento.

Outro problema encontrado foi a incompatibilidade da remuneração das debêntures, em 11% ao ano, se comparada aos valores praticados no mercado, na época da operação. Foram feitos levantamentos, com parâmetros diferenciados, como: custo médio de captação de recursos pelo município de Belo Horizonte; custo médio de remuneração das operações de debêntures no mercado; custo médio de remuneração de operações similares de debêntures, realizadas por outras entidades públicas. Em todos, a taxa paga pela PBH Ativos foi mais alta.

---

[60] Diferença entre o menor preço de venda e o maior preço de compra de uma ação no mercado financeiro.

[61] Fase do procedimento de emissão de ativos mobiliários em que agentes são consultados visando à precificação do ativo a ser negociado. Cada agente aponta o volume de títulos que está disposto a adquirir, bem como o preço que está disposto a pagar em cada título, com a finalidade de auxiliar o coordenador do procedimento a balizar corretamente as características dos ativos que serão emitidos.

Apurou-se, por exemplo, que a taxa assumida pela empresa foi 4,71% mais alta que a taxa de mercado. Também causou estranhamento que nenhuma das operações realizadas por outras empresas públicas tenha pagado, além da remuneração, a atualização monetária, como foi feito pela PBH Ativos, onerando ainda mais os custos.

Além da taxa de remuneração superior à de mercado, o prazo de pagamento do saldo devedor era mais curto do que em outras operações de empresas públicas. Em operação semelhante realizada pela MGI Participações — empresa do Estado de Minas Gerais —, verificamos, por exemplo, que com 109 meses de contrato haviam sido quitados 33,34% do saldo devedor, enquanto a PBH Ativos havia quitado 88,07%, aos 43 meses de contrato. O que revela incoerência na opção por uma taxa mais elevada, já que o risco da operação da PBH Ativos era menor.

Analisamos também a assessoria prestada pelo BTG Pactual para operacionalizar o lançamento das debêntures no mercado financeiro. Lembremos que a instituição financeira havia sido a única a participar da licitação, bem como adquiriu sozinha todos os títulos da operação, em razão de não terem surgido investidores interessados nessa aquisição; outro ponto que nos pareceu inusitado, na comparação com situações análogas. A emissão da MGI, por exemplo, havia tido 24 investidores interessados. Assim, solicitamos à PBH Ativos evidências da efetiva prestação dos serviços contratados com o BTG Pactual, no que se refere ao processo de avaliação do interesse do mercado para o estabelecimento de preço adequado dos títulos (*bookbuilding*) e à realização de uma divulgação eficiente da emissão das debêntures entre potenciais investidores (*road-show*[62]).

Em sua resposta, a PBH Ativos não conseguiu comprovar a devida prestação dos serviços e passamos a considerar que a falta de empenho da contratada em buscar interessados pudesse consistir em uma estratégia. Afinal, com a garantia contratual de aquisição das debêntures, no caso de ausência de outros investidores, o BTG Pactual seria o principal beneficiado pela taxa de juros incompatível com os valores de mercado.

Segundo as estimativas do Órgão Técnico, os custos da operação que fugiram à média do mercado já haviam provocado, até março de 2019, um dano ao erário superior a R$30,5 milhões. E as projeções

---

[62] Um *road-show* é uma série de reuniões em diferentes cidades ou países em que um determinado produto é apresentado (no caso, o produto seria a emissão de debêntures) para investidores atuais ou potenciais.

eram de que até o final do contrato, em abril de 2021, se somariam ao montante outros R$4,7 milhões. Por isso, concluímos pela necessidade de concessão de provimento cautelar para a interrupção de qualquer ato de pagamento realizado pela empresa pública em benefício dos titulares das debêntures.

A verba destinada ao pagamento dos debenturistas deveria ser depositada em conta bancária específica, com aplicação financeira de liquidez diária, de acordo com o prazo do cronograma de amortização da operação, estando, assim, reservada, até o julgamento do mérito pela Corte de Contas, de modo a evitar prejuízos futuros aos investidores.

A medida cautelar era mais do que justificada. Primeiro, pelo "perigo da demora", tendo em vista que, apesar de a operação ter sido efetuada em 2014, o dano não havia cessado. Pelo contrário, aumentaria mensalmente, a cada pagamento realizado até o final da operação. Concedida a medida cautelar, evitaríamos o dano futuro, além de aumentarem-se as chances de ressarcimento ao erário. Nossa decisão sustentou-se, também, na "fumaça do bom direito", ao verificarmos que a operação de securitização de crédito não havia atendido os princípios administrativos da economicidade, isonomia, razoabilidade, publicidade, transparência e legalidade.

Avaliamos que não procedia o argumento de "*periculum in mora* reverso*"*, sustentado pela PBH Ativos, com base no parágrafo 3º do artigo 300 do Código de Processo Civil de 2015, segundo o qual "não se concederá a antecipação da tutela quando houver perigo de irreversibilidade do provimento antecipado". A empresa alegou que a suspensão dos pagamentos acarretaria penalidade contratual de antecipação do vencimento dos débitos a amortizar. No entanto, a caução dos pagamentos mensais futuros seria garantida pelos depósitos em conta bancária específica, como previa a medida cautelar.

Como já citado, nossa decisão foi lastreada por um parecer técnico. A prática é respaldada pela doutrina, enquanto "motivação *aliunde*", definida por Raquel de Carvalho[63] como um ato administrativo "fundado em ponderações fáticas e jurídicas de outro, como pareceres, informações técnicas ou mesmo decisões anteriores" (CARVALHO, 2018). A legitimidade da "motivação *aliunde*" também já foi confirmada

---

[63] CARVALHO, Raquel de. *A Lei 13.655/2018 e o dever de motivação pela Administração Pública na LINDB*. Publicação em ago. 2018. Disponível em: http://raquelcarvalho.com.br/2018/08/12/a-lei-13-655-2018-e-o-dever-de-motivacao-pelaadministracao-publica-na-lindb. Acesso em: 24 mar. 2020.

pelo STF enquanto eficiente fundamentação para o controle posterior, conforme detalho em meu voto.

Quanto à competência do Tribunal de Contas para sustar a operação em tela, convém mencionar que o Ministério Público junto ao Tribunal se posicionou contrariamente. De fato, o Tribunal de Contas não pode sustar diretamente um ato negocial, inclusive contrato (negócio jurídico bilateral). Mas pode determinar que a Administração Pública corrija irregularidades verificadas. Caso isso não ocorra, deve comunicar ao Poder Legislativo, que tem a prerrogativa de sustar o pagamento da dívida referente ao contrato.

As prerrogativas do Controle Externo em casos de tal natureza estão previstas no artigo 71 da Constituição Federal. Verificando o Tribunal de Contas ilegalidade em contrato administrativo, o parágrafo 1º do dispositivo estabelece que o ato de sustação deve ser adotado diretamente pelo Legislativo, a quem cabe solicitar, de imediato, ao Poder Executivo as medidas cabíveis. No entanto, se o Legislativo e o Executivo não efetivarem as medidas previstas dentro de 90 dias, o Tribunal de Contas decidirá a respeito.

Em contrapartida, há decisão do TCU baseada no entendimento de que, caso o contrato celebrado pelo Poder Público seja potencialmente lesivo ao erário, o Tribunal de Contas tem a prerrogativa de, em caráter cautelar, determinar a retenção de recursos públicos que seriam pagos à contratada.[64]

Com a compreensão de que a matéria sobre a competência dos Tribunais de Contas nessas situações não é pacífica, deliberei sobre a questão e, em seguida, submeti minha decisão a referendo do Tribunal Pleno do TCE-MG.

Decidi, monocraticamente, pela concessão de medida cautelar, determinando ao diretor-presidente da PBH Ativos que, no prazo de 15 dias, adotasse as seguintes medidas: interrupção de qualquer ato de pagamento realizado pela PBH Ativos S.A. em benefício dos titulares das debêntures; depósito da verba destinada ao pagamento dos debenturistas em conta bancária específica, com aplicação financeira de liquidez diária, de acordo com o prazo do cronograma de amortização da operação. Caso o diretor-presidente da PBH Ativos não cumprisse as medidas previstas dentro prazo, o Tribunal de Contas deveria comunicar o fato à Câmara Municipal de Belo Horizonte, para que deliberasse sobre a sustação dos pagamentos.

---

[64] Acórdão nº 3.282/2011, de relatoria do Ministro Augusto Nardes, na sessão de 07.12.2011.

Dessa forma, se a decisão fosse referendada pelo Pleno, o Tribunal de Contas não estaria sustando diretamente os pagamentos aos debenturistas, mas determinando ao diretor-presidente da PBH Ativos que assim o fizesse. Ou seja, o órgão de controle externo agiria dentro dos limites de competência estabelecidos pela Constituição da República e a Constituição Estadual, bem como pela Lei Orgânica e o Regimento Interno do TCE-MG.

A decisão monocrática foi alvo de embargos declaratórios por parte do Ministério Público e da PBH Ativos, o que me motivou a retirar a matéria de pauta para melhor análise das alegações contrárias. No entanto, as informações e documentação apresentadas não justificavam mudança substancial em minha decisão.

Em 17 de junho de 2020, a medida cautelar foi submetida ao Tribunal Pleno, sendo parcialmente referendada, com alterações propostas pelo conselheiro Cláudio Couto Terrão, cujo voto encampei. Terrão ponderou tratar-se de negócio jurídico perfeito, tendo em vista a efetivação da contrapartida dos debenturistas e uma vez que a operação já estava em fase de resgate de títulos. Assim, em sua avaliação, não seriam cabíveis determinadas medidas em tal fase contratual.

Por outro lado, o conselheiro reconheceu que as únicas empresas titulares das debêntures — Banco BTG Pactual S.A. e BTG Pactual Resseguradora S.A. — tiveram participação direta (ou indireta, mas relevante) no negócio jurídico, e que possíveis irregularidades podiam ter levado à inexistência de outros investidores interessados.

Ele também concordou com a argumentação desenvolvida na decisão monocrática por mim prolatada de que, como responsável por todo o processo de estruturação, emissão e distribuição pública das debêntures, o Banco BTG Pactual era detentor de informações privilegiadas que o colocavam em situação de extrema vantagem em relação a outros possíveis investidores. Destacou, ainda, a não comprovação de que o BTG Pactual havia se empenhado na divulgação e oferta das debêntures a mais investidores, o que teria possibilitado à instituição adquirir a totalidade dos títulos, pelo *spread* máximo, com ônus mais alto para o erário.

Visto isso, após eu ter encampado o voto do conselheiro Cláudio Terrão, o Pleno, por maioria, referendou a decisão monocrática e decidiu:

- determinar ao banco centralizador, Banco do Brasil S.A., e ao agente fiduciário Pentágono S.A. DTVM, em caráter cautelar, em relação aos recursos depositados nas contas vinculadas, que, no prazo de 15 dias úteis, se abstivessem, respectivamente, de realizar qualquer ato de pagamento ou execução de garantia em benefício dos debenturistas Banco BTG Pactual S.A. e BTG Pactual Resseguradora. E ainda que providenciassem a retenção, até a decisão definitiva do TCE, dos recursos destinados ao pagamento dos debenturistas, em conta bancária específica, com parâmetros de investimento compatíveis aos fixados no contrato de custódia de recursos financeiros e administração de contas vinculadas;

- caso o banco centralizador e o agente fiduciário não adotassem as medidas especificadas, no prazo estipulado, comunicar o fato à Câmara Municipal de Belo Horizonte, para que deliberasse sobre a sustação dos pagamentos devidos aos debenturistas de mercado.[65]

---

[65] Ressalte-se que, como o mérito do processo ainda não havia sido julgado até a conclusão deste livro, as informações aqui reproduzidas, provenientes do relatório técnico da Coordenadoria de Fiscalização e Avaliação da Macrogestão Governamental de Belo Horizonte, poderiam sofrer modificações futuras.

REPRESENTAÇÃO Nº 1.024.572[66]

I RELATÓRIO

[...]

II FUNDAMENTAÇÃO

II.1 Esclarecimentos iniciais

Considerando a complexidade e a extensão da matéria discutida nos autos, e a necessidade de manifestação urgente deste Tribunal sobre o suposto dano ao erário identificado pela Coordenadoria de Fiscalização e Avaliação da Macrogestão Governamental de Belo Horizonte (CFAMGBH), dano esse que, segundo o relatório técnico, estaria em crescimento até abril de 2021, este relator informa que optou por analisar, na presente decisão, apenas a medida cautelar pleiteada por aquela Coordenadoria e que as medidas cautelares requeridas pelos representantes serão apreciadas em momento futuro, logo após o retorno dos autos ao meu Gabinete.

---

[66] Todas as informações sobre este processo, bem como a íntegra do nosso voto, podem ser obtidas na busca de processos do site do TCE-MG: https://www.tce.mg.gov.br/.

II.2 Indícios de sobrepreço na taxa de remuneração fixada para as debêntures de mercado emitidas pela PBH Ativos S.A.

Considerando que a Coordenadoria de Fiscalização e Avaliação da Macrogestão Governamental de Belo Horizonte (CFAMGBH) apresentou dois relatórios técnicos, acostados respectivamente às fls. 451 a 648 e às fls. 735 a 765, tendo o primeiro relatório sido elaborado com base nos documentos encaminhados em sede de diligência pela Controladoria Geral do Município de Belo Horizonte e pela PBH Ativos S.A. e o segundo relatório, com base na resposta enviada pela PBH Ativos S.A. em relação aos elementos apontados no primeiro relatório; informo que a análise dos argumentos apresentados pela CFAMGBH acerca de suposto dano ao erário decorrente de sobrepreço na taxa de remuneração das debêntures de mercado emitidas pela PBH Ativos S.A., será realizada em duas partes, de acordo com cada relatório elaborado.

II.2.1 Análise dos argumentos contidos no relatório técnico às fls. 451 a 648

No item 2.1 do relatório técnico, a Coordenadoria de Fiscalização e Avaliação da Macrogestão Governamental de Belo Horizonte (CFAMGBH) teceu considerações sobre a **cessão de direitos creditórios do Município de Belo Horizonte à pessoa jurídica de direito privado PBH Ativos S.A.**, tendo em vista que a operação de emissão de debêntures com garantia real pela PBH Ativos S.A., objeto de apuração nos presentes autos, foi lastreada nos direitos creditórios recebidos do Município.

A título de elucidação, segue transcrito excerto do item 2.1 do relatório técnico:

> **2.1 – Suspensão de novas transferências patrimoniais de bens móveis e imóveis ou por cessão de direitos creditícios de qualquer natureza pelo Município de Belo Horizonte/MG à PBH Ativos**
>
> [...]
>
> A cessão [...] foi autorizada por norma contida no art. 7º da Lei Municipal n. 7.932, de 30 de dezembro de1999, *in verbis*:
>
> > Fica o Executivo autorizado a efetuar cessão, a título oneroso, de crédito tributário ou não tributário, parcelado ou não, inscrito ou não em dívida ativa, mediante prévia avaliação e procedimento

de alienação legalmente previsto, inclusive leilão em bolsa de valores. (Redação dada pela Lei n. 9799/2009).

No caso da PBH Ativos, essa autorização foi instrumentalizada por meio do "contrato de cessão e aquisição de direito autônomo de recebimento de créditos e outras avenças" e do "termo de cessão de direitos de crédito autônomos".

Segundo a cláusula 2.1 do "contrato de cessão e aquisição de direito autônomo de recebimento de créditos e outras avenças", incumbe ao Município a tarefa de transferir, consoante o "Termo de Cessão e dos Boletins de Subscrição", um dado montante de direitos de crédito autônomos oriundos, de acordo com a cláusula 2.2.1, de procedimentos administrativos ou judiciais de parcelamento. Esse valor, conforme se verá, foi posteriormente fixado em R$880 milhões. A cláusula 4.1 do "contrato de cessão e aquisição de direito autônomo de recebimento de créditos e outras avenças" determina que, em contrapartida à cessão de créditos, a PBH Ativos deve emitir, em favor do município e por este subscritas, debêntures (subordinadas) em montante equivalente ao dos créditos autônomos transferidos.

[...]

No item 2.2 do relatório técnico, a CFAMGBH analisou o edital do Pregão n. 01/2013 – Processo n. 01.009558/13-48, publicado pela PBH Ativos S.A., com o objetivo de contratar serviço de assessoria financeira para a estruturação, emissão e distribuição pública de valores mobiliários lastreados em direitos creditórios autônomos originados de créditos tributários, ou não, parcelados, a serem cedidos do Município de Belo Horizonte à PBH Ativos S.A.

Em sua análise, a CFAMGBH destacou que, no item 2, subitem 2.2, alínea g do edital, previu-se que a taxa de juros de referência das debêntures com garantia real (NTN-B 2016) seria acrescida de *spread* fixo de 5% ao ano. No entanto, segundo a CFAMGBH, o *spread* fixado no edital estava em descompasso com a deliberação da Assembleia Geral Extraordinária da PBH Ativos S.A., ocorrida em 12/12/2013, na qual havia sido autorizado *spread* de até 5% ao ano para a remuneração das debêntures com garantia real a serem emitidas por aquela empresa.

Dando continuidade às considerações acima, a CFAMGBH asseverou que o instrumento convocatório foi atécnico quanto à fixação do *spread* e que tal fato pode ter repercutido na economicidade da operação de emissão de debêntures pela PBH Ativos S.A., resultando num potencial dano ao erário.

A título de elucidação, segue transcrito excerto do item 2.2 do relatório técnico:

2.2 – Proibição de emissão de novas debêntures pela PBH Ativos até decisão de mérito

[...]

[...] verifica-se que duas operações distintas de emissão de debêntures foram executadas, ambas coordenadas pela instituição financeira BTG Pactual que, por ter sido a vencedora e única participante do procedimento licitatório n. 01- 009.558/13-48 [...], tornou-se prestadora do serviço de assessoria financeira para estruturação, emissão e distribuição pública de valores mobiliários.

A primeira operação [...] consistiu no lançamento de debêntures subordinadas em favor do município como contrapartida da PBH Ativos aos direitos autônomos de recebimento de crédito realizados pelo município em benefício da empresa pública.

A segunda operação consistiu em emissão de debêntures com garantia real, lastreadas nos direitos creditícios recebidos do município, tendo como alvo o mercado. De acordo com a escritura de emissão,[67] foram emitidas, em 14/4/2014, 2.300 debêntures com valor nominal unitário de R$100 mil, totalizando uma emissão de R$230 milhões com vencimento em 15/4/2021 [...].

Ainda, a escritura de emissão previu, na cláusula 14, que a PBH Ativos pagaria mensalmente aos titulares das debêntures emitidas uma taxa de juros equivalente à soma da taxa interna de retorno das Notas do Tesouro Nacional Série B, com vencimento em 15/8/2016, no dia útil anterior à data do procedimento de *bookbuilding*,[68] acrescido de um percentual (*spread*) a ser apurado durante o procedimento de *bookbuilding*, em qualquer caso limitado a 5% ao ano. O primeiro aditamento à escritura de emissão[69] modificou a redação dessa cláusula, consolidando, após o procedimento de *bookbuilding*, a remuneração dos títulos em 11% ao ano.

As debêntures lançadas foram integralmente adquiridas pela instituição financeira BTG Pactual S/A que, por obrigação contratual [...],

---

[67] INSTRUMENTO PARTICULAR DE ESCRITURA DA 2ª (SEGUNDA) EMISSÃO, SENDO A 1ª (PRIMEIRA) PÚBLICA, DE DEBÊNTURES SIMPLES, NÃO CONVERSÍVEIS EM AÇÕES, DA ESPÉCIE COM GARANTIA REAL, EM SÉRIE ÚNICA, PARA DISTRIBUIÇÃO PÚBLICA, COM ESFORÇOS RESTRITOS DE COLOCAÇÃO, DA PBH ATIVOS S.A., datado de 1º.04.2014.

[68] Fase do procedimento de emissão de ativos mobiliários em que agentes são consultados visando à precificação do ativo a ser negociado. Cada agente aponta o volume de títulos que está disposto a adquirir, bem como o preço que está disposto a pagar em cada título, com a finalidade de auxiliar o coordenador do procedimento a balizar corretamente as características dos ativos que serão emitidos.

[69] INSTRUMENTO PARTICULAR DE 1º (PRIMEIRO) ADITAMENTO AO INSTRUMENTO PARTICUALR DE ESCRITURA DA 2ª (SEGUNDA) EMISSÃO, SENDO A 1ª (PRIMEIRA) PÚBLICA, DE DEBÊNTURES SIMPLES, NÃO CONVERSÍVEIS EM AÇÕES, DA ESPÉCIE COM GARANTIA REAL, EM SÉRIE ÚNICA, PARA DISTRUBUIÇÃO PÚBLICA, COM ESFORÇOS RESTRITOS DE COLOCAÇÃO, DA PBH ATIVOS S.A., datado de 23.04.2014.

na condição de coordenador líder do procedimento de emissão de debêntures, deveria adquirir os títulos lançados caso não surgissem interessados no mercado.

[...]

Alguns aspectos desses procedimentos, notadamente em relação à remuneração fixada das debêntures com garantia real, merecem análise pormenorizada.

Conforme mencionado, a remuneração das debêntures lançadas no mercado é atrelada à taxa interna de retorno do título NTN-B acrescido de um *spread*. O fundamento dessa remuneração remete à deliberação da Assembleia Geral Extraordinária da PBH Ativos, realizada em 12/12/2013, que aprovou os termos e condições da emissão dos títulos:

> (f) Atualização Monetária e Remuneração das Debêntures: O Valor Nominal Unitário das Debêntures com Garantia Real será atualizado pela variação do Índice Nacional de Preços ao Consumidor Amplo ("IPCA"), divulgado pelo Instituto Brasileiro de Geografia e Estatística ("IBGE"), a partir da data de emissão das Debêntures com Garantia Real, *pro rata temporis* por Dias Úteis até a liquidação das Debêntures com Garantia Real ("Atualização Monetária"). Sobre o valor Nominal Unitário ou sobre o saldo do Valor Nominal Unitário, conforme o caso, das Debentures com Garantia Real, atualizado pela Atualização Monetária, incidirão juros calculados *pro rata temporis*, correspondentes à multiplicação em forma fatorial: (i) do *coupon* das Notas do Tesouro Nacional – Série B (NTN-B), com vencimento em 15 de agosto de 2016, a serem apuradas no Dia útil anterior à data do Procedimento de Bookbuilding [...], conforme taxas indicativas divulgadas pela ANBIMA – Associação Brasileira as Entidade dos Mercados Financeiros e de Capitais ("ANBIMA"); e **(ii) do *spread* máximo de 5% (cinco por cento) ao ano** [...] (destaque nosso).

Já o edital do procedimento licitatório prescreveu [...], no item 2.2.g, que a modelagem da operação ocorreria da seguinte forma, quanto à taxa de remuneração:

> 2 – DO OBJETO
>
> [...] São características da emissão de valores mobiliários (operação):
>
> a) o volume dos direitos creditórios é de aproximadamente R$700.000.000,00 (setecentos milhões de reais), conforme descrito no Anexo I ao presente Edital;
>
> b) o pagamento será feito com debêntures subordinadas ou outros valores mobiliários, privados ou públicos, com prazo em torno de oito anos, emitidos pela PBH Ativos e integralizados

pelo Município, mediante a cessão dos direitos creditórios autônomos, portanto, sem esforço de venda;

[...]

g) a taxa de juros de referência da operação é o valor da taxa da NTN-B 2016, acrescido de *spread* **de 5% ao ano;**

[...]

Ou seja, a taxa de juros de referência (NTN-B 2016) seria acrescida de *spread* fixo de 5% ao ano. A mesma informação foi replicada em minuta do contrato de prestação de serviços anexo ao edital [...] e no contrato de prestação de serviços entre a PBH Ativos e o Banco BTG Pactual S/A, vencedor do certame.

Observa-se a existência de grave descompasso entre o que foi definido pelo órgão deliberativo da sociedade e o colocado no edital, uma vez que este fixou um *spread* invariável de 5%, ao tempo em que aquele havia determinado, para o *spread*, um intervalo de valores com o teto de 5%.

Verifica-se, então, que a operação poderia ter sido mais vantajosa para o município, haja vista a possibilidade de a instituição financeira coordenadora do procedimento ter fixado, por meio do processo de *bookbuilding*, um *spread* menor. Como o *spread* compõe o cálculo da taxa de juros, sua redução implicaria uma taxa de juros menor, diminuindo o montante de juros pago pela PBH Ativos aos titulares das debêntures. Por conseguinte, observar-se-ia uma redução do custo final da operação.

Importante destacar que, após a publicação do edital para contratação dos serviços de assessoria financeira para emissão das debêntures, algumas instituições financeiras, na condição de interessadas, instaram os responsáveis pelo procedimento licitatório a se manifestar em relação ao tópico da definição do *spread*.

[...]

Causam estranheza as respostas exaradas, haja vista que esse ponto sugeria uma atecnicidade do edital de contratação dos serviços de assessoria financeira para a estruturação da operação. Ainda, trata-se de ponto cuja correção era do interesse dos denunciados, porquanto teria o condão de reduzir a taxa remuneratória dos títulos que seriam emitidos e, consequentemente, o valor total da operação a ser custeado por meio da PBH Ativos.

No item 6 do Ofício n. 1/2019, foi requerida manifestação da empresa pública acerca do tema [...]

De fato, conforme aduz a denunciada, o *spread* fixado pelo edital, em última instância, coaduna-se com as balizas fixadas pelo órgão deliberativo da empresa e pelo termo de referência, haja vista ter sido fixado no valor máximo autorizado. Contudo, trata-se de erro material que causa reflexo direto no custo da operação, pois, como sustentado acima, uma redução no *spread* reduz a taxa de juros devida pela empresa em cada título emitido e, consequentemente, diminui o custo total da operação.[70]

Na prática, de acordo com os cálculos demonstrados [...], a cada décimo de ponto percentual que fosse reduzido do *spread*, o custo total da operação seria diminuído em aproximadamente R$655 mil.

[...]

Ademais, não há que se falar, como alega o representado, em ausência de relação entre o procedimento de *bookbuilding* e a remuneração da assessoria financeira licitada, haja vista o item 16.1.b.II do Edital prever um bônus denominado "Prêmio pelo Sucesso na Distribuição", destinado à instituição coordenadora em caso de redução da taxa básica de remuneração prevista no edital durante o procedimento de *bookbuilding*:

[...]

Ora, há um desajuste entre as cláusulas analisadas do instrumento editalício. De um lado, a cláusula 16.1.b.II, que prevê o "Prêmio pelo Sucesso na Distribuição", supõe um *spread* variável, tal como previsto pelo órgão deliberativo, admitindo que uma redução do teto fixado para o *spread* seja traduzida num prêmio remuneratório em benefício da contratada. Doutro lado, a cláusula 2.2.g, que estima um *spread* invariável, o que invalida as disposições da cláusula 16.1.b.II. Uma vez fixado de antemão o *spread*, resta inatingível o "Prêmio pelo Sucesso na Distribuição" e, consequentemente, esvaziada de significado a cláusula 16.1.b.II.

Conclui-se que a incongruência abordada neste tópico, reconhecida pelo representado como "erro material", deflagra consequências de duas dimensões diferentes para o caso concreto.

A primeira dimensão constitui-se em potencial dano ao erário, porquanto a imposição de um *spread* no teto autorizado pela Assembleia Geral Extraordinária da PBH Ativos significa, conforme demonstrado na TABELA 1 e apurado no Anexo III,[71] a maximização do custo total da operação. Optou-se, assim, de forma injustificada e desarrazoada, pelo pagamento de mais juros em detrimento de menos, mesmo após os questionamentos formulados pelos interessados, o que configura

---

[70] Por custo total da operação, entende-se o somatório de todos os dispêndios realizados pela empresa emissora dos títulos mobiliários em benefício dos detentores de cada título, ao final do período previsto no cronograma de amortização, multiplicado pelo número total de títulos emitidos. Compreende o principal e os encargos financeiros, compreendidos neste último os juros e, quando pertinente, a atualização monetária. Não compreende os custos acessórios da operação, como a contratação de instituição financeira líder para coordenação do procedimento de emissão de títulos.

[71] O Anexo III do relatório técnico, incluídos os Anexos III.1 a III.20, encontra-se disponível às fls. 521 a 553 dos autos de n. 1.024.572.

atentado explícito ao princípio constitucional da economicidade, com espeque no art. 70 da CRFB/1988.

A segunda dimensão é uma potencial restrição da competitividade da licitação, uma vez que a imposição de um *spread* fixo inutilizou a previsão do "Prêmio pelo Sucesso na Distribuição", cuja remuneração adicional poderia ter atraído outras instituições financeiras ao certame.

A título de exemplo, caso o *spread* fosse variável e a contratada capaz de diminuí-lo durante o procedimento de *bookbuilding* de 5,00% para 4,90%, o custo total da operação seria reduzido [...] em R$655.002,69. Metade desse valor, R$327.501,34, seria o prêmio da contratada, elevando em mais de 15% o piso de sua remuneração, previsto em R$2 milhões na cláusula 13.3 do edital. A outra metade seria considerada redução do custo do total da operação e, portanto, recursos públicos economizados durante o procedimento.

Percebe-se, por esse exemplo, que um décimo de ponto percentual reduzido do *spread* teria aumentado a remuneração da contratada em mais de 15%. Caso essa sistemática tivesse sido esclarecida e ajustada na oportunidade, é possível que mais instituições financeiras tivessem feito lances no certame com vistas à arrematação do contrato licitado, tendo-se em conta as maiores possibilidades de ganhos com a operação.

Entende-se que a melhor conduta teria sido a retificação do edital, reconhecendo a possibilidade de variação do *spread* durante o procedimento de *bookbuilding* e assegurando não apenas a compatibilidade da cláusula 16.1.b.II com o restante do edital, mas também um esforço pelo contrato mais econômico por meio de um procedimento licitatório que prezasse pela maximização da competitividade.

[...]

No item 2.4 do relatório técnico, a CFAMGBH examinou a compatibilidade da taxa de remuneração pactuada pela PBH Ativos S.A. na operação de emissão de debêntures com garantia real em relação aos valores praticados no mercado à época da realização da operação, com enfoque no princípio da economicidade.

Para aferir a economicidade daquela taxa, a CFAMGBH realizou procedimentos de *benchmarking* baseados nos seguintes critérios:

(1) custo médio de captação de recursos pelo Município de Belo Horizonte nas operações de crédito por ele realizadas (sistema SADIPEM);

(2) estimativa da taxa básica de juros da economia na data em que a remuneração da operação foi fixada (18/01/2013), com base na compilação das estimativas de mercado divulgadas pelo Banco Central por meio do Relatório FOCUS;

(3) custo médio de remuneração das operações de debêntures no mercado, conforme a compilação realizada pela ANBIMA; e

(4) custo médio de remuneração de operações similares de debêntures realizadas por outras entidades públicas.

Além disso, no item 2.4 do relatório técnico, a CFAMGBH realizou comparação do cronograma de amortização das debêntures emitidas por outras empresas públicas e utilizadas no *benchmarking* com o cronograma de amortização das debêntures de mercado emitidas pela PBH Ativos S.A., com o objetivo de identificar se as debêntures com os maiores cupons de remuneração correspondiam àquelas que possuíam maior prazo de amortização.

Outros aspectos considerados no item 2.4 do relatório técnico para se verificar a economicidade da taxa de remuneração foram (1) o modo como se deu a fixação dessa taxa no edital do Pregão n. 01/2013 – Processo n. 01.009558/13-48, publicado pela PBH Ativos S.A., com o objetivo de contratar serviço de assessoria financeira para a estruturação, emissão e distribuição pública de valores mobiliários, bem como (2) a atuação do BTG Pactual na execução dos serviços contratados, em especial do *bookbuilding* e *roadshow*.

Desse modo, com base nos procedimentos acima descritos, a CFAMGBH concluiu que a taxa praticada pela PBH Ativos S.A. não respeitou os princípios da razoabilidade e economicidade, estando em desalinhamento com as condições de mercado vigentes à época da realização da operação.

Destaco que, para quantificar o dano ao erário, a CFAMGBH realizou a modelagem do desembolso financeiro da operação da PBH Ativos S.A. e, por meio do cronograma de amortização (abril de 2014 a abril de 2021) e da taxa de remuneração fixada no termo de referência do edital de pregão e na escritura de emissão, calculou os dispêndios mensais previstos até o vencimento da operação e o custo total da operação. Em seguida, a CFAMGBH reproduziu o modelo do desembolso financeiro da operação, alterando a taxa de juros de acordo com cada *benchmarking* levantado, obtendo os dispêndios mensais e o custo total de cada operação realizada, de modo que a diferença entre o custo total da operação da PBH Ativos S.A. e o custo total das operações hipotéticas lastreadas nas taxas dos *benchmarks* passaram a corresponder aos potenciais danos ao erário.

No entanto, com o objetivo de evitar a adoção de critérios subjetivos, para apuração preliminar do dano, a CFAMGBH optou por realizar, em primeiro lugar, uma média do custo de captação na emissão de títulos pelas empresas públicas identificadas no *benchmarking* e, em seguida, apurou a média entre o custo médio de captação das empresas públicas na emissão de títulos e o custo médio de captação de recursos pelo Município de Belo Horizonte nas operações de crédito por ele realizadas (sistema SADIPEM). Explicou a CFAMGBH que a diferença apurada entre o custo total da operação hipotética realizada com as taxas média e o custo total da operação realizada pela PBH Ativos S.A. foi considerada o dano advindo da operação.

Ressalto que a CFAMGBH asseverou que o dano ainda não foi cessado, uma vez que, embora a operação tenha sido efetuada em abril de 2014, o dano aumenta mês a mês a cada pagamento realizado, estando o cronograma de amortização das debêntures de mercado emitidas pela PBH Ativos S.A. previsto para terminar em abril de 2021.

Com base no contexto acima narrado, a CFAMGBH concluiu pela necessidade de este Tribunal determinar, em caráter cautelar, ao Diretor-Presidente da PBH Ativos S.A, a adoção das seguintes medidas: (1) interrupção de qualquer ato de pagamento realizado por aquela empresa em benefício dos titulares das debêntures de mercado emitidas por ocasião da segunda emissão; e (2) depósito da verba destinada ao pagamento dos debenturistas em conta bancária específica, mediante aplicação financeira com liquidez diária, de acordo com o prazo do cronograma de amortização da operação.

[...]

II.2.2 Análise dos argumentos contidos no relatório técnico às fls. 735 a 765

No item 2.2 do relatório técnico, a Coordenadoria de Fiscalização e Avaliação da Macrogestão Governamental de Belo Horizonte (CFAMGBH), após analisar os esclarecimentos apresentados pela Comissão de Valores Mobiliários, por intermédio do Diretor-Presidente da PBH Ativos S.A., sobre o processo de oferta pública de distribuição com esforços restritos de colocação de valores mobiliários, reforçou o entendimento de que a PBH Ativos S.A. não trouxe aos autos comprovação de que o BTG Pactual prestou os serviços de *roadshow* (apresentação da estrutura da operação para potenciais investidores) e de *bookbuilding* (definição da taxa de remuneração por meio da coleta de ordens com potenciais investidores), contratados por meio do Pregão n. 01/2013 – Processo n. 01.009558/13-48.

A CFAMGBH asseverou que a ausência de documentação comprobatória da prestação dos serviços de *roadshow* e *bookbuilding* constitui indicativo de que não houve competitividade no certame de subscrição dos títulos, o que comprometeu a economicidade da operação, tendo em vista que, se as debêntures tivessem sido ofertadas a vários investidores, esses concorreriam entre si pelos títulos e proporiam taxas de juros mais vantajosas à administração pública, com a redução do *spread*.

Asseverou, também, a CFAMGBH que, como não houve proposta de nenhum investidor, em razão de cláusula prevista no edital do Pregão n. 01/2013 – Processo n. 01.009558/13- 48 de firme colocação dos títulos no mercado, a empresa contratada, Banco BTG Pactual, adquiriu a integralidade das debêntures emitidas pelo *spread* de 5%, **valor máximo** permitido na licitação, de modo que a administração municipal assumiu o "ônus máximo suportado pela operação".

[...]

No item 2.3 do relatório técnico, a CFAMGBH analisou o parecer econômico elaborado pela empresa Tendências Consultoria Integrada e fornecido pelo BTG Pactual à PBH Ativos S.A., com o objetivo de reforçar a regularidade da operação de emissão de debêntures.

Ao final do item 2.3, a CFAMGBH concluiu que, no parecer da Tendências Consultoria Integrada, não foram apresentados elementos capazes de refutar a argumentação desenvolvida no relatório anterior

[...]

No item 2.3.4 do relatório técnico, a CFAMGBH contestou o argumento apresentado pela PBH Ativos S.A. às fls. 675 a 679 e às fls. 688 a 697 de que a medida cautelar pleiteada por aquela coordenadoria de sustação dos pagamentos em benefício dos debenturistas não deveria ser acolhida em razão do *periculum in mora* reverso. Em outras palavras, de acordo com a PBH Ativos S.A., se a medida cautelar pleiteada pela CFAMGBH fosse acolhida, a empresa incorreria em inadimplemento contratual, o que ensejaria o vencimento antecipado dos débitos a amortizar. No entanto, a CFAMGBH afirmou que o argumento utilizado pela PBH Ativos S.A. não merece prosperar, uma vez que a sustação dos pagamentos em benefício dos debenturistas decorreria de determinação expedida por órgão de controle, não havendo, portanto, que se falar em inadimplemento contratual.

A título de elucidação, segue transcrito excerto do item 2.3.4 do relatório técnico:

2.3.4 – Da alegação de *periculum in mora* reverso para a não concessão da medida cautelar pleiteada pela unidade técnica

[...]

Análise Técnica

[...]

O provimento cautelar solicitado pela unidade técnica em seu relatório preliminar [...], conforme sobejamente demonstrado naquele estudo e reforçado na presente análise, defluiu da conclusão de que a operação de securitização de crédito pela PBH Ativos, tal como construída, não atendeu os princípios administrativos, notadamente o da economicidade, isonomia, razoabilidade, publicidade, transparência e legalidade, tendo, assim, resultado em dano ao erário, cuja extensão tem-se ampliado ao longo tempo, em razão dos pagamentos mensais sucessivos a cargo da PBH Ativos em favor do Banco BTG Pactual, previstos até abr./2021. O pedido cautelar, portanto, sustentou-se na presença do *fumus boni iuris* e do *periculum in mora*.

[...]

O perigo da demora (*periculum in mora*) encontrou alicerce no fato de que o dano ainda não foi cessado. Conquanto a operação tenha sido efetuada em abril de 2014, o dano subsistiria, e aumentaria mensalmente a cada pagamento realizado. De jun./2019 até abr./2021, termo final do cronograma de amortização (Anexo VI do relatório técnico preliminar), de acordo com a modelagem da operação e os cálculos realizados [...], projetou-se mais dispêndios pela PBH Ativos na remuneração dos debenturistas. Concedida a medida cautelar, estancar-se-ia o dano vindouro, aumentando-se as chances de o erário ser ressarcido do dano já perpetrado. Esse risco, conforme avaliado no presente relatório, manteve-se evidente e iminente em sua ampliação.

Conforme apurado pela unidade técnica, considerou-se excessiva e prejudicial ao erário municipal a taxa de remuneração adotada na transação, em face das principais alternativas disponíveis no momento da decisão e dos padrões de mercado para operações similares, em alinhamento com as práticas recomendadas de auditoria.

[...]

Com efeito, a avaliação do risco decorrente da concessão de eventual cautelar deve pautar-se, sobretudo, na possibilidade ou não de sua reversão, ou mesmo de fixação de caução em garantia ou contracautela (art. 300, §1º, do CPC/2015).

O *periculum in mora inverso* ou (*reverso*) sustentado pela PBH Ativos encontra-se traduzido no art. 300, §3º, do Código de Processo Civil de 2015, segundo o qual "não se concederá a antecipação da tutela quando houver perigo de irreversibilidade do provimento antecipado".

[...]

No caso em tela, a possibilidade de reversão estaria assegurada com a determinação de caução dos pagamentos mensais vindouros a cargo da PBH Ativos, conforme sugerido por esta unidade técnica preliminarmente, mediante depósito em conta bancária específica, sujeita a correção financeira e liquidez diária, o que não só impediria a ampliação do dano ao erário até então estimado, como também resguardaria o credor, no caso o Banco BTG Pactual, caso a decisão de mérito fosse contrária ao entendimento consubstanciado no provimento cautelar.

[...]

A realização de depósito para fins de garantia à suspensão da execução de contrato por ente público, ante a ocorrência ou iminência de dano ao erário, foi autorizada pelo Tribunal de Contas da União, conforme exposto na decisão plenária proferida no Acórdão 3282/2011, de relatoria do Ministro Augusto Nardes, na sessão de 7/12/2011, que [...] ressaltou ainda a impossibilidade da incidência das multas contratuais decorrentes da suspensão da execução do contrato relacionado à construção de plataformas petrolíferas semissubmersíveis pela Petrobras, tendo em vista tratar-se de suspensão de execução contratual determinada única e exclusivamente pela Corte de Contas [...] .

Entende-se, ademais, que a verba destinada ao pagamento dos debenturistas deveria ser depositada em conta bancária específica com aplicação financeira com liquidez diária, de acordo com o prazo do cronograma de amortização da operação [...]. Uma vez acautelada, a verba depositada ou investida restaria reservada, sob responsabilidade do Presidente da empresa pública, até a emissão de provimento de mérito por parte desta Corte de Contas, para restituição do dano causado ou, alternativamente, a depender da natureza do provimento, para pagamento dos debenturistas.

[...]

II.3 Da motivação *aliunde* ou *per relationem*

A doutrinadora Raquel Carvalho, no artigo "A Lei 13.655/2018 e o dever de motivação pela Administração Pública na LINDB",[72] teceu algumas considerações sobre a motivação *aliunde* ou *per relationem*, nos termos transcritos a seguir:

---

[72] CARVALHO, Raquel de. *A Lei 13.655/2018 e o dever de motivação pela Administração Pública na LINDB*. ago. 2018. Disponível em: http://raquelcarvalho.com.br/2018/08/12/a-lei-13-655-2018-e-o-dever-de-motivacao-pela-administracao-publica-na-lindb/. Acesso em: 24 mar. 2020.

A doutrina vem proclamando a viabilidade de um ato administrativo fundar-se em ponderações fáticas e jurídicas de outro, como pareceres, informações técnicas ou mesmo decisões anteriores, o que se denomina "Motivação *aliunde*":

A motivação *aliunde* é permitida facultativa e subsidiariamente. Consiste na adesão ou concordância ao fundamento de pareceres, decisões, informações ou propostas, adotada no ato administrativo por referência expressa e considerada como seu integrante [...]. Ela é prestigiada pela jurisprudência. A motivação explícita e suficiente é adimplida pela residência da justificativa decisória exteriorizada no ato anterior e a promoção da remissão expressa na decisão numa operação de contextualidade artificial.[73]

A respeito da regularidade da "motivação *aliunde*", o STF já elucidou que, se se identifica motivação suficiente no ato administrativo, mesmo com remissão aos fundamentos de um parecer elaborado por órgão colegiado técnico ou autoridade de menor hierarquia, inadmissível falar-se em vício, posto que eficiente a fundamentação indicada, viabilizando o controle posterior.[74] Também o STJ já assentou que, se a autoridade acolhe o relatório de uma comissão, devidamente fundamentado, encontra-se atendida a exigência de motivação. No entanto, adverte para a necessidade de aduzir fundamentação própria, se há discordância em relação às razões apresentadas anteriormente.[75]

[...]

O art. 50, §1º, da Lei Federal n. 9.784/1999, que regula o processo administrativo no âmbito da administração pública federal, permite expressamente a motivação *aliunde* ou *per relationem* ao dispor: "A motivação deve ser explícita, clara e congruente, **podendo consistir em declaração de concordância com fundamentos de anteriores pareceres, informações, decisões ou propostas, que, neste caso, serão parte integrante do ato**" (Grifo nosso).

Acrescento que, embora não exista previsão expressa na Lei Estadual n. 14.184/2002, que dispõe sobre o processo administrativo no âmbito da administração pública estadual de Minas Gerais, da motivação *aliunde* ou *per relationem*, é possível a sua utilização nas decisões proferidas por este Tribunal, uma vez que constitui

---

[73] MARTIN JÚNIOR, Wallace Paiva. *In:* DI PIETRO, Maria Sylvia Zanella (Coord.). *Tratado de Direito Administrativo*. São Paulo: *Revista dos Tribunais*. v. I, p. 470.

[74] MS nº 25.518-DF, rel. Min. Sepúlveda Pertence, Pleno do STF, *DJU* de 10.08.2006, p. 20.

[75] MS nº 10.470-DF, rel. Min. Arnaldo Esteves de Lima, 3ª Seção do STJ, *DJU* de 18.06.2007, p. 242.

instituto admitido pela doutrina, pelo Poder Judiciário e pela própria jurisprudência deste Tribunal.

Diante do acima narrado, adotando como razões de decidir a fundamentação desenvolvida nos relatórios técnicos às fls. 451 a 648 e às fls. 735 a 765, reconheço que existem fortes indícios de que a taxa de remuneração das debêntures de mercado emitidas pela PBH Ativos S.A. em abril de 2014, adquiridas, em sua integralidade, pelo BTG Pactual, foi fixada em desconformidade com as condições de mercado vigentes à época da realização da operação, o que possivelmente ocasionou dano significativo ao erário municipal.

Ressalto que, após a emissão do primeiro relatório da Coordenadoria de Fiscalização e Avaliação da Macrogestão Governamental de Belo Horizonte (CFAMGBH), foi concedido prazo de 150 (cento e cinquenta) dias para que a PBH Ativos S.A. pudesse contraditar o sobrepreço na taxa de remuneração das debêntures apurado pelos analistas de controle externo daquela Coordenadoria.

[...]

Nesse contexto, cabe ainda salientar que, como o plano de amortização das debêntures de mercado emitidas pela PBH Ativos S.A. se estenderá até abril de 2021, o dano ao erário apurado no primeiro relatório técnico poderá crescer mês a mês até aquela data, fato esse que demanda uma atuação imediata deste Tribunal para preservar o patrimônio municipal, não havendo tempo hábil para se aguardar o desfecho do presente processo.

II.4 Atuação do Tribunal de Contas para resguardar, no curso do processo, o patrimônio municipal em razão do suposto dano apurado pela CFAMGBH e que se encontra em crescimento mês a mês até abril de 2021

Nos pareceres às fls. 650 a 660 e às fls. 766 a 773, o Ministério Público junto ao Tribunal (MPJT), embora tenha concordado com o apontamento da Coordenadoria de Fiscalização e Avaliação da Macrogestão Governamental de Belo Horizonte (CFAMGBH) de que a taxa de remuneração das debêntures de mercado emitidas pela PBH Ativos S.A. foi fixada em desconformidade com as condições de mercado vigentes à época da realização da operação, em violação aos princípios da razoabilidade e da economicidade, posicionou-se contrariamente à concessão da medida cautelar pleiteada pela CFAMGBH.

Segue transcrito excerto do parecer às fls. 650 a 660:

> [...] a competência do Tribunal de Contas abrange apenas a sustação de determinados atos administrativos que não se confundem com os negócios jurídicos (contratos e títulos de crédito), dado o poder privativo do Poder Legislativo a que alude o §1º, do art. 71 da CR/88 [...].

De fato, o Tribunal de Contas não pode sustar diretamente um ato negocial, inclusive contrato (negócio jurídico bilateral), mas sim determinar de forma não vinculativa que a Administração Pública promova as devidas correções e, não sendo atendidas, comunicar a recalcitrância ao Poder Legislativo, o qual tem a prerrogativa de sustar o adimplemento da dívida oriunda do contrato.

Portanto, não se inclui na competência constitucional do Tribunal de Contas a aptidão para sustar eventuais contratos administrativos submetidos à sua apreciação, devendo o referido ato de sustação de qualquer ato de pagamento devido pela PBH Ativos S/A, em benefício dos titulares das debêntures, ser adotado diretamente pelo Poder Legislativo, se couber.

[...]

Na mesma linha, a doutrina do jurista Pedro Lenza:[76]

> A doutrina do direito administrativo estabelece, com precisão, a distinção entre atos e contratos administrativos.
>
> Segundo Carvalho Filho, o ato administrativo pode ser conceituado como "a exteriorização da vontade de agentes da Administração Pública ou de seus delegatários, nessa condição, que, sob regime de direito público, vise à produção de efeitos jurídicos, com o fim de atender ao interesse público".
>
> Por sua vez, o contrato administrativo é o "ajuste firmado entre a Administração Pública e um particular, regulado basicamente pelo direito público, e tendo por objeto uma atividade que, de alguma forma, traduza o interesse público".
>
> Portanto, basicamente, pode-se afirmar que, enquanto o ato administrativo se caracteriza como manifestação unilateral da administração pública, como a autorização, a licença, a permissão, por sua vez, o

---

[76] LENZA, Pedro. *Direito Constitucional Esquematizado*. 16. ed. São Paulo: Saraiva, 2012. p. 620-621.

contrato administrativo pressupõe bilateralidade, a traduzir obrigação de ambas as partes (muito embora as particularidades e a derrogação do direito comum, em razão do interesse público envolvido) como o contrato de concessão de serviço público ou o de fornecimento.

Isso posto, cabe observar que, **em relação ao controle realizado pelo TCU, em razão da distinção entre os dois institutos, o constituinte também criou regras específicas.**

Diante de atos administrativos, verificando o TCU qualquer ilegalidade, deverá assinalar prazo para que o órgão ou entidade adote as providências necessárias ao exato cumprimento da lei (art. 71, IX).

Findo o prazo e não solucionada a ilegalidade, nos termos do art. 71, X, competirá ao TCU, no exercício de sua própria competência, sustar a execução do ato impugnado, comunicando a decisão à Câmara dos Deputados e ao Senado Federal.

Em contrapartida, conforme art. 71, §1º, no caso de contrato administrativo, o ato de sustação será adotado diretamente pelo Congresso Nacional, que solicitará, de imediato, ao Poder Executivo as medidas cabíveis.

Contudo, se o Congresso Nacional ou o Poder Executivo, no prazo de 90 dias, não efetivar as medidas previstas, o Tribunal de Contas da União decidirá a respeito (art. 71, §2º). (Grifo nosso).

[...]

Desse modo, a sustação de pagamento decorrente de negócio jurídico bilateral (contrato) calcado em título de crédito dotado de autoexecutoriedade é nitidamente impossível, pois está fora das competências do Tribunal de Contas.

Nada impede, no entanto, que sejam expedidas futuras recomendações e determinações para que o jurisdicionado, no intuito de restaurar o cumprimento da lei, readeque sua postura administrativa, diante das irregularidades verificadas no decorrer da ação fiscalizatória exercida por essa Egrégia Corte nos termos do art. 71, inciso IX, da CR/88.

[...]

Por outro lado, no relatório às fls. 735 a 765, a CFAMGBH, com base em decisão proferida pelo Tribunal de Contas da União, aderiu ao entendimento de que, na hipótese de contrato celebrado pelo Poder Público potencialmente lesivo ao erário, o Tribunal de Contas teria a prerrogativa de, em caráter cautelar, determinar a retenção de recursos públicos que seriam pagos à contratada, nos termos transcritos a seguir:

A realização de depósito para fins de garantia à suspensão da execução de contrato por ente público, ante a ocorrência ou iminência de dano ao erário, foi autorizada pelo Tribunal de Contas da União, conforme exposto na decisão plenária proferida no Acórdão 3282/2011, de relatoria do Ministro Augusto Nardes, na sessão de 7/12/2011 [...], senão veja-se:

> 38. Por sua vez, com relação à importância das retenções cautelares como instrumento hábil e eficaz na recuperação de débitos, vale trazer Declaração de Voto do Exmo. Ministro Benjamin Zymler, constante desse mesmo Acórdão n. 1.014/2007-Plenário, pela sua didática, *in verbis*:
>
> 'Acórdão 1014/2007 - Plenário
>
> Declaração de Voto
>
> [...]
>
> Considero, também, consistente e adequada a contenção definitiva de valores anteriormente retidos por meio de medida cautelar (Acórdão n. 1.452/2005 - Plenário), com vistas a reparar prejuízo que decorreria da execução do contrato celebrado entre a Petrobrás e a Construtora Gautama Ltda. A despeito de minha anuência, tanto com a mensuração dos referidos excessos, como com a sistemática adotada para reparação desse prejuízo, **reputo necessária ressaltar evolução que se opera no âmbito desta Corte, quanto ao método de recomposição de danos sofridos na execução de contratos por entes que integram a Administração Pública.**
>
> Anoto, inicialmente, que a tomada de contas especial é o instrumento ordinariamente utilizado para buscar a reparação de prejuízos causados ao erário. Ocorre que a fiscalização do TCU, concomitantemente à realização de obras, intensificou-se por meio do FISCOBRAS. Nesses processos, em que normalmente se cuida de contratos em execução, o Tribunal passou, com suporte nos comandos contidos no art. 71, IX, da Constituição Federal e no art. 45 da Lei n. 8.443/1992, a determinar a renegociação de preços reputados excessivos, como alternativa à instauração de tomada de contas especial.
>
> Em momento seguinte, por meio de medidas cautelares, passou o TCU também a impor a retenção de valores e a constituição de garantias. Tem-se promovido, em recentes julgados — como neste ora sob exame — a execução definitiva das garantias ou retenções, independentemente da instauração de tomada de conta especial. Essas intervenções têm permitido a consumação de acordo entre empresas e entidades da Administração e o seguimento de obras. Além disso, têm facilitado a reparação de prejuízos.

REPRESENTAÇÃO Nº 1.024.572 | 99

Tal evolução aumenta também a efetividade da atuação desta Corte, em sua tarefa de zelar pelo erário. Além disso, permite a responsabilização isolada de empresas, nas hipóteses em que não resta perfeitamente caracterizada a culpa de gestores pelo dano identificado. Ou, ainda, quando o grau de culpa desses gestores não revela gravidade suficiente para vinculá-los ao prejuízo identificado. Essa solução, vale lembrar, não poderia ser obtida por meio de tomada de contas especial, que pressupõe a responsabilização solidária de gestor público e terceiro.

Anoto, por último, que a enunciada tendência concilia a preservação do interesse público (reparação do dano), com as garantias materiais e processuais dos agentes envolvidos. Veja-se, em especial, que se assegura aos arrolados a ampla defesa e o contraditório. São eles previamente notificados das possíveis sanções ou encargos a que estarão sujeitos. E seus argumentos fáticos e jurídicos são analiticamente examinados por esta Corte.' (grifos nossos)

[...]

Considerando que não é pacífica a matéria sobre a competência dos Tribunais de Contas para, em caráter cautelar, sustar alguns dos efeitos decorrentes de contrato celebrado pelo Poder Público, com o propósito de inibir dano iminente ou propagação de dano já apurado; e considerando que, se for adotada a sistemática proposta pela CFAMGBH, corre-se o risco da legalidade da presente decisão ser questionada no Poder Judiciário, bem como o risco de os efeitos desta decisão serem suspensos em ação judicial com pedido liminar; adotarei, por prudência, o entendimento defendido pelo MPJT nos pareceres às fls. 650 a 660 e às fls. 766 a 773.

Pela sistemática prevista nos incisos IX e X e nos §§1º e 2º do art. 71 e no *caput* do art. 75, ambos da Constituição da República;[77] nos

---

[77] Constituição da República
Art. 71. O controle externo, a cargo do Congresso Nacional, será exercido com o auxílio do Tribunal de Contas da União, ao qual compete:
[...]
IX - assinar prazo para que o órgão ou entidade adote as providências necessárias ao exato cumprimento da lei, se verificada ilegalidade;
X - sustar, se não atendido, a execução do ato impugnado, comunicando a decisão à Câmara dos Deputados e ao Senado Federal;
[...]
§1º No caso de contrato, o ato de sustação será adotado diretamente pelo Congresso Nacional, que solicitará, de imediato, ao Poder Executivo as medidas cabíveis.
§2º Se o Congresso Nacional ou o Poder Executivo, no prazo de noventa dias, não efetivar as medidas previstas no parágrafo anterior, o Tribunal decidirá a respeito.

incisos XVI e XVII e nos §§1º e 2º do art. 76 da Constituição Estadual;[78] nos incisos XVIII, XIX e XXVIII do art. 3º e nos incisos IV, V e VI e no parágrafo único do art. 64, ambos da Lei Orgânica deste Tribunal (Lei Complementar Estadual n. 102/2008);[79] depreende-se que:

(1) se o Tribunal de Contas verificar irregularidade em ato ou contrato, deverá estipular prazo para que o representante da unidade jurisdicionada adote as providências necessárias ao cumprimento da lei;

Art. 75. As normas estabelecidas nesta seção aplicam-se, no que couber, à organização, composição e fiscalização dos Tribunais de Contas dos Estados e do Distrito Federal, bem como dos Tribunais e Conselhos de Contas dos Municípios.

[78] Constituição Estadual

Art. 76 – O controle externo, a cargo da Assembleia Legislativa, será exercido com o auxílio do Tribunal de Contas, ao qual compete:

[...]

XVI – estabelecer prazo para que o órgão ou entidade tome as providências necessárias ao cumprimento da lei, se apurada ilegalidade;

XVII – sustar, se não atendido, a execução do ato impugnado e comunicar a decisão à Assembleia Legislativa;

[...]

§1º – No caso de contrato, o ato de sustação será praticado diretamente pela Assembleia Legislativa, que, de imediato, solicitará ao Poder competente a medida cabível.

§2º – Caso a medida a que se refere o parágrafo anterior não seja efetivada no prazo de noventa dias, o Tribunal decidirá a respeito.

[79] **Lei Orgânica do TCEMG**

Art. 3º – Compete ao Tribunal de Contas: [...]

XVIII – estabelecer prazo para que o dirigente de órgão ou entidade tome as providências necessárias ao cumprimento da lei, se apurada ilegalidade;

XIX – sustar, se não atendido, a execução de ato impugnado e comunicar a decisão à Assembleia Legislativa ou à Câmara Municipal;

[...]

XXVIII – decidir sobre a sustação da execução de contrato, no caso de não se efetivar, em noventa dias, a medida prevista no §1º – do art. 76 da Constituição do Estado;

Art. 64 – Ao proceder à fiscalização dos atos, contratos, convênios, acordos, ajustes e instrumentos congêneres, o Relator ou o Tribunal:

[...]

IV – fixará prazo, na forma estabelecida no Regimento Interno, se constatada irregularidade ou ilegalidade de ato ou contrato, para que o responsável adote as providências necessárias ao cumprimento da lei;

V – sustará a execução de ato ilegal, se não atendida a medida prevista no inciso IV, comunicando a decisão à Assembleia Legislativa ou à Câmara Municipal, sem prejuízo da aplicação da multa prevista no art. 85 desta lei complementar;

VI – encaminhará à Assembleia Legislativa ou à Câmara Municipal, conforme o caso, para sustação, os contratos em que se tenha verificado ilegalidade, às quais competirá solicitar, de imediato, ao responsável pelo órgão ou pela entidade signatária do instrumento, a adoção das medidas cabíveis.

Parágrafo único – Se o Poder Legislativo ou o responsável pelo órgão ou pela entidade signatária do instrumento não efetivar as medidas previstas no inciso VI do *caput* deste artigo, no prazo de noventa dias, o Tribunal decidirá a respeito da sustação da execução do contrato, sem prejuízo de aplicação da multa prevista no art. 85 desta lei complementar.

(2) se o representante da unidade jurisdicionada não adotar as providências corretivas no prazo estipulado, o Tribunal de Contas:

(2.1) no caso de ato, sustará a sua execução;

(2.2) **no caso de contrato**, deverá comunicar o fato ao Poder Legislativo, para que, no prazo máximo de 90 (noventa) dias, delibere sobre a sustação do contrato e solicite, de imediato, ao Poder Executivo a adoção das medidas cabíveis;

(3) se o Poder Legislativo ou Executivo ficarem omissos no prazo previsto no item 2.2, o Tribunal de Contas terá a prerrogativa de sustar, ou não, o contrato.

[...]

Jorge Ulisses Jacoby Fernandes, no artigo "Limites da sustação de contratos administrativos determinados pelos tribunais de contas",[80] afirma que o ordenamento jurídico brasileiro admite "a competência do controle externo para buscar inicialmente que a própria Administração suste o contrato". Leciona, ainda, que a determinação de sustação não pode ser confundida com rescisão, constituindo "apenas ato cautelar impeditivo da consumação da despesa ou do fato gerador de pagamento". Completa dizendo que caberá à autoridade que receber a comunicação do Tribunal de Contas avaliar os efeitos que a sustação terá na vida do contrato.

Assevera, também, que "o inciso X e os §§1º e 2º do art. 71 da Constituição Federal, ao se referirem à sustação, admitiram, implicitamente, que esta tivesse natureza cautelar ou definitiva". Acrescenta que "a sustação terá natureza meramente cautelar quando determinada no **curso de um processo**, visando **resguardar o patrimônio público**" (Grifos nossos).

Jorge Ulisses Jacoby Fernandes explica, também, em seu artigo, que a determinação do Tribunal de Contas de sustação do contrato **não é vinculativa**, uma vez que "somente o Decreto Legislativo é que obriga o agente público". Em outras palavras, se a administração pública não atender a determinação do Tribunal de Contas, este não terá competência para sustar diretamente o contrato, nem para aplicar eventual penalidade em face do agente público.

---

[80] FERNANDES, Jorge Ulisses Jacoby. *Limites da sustação de contratos administrativos determinados pelos tribunais de contas*. Jul. 2017. Disponível em https://jus.com.br/artigos/59333/limites-da-sustacao-de-contratos-administrativos-determinados-pelos-tribunais-de-contas. Acesso em: 25 mar. 2020.

No entanto, como visto acima, se o Poder Executivo não adotar as medidas corretivas e o Poder Legislativo for acionado para se manifestar sobre a sustação do contrato, ficando aqueles Poderes inertes pelo prazo de 90 (noventa) dias, o Tribunal de Contas terá a prerrogativa de sustar o contrato.

João Pedro Accioly, no artigo "A Competência Subsidiária dos Tribunais de Contas para a Sustação de Contratos Públicos Antijurídicos",[81] destaca que Ives Gandra "pontifica que se omitindo 'Congresso e Poder Executivo, tal omissão deve ser punida, e a punição é transformar o órgão vicário em órgão principal, passando a ter funções que antes pertenciam ao Congresso ou ao Poder Executivo'".

Cabe aqui salientar que a Assessoria Jurídica da PBH Ativos S.A., às fls. 677 a 679, afirmou que nem mesmo o Poder Legislativo teria competência de sustar, em caráter cautelar, o contrato celebrado entre a PBH Ativos S.A. e o BTG Pactual no tocante à emissão e subscrição das debêntures de mercado, sob a justificativa de que a "operação envolve uma relação privada entre a emissora, PBH Ativos, que é uma empresa estatal não dependente do tesouro, cujos contratos regulam-se pelas suas cláusulas, pelos preceitos de direito privado,[82] e um Banco também privado para ser o coordenador da operação".

A argumentação da Assessoria Jurídica da PBH Ativos S.A. não merece prosperar, tendo em vista que a Constituição da República, no §1º do art. 71, menciona genericamente o termo contrato, sem fazer qualquer restrição. Desse modo, pode-se concluir que contratos de qualquer natureza, **custeados por recursos públicos**, poderão ser sustados pelo Poder Legislativo e, na omissão deste, poderão ser sustados, em caráter subsidiário, pelo Tribunal de Contas.

Sobre a matéria, manifestou-se João Pedro Accioly, no artigo "A Competência Subsidiária dos Tribunais de Contas para a Sustação de Contratos Públicos Antijurídicos":[83]

---

[81] ACCIOLY, João Pedro. *A Competência Subsidiária dos Tribunais de Contas para a Sustação de Contratos Públicos Antijurídicos.* Fev. 2017. Disponível em: http://www.mpsp.mp.br/ portal/page/portal/documentacao_e_divulgacao/doc_biblioteca/bibli_servicos_produtos/ bibli_boletim/bibli_bol_2006/RTrib_n.975.06.PDF. Acesso em: 25 mar. 2020.

[82] Lei nº 13.303/2016: Art. 68. Os contratos de que trata esta Lei regulam-se pelas suas cláusulas, pelo disposto nesta Lei e pelos preceitos de direito privado.

[83] ACCIOLY, João Pedro. *A Competência Subsidiária dos Tribunais de Contas para a Sustação de Contratos Públicos Antijurídicos.* Fev. 2017. Disponível em: http://www.mpsp.mp.br/ portal/page/portal/documentacao_e_divulgacao/doc_biblioteca/bibli_servicos_produtos/ bibli_boletim/bibli_bol_2006/RTrib_n.975.06.PDF. Publicação em fev. 2017. Acesso em: 25 mar. 2020.

Assim sendo, quando a Constituição alude genericamente a "contratos", sem lançar mão de adjetivos que restringiriam o alcance semântico do termo, não parece acertado fazê-lo pela via hermenêutica – até porque [...] o sistema de controle externo brasileiro não se restringe aos lindes subjetivos da Administração Pública. Nessa ótica, entendemos que a competência para sustar avenças antijurídicas, prevista no art. 71, §§1º e 2º, da CF/1988, não se limita aos contratos celebrados pela Administração Pública, muito menos, aos contratos administrativos, **abarcando todo e qualquer contrato custeado com recursos públicos** (Grifo nosso).

III CONCLUSÃO

Diante do exposto, adotando como razões de decidir a fundamentação desenvolvida nos relatórios técnicos às fls. 451 a 648 e às fls. 735 a 765, reconheço que existem fortes indícios de que a taxa de remuneração das debêntures de mercado emitidas pela PBH Ativos S.A. em abril de 2014, adquiridas, em sua integralidade, pelo BTG Pactual, foi fixada em desconformidade com as condições de mercado vigentes à época da realização da operação, o que demonstra a ocorrência de dano ao erário municipal.

Nos relatórios técnicos acima mencionados, foi comprovada a existência da "fumaça do bom direito" e do "perigo da demora", requisitos indispensáveis para que este Tribunal, com fundamento no art. 95, *caput*, da Lei Complementar Estadual n. 102/2008,[84] tome, de imediato, no curso do processo, medidas para preservar o erário municipal.

A "fumaça do bom direito" encontra-se presente nos seguintes aspectos:

(1) no item 2, subitem 2.2, alínea g do edital do Pregão n. 01/2013 – Processo n. 01.009558/13-48, publicado pela PBH Ativos S.A., com o objetivo de contratar serviço de assessoria financeira para a estruturação, emissão e distribuição pública de valores mobiliários, previu-se que a taxa de juros de referência das debêntures com garantia real (NTN-B 2016) seria acrescida de *spread* fixo de 5% ao ano, entretanto, o *spread* fixado no edital estava em descompasso

---

[84] **Lei Complementar Estadual n. 102/2008 - Lei Orgânica do TCEMG**
Art. 95 – No início ou no curso de qualquer apuração, havendo fundado receio de grave lesão ao erário ou a direito alheio ou de risco de ineficácia da decisão de mérito, o Tribunal poderá, de ofício ou mediante provocação, determinar medidas cautelares.

com a deliberação da Assembleia Geral Extraordinária da PBH Ativos S.A., ocorrida em 12/12/2013, na qual havia sido autorizado *spread* de até 5% ao ano para a remuneração das debêntures com garantia real a serem emitidas por aquela empresa;

(2) realização de procedimentos de *benchmarking* baseados nos critérios de (2.1) custo médio de captação de recursos pelo Município de Belo Horizonte nas operações de crédito por ele realizadas; (2.2) estimativa da taxa básica de juros da economia na data em que a remuneração da operação foi fixada; (2.3) custo médio de remuneração das operações de debêntures no mercado; e (2.4) custo médio de remuneração de operações similares de debêntures realizadas por outras entidades públicas, tendo sido demonstrado que a taxa de remuneração das debêntures emitidas pela PBH Ativos S.A. foi superior a todas as taxas apuradas nos procedimentos de *benchmarking* realizados;

(3) no relatório técnico às fls. 451 a 648, verificou-se que, apesar de a PBH Ativos S.A. ter apresentado um cronograma de amortização em que foram concentradas maiores taxas de amortização do principal no início do contrato, em comparação com os cronogramas de amortização de títulos emitidos por outras empresas públicas consideradas no *benchmarking*, a taxa de remuneração das debêntures emitidas pela PBH Ativos S.A. foi superior às taxas de remuneração dos títulos emitidos por aquelas outras empresas;

(4) no relatório técnico às fls. 451 a 648, verificou-se que, apesar de a operação realizada pela PBH Ativos S.A. ter um prazo total de amortização inferior ao de operações realizadas por outras empresas públicas (exemplo: MGI), a taxa de remuneração das debêntures emitidas pela PBH Ativos S.A. foi superior às taxas de remuneração dos títulos emitidos por aquelas outras empresas;

(5) ausência de documentos comprobatórios de que o BTG Pactual executou os serviços de *roadshow* e *bookbuilding*, contratados pela PBH Ativos S.A. por meio do Pregão n. 01/2013 – Processo n. 01.009558/13-48;

(6) a operação de emissão de debêntures realizada pela PBH Ativos S.A. recebeu da agência Fitch Ratings *rating* AA, ou

seja, foi atestada perante o mercado a qualidade alta dos créditos tributários e não tributários parcelados cedidos pelo Município de Belo Horizonte para lastrear a emissão das debêntures de mercado, bem como a capacidade elevada da PBH Ativos S.A. em realizar os pagamentos dos títulos emitidos;

(7) a despeito de a operação de securitização de ativos possuir como vantagem em relação às operações de crédito tradicionais a diminuição do custo de captação dos recursos pelo ente federado, tendo em vista que, na primeira, ocorre a diversificação do risco em uma carteira de vários ativos, apurou-se que a taxa de remuneração das debêntures emitidas pela PBH Ativos S.A. foi superior à taxa de captação de recursos via operações de crédito tradicionais a que o Município de Belo Horizonte se sujeitava à época da emissão daqueles títulos; e

(8) na quantificação do suposto dano ao erário, foram observados os seguintes procedimentos pela CFAMGBH:

(8.1) foi realizada a modelagem do desembolso financeiro da operação da PBH Ativos S.A., tendo sido calculados os dispêndios mensais previstos até o vencimento da operação e o custo total da operação;

(8.2) foi reproduzido o modelo do desembolso financeiro da operação da PBH Ativos S.A., alterando-se a taxa de juros de acordo com cada *benchmark* levantado, obtendo-se os dispêndios mensais e o custo total de cada operação realizada, de modo que a diferença entre o custo total da operação da PBH Ativos S.A. e o custo total das operações hipotéticas lastreadas nas taxas dos *benchmarks* passou a corresponder aos potenciais danos ao erário;

(8.3) com o objetivo de se evitar a adoção de critérios subjetivos, para apuração preliminar do dano, optou-se por realizar, em primeiro lugar, uma média do custo de captação na emissão de títulos pelas empresas públicas identificadas no *benchmarking* e, em seguida, apurou-se a média entre o custo médio de captação das empresas públicas na emissão de títulos e o custo médio de captação de recursos pelo Município de Belo Horizonte nas operações de crédito por ele realizadas; e

(8.4) a diferença apurada entre o custo total da operação hipotética realizada com as taxas média e o custo total da operação realizada pela PBH Ativos S.A. foi considerada o dano advindo da operação.

O "perigo da demora" encontra-se presente no fato de que o dano ainda não foi cessado, uma vez que, embora a operação tenha sido efetuada em abril de 2014, o dano subsiste e aumenta mês a mês a cada pagamento realizado, estando o cronograma de amortização das debêntures previsto para terminar em abril de 2021. **Nesta oportunidade, entendo que a complexidade do caso, a imprescindibilidade de melhor instrução probatória (documental, contábil, econômica e financeira) e a devida observância do contraditório e da ampla defesa concedida à PBH Ativos em todas as fases, justificam, neste momento, a decisão que melhor se amolda aos fatos e fundamentos expostos.**

Com base no acima exposto, com fundamento no inciso XVIII do art. 3º e no inciso IV do art. 64, ambos da Lei Complementar Estadual n. 102/2008, e no *caput* do art. 277 da Resolução n. 12/2008 deste Tribunal, determino, *ad referendum* do Tribunal Pleno, que o atual Diretor-Presidente da PBH Ativos S.A. adote, **no prazo de até 15 (quinze) dias úteis**, as seguintes medidas:

(1) interrupção de qualquer ato de pagamento realizado pela PBH Ativos S.A. em benefício dos titulares das debêntures de mercado emitidas por ocasião da segunda emissão e;

(2) depósito da verba destinada ao pagamento dos debenturistas em conta bancária específica, mediante aplicação financeira com liquidez diária, de acordo com o prazo do cronograma de amortização da operação.

O atual Diretor-Presidente da PBH Ativos S.A. deverá ser cientificado de que, se não cumprir as medidas previstas nos itens (1) e (2) no prazo estipulado, o Tribunal de Contas, com fundamento no inciso VI do art. 64 da Lei Complementar Estadual n. 102/2008 e no §2º do art. 277 da Resolução n. 12/2008 deste Tribunal, comunicará o fato à Câmara Municipal de Belo Horizonte, para que delibere sobre a sustação dos pagamentos a serem realizados aos titulares das debêntures de mercado.

O atual Diretor-Presidente da PBH Ativos S.A. deverá ser intimado por *e-mail* e por publicação no Diário Oficial de Contas.

Cópias da presente decisão, do relatório técnico às fls. 735 a 765 e do parecer às fls. 766 a 773 deverão ser disponibilizadas ao atual Diretor-Presidente da PBH Ativos S.A.

Esta Secretaria deverá providenciar a intimação pessoal do Ministério Público junto ao Tribunal (MPJT) nos termos do art. 167-A da Resolução n. 12/2008 deste Tribunal.

Ao final, os autos deverão ser devolvidos ao meu Gabinete.

Em 19/05/2020, encaminhei o Exp. 041/2020 à Secretaria do Pleno informando a retirada de pauta da presente representação e dos Embargos de Declaração n. 1088882, na Sessão do Pleno do dia 27/05/2020, em virtude do encaminhamento a este Relator, na data de 19/05/2020, da documentação sob n. 6103211/2020, protocolizada pelo Ministério Público junto a este Tribunal de Contas, na pessoa do Procurador Marcílio Barenco Corrêa de Mello, interpondo Embargos de Declaração contra a decisão cautelar monocrática em comento. Entendi, naquele momento, que era necessária e imprescindível a deliberação conjunta da medida cautelar proferida na Representações n. 1024572 e 1031793, dos embargos de declaração n. 108882 interpostos pela PBH Ativos e da análise da documentação protocolizada pelo Ministério Público junto a este Tribunal de Contas denominada embargos de declaração (posteriormente esse documento foi autuado sob o n. 1088908 – Natureza: Embargos de Declaração).

Na sessão do dia 03/06/2020, solicitei o adiamento das matérias (Representações n. 1034572 e 1031793, Embargos de Declaração n. 1088882 e 1088908), considerando a necessidade de maior tempo para análise das teses expostas nas peças processuais e de outras petições posteriormente protocoladas; todavia, tal adiamento não acarreta, a meu ver, a perda da eficácia da medida cautelar exarada monocraticamente nos presentes autos, pois, entendo que, no caso concreto, deve-se interpretar, teleológica e sistemicamente, o parágrafo 2º, do artigo 95 da Lei Orgânica, em conjunto com o parágrafo único do artigo 106 do mesmo diploma legal, uma vez que não há como configurar a perda da eficácia de uma decisão monocrática se esta tem seus efeitos suspensos em razão da interposição de Embargos de Declaração interpostos pela PBH Ativos e pelo Ministério Público junto a este Tribunal de Contas.[85]

---

[85] *Data maxima venia*, entendo que no presente caso deve-se aplicar a interpretação teleológica (finalidade da norma) e sistêmica (a norma não pode ser vista de forma isolada, pois o direito existe como sistema, de forma ordenada e com certa sincronia) em relação ao conteúdo do parágrafo 2º, do artigo 95 da Lei Orgânica deste Tribunal.
Explico-me melhor: as decisões exaradas no âmbito deste Tribunal são eminentemente colegiadas, salvo algumas exceções legais (como por exemplo, possibilidade de decisões monocráticas em que há o reconhecimento da prescrição do poder-dever sancionatório do Tribunal pela Unidade Técnica e pelo Conselheiro Relator). Assim, quando há

determinação monocrática de medida cautelar por Conselheiro e para se evitar a extensão dos efeitos desta decisão singular no tempo, é necessária a ratificação do colegiado na primeira sessão subsequente sob pena de perder a sua eficácia. Em 2/4/2020 proferi decisão monocrática nos autos da Representação 1024572, na qual foi determinada, em caráter cautelar, *ad referendum*, do Tribunal Pleno, a adoção de uma séria de medidas por parte do Diretor-Presidente da PBH Ativos S.A. quais sejam:

Que o atual Diretor-Presidente da PBH Ativos S.A. adote, no prazo de até 15 (quinze) dias úteis, as seguintes medidas:

(1) interrupção de qualquer ato de pagamento realizado pela PBH Ativos S.A. em benefício dos titulares das debêntures de mercado emitidas por ocasião da segunda emissão e;

(2) depósito da verba destinada ao pagamento dos debenturistas em conta bancária específica, mediante aplicação financeira com liquidez diária, de acordo com o prazo do cronograma de amortização da operação.

O atual Diretor-Presidente da PBH Ativos S.A. deveria ser cientificado de que, se não cumprisse as medidas previstas nos itens (1) e (2) no prazo estipulado, o Tribunal de Contas, com fundamento no inciso VI do art. 64 da Lei Complementar Estadual n. 102/2008 e no §2º do art. 277 da Resolução n. 12/2008 deste Tribunal, este Tribunal comunicaria o fato à Câmara Municipal de Belo Horizonte, para que deliberasse sobre a sustação dos pagamentos a serem realizados aos titulares das debêntures de mercado.

Percebe-se que estabeleci na decisão monocrática prazo de 15 dias para que a PBH Ativos S.A. adotasse medidas para interromper o pagamento em benefícios dos titulares das debêntures de mercado emitidas por ocasião da segunda emissão, sob pena de comunicação à Câmara Municipal para deliberação sobre possível sustação do contrato.

Entretanto, por meio da documentação protocolizada sob o n. 6060211/2020, em 6/5/2020, a PBH Ativos S.A. e o seu Diretor-Presidente, Sr. Pedro Meneguetti, encaminharam petição, denominada de embargos de declaração, em que contestam a referida decisão monocrática proferida em 2/4/2020 nos autos da Representação n. 1024572. A mencionada documentação foi autuada sob o n. 1088882 (Embargos de Declaração).

Cabe ressaltar que "a interposição de embargos de declaração interrompe a contagem dos prazos para cumprimento da decisão embargada e para interposição de outros recursos" (parágrafo único do artigo 106 da Lei Orgânica), ou seja, a medida cautelar por mim exarada teve seus efeitos suspensos por intermédio da interposição dos referidos embargos de declaração pela PBH Ativos, inibindo, a meu ver, os efeitos do parágrafo 2º, artigo 95, da Lei Orgânica deste Tribunal.

Este entendimento é razoável e consubstanciado na melhor hermenêutica acerca da interpretação finalística e sistêmica do parágrafo 2, do artigo 95 da Lei Orgânica em relação ao presente caso em concreto.

Consoante magistério de Inocêncio Mártires Coelho, com apoio em Niklas Luhmann, Friedrich Müller e Castanheira Neves:

"não existe norma jurídica, senão norma jurídica interpretada, vale dizer, preceito formalmente criado e materialmente concretizado por todos quantos integram as estruturas básicas constituintes de qualquer sociedade pluralista. [...] O teor literal de uma disposição é apenas a 'ponta do iceberg'; todo o resto, talvez o mais importante, é constituído por fatores extralinguísticos, sociais e estatais, que mesmo se o quiséssemos não poderíamos fixar nos textos jurídicos, no sentido da garantia da sua pertinência" (LUHMANN, Niklas. *El derecho de la sociedad*. México: Herder/Universidad Iberoamericana, 2005, p. 425-6; MÜLLER, Friedrich. *Métodos de Trabalho do Direito Constitucional*. Porto Alegre: Síntese, 1999, p. 45; e NEVES, A. Castanheira. *Metodologia Jurídica. Problemas fundamentais*. Coimbra: Universidade de Coimbra, 1993, p. 166-76.)

Nesta linha, entendo que, no presente caso, deve-se interpretar, teleológica e sistemi-camente, o parágrafo 2º, do artigo 95 da Lei Orgânica, em conjunto com o parágrafo único do artigo 106 do mesmo diploma legal, uma vez que não há como configurar a perda da eficácia de uma decisão monocrática se esta tem seus efeito s suspensos em virtude da interposição de embargos de declaração.

Finalmente, informo que foram encaminhadas ao meu Gabinete três petições da PBH Ativos S.A., protocolizadas, em 13/5/2020, sob o número 0006108611/2020, em 15/5/2020, sob o número 0006116311/2020 e, em 04/06/2020, sob o número 6160011/2020 — **este último na figura de MEMORIAL**. Em todas as petições, a PBH Ativos S.A. visou trazer fatos novos referentes à decisão monocrática. **Informo que o teor dessas petições será apreciado por mim em tópico próprio, ao final deste voto (referendo).**

Pois bem, em virtude do ineditismo do objeto em análise no âmbito desta Corte, entendo necessário/imprescindível destacar alguns pontos do caso *sub examine* para compreensão da dos demais pares deste colegiado.

I   Da competência do Tribunal para dirimir as questões relacionadas com a PBH Ativos e do Poder Legislativo para sustação do contrato. Dos limites dos efeitos da decisão cautelar. Da ausência do perigo de mora inverso. Sobre a relação jurídica processual.

De início, informo que, na decisão monocrática, foi destacada a competência constitucional do Tribunal de Contas para fiscalizar a adequação da taxa de remuneração das debêntures com garantia real emitidas pela PBH Ativos S.A. em relação aos padrões de mercado vigentes à época da realização da operação. Sobre a matéria, transcrevo excerto do relatório da Coordenadoria de Fiscalização e Avaliação da Macrogestão Governamental de Belo Horizonte constante nos presentes autos da Representação n. 1.024.572 (disponível no SGAP, CÓD.ARQUIVO 1878527):

> A CRFB/1988 atribuiu à Corte de Contas a missão de realizar a fiscalização contábil e financeira quanto à economicidade das operações realizadas por todos aqueles sujeitos a sua competência, conforme o *caput* do art. 70. Assim, cumpre ao Tribunal de Contas verificar a adequação da emissão de debêntures realizada pela PBH Ativos, frente aos padrões de mercado, por ocasião da transação, considerando os princípios da razoabilidade, eficiência e economicidade.
>
> Art. 70. A fiscalização contábil, financeira, orçamentária, operacional e patrimonial da União e das entidades da administração

direta e indireta, quanto à legalidade, legitimidade, **economicidade**, aplicação das subvenções e renúncia de receitas, será exercida pelo Congresso Nacional, mediante controle externo, e pelo sistema de controle interno de cada Poder.

[...]

Além disso, informo que também foi destacada, na referida decisão, a competência do Tribunal de Contas para fiscalizar **contratos de qualquer natureza, desde que envolvam a aplicação de recursos públicos**, tendo em vista que, no art. 71, §1º, da Constituição da República, fez-se menção ao termo "contrato" de forma genérica, sem qualquer tipo de restrição.

Desse modo, considerando que **as debêntures de mercado emitidas pela PBH Ativos S.A. são remuneradas com recursos públicos**, no caso, direitos creditórios autônomos originados de créditos tributários, ou não, parcelados, cedidos pelo Município de Belo Horizonte à entidade; e considerando que estão demonstrados, nos autos, **fortes indícios de sobrepreço na taxa de remuneração fixada para aqueles títulos**; entendo que está **configurada a competência do Tribunal de Contas** para fiscalizar a operação e determinar medidas cautelares com o propósito de proteger o patrimônio municipal **de um dano que aumenta mês a mês a cada pagamento realizado aos debenturistas**.

Acrescento, ainda, que, em virtude das peculiaridades da operação da PBH Ativos S.A., **não é possível desvincular o título de crédito do negócio jurídico que o originou**, estando demonstrado, nos autos, que **os titulares das debêntures de mercado tiveram participação direta e imediata no negócio jurídico do qual se originou a emissão das debêntures.**

Relembro, nos termos relatados na decisão monocrática, que "o dano ainda não foi cessado, uma vez que, embora a operação tenha sido efetuada em abril de 2014, o dano subsiste e aumenta mês a mês a cada pagamento realizado, estando o cronograma de amortização das debêntures previsto para terminar em abril de 2021".

Nesse contexto, informo que, no relatório elaborado pela Coordenadoria de Fiscalização e Avaliação da Macrogestão Governamental de Belo Horizonte nos autos dos Embargos de Declaração n. 1.088.882, interpostos pela PBH Ativos S.A. em face da decisão monocrática prolatada nos autos da Representação n. 1024572, **está previsto um dano ao erário advindo da operação no valor total de R$35.295.747,20**

e um montante a ser pago aos debenturistas de mercado, no período de junho de 2020 a abril de 2021, no valor total de R$869.030,71.

Dessa maneira, diante dos fatos acima narrados e partindo da premissa constitucional de que o Tribunal de Contas possui competência para fiscalizar contratos que envolvem a aplicação de recursos públicos, independentemente do regramento a que se encontram submetidos, entendo que se mostra **urgente e necessária** a concessão (referendo) do provimento cautelar de adoção de medidas para sustação dos pagamentos remanescentes aos debenturistas de mercado, com o intuito de se resguardar parte do valor a ser ressarcido ao erário.

Por outro norte, entendo que, conforme decisão monocrática por mim exarada em 02/04/2020, **é de competência constitucional do Poder Legislativo para deliberar a respeito da sustação de contratos que envolvem a aplicação de recursos públicos.**

Por outro lado, no relatório às fls. 735 a 765, a CFAMGBH, com base em decisão proferida pelo Tribunal de Contas da União, aderiu ao entendimento de que, na hipótese de contrato celebrado pelo Poder Público potencialmente lesivo ao erário, o Tribunal de Contas teria a prerrogativa de, em caráter cautelar, determinar a retenção de recursos públicos que seriam pagos à contratada [...].

Considerando que não é pacífica a matéria sobre a competência dos Tribunais de Contas para, em caráter cautelar, sustar alguns dos efeitos decorrentes de contrato celebrado pelo Poder Público, com o propósito de inibir dano iminente ou propagação de dano já apurado; e considerando que, se for adotada a sistemática proposta pela CFAMGBH, corre-se o risco da legalidade da presente decisão ser questionada no Poder Judiciário, bem como o risco de os efeitos desta decisão serem suspensos em ação judicial com pedido liminar; adotarei, por prudência, o entendimento defendido pelo MPJT nos pareceres [...].

Em total consonância com a tese adotada na fundamentação da decisão monocrática de que o Tribunal de Contas não possui competência para sustar alguns dos efeitos decorrentes de contratos que envolvem a aplicação de recursos públicos, foi determinada, na parte dispositiva da decisão, **de forma não vinculativa e sem a previsão de aplicação de qualquer penalidade em caso de descumprimento da determinação**, ao Diretor-Presidente da PBH Ativos S.A. a aplicação de medidas necessárias para se resguardar o patrimônio municipal. Acrescento que, na parte dispositiva da decisão, deixou-se claro que, **em caso de descumprimento da determinação**, este Tribunal comunicaria o fato à Câmara Municipal de Belo Horizonte, para que deliberasse a respeito da sustação dos pagamentos aos debenturistas de mercado, nos termos transcritos a seguir:

> [...] com fundamento no inciso XVIII do art. 3º e no inciso IV do art. 64, ambos da Lei Complementar Estadual n. 102/2008, e no *caput* do art. 277 da Resolução n. 12/2008 deste Tribunal, determino, *ad referendum* do Tribunal Pleno, que o atual Diretor-Presidente da PBH Ativos S.A. adote, no prazo de até 15 (quinze) dias úteis, as seguintes medidas:
>
> (1) interrupção de qualquer ato de pagamento realizado pela PBH Ativos S.A. em benefício dos titulares das debêntures de mercado emitidas por ocasião da segunda emissão e;
>
> (2) depósito da verba destinada ao pagamento dos debenturistas em conta bancária específica, mediante aplicação financeira com liquidez diária, de acordo com o prazo do cronograma de amortização da operação.
>
> O atual Diretor-Presidente da PBH Ativos S.A. deverá ser cientificado de que, se não cumprir as medidas previstas nos itens (1) e (2) no prazo estipulado, o Tribunal de Contas, com fundamento no inciso VI do art. 64 da Lei Complementar Estadual n. 102/2008 e no §2º do art. 277 da Resolução n. 12/2008 deste Tribunal, comunicará o fato à Câmara Municipal de Belo Horizonte, para que delibere sobre a sustação dos pagamentos a serem realizados aos titulares das debêntures de mercado. (Grifos deste relator)

Destaco que, se a decisão monocrática for referendada pelo Pleno, o Tribunal de Contas não estará sustando diretamente os pagamentos aos debenturistas de mercado, mas, sim, determinando ao Diretor-Presidente da PBH Ativos S.A. que assim o faça, **dentro dos limites de competência estabelecidos na Constituição da República (art. 71, inciso IX), na Constituição Estadual (art. 76, inciso XVI), na Lei Orgânica (art. 3º, inciso XVIII, e art. 64, inciso IV) e no Regimento Interno (art. 277, *caput*).**

Os dispositivos acima mencionados permitem que o Tribunal de Contas, **ao verificar irregularidade ou ilegalidade em ato ou contrato,** fixe prazo ao representante da unidade jurisdicionada, para que adote medidas corretivas necessárias ao cumprimento da lei, estando claro, nos dispositivos, que a determinação dessas medidas pelo Tribunal não está condicionada à apreciação prévia do Poder Legislativo, **ainda que se trate de contrato.**

Com efeito, não reconhecer ao Tribunal de Contas a possibilidade de determinar à autoridade competente a adoção de medidas corretivas em contratos que envolvem a aplicação de recursos públicos significa, a meu ver, esvaziar parte das atribuições constitucionais expressamente conferidas ao Órgão e, por conseguinte, diminuir a máxima efetividade que deve ser dada às normas constitucionais.

Nesse contexto, pelos excertos acima transcritos, está cristalino que **o Tribunal de Contas somente terá que recorrer ao Poder Legislativo se a autoridade competente não adotar, no prazo estipulado, as medidas necessárias à correção da irregularidade ou ilegalidade verificada em contrato.**

[...]

[...] reforço que, na decisão monocrática, reconheceu-se que, em relação a vícios identificados em contratos que envolvem a aplicação de recursos públicos, **a atribuição do Tribunal de Contas para determinar a adoção de medidas corretivas é limitada**, uma vez que, se o jurisdicionado não acatar a determinação a ele expedida, **o Tribunal não poderá sustar diretamente o contrato, nem aplicar qualquer penalidade ao jurisdicionado**, não havendo, portanto, que se falar em usurpação de competência do Poder Legislativo.

Ademais, realço que a sistemática prevista na fundamentação e na parte dispositiva da decisão monocrática, **além de estar condizente com o ordenamento jurídico, pode se mostrar mais eficiente na prevenção de suposto dano ao erário**, considerando que, **antes mesmo da submissão da matéria ao Poder Legislativo**, este Tribunal dará ao jurisdicionado a oportunidade de, **por iniciativa própria**, sustar a prática de suposto ato ilegal, no caso, o pagamento de debêntures de mercado com sobrepreço na taxa de remuneração, dentro de um prazo estipulado.

Cumpre assinalar que a interrupção de qualquer ato de pagamento realizado pela PBH Ativos S.A. em benefício dos titulares das debêntures de mercado, determinada na decisão monocrática, não equivale à "**sustação definitiva de contrato administrativo**".

Primeiro, cabe ressaltar que a determinação de interrupção dos pagamentos ocorreu, **em caráter cautelar**, com fundamento no art. 95, *caput*, da Lei Complementar Estadual n. 102/2008 [...].

[...]

Sobre a possibilidade de a sustação de contratos que envolvem a aplicação de recursos públicos ocorrer em caráter cautelar, Jorge Ulisses Jacoby Fernandes leciona que "o inciso X e os §§1º e 2º do art. 71 da Constituição Federal, ao se referirem à sustação, admitiram, implicitamente, que esta tivesse natureza cautelar ou definitiva" e que "a sustação terá natureza meramente cautelar quando determinada no curso de um processo, visando resguardar o patrimônio público".[86]

Segundo, a determinação de interrupção dos pagamentos aos debenturistas de mercado, acompanhada da determinação do depósito da verba destinada a esses pagamentos em conta bancária específica, mediante aplicação financeira com liquidez diária, constitui **medida reversível**, que, além de impedir a ampliação do suposto dano ao erário até então estimado, **protege os debenturistas de mercado**, uma vez que esses poderão reaver os valores depositados, no caso de não ser reconhecida, na decisão de mérito, a existência de sobrepreço na taxa de remuneração das debêntures.

Terceiro, o provimento cautelar determinado na decisão mono-crática incide sobre **cláusulas pontuais** dos contratos relacionados à operação de emissão de debêntures pela PBH Ativos S.A., de modo que as cláusulas que não forem afetadas continuarão a produzir os seus efeitos.

[...]

Quarto, como já foi acima exposto, o provimento cautelar expedido na decisão monocrática **não é vinculativo**, ou seja, se o jurisdicionado não corrigir, por iniciativa própria, o vício identificado no contrato, este Tribunal não terá competência para sustar diretamente os pagamentos aos debenturistas de mercado, devendo submeter a matéria à Câmara Municipal de Belo Horizonte.

Ressalto, ainda, que, no relatório às fls. 735 a 765, a CFAMGBH refutou o argumento de que a PBH Ativos S.A. incorreria em inadim-plemento contratual, caso ocorresse a sustação dos pagamentos aos debenturistas de mercado. Na ocasião, **a CFAMGBH entendeu que a adoção daquela medida cautelar não resultaria no "perigo da demora" inverso, tendo em vista a possibilidade de sua reversão. Acrescentou que a possibilidade de reversão da medida estaria resguardada com a determinação do depósito da verba destinada aos pagamentos dos debenturistas de mercado em conta bancária específica, mediante aplicação financeira com liquidez diária, de acordo com o prazo**

---

[86] FERNANDES, Jorge Ulisses. Limites da sustação de contratos administrativos determi-nados pelos tribunais de contas. Jul. 2017. Disponível em: https://jus.com.br/artigos/59333/limites-da-sustacao-de-contratos-administrativos-determinados-pelos-tribunais-de-contas. Acesso em: 25 mar. 2020.

do cronograma de amortização da operação. Por fim, destacou que o depósito em conta bancária específica impediria a ampliação do suposto dano ao erário até então estimado e, ao mesmo tempo, protegeria os debenturistas de mercado, no caso de a decisão de mérito ser contrária ao entendimento do provimento cautelar.

Destaca-se o entendimento do Tribunal de Contas da União sobre o afastamento de qualquer alegação de perigo na demora inverso, onde realização de depósito para fins de garantia à suspensão da execução de contrato por ente público, ante a ocorrência ou iminência de dano ao erário, foi autorizada pelo Tribunal de Contas da União, conforme exposto na decisão plenária proferida no Acórdão 3282/2011, de relatoria do Ministro Augusto Nardes, na sessão de 7/12/2011, que [...] ressaltou ainda a impossibilidade da incidência das multas contratuais decorrentes da suspensão da execução do contrato relacionado à construção de plataformas petrolíferas semissubmersíveis pela Petrobras, tendo em vista tratar-se de suspensão de execução contratual determinada única e exclusivamente pela Corte de Contas [...].

[...]

Reitero, ainda, que o banco centralizador e o agente fiduciário, na qualidade de administradores de recursos públicos, estão submetidos à jurisdição deste Tribunal e, por esse motivo, deverão atender as determinações expedidas nesta decisão. Nesse sentido, transcrevo o art. 2º, inciso I, da Lei Complementar Estadual n. 102/2008:

> Art. 2º – Sujeitam-se à jurisdição do Tribunal:
>
> I – a pessoa física ou jurídica, pública ou privada, que utilize, arrecade, guarde, gerencie ou administre dinheiro, bens ou valores públicos estaduais ou municipais ou pelos quais responda o Estado ou o Município;

Nesta linha, tem-se o entendimento do Pretório Excelso, *verbis*:

> [...] com a superveniência da nova Constituição, ampliou-se, de modo extremamente significativo, a esfera de competência dos Tribunais de Contas, os quais, distanciados do modelo inicial consagrado na Constituição republicana de 1891, foram investidos de poderes mais amplos, que ensejam, agora, a fiscalização contábil, financeira, orçamentária, operacional e patrimonial das pessoas estatais e das entidades e órgãos de sua administração direta e indireta. Nesse contexto, o regime de controle externo, institucionalizado pelo novo ordenamento constitucional, propicia, em função da própria competência fiscalizadora outorgada ao Tribunal de Contas da União,

o exercício, por esse órgão estatal, de todos os poderes que se revelem inerentes e necessários à plena consecução dos fins que lhe foram cometidos. (Grifei)[87]

E, ainda, na mesma toada:

[...] a atribuição de poderes explícitos, ao Tribunal de Contas, tais como enunciados no art. 71 da Lei Fundamental da República, supõe que se lhe reconheça, ainda que por implicitude, a titularidade de meios destinados a viabilizar a adoção de medidas cautelares vocacionadas a conferir real efetividade às suas deliberações finais, permitindo, assim, que se neutralizem situações de lesividade, atual ou iminente, ao erário público. [...] Impende considerar, no ponto, em ordem a legitimar esse entendimento, a formulação que se fez em torno dos poderes implícitos, cuja doutrina, construída pela Suprema Corte dos Estados Unidos da América, no célebre caso *McCulloch v. Maryland* (1819), enfatiza que a outorga de competência expressa a determinado órgão estatal importa em deferimento implícito, a esse mesmo órgão, dos meios necessários à integral realização dos fins que lhe foram atribuídos. [...] **É por isso que entendo revestir-se de integral legitimidade constitucional a atribuição de índole cautelar, que, reconhecida com apoio na teoria dos poderes implícitos, permite, ao TCU, adotar as medidas necessárias ao fiel cumprimento de suas funções institucionais e ao pleno exercício das competências que lhe foram outorgadas, diretamente, pela própria CR.** (Grifei)[88]

E na esteira do voto do Min. Alexandre de Moraes, na recentíssima decisão do Plenário do Supremo Tribunal Federal na sessão do dia 20/4/2020, RE 576.920/RS, incumbe aos Tribunais de Contas,

o relevante *munus* público de fiscal das contas públicas e, consequentemente, do nosso erário, uma vez que o "patrimônio nacional não é propriedade de um monarca ou de seus apaniguados, mas sim de todo o povo, ou seja, patrimônio público. Por conseguinte, cada um tem o direito de saber como esses bens e recursos estão sendo geridos.[89]

---

[87] BRASIL, STF, MS nº 21466, Rel. Min. Celso de Mello, *DJU* 06.05.1994.

[88] STF – MS 24.510, Rel. Min. Ellen Gracie, voto do Min. Celso de Mello, julgamento em 19.11.2003, Plenário, *DJ* de 19.03.2004.

[89] LIMA, Luiz Henrique. *Controle Externo Contemporâneo.* 2020.

[...]
Informo que a fase de apuração dos fatos representados se estendeu no tempo, pois, devido à complexidade e ao ineditismo das matérias discutidas nos processos, com fundamento no art. 306, inciso II, c/c o art. 311, ambos da Resolução n. 12/2008 deste Tribunal,[90] já foram realizadas inúmeras diligências com vistas à correta, à adequada e à completa instrução dos autos.

Outro fato que contribuiu para a maior duração da fase preliminar dos processos foi a abertura de vista dos autos, por um prazo total de 150 dias, à PBH Ativos S.A., para que se manifestasse sobre as medidas cautelares requeridas pelos representantes e pela Coordenadoria de Fiscalização e Avaliação da Macrogestão Governamental de Belo Horizonte. Acrescento que o objetivo deste relator ao conceder o referido prazo foi o de garantir a "paridade de armas" entre a unidade jurisdicionada e as unidades deste Tribunal (Ministério Público junto ao Tribunal e Coordenadoria de Fiscalização e Avaliação da Macrogestão Governamental de Belo Horizonte), bem como o de tomar uma decisão mais embasada sobre os pedidos cautelares formulados nos autos das representações. [...]

[...]
Por outro lado, ressalto que, em conformidade com o art. 95, *caput*, da Lei Complementar Estadual n. 102/2008[91] e com o art. 197, *caput*, da Resolução n. 12/2008 deste Tribunal,[92] uma vez configurados os requisitos da "fumaça do bom direito" e do "perigo da demora", o Tribunal de Contas possuirá a prerrogativa de determinar medidas cautelares **em qualquer fase do processo que anteceda à decisão de mérito**, inclusive antes **da citação da parte**.

---

[90] **[Resolução n. 12/2008 – Regimento Interno do TCE/MG]**
Art. 306. Para apuração da procedência dos fatos denunciados o Tribunal ou Relator, entre outras medidas, poderá:
[...]
II – requisitar informações e documentos que entender pertinentes;
Art. 311. Aplicam-se à representação, no que couber, as normas relativas às denúncias.

[91] **[Lei Complementar Estadual n. 102/2008 – Lei Orgânica do TCEMG]**
Art. 95 – No início ou no curso de qualquer apuração, havendo fundado receio de grave lesão ao erário ou a direito alheio ou de risco de ineficácia da decisão de mérito, o Tribunal poderá, de ofício ou mediante provocação, determinar medidas cautelares.

[92] **[Lei Complementar Estadual n. 102/2008 – Lei Orgânica do TCEMG]**
Art. 95 – No início ou no curso de qualquer apuração, havendo fundado receio de grave lesão ao erário ou a direito alheio ou de risco de ineficácia da decisão de mérito, o Tribunal poderá, de ofício ou mediante provocação, determinar medidas cautelares.

[...]

Quanto a possível alegação de que a determinação de sustação de pagamentos aos debenturistas de mercado, sem a oitiva prévia desses, equivaleria a "títulos inadimplidos por sustação unilateral do devedor", a justificar a execução das debêntures no juízo competente, entendo que não merece prosperar, uma vez que a referida sustação não poderia ser tratada como ato de inadimplemento contratual por parte da emissora, PBH Ativos S.A., porque decorrente de evento alheio à vontade da Companhia, no caso de cumprimento de determinação expedida por Órgão de controle externo com competência constitucional e legal para tanto.

Por outro lado, ainda que os debenturistas de mercado tivessem sido formalmente chamados para se manifestarem nos autos, tal fato, por si só, não os impediria de ingressar no Poder Judiciário. Na realidade, independentemente de haver, ou não, a oitiva prévia do responsável ou interessado, sempre haverá o risco de eventual medida cautelar determinada por este Tribunal ser questionada no Poder Judiciário, entretanto, mesmo ciente desse risco, **diante do forte indício de dano ao erário, demonstrado cabalmente nos autos, acumulado mês a mês pela continuidade da operação de amortização das debêntures**, entendo que o provimento cautelar concedido na decisão monocrática deve ser referendado.

II   Da análise das petições apresentadas pela PBH Ativos, inclusive do MEMORIAL

Na petição protocolizada, em 13/5/2020, sob o número 0006108611/2020, e em 04/06/2020, sob o número 6160011/2020 (intitulada de "MEMORIAL"), a PBH Ativos S.A. apresentou documentação **a ela repassada pelo Banco BTG Pactual S.A.** e requereu o reexame da matéria, sob a justificativa de que a referida documentação, por ser pertinente à "realização da oferta pública e do procedimento de *bookbuild*ing", possuía fatos novos capazes de repercutir na decisão cautelar e no próprio mérito.

Primeiramente, ressalto que a documentação comprobatória da realização dos serviços de *roadshow* e *bookbuilding* contratados pela PBH Ativos S.A., por meio do Pregão n. 01/2013 – Processo n. 01.009558/13-48, já havia sido requisitada da entidade nos autos da presente representação, tendo este relator, inclusive, na última diligência realizada antes da prolação da decisão embargada, **concedido** à **Companhia o prazo de 150 dias** para se manifestar sobre o dano quantificado pela Coordenadoria de Fiscalização e Avaliação da Macrogestão Governamental de Belo Horizonte (CFAMGBH) na operação de emissão de debêntures de mercado.

Destaco que a PBH Ativos S.A., como parte contratante do serviço de assessoria financeira para a estruturação, emissão e distribuição pública de valores mobiliários, **serviço esse que, à época, custou aos cofres públicos o valor de R$2.000.000,00 (dois milhões de reais)**, deveria possuir, em seus arquivos, a documentação comprobatória da execução dos serviços de *roadshow* e *bookbuilding* pelo contratado, Banco BTG Pactual S.A.

Dando continuidade às considerações acima, constato que a PBH Ativos S.A., de forma extemporânea, após a concessão da cautelar, em sede de embargos de declaração, apresenta nova documentação e pede, de forma genérica, o reexame da matéria, **sem ter, ao menos, demonstrado e argumentado de que forma a nova documentação impacta no sobrepreço apurado na taxa de remuneração das debêntures de mercado por ela emitidas.**

Pois bem, com a apresentação da nova documentação, a PBH Ativos S.A. visa comprovar a realização dos serviços de *roadshow* e *bookbuilding* pelo Banco BTG Pactual S.A. e, por conseguinte, afastar o provimento cautelar concedido na decisão embargada.

Ao analisar a nova documentação, verifiquei que ela é formada por *e-mails* encaminhados, em abril de 2014, pelo Banco BTG Pactual S.A. a potenciais investidores, informando que seria realizado processo de recebimento de ordens de subscrição, no qual seria definida a alocação das debêntures com garantia real emitidas pela PBH Ativos S.A. Acrescento que, em anexo a cada *e-mail*, encontra-se modelo de carta proposta, a qual, uma vez preenchida, representaria uma oferta firme de subscrição das debêntures. No entanto, saliento que, na nova documentação, não há qualquer comprovação de que os *e-mails* foram, de fato, recebidos e lidos pelos potenciais investidores, nem a formalização de resposta por parte de qualquer investidor recusando a oferta.

Pelas explicações tecidas pela CFAMGBH no relatório técnico emitido nos presentes autos (peça n. 44 do SGAP, CÓD.ARQUIVO 2052986), nos termos das cláusulas do contrato decorrente do Pregão n. 01/2013 – Processo n. 01.009558/13-48, o contratado, Banco BTG Pactual S.A., se comprometeu a executar os serviços de *roadshow* e *bookbuilding* por meio de várias ações, como a avaliação das melhores condições de captação, a preparação de material informativo sobre os títulos para os potenciais investidores e a realização de reuniões com potenciais investidores. Além disso, a CFAMGBH também explicou que a PBH Ativos S.A. e o Banco BTG Pactual S.A. deveriam possuir lista com o nome das pessoas procuradas, com o número do CNPJ ou do CPF das pessoas procuradas, com a data em que foram procuradas e com a decisão dessas pessoas em relação à oferta, em conformidade com a Instrução n. 476/2009 da Comissão de Valores Mobiliários, entretanto tal lista não foi apresentada nos autos.

[...]

Com base no relatório elaborado pela CFAMGBH nos autos da presente representação (peça n. 44 do SGAP, CÓD.ARQUIVO 2052986), **entendo que a nova documentação apresentada pela PBH Ativos S.A. não comprova, de forma satisfatória, que os serviços de *roadshow* e *bookbuilding* foram prestados pelo Banco BTG Pactual S.A., devendo, portanto, ser mantido o provimento cautelar de sustação dos pagamentos aos debenturistas de mercado.**

Além disso, ainda que a nova documentação apresentada pela PBH Ativos S.A. tivesse comprovado a execução efetiva daqueles serviços, tal fato não seria suficiente para afastar o provimento cautelar, uma vez que, nos termos da decisão embargada, a "fumaça do bom direito", consistente em suposto sobrepreço na taxa de remuneração das debêntures de mercado emitidas pela entidade, **não se fundamentou apenas na ausência de comprovação da prestação dos serviços de** *roadshow* **e** *bookbuilding* **pelo Banco BTG Pactual S.A.** Cabe, aqui, lembrar que a "fumaça do bom direito" foi verificada em outros elementos dos autos principais (Representação n. 1.024.572), como (1) na divergência entre o *spread* fixado no edital para a remuneração das debêntures com garantia real e o *spread* autorizado em Assembleia Geral Extraordinária da PBH Ativos S.A., (2) nos procedimentos de *benchmarking* realizados pela CFAMGBH, (3) na comparação do cronograma de amortização das debêntures emitidas pela PBH Ativos S.A. com o cronograma de amortização de títulos emitidos por outras empresas públicas consideradas no *benchmarking*, (4) no *rating* recebido pela operação da agência Fitch Ratings, (5) na comparação entre os custos de captação das debêntures e a taxa de captação de recursos via operações de crédito tradicionais a que o Município de Belo Horizonte se sujeitava à época da operação, e (6) nos critérios utilizados pela CFAMGBH para quantificar o suposto dano ao erário advindo da operação.

Por outro norte, pretendo, neste momento, afastar a alegação, em Memorial da PBH Ativos, de possível risco de rebaixamento no *rating* da PBH Ativos e da própria municipalidade e impactar em financiamentos futuros da municipalidade.

Inicialmente, impende destacar que, conforme apregoado pela doutrina do Direito Administrativo,[93] a mera presença da Administração Pública num dos polos contratuais tem o condão de afetar o negócio contratado ao regime jurídico de direito público. Ato contínuo, cumpre aos órgãos de controle — dentro de seus respectivos arranjos institucionais circunscritos pelo ordenamento — o exercício da fiscalização sobre os atos e negócios praticados pela Administração, a fim de assegurar que o interesse público e os demais ditames constitucionais prevaleçam em todas as manifestações do ente público.

Há que se considerar que a discricionariedade na tomada de decisões na Administração Pública é faculdade assegurada constitucionalmente; porém, deve ser exercida nos limites normativos, legais e principiológicos. Por outro lado, embora a separação funcional dos poderes esteja garantida pela Constituição da República (art. 2º), a inafastabilidade de apuração de eventuais irregularidades e atribuição de responsabilidades é consagrada pela tutela jurisdicional prevista no art. 5º, XXXV, da CR/88, bem como pelo controle a cargo do Poder Legislativo, com auxílio dos Tribunais de Contas (arts. 70 e 71 da CR/88).

Pode-se afirmar, em suma, que a discricionariedade administrativa não constitui, portanto, óbice para a atuação do controle externo exercido pelo Tribunal de Contas. Do mesmo modo, a atuação desse órgão não está inteiramente restrita ao exame de legalidade dos atos.

O art. 70 da Constituição da República expressa que o controle externo abrange: "a fiscalização contábil, financeira, orçamentária, operacional e patrimonial da União e das entidades da administração direta e indireta, quanto à legalidade, legitimidade, **economicidade**, aplicação das subvenções e renúncia de receitas." (Grifei)

Portanto, é consectário da lógica de controle externo instituído pela Constituição de 1988 que os órgãos de controle não se atenham à análise dos atos administrativos apenas sob o ponto de vista da legalidade, mas também da eficiência e economicidade.

Para o particular que contrata com a Administração, a *contrario sensu*, esses mesmos mecanismos de controle representam riscos

---

[93] DI PIETRO, Maria Sylvia Zanella. *Direito Administrativo*. 24. ed. São Paulo: Atlas, 2011. p. 259.

inerentes à atividade desempenhada. Afinal, vislumbrando-se a prevalência do interesse público, uma licitação vencida pode resultar num certame anulado; um recurso subvencionado pode redundar num dano ao erário por irregularidade de contas; um contrato firmado pode ser anulado etc., quer seja mediante a atuação dos órgãos de controle ou de outros mecanismos.

Contudo, esse risco atinente ao poder-dever de controle da Administração Pública não inibe os particulares de estabelecerem contratos com os entes públicos. Pelo contrário, cercam-se de garantias legais e procedimentais com a finalidade de assegurar que seus interesses se coadunem com os objetivos da sociedade e do interesse público, minimizando os riscos de eventual atuação repressiva dos órgãos de controle.

Por óbvio, a própria Administração também se ancora em balizas legais e jurisprudenciais preexistentes com o fito de certificar a conformidade de seus negócios jurídicos, mas sempre sob a perspectiva do interesse público.

É o caso da Lei n. 8.666/1993, que designa um conjunto genérico de regras a serem obedecidas pelos particulares e pelos gestores públicos para formulação de propostas e organização dos certames visando à formação de contratos. Violada alguma dessas regras, reputa-se transgredido o interesse público, o que deve ensejar a atuação de órgãos de controle para regularização da situação, caso a própria Administração não o faça de forma espontânea.

Também se tem o exemplo da Lei Complementar n. 101/2000, que positivou um regime jurídico rigoroso para a contratação de operações de créditos pelos entes federativos, exigindo-se que a União verifique de antemão o custo-benefício e os interesses econômico e social atinentes ao compromisso financeiro que será contratado. Ainda, estabeleceu penalidades aos entes que porventura extrapolem o limite fixado para a dívida pública definidas em Resolução do Senado Federal, atribuindo a fiscalização da gestão fiscal da dívida aos órgãos de controle. Trata-se de mecanismos de controle que têm como objetivo impedir que as operações de crédito firmadas pela Administração divirjam do interesse público.

Observe-se que tanto uma quanto a outra norma, além de estabelecerem regras próprias e ressaltarem a indisponibilidade dos princípios administrativos, facultam a qualquer cidadão a possibilidade de denunciar ao Tribunal de Contas a ocorrência de irregularidades (art. 113, 1º, da Lei 8.666/93, e 73-A, da Lei Complementar n. 101, de 4 de maio de 2000), bem como aos órgãos integrantes do sistema de controle interno.

Essas regras, porém, não apontaram marcos temporais, ou seja, os Tribunais de Contas podem exercer o controle prévio, concomitante ou posteriormente ao ato ou fato indicado como irregular, seja a partir de uma denúncia (ou representação, a depender do responsável por sua apresentação, como no caso em apreço), seja *ex officio*, ao determinar a realização de auditorias, inspeções, diligências etc., conforme autorizado pela CR/88 e demais regramentos a eles aplicáveis. Deflagrado o ato fiscalizatório, por qualquer dos meios informados, não pode a Corte de Contas finalizá-lo sem a devida apreciação quanto à verificação de sua regularidade. Os regramentos em questão atribuem aos jurisdicionados, por sua vez, o dever de atender os princípios administrativos, a fim de conferir o senso de adequação de seus atos ao interesse público, legitimando-os. **Na atual conjuntura de governança administrativa, torna-se inadmissível a adoção, pelos gestores públicos, de postura isolada e alijada dos mecanismos de controle, internos ou externos.**

Na operação de que tratam os autos, observou-se, contudo, que a Administração municipal optou por uma captação que promoveu o afastamento desses controles compulsórios que tradicionalmente incidem sobre operações de captação de recursos, resultando em uma operação, conforme ostentado pela empresa, não computada no limite de endividamento da LRF, tampouco avalizada pelo Ministério da Fazenda.

Ao realizar uma operação diferente das captações tradicionais, que tramitou à margem dos controles prévios e alheia aos mecanismos de governança preconizados para as captações tradicionais, o município assumiu o risco de operacionalizar um negócio jurídico em desalinhamento com o interesse público, o que, por consequência, estaria sujeito à contestação *a posteriori* dos órgãos de controle.

Com efeito, operou-se uma contratação a taxa de juros incompatível com os valores remunerados pelo mercado à época da operação, conforme delineado pelos representantes e pela unidade técnica, em afronta ao interesse público por violar os princípios da economicidade e da eficiência.

Nesse sentido, a atuação do Tribunal, ainda que posterior à concretização da operação, deve ser considerada como uma garantia ao cidadão e ao município e não como um risco ao *rating* do município.

Um controle robusto e eficiente não pode ser visto como elemento alavancador do risco, mas sim um fator que o minimiza. Assim, afastar o controle externo sob a argumentação de que ele coloca em risco a capacidade de a Administração Pública (Município ou PBH Ativos) operar com o setor privado na obtenção de crédito é distorcer a lógica do Estado Democrático de Direito e do regime jurídico-administrativo.

Pelo contrário, deve-se partir da premissa de que toda operação da Administração Pública se sujeita a alguma instância de controle, a fim de se resguardar o interesse público. Um exemplo dessa prática consiste na atuação dos Tribunais de Contas na condição de auditores externos nos contratos de empréstimos com organismos internacionais, como o Banco Mundial. Nesses instrumentos são observadas as referências empreendidas por tais organismos, as Normas Internacionais de Auditoria (emitidas pela Auditoria Internacional e pelo Conselho Internacional de Normas de Auditoria e Garantia), assim como normas nacionais, qualificando a atuação dos órgãos de controle para as auditorias financeiras.

Não faz sentido, por outro lado, dizer que a correção, pelo Tribunal, de uma irregularidade num procedimento de securitização realizado por uma entidade independente da Administração Indireta repercutirá negativamente na capacidade de o município captar recursos via operações de crédito tradicionais, visto que a irregularidade apontada na operação de securitização não comunica com essas operações tradicionais, que poderão continuar a ocorrer.

Também, **a suspensão dos pagamentos dos debenturistas pela PBH Ativos não compromete a capacidade de pagamento do município**. A **uma**, porque os recursos destinados à amortização final do crédito devido aos debenturistas até o final da operação questionada já se encontram reservados nas contas vinculadas, conforme informado pela PBH Ativos; a **duas**, pois essa capacidade pode ser facilmente aferida de forma transparente por qualquer agente, por meio dos demonstrativos fiscais publicados periodicamente pelo Poder Executivo municipal, e consolidados pela Secretaria do Tesouro Nacional num indicador que mede a capacidade de pagamento dos entes federativos (CAPAG).

Em relação à PBH Ativos, ressalto que, conforme *benchmarking* realizado em manifestação técnica anterior (Peça 38 do SGAP), pode-se destacar que outras empresas públicas emitiram debêntures nos moldes da operação realizada pela PBH Ativos com *ratings* piores que o da

PBH Ativos, mas com taxas de juros melhores. A Companhia Paulista de Securitização, por exemplo, emitiu em 2014 papéis respaldados por um rating BBB, comparativamente mais fraco em relação ao rating AA da PBH Ativos.

Enfim, mesmo que haja um rebaixamento no rating da PBH Ativos em decorrência da atuação do Tribunal, isso não seria um fator impeditivo para a emissão de novos títulos pela empresa no futuro, a exemplo do que outras empresas públicas fizeram no passado.

Para finalizar, destaco que as medidas cautelares possuem caráter precário, ou seja, surgindo, no curso do processo, **provas robustas e aptas o bastante para afastar o suposto dano ao erário apurado nos autos principais**, a sustação do pagamento aos debenturistas de mercado será passível de revogação e os recursos que eventualmente tiverem sido acautelados em conta bancária, mediante aplicação financeira com liquidez diária, serão imediatamente liberados aos debenturistas.

Assim, entendo que a nova documentação apresentada pela PBH Ativos S.A., por meio da petição protocolizada sob o número 0006108611/2020, bem como do MEMORIAL apresentado (documento sob o número 6160011/2020), não são petições aptas a afastar o a manutenção do provimento cautelar concedido por mim em 2/4/2020.

CONCLUSÃO

Isto posto, com fundamento no art. 60, parágrafo único, e no art. 95, §2º, ambos da Lei Orgânica deste Tribunal (Lei Complementar Estadual n. 102/2008) e do §1º do art. 264 do Regimento Interno, submeto à ratificação do Colegiado a decisão monocrática que proferi em 2/4/2020 na qual foi determinada a adoção de uma série de medidas por parte do Diretor-Presidente da PBH Ativos S.A.

Para os fins de se evitar a ineficácia da decisão monocrática exarada (caso referendada) e observando a integralidade da decisão proferida nos presentes autos em relação aos Embargos de Declaração n. 1088882, interpostos pela PBH Ativos contra a decisão monocrática, incorporo a este voto o inteiro teor da fundamentação (em todos os seus tópicos) e da conclusão de meu voto dos referidos embargos (já disponibilizados no SGAP), destacando as seguintes determinações complementares operacionais:

(1) em relação aos recursos que já foram transferidos das contas vinculadas do banco centralizador, Banco do Brasil S.A., para a conta do banco escriturador, Itaú Corretora de Valores S.A.; determino, em caráter cautelar, à PBH Ativos S.A. que, **no prazo de 15 dias úteis**, com base na cláusula 3.1.1 do contrato de prestação de serviços de escrituração de debêntures, **emita instrução** ao banco escriturador, para que (1.1) se abstenha de realizar qualquer ato de pagamento em benefício dos debenturistas de mercado e (1.2) deposite os recursos que seriam destinados ao pagamento dos debenturistas em conta bancária específica, com liquidez diária, até a superveniência de decisão definitiva por este Tribunal; e

(2) em relação aos recursos depositados nas contas vinculadas; determino, em caráter cautelar, ao banco centralizador, Banco do Brasil S.A., e ao agente fiduciário, Pentágono S.A. DTVM, que, **no prazo de 15 dias úteis**, adote as medidas para que (2.1) se abstenham, respectivamente, de realizar qualquer ato de pagamento ou execução de garantia em benefício dos debenturistas de mercado e (2.2) retenham, até a superveniência de decisão definitiva por este Tribunal, os recursos que seriam destinados ao pagamento dos debenturistas em conta bancária específica, com parâmetros de investimento compatíveis aos fixados no Anexo IV do contrato de custódia de recursos financeiros e administração de contas vinculadas.

Caso a PBH Ativos S.A., o banco centralizador e o agente fiduciário não adotem as medidas acima especificadas nos prazos estipulados, o Tribunal de Contas, com fundamento no inciso VI do art. 64 da Lei Complementar Estadual n. 102/2008 e no §2º do art. 277 da Resolução n. 12/2008, comunicará o fato à Câmara Municipal de Belo Horizonte, para que delibere sobre a sustação dos pagamentos a serem realizados aos debenturistas de mercado.

Por toda a argumentação desenvolvida na fundamentação de que a decisão cautelar proferida por este Tribunal não pode ser tratada como um evento de vencimento antecipado de todas as obrigações relativas às debêntures com garantia real, e tendo em vista o regramento previsto no contrato de custódia de recursos financeiros e administração de contas vinculadas, **determino ao banco centralizador, Banco do Brasil S.A., que**, na hipótese de receber notificação do agente fiduciário, Pentágono S.A. Distribuidora de Títulos e Valores Mobiliários, para que interrompa qualquer transferência para a conta de livre movimentação ou para que retenha os valores das contas vinculadas, com a finalidade de amortização dos valores devidos pela emissora, PBH Ativos S.A., **se abstenha de cumprir a referida notificação**, em decorrência de decisão cautelar proferida nos autos da Representação n. 1.024.572.

Considerando a competência do Tribunal de Contas para fiscalizar a economicidade da operação de emissão de debêntures pela PBH Ativos S.A. e para expedir medidas cautelares com o **propósito de preservar o erário**;[94] considerando a possibilidade de reversão do provimento cautelar relativo à interrupção de qualquer ato de pagamento em benefício dos titulares das debêntures de mercado, resguardada pela determinação do depósito da verba destinada aos pagamentos em conta bancária específica, mediante aplicação financeira com liquidez diária; considerando que a concessão das medidas cautelares não implicará a declaração de ilegalidade ou invalidade de quaisquer dos contratos relacionados à emissão das debêntures; considerando o regramento previsto no contrato de custódia de recursos financeiros e administração de contas vinculadas; e considerando que o banco centralizador e o agente fiduciário, na qualidade de administradores de recursos públicos, estão submetidos à jurisdição deste Tribunal; **o agente fiduciário, Pentágono S.A. Distribuidora de Títulos e Valores Mobiliários, está impedido de declarar o vencimento antecipado das debêntures de mercado emitidas pela PBH Ativos S.A.**, por ocasião da segunda emissão, devendo cumprir as determinações expedidas nesta decisão.

Cabe frisar que as determinações expedidas nesta decisão, ao Banco do Brasil S.A., banco centralizador, e ao Pentágono S.A. Distribuidora de Títulos e Valores Mobiliários, agente fiduciário, **proíbem** a interrupção de qualquer transferência para a conta de livre movimentação e a retenção de valores das contas vinculadas, **por não estar configurado o vencimento antecipado das debêntures de mercado emitidas pela PBH Ativos S.A.** Friso, também, que as determinações expedidas nesta decisão visam acautelar, mês a mês, **estritamente os recursos que seriam destinados às próximas amortizações das debêntures de mercado.**

---

[94] Reitera-se: entre maio/2020 e abr./2021, de acordo com a modelagem da operação e os cálculos realizados, Anexo I.3 (Peça 11 do SGAP), projeta-se um volume de R$5.148.635,74 em pagamentos a serem realizados em benefício dos debenturistas de mercado, montante que representa apenas uma fração do dano total projetado de R$35.295.747,20.

Desse modo, fica resguardada à PBH Ativos S.A. a possibilidade de honrar os seus compromissos com os recursos da conta de livre movimentação, **em especial a amortização das debêntures subordinadas de titularidade do Município de Belo Horizonte**, que poderá ser utilizado para pagamento de obrigações da municipalidade, inclusive para enfrentamento da situação de emergência causada pela pandemia do Covid-19.

Da mesma forma, para dar integridade à presente decisão (caso referendada), incorporo também a este voto (referendo) o inteiro teor da fundamentação (em todos os seus tópicos) e da conclusão contidos nos Embargos de Declaração n. 1088908, interpostos pelo Ministério Público junto a este Tribunal de Contas.

Assim, caso seja referendada a presente representação, entendo prejudicados os julgamentos dos Embargos de Declaração nos 1088882 e 1088908 e, por conseguinte, a extinção dos feitos sem julgamento do mérito, com fulcro no artigo 485, IV, do Código de Processo Civil; ressalto que os fundamentos e as conclusões dos referidos embargos deverão ser incorporados ao presente voto, caso referendado, para dar integridade à decisão referente ao presente caso.

Determino à Secretaria do Pleno que providencie a juntada das petições protocolizadas sob os números 0006108611/2020, 0006116311/2020 e 0006160011/2020 e dos documentos que as acompanham aos autos da presente representação.

Com a urgência que o caso requer, intimem-se, por *e-mail* e por publicação no Diário Oficial de Contas (DOC), a PBH Ativos S.A, o Pentágono S.A. DTVM, agente fiduciário, o Banco do Brasil S.A., banco centralizador, e a Itaú Corretora de Valores S.A., escriturador.

Dê-se ciência desta decisão, por *e-mail* ou por publicação no DOC, ao Banco BTG Pactual S.A., debenturista de mercado, à BTG Pactual Resseguradora S.A., debenturista de mercado, à Prefeitura Municipal de Belo Horizonte e à Câmara Municipal de Belo Horizonte.

Disponibilizem-se a todos os órgãos e entidades acima mencionados cópias do relatório técnico emitido, nos presentes autos, pela Coordenadoria de Fiscalização e Avaliação da Macrogestão Governamental de Belo Horizonte e cópias da presente decisão.

Em seguida, deverá ser providenciada a intimação pessoal do Ministério Público junto ao Tribunal, nos termos do art. 167-A da Resolução n. 12/2008 deste Tribunal.

CONSELHEIRO WANDERLEY ÁVILA:

Senhor Presidente, ilustres Conselheiros, estimada Procuradora-Geral, estimada Secretária, no mérito, a representação originária data de 2017 e, apesar das inúmeras evidências de irregularidades constatadas pelo estudo técnico e pelo Relator, das quais manifesto minha concordância, apenas duas medidas sugeridas pelo Órgão Técnico foram objeto da decisão final cautelar: a interrupção dos pagamentos das debêntures e o depósito da verba destinada aos pagamentos em conta específica.

Ocorre que, ao meu sentir, como bem entendeu o Ministério Público de Contas, essas duas medidas tomadas pelo Relator, apesar de conterem possíveis irregularidades, não poderiam ocorrer. Isso porque as debêntures representam negócio jurídico bilateral que extrapola da competência deste Tribunal poder de seu pagamento nesse momento processual. Assim, entendo em consonância com o *Parquet* que a medida cautelar não pode visar interromper qualquer ato de pagamento realizado pela Sociedade Empresarial PBH Ativos S.A em benefício dos titulares das debêntures de mercado constante dos estudos técnicos às fls. 451 e 648 e 735 a 765, vez que não compete ao Tribunal adotar procedimento de sustação de negócio jurídico bilateral contrato cumulativo lastrado em título de crédito *ex vi* do art. 71, §1º, c/c art. 75, *caput*, da Constituição da República, art.76, §1º, da Constituição do Estado de Minas Gerais e art. 3º, XXVIII, da Lei Complementar Estadual n. 102/2008.

É importante destacar que a situação em exame se refere a contrato comutativo lastrado em título de crédito formal com força executiva, pois se trata de debêntures já emitidas e adquiridas.

Essa situação atesta a validade do direito autônomo e literal nele contido, portanto, independe daquilo que foi o motivo do negócio subjacente, não havendo o titular do negócio jurídico firmado com a Prefeitura sequer integrado a relação processual em análise. Assim, na linha do Ministério Público de Contas, entendo pela impossibilidade de sustação de pagamento decorrente de negócio jurídico bilateral por esta Corte, como se vê no presente caso.

Contudo, vislumbro que tal prerrogativa encontra-se na competência da Casa Legislativa, conforme o disposto no §1º do art. 71 e reproduzido no §1º do art. 76 da Constituição do Estado, pelo menos durante os 90 dias fixados no §2º de ambos os artigos. Noutro diapasão, verifico o risco iminente à realização de novas transferências patrimoniais. E aí, novamente, coaduno com o Ministério Público de

Contas e entendo presente forte risco de perdimento de bens na hipótese de insolvência, falência ou outra forma de liquidação da empresa ao ente Municipal em questão.

Assim, entendo que deve ser determinada a suspensão de novas transferências patrimoniais de bens móveis ou imóveis ou por cessão de direitos creditícios de qualquer natureza pelo Município de Belo Horizonte à empresa PBH Ativos S.A., bem como a emissão de nova debênture pela PBH Ativos S.A. face ao risco de grave lesão ao erário Municipal.

É esse o meu entendimento, é assim que eu voto.

CONSELHEIRO DURVAL ÂNGELO:

Pela ordem, Senhor Presidente.

CONSELHEIRO PRESIDENTE MAURI TORRES:

Com a palavra, pela ordem, o Conselheiro Durval Ângelo.

CONSELHEIRO DURVAL ÂNGELO:

Eu acho que, mesmo com a distância, por causa da Covid, é sempre uma alegria ouvir a voz mais experiente do decano desta Casa, e eu acho que enriquece muito esse debate e essa discussão.

Só que a decisão que eu estou trazendo a este Pleno não equivale à sustação definitiva de contrato administrativo, é bom que se diga. E aí eu estou abordando algumas coisas. Primeiro: cabe ressaltar que a determinação de interrupção dos pagamentos ocorreu em caráter cautelar, com fundamento no art. 95, *caput*, da Lei Complementar Estadual n. 102/2008. Segundo: a determinação de interrupção dos pagamentos aos debenturistas de mercado, acompanhada da determinação do depósito da verba destinada a esse pagamento em conta bancária específica, mediante aplicação financeira com liquidez diária, constitui medida reversível que, além de impedir a ampliação do suposto dano ao erário, até então estimado, protege os debenturistas de mercado, uma vez que esses poderão reaver os valores depositados do caso de não ser reconhecida, na decisão de mérito, a existência de sobrepreço na taxa de remuneração das debêntures. Terceiro: o provimento cautelar determinado na decisão monocrática incide sobre cláusulas pontuais dos contratos relacionados à operação de emissão de debêntures pela PBH Ativos, de modo que as cláusulas que não foram afetadas continuarão a produzir os seus efeitos - e aqui eu cito em relação à Prefeitura de Belo Horizonte, mais particularmente.

Quarto: como já foi exposto, o provimento cautelar expedido na decisão monocrática não é vinculativo, ou seja, se o jurisdicionado não corrigir, por iniciativa própria — e o Ministério Público insiste no poder do Poder Legislativo, citando a Constituição Federal e a Estadual, a que a Municipal também se vincula —, a competência, nós estamos encaminhando a matéria à Câmara Municipal de Belo Horizonte. Então, nessa questão dessa preocupação da competência, assim eu entendo, que o Tribunal tem competência sim. É um contrato que envolve ente público, que envolve garantias de patrimônio público. E que está provado que já foi subavaliado esse patrimônio público, imóveis, e, até agora, no valor histórico, tem um prejuízo previsto para os cofres públicos de cerca de 35 milhões de reais.

Então, entendo que a competência do Tribunal urge até em função desse prejuízo aos cofres públicos. Nós vemos os indícios apresentados pelo setor técnico do Tribunal e também na manifestação do Ministério Público.

CONSELHEIRO SEBASTIÃO HELVECIO:

Senhor Presidente, vou acompanhar o voto divergente do eminente Conselheiro Wanderley Ávila, porque me parece que fez um recorte mais específico desse tema realmente complexo. Então, acompanho o voto do Conselheiro Wanderley Ávila.

CONSELHEIRO CLÁUDIO COUTO TERRÃO:

Senhor Presidente, Senhores Conselheiros.

Pelo que se depreende do longo e bem fundamentado voto do Relator, trata-se de contrato complexo, cujo objeto é alienação de bens e direitos do Município de Belo Horizonte, através da emissão de debêntures garantidas pela PBH Ativos S.A., empresa criada especialmente para concretizar operações dessa natureza.

Aliás, trata-se de negócio jurídico perfeito uma vez que a contrapartida dos debenturistas já fora realizada. Ou seja, encontramo-nos na fase de resgate dos títulos emitidos, operações que vêm produzindo seus efeitos, sem embaraços, há pelo menos 6 (seis) anos. Como ressaltou o Conselheiro Wanderley Ávila, a medida cautelar, salvo engano, é de 2017 e já vinha produzindo efeitos esse negócio jurídico.

Considerando, portanto, a atual fase contratual, tenho que, em situações análogas à que ora se apresenta, não seria cabível a concessão de cautelar que atingisse, por exemplo, debenturistas que de boa-fé e alijados do processo de tomada de decisões que deu causa à emissão desses papéis, tivessem adquirido esses títulos, essas debêntures.

Faço esse breve apanhado para esclarecer que, em razão das peculiaridades do caso concreto, irei referendar a cautelar apenas em parte. E assim o faço porque as únicas empresas titulares das debêntures, quais sejam, o Banco BTG Pactual S.A. e o BTG Pactual Resseguradora S.A., tiveram participação direta (ou indireta, mas relevante) no negócio jurídico do qual se originou a emissão desses valores mobiliários.

Conforme narrado pelo relator, a PBH Ativos contratou o Banco BTG Pactual S.A. para prestar "serviço de assessoria financeira para a estruturação, emissão e distribuição pública de valores mobiliários", existindo, no contrato, cláusula estabelecendo que, na hipótese de haver sobras ou de não haver interessados no mercado, as debêntures deveriam ser subscritas pelo banco estruturador da operação.

Além disso, o relator ressalta possíveis irregularidades no procedimento de oferta dos títulos, **das quais podem ter decorrido a inexistência de investidores interessados e, sobretudo, a concentração dos 2.300 títulos emitidos pela PBH Ativos, na carteira de investimentos daqueles que produziram a modelagem da operação**: o Banco BTG Pactual S.A (2.100 debêntures) e o BTG Pactual Resseguradora S.A (200 debêntures).

Não pode passar despercebida a circunstância de que, como instituição financeira responsável pela estruturação, emissão e distribuição pública das debêntures, o Banco BTG Pactual S.A. era, ao menos, detentor de informações privilegiadas, aptas a colocá-lo em situação de extrema vantagem em relação aos demais investidores interessados. E esse é um ponto que, penso, deve ser refletido nessa decisão cautelar.

Também é relevante o fato de não ter sido possível aferir, mesmo em sede de memoriais, que o Banco BTG Pactual teria envidado os esforços necessários para divulgação e oferta das debêntures a potenciais investidores, ou seja, em cumprir aquilo para o qual fora contratado, vindo a adquirir quase que a totalidade delas, em razão da malfadada ausência de outros interessados.

Destaca-se, por fim, que, ao adquirir esses títulos, o BTG Pactual e a BTG Pactual Resseguradora o fizeram pelo *spread* de 5%, como ressaltado pelo Conselheiro Relator. Valor esse previsto como limite no contrato. Aliás, fixado no contrato, não como limite, fixado no contrato. Incutindo-se ao erário, portanto, o ônus máximo suportado pela operação, o que pode, como ressaltado também pelo Relator, ter caracterizado dano ao erário.

Então, nesse contexto, tem-se, portanto, que os únicos titulares das debêntures que restam ser resgatadas participaram diretamente do processo de emissão desses títulos, podendo inclusive, pelo que se depreende do voto do Relator, estar envolvidos em irregularidades referentes ao próprio projeto desenvolvido para sustentar a operação, fato que será objeto de análise exauriente no bojo das representações a cargo do Relator.

Desse modo, considerando o quadro fático jurídico delineado no voto do Conselheiro Durval Ângelo, parece-me razoável e suficiente, neste momento, a determinação cautelar prevista no voto do relator, nos seguintes termos:

Em relação aos recursos depositados nas contas vinculadas, determino, em caráter cautelar, ao banco centralizador, Banco do Brasil S.A., e ao agente fiduciário PENTÁGONO S.A. DTVM, que, no prazo de 15 dias úteis, adote as medidas para que:

1 se abstenham, respectivamente, ao realizar qualquer ato de pagamento ou execução de garantia em benefício dos debenturistas de mercado, ou seja, aqueles dois, e retenham, até a superveniência da decisão definitiva, por este Tribunal, os recursos que seriam destinados ao pagamento dos debenturista, em conta bancária específica, com parâmetros de investimento compatíveis aos fixados no anexo IV, do contrato de custódia de recursos financeiros e administração de contas vinculadas.

Então, vale ressaltar que, esta medida, em nada interfere no negócio jurídico realizado. E nesse ponto, peço vênia para salientar que não se aplicariam aqui os argumentos aduzidos pelo Conselheiro Wanderley Ávila, e adotados também pelo Conselheiro Sebastião Helvecio.

Se nos restringirmos a este ponto cautelar, não estaremos interferindo no contrato, que permanecerá válido. Trata-se, na verdade, de medida cautelar de restrição patrimonial, em face de sujeito que poderá ter que restituir valores ao erário, ou seja, cautelar com o objetivo de reduzir o risco de ineficácia da decisão de mérito do controle externo.

Penso que a determinação, nos termos ora delineados, tenha natureza jurídica de arresto. Ou seja, de arresto das debêntures, medida prevista no inciso VI do art. 96 da Lei Complementar n. 102/2008, uma vez que os títulos só poderão ser resgatados após a conclusão do processo de controle, ou, eu complemento aqui, Conselheiro Relator, em eventual suspensão dessa medida cautelar, no curso desse mesmo processo de controle.

Então, resumindo, penso que não é o caso de se aplicar aqui, ou que se falar aqui, em competência do Tribunal para sustar contratos. Contrato, ele já se realizou. Nós estamos agora na fase de resgate de títulos garantidores daquilo que já foi pago. Então, penso que, como esses títulos estão concentrados em duas empresas, que participaram efetivamente do projeto de elaboração da forma como esses títulos iriam ser postos no mercado, e, portanto, que podem ter dado causa, sim, a um sobrepreço, no que diz respeito, especificamente, àquilo que se pagou, em tese, a mais por esses títulos, penso que é plenamente razoável delimitarmos a medida cautelar neste ponto.

E é assim como voto.

CONSELHEIRO DURVAL ÂNGELO:

Pela ordem, Senhor Presidente.

CONSELHEIRO PRESIDENTE MAURI TORRES:

Com a palavra, pela ordem, o Conselheiro Durval Ângelo.

CONSELHEIRO DURVAL ÂNGELO:

Eu queria, como relator da matéria, dizer que o Conselheiro Cláudio Terrão externou a preocupação deste Conselheiro. Nós tomarmos uma decisão posterior, em função até do contrato se extinguir em abril do ano que vem, que seja inócua, que não vai garantir de imediato, que caso se comprove, ao final – porque as partes estão sendo citadas, apesar do longo percurso do processo aqui –, a gente não ter uma eficácia para garantir o ressarcimento do poder público.

Então, quero aderir ao voto dele, porque eu acho que essa ideia do arresto das debêntures, deixando bem claro que nós não estamos questionando o contrato e, sim, o método. Só para vocês terem uma ideia, eu cito uma comparação com uma empresa similar do Estado de São Paulo, onde, numa licitação pública, para uma mesma operação, apareceram quarenta e duas candidatas na licitação; eu cito, no mesmo ano de 2014, a empresa mineira – a MGI Investimentos –, onde também em 2014, trinta e cinco empresas se candidataram enquanto, em Minas Gerais, só um agente financeiro. E, é interessante que vários foram desclassificados, inclusive, alguns conhecidos nacionalmente que não foram desclassificados no Estado de São Paulo e no estado de Minas Gerais.

Então, essa ideia de arrestar as debêntures, centralizando isso em relação ao banco que realmente efetuou a operação, quero concordar com a colocação do Conselheiro Cláudio Terrão, aderindo ao voto que ele trouxe aqui, que eu considero um voto médio entre o que eu levantei e que o Wanderley Ávila, de forma tão clara, também explicitou.

CONSELHEIRO CLÁUDIO COUTO TERRÃO:

Eu só queria esclarecer que quando falo no arresto dessas debêntures, falo no efeito jurídico, que se promoverá ao determinar-se aos bancos, que estão fazendo a operação de pagamento, o depósito dos valores correspondentes ao resgate dos títulos.

Ou seja, os títulos podem permanecer na mão dos seus respectivos titulares, mas, obviamente, não poderão ser resgatados, porque se tem por dado uma ordem aos bancos pagadores que depositem os valores até que este Tribunal proceda ao controle completo destas representações.

É só esse esclarecimento a mais.

CONSELHEIRO PRESIDENTE MAURI TORRES:

Pois não. Com a palavra o Conselheiro José Alves Viana.

CONSELHEIRO JOSÉ ALVES VIANA:

Senhor Presidente, declaro minha suspeição nesses três processos.

CONSELHEIRO PRESIDENTE MAURI TORRES:

Com a declaração da suspeição do Conselheiro José Alves Viana, como vota o Conselheiro Gilberto Diniz?

CONSELHEIRO GILBERTO DINIZ:

Senhor Presidente, examinei com bastante atenção o voto do relator que foi agora modificado, diante das ponderações feitas pelo Conselheiro Cláudio Terrão e, com a divergência aberta pelo Conselheiro Wanderley Ávila. O pensamento do Conselheiro Wanderley Ávila estava convergindo com aquilo que eu estava pensando sobre a matéria, mas as colocações que foram feitas agora pelo Conselheiro Cláudio Terrão também, de certa forma, levaram-me a pensar a matéria sobre outra senda. Entendo que o posicionamento que foi trazido pelo

Conselheiro Cláudio Terrão me convenceu de que seria a posição mais sensata e mais acertada, neste momento, deste exame que estamos procedendo, que ainda é em caráter liminar.

Então, por isso eu vou acompanhar a divergência nos termos do Conselheiro Cláudio Couto Terrão.

CONSELHEIRO PRESIDENTE MAURI TORRES:

REFERENDADA, NOS TERMOS DA DIVERGÊNCIA ABERTA PELO CONSELHEIRO CLÁUDIO COUTO TERRÃO, QUE FOI ACOLHIDA PELO RELATOR E PELO CONSELHEIRO GILBERTO DINIZ. VENCIDOS, EM PARTE, O CONSELHEIRO WANDERLEY ÁVILA E O CONSELHEIRO SEBASTIÃO HELVECIO.

CONSELHEIRO DURVAL ÂNGELO:

Senhor Presidente, com essa decisão os embargos ficam prejudicados.

CONSELHEIRO WANDERLEY ÁVILA:

Eu tentei me manifestar após a fala do Conselheiro Gilberto Diniz, mas estava sem som. Eu tive a intenção, diante da fala, do acréscimo feito pelo Conselheiro Cláudio Terrão, que eu achei bem prudente, dá uma mediação – mas houve o momento que não foi possível, em decorrência da falta de som, de aderir ao voto que o Conselheiro Cláudio Terrão pronunciou.

CONSELHEIRO PRESIDENTE MAURI TORRES:

Um momento, que eu vou consultar o Conselheiro Sebastião Helvecio para saber se ele também quer fazer alguma manifestação.

CONSELHEIRO WANDERLEY ÁVILA:

Perdoe-me, Senhor Presidente, diante do Conselheiro Sebastião Helvecio ter acompanhado o meu voto, eu gostaria de fazer essa manifestação.

CONSELHEIRO PRESIDENTE MAURI TORRES:

Eu vou solicitar agora a fala do Conselheiro Sebastião Helvecio com relação ao processo.

CONSELHEIRO SEBASTIÃO HELVECIO:

Senhor Presidente, eu vou manter a minha posição.

CONSELHEIRO PRESIDENTE MAURI TORRES:
Com relação ao processo **1024572**, uma Representação, apenso o processo **1031793**, também uma Representação,

APROVADO O VOTO DIVERGENTE DO CONSELHEIRO CLÁUDIO COUTO TERRÃO, QUE FOI ENCAMPADO PELO CONSELHEIRO RELATOR E PELOS CONSELHEIROS WANDERLEY ÁVILA E GILBERTO DINIZ. VENCIDO, EM PARTE, O CONSELHEIRO SEBASTIÃO HELVECIO. DECLARADA A SUSPEIÇÃO DO CONSELHEIRO JOSÉ ALVES VIANA.
(PRESENTE À SESSÃO PROCURADORA-GERAL ELKE ANDRADE SOARES DE MOURA.)

* * * * *

ACÓRDÃO

Vistos, relatados e discutidos estes autos, **ACORDAM** os Exmos. Srs. Conselheiros do Tribunal Pleno, por maioria de votos, na conformidade das Notas Taquigráficas e nos termos do voto divergente do Conselheiro Cláudio Couto Terrão, encampado pelo Relator, em:

I) referendar, com fundamento no art. 60, parágrafo único, e no art. 95, §2º, ambos da Lei Complementar Estadual n. 102/2008 e do §1º do art. 264 do Regimento Interno, a decisão monocrática proferida pelo Relator em 2/4/2020, que determinou que o atual Diretor- Presidente da PBH Ativos S.A. adotasse as seguintes medidas: 1) interrupção de qualquer ato de pagamento realizado pela PBH Ativos S.A. em benefício dos titulares das debêntures de mercado emitidas por ocasião da segunda emissão e; 2) depósito da verba destinada ao pagamento dos debenturistas em conta bancária específica, mediante aplicação financeira com liquidez diária, de acordo com o prazo do cronograma de amortização da operação;

II) determinar ao banco centralizador, Banco do Brasil S.A., e ao agente fiduciário Pentágono S.A. DTVM, em caráter cautelar, em relação aos recursos depositados nas contas vinculadas, que, no prazo de 15 (quinze) dias úteis, adotem as medidas para que se abstenham, respectivamente, de realizar qualquer ato de pagamento ou execução de garantia em benefício dos debenturistas de mercado, ou seja, o Banco BTG Pactual S.A e o BTG Pactual Resseguradora

S.A., e retenham, até a superveniência da decisão definitiva, por este Tribunal, os recursos que seriam destinados ao pagamento dos debenturistas, em conta bancária específica, com parâmetros de investimento compatíveis aos fixados no anexo IV do contrato de custódia de recursos financeiros e administração de contas vinculadas;

III) registrar que, caso o banco centralizador e o agente fiduciário não adotem as medidas acima especificadas no prazo estipulado, o Tribunal de Contas, com fundamento no inciso VI do art. 64 da Lei Complementar Estadual n. 102/2008 e no §2º do art. 277 da Resolução n. 12/2008, comunicará o fato à Câmara Municipal de Belo Horizonte, para que delibere sobre a sustação dos pagamentos a serem realizados aos debenturistas de mercado;

IV) julgar prejudicados os julgamentos dos Embargos de Declaração n. 1088882 e 1088908 e, por conseguinte, declarar a extinção dos feitos sem julgamento do mérito, com fulcro no artigo 485, IV, do Código de Processo Civil, ressaltando que os fundamentos e as conclusões dos referidos embargos estão incorporados ao inteiro teor desta decisão;

V) determinar à Secretaria do Pleno que providencie a juntada das petições protocolizadas sob os números 0006108611/2020, 0006116311/2020 e 0006160011/2020 e dos documentos que as acompanham aos autos da presente representação;

VI) determinar a intimação, com a urgência que o caso requer, da PBH Ativos S.A., do Pentágono S.A. DTVM, agente fiduciário, do Banco do Brasil S.A., banco centralizador, e da Itaú Corretora de Valores S.A., escriturador, por *e-mail* e por publicação no Diário Oficial de Contas (DOC);

VII) determinar que seja dada ciência desta decisão, por *e-mail* ou por publicação no DOC, ao Banco BTG Pactual S.A., debenturista de mercado, à BTG Pactual Resseguradora S.A., debenturista de mercado, à Prefeitura Municipal de Belo Horizonte e à Câmara Municipal de Belo Horizonte;

VIII) determinar que sejam disponibilizadas a todos os órgãos e entidades acima mencionados cópias do relatório técnico emitido, nos presentes autos, pela Coordenadoria de Fiscalização e Avaliação da Macrogestão Governamental de Belo Horizonte e cópias da presente decisão;

IX) determinar a intimação pessoal do Ministério Público junto ao Tribunal, nos termos do art. 167-A da Resolução n. 12/2008 deste Tribunal.

Votaram os Conselheiros Wanderley Ávila, Sebastião Helvecio, Cláudio Couto Terrão e Gilberto Diniz. Vencido, em parte, o Conselheiro Sebastião Helvecio. Declarada a suspeição do Conselheiro José Alves Viana.

Plenário Governador Milton Campos, 17 de junho de 2020.

MAURI TORRES
Presidente

DURVAL ÂNGELO
Relator

CAPÍTULO III

INCIDENTE DE INCONSTITUCIONALIDADE E A INDEPENDÊNCIA DOS TRIBUNAIS DE CONTAS

Mas justiça atrasada não é justiça, senão injustiça qualificada e manifesta. Porque a dilação ilegal nas mãos do julgador contraria o direito escrito das partes e, assim, as lesa, no patrimônio, honra e liberdade.

(Rui Barbosa)[95]

O julgamento do Incidente de Arguição de Inconstitucionalidade nº 898.492 revelou-se, para nós, um grande desafio, pois além da importância da discussão central — as aposentadorias e pensões de centenas de servidores e beneficiários do Estado de Minas Gerais —, a matéria trazia, de forma transversal, outras questões que demandavam posicionamento do Tribunal de Contas do Estado de Minas Gerais (TCE-MG). Explico.

A arguição de inconstitucionalidade foi feita por um dos conselheiros do Tribunal, em dezembro de 2012, sendo acolhida pelo órgão. Ela se referia ao parágrafo 2º do artigo 20-B da Lei Complementar Estadual nº 84/2005, segundo o qual os policiais civis de Minas Gerais

---

[95] BARBOSA, Rui. *Oração aos Moços*. Russel, 2004.

que se aposentassem voluntariamente, com 30 anos de serviço, teriam direito ao provento integral e à paridade com os salários dos servidores da ativa.

O Ministério Público Estadual havia opinado pela constitucionalidade, mas a questão se mostrou polêmica. Após vários pedidos de vistas de conselheiros, divergências e mudanças de votos, em abril de 2017, o Tribunal, por unanimidade, julgou o dispositivo inconstitucional, decidindo contrariamente ao direito dos policiais civis à paridade. O entendimento foi de que a aplicação de critérios diferenciados para o cálculo era incompatível com o parágrafo 4º do artigo 40 da Constituição Federal. O argumento foi de que o então parágrafo 2º do artigo 20-B, ao dispor sobre o cálculo e a revisão dos proventos, com base na totalidade da remuneração do cargo efetivo, havia exorbitado da norma geral da União, que estabelece "proventos integrais" à aposentadoria voluntária do servidor policial. Não poderia, portanto, ser aplicado pelo Tribunal de Contas.

Discordando do entendimento, entidades representativas dos policiais civis apresentaram embargos declaratórios, assim como o Ministério Público Estadual interpôs agravos. No julgamento dos embargos de declaração, em agosto de 2017, a decisão anterior pela inconstitucionalidade acabou sendo anulada, porque a Secretaria de Estado de Planejamento e Gestão, responsável pelos atos de aposentadorias e pensões, não havia sido intimada e, portanto, não tinha se manifestado.

Retomando o trâmite do processo, foram ouvidas as entidades interessadas, bem como a Secretaria de Estado de Planejamento e Gestão e a Assembleia Legislativa de Minas Gerais, sendo que todas se manifestaram pela constitucionalidade do artigo 20-B. À época, a tendência do Tribunal era votar pela constitucionalidade do artigo, mas, em junho de 2018, o Tribunal Pleno do TCE-MG determinou a anulação do processo, por "motivo relevante que poderia influenciar no julgamento". É que transitava no Supremo Tribunal Federal (STF) uma Ação Direta de Inconstitucionalidade (ADIN nº 5.039) com objeto semelhante, interposta pelo governo de Rondônia. Assim, os conselheiros entenderam que a decisão deveria ser adiada até o julgamento do mérito da ADIN.

Em 2019, provocado por um expediente do Sindicato dos Delegados de Polícia Civil do Estado de Minas Gerais (Sindepominas) e do Sindicato dos Servidores da Polícia Civil do Estado de Minas Gerais (Sindpol-MG), eu trouxe a discussão, novamente, à pauta do TCE-MG.

Desenvolvi um longo e proveitoso diálogo com diversas entidades de classe da Polícia Civil e defendi junto aos demais conselheiros que procedêssemos ao julgamento, fundamentando-me no princípio da simetria, uma vez que o STF e o Tribunal de Contas da União (TCU) já tinham decisões pelo direito dos agentes da Polícia Federal à aposentadoria especial com paridade.

Ponderei, ainda, que a suspensão do processo poderia levar à insegurança jurídica para os interessados nos inúmeros processos de aposentadorias e pensões que tramitavam no Tribunal, principalmente, porque não havia previsão para que o STF decidisse sobre o mérito da ADIN, nem medida cautelar que suspendesse os dispositivos questionados. O argumento da insegurança jurídica se justificava, também, pela iminência de represamento dos processos no âmbito do Tribunal, que, àquela altura, já totalizavam 2.697, sendo 2.329 deles pedidos de registros de aposentadorias e 368, de pensões.

Acrescente-se que o sobrestamento não é obrigatório, mas facultativo, cabendo ao TCE-MG decidir sobre sua conveniência, conforme estabelece o seu Regimento Interno, no artigo 171: "No caso de a decisão de mérito depender da verificação de determinado fato que seja objeto de julgamento de outro processo ou de matéria *sub judice*, **poderá** o Colegiado competente determinar o sobrestamento dos autos" (grifo nosso). Por sinal, este ponto nos leva a uma discussão mais ampla, acerca da independência e autonomia dos Tribunais de Contas.

Conforme fundamentei em meu posicionamento, a regra geral é a independência das instâncias, pois a Constituição prevê competências distintas para as Cortes de Contas e o Judiciário, sendo que uma não anula a outra. Pelo contrário, tais competências devem ser conciliadas. Portanto, não é um fato dado que a instância judicial sempre prevalecerá, sobretudo, quando se trata de julgamento de competência específica dos Tribunais de Contas (TCs), prevista constitucionalmente, como era o caso.

Se por um lado, a Constituição da República dispõe que o controle externo será exercido pelo Congresso Nacional (e, por simetria, pelas Assembleias Legislativas e Câmaras Municipais), com o auxílio dos Tribunais de Contas, por outro, a especificação das atribuições e competências dos TCs é garantia de que tais órgãos não serão subordinados ao Legislativo, Judiciário ou Executivo.

Como já afirmou o STF, os Tribunais de Contas são órgãos soberanos e, com a Constituição de 1988, ganharam poderes mais amplos. Obviamente, permanece a possibilidade de revisão de suas decisões pelo Poder Judiciário, em conformidade com o artigo 5º, inciso XXXV, da Constituição Federal, segundo o qual "a lei não excluirá da apreciação do Poder Judiciário lesão ou ameaça a direito". Mas a mesma Constituição admite exceções nesta espécie de "monopólio" do Judiciário, ao estabelecer competências de apreciação de temas específicos para diferentes órgãos, entre os quais os Tribunais de Contas.

Merece maior discussão, também, o fato de que os TCs são considerados uma jurisdição *sui generis*, fora dos limites do Judiciário. Ou seja, a este cabe verificar a legalidade, e não decidir sobre conveniência dos julgamentos, ou sobre os fundamentos de uma decisão das Cortes de Contas. Trata-se do respeito ao princípio da separação dos poderes. Nesta linha, Tribunais de Contas de outros estados já haviam se posicionado no sentido de que a ADIN em trâmite no STF não representava impedimento para que as cortes de contas julgassem ações semelhantes.

Assim, mesmo havendo a possibilidade de que o STF julgasse inconstitucional o cálculo dos proventos dos policiais civis, esta era somente uma expectativa, que não deveria prejudicar o "ato jurídico perfeito". Em prol da segurança jurídica, fazia-se necessário levar em conta, ainda, a possibilidade de restrição dos efeitos de uma possível declaração de inconstitucionalidade. Conforme previsto no artigo 27 da Lei Federal nº 9.868/99, o STF poderia restringir seus efeitos ou decidir que tivessem eficácia somente a partir do trânsito em julgado, ou após uma data previamente fixada.

Soma-se aos argumentos apresentados a questão da isonomia dos servidores da Polícia Civil. Isso porque centenas de servidores aposentados ainda não tinham acesso aos proventos integrais e à paridade — visto que seus processos estavam sobrestados —, enquanto muitos outros haviam se aposentado pela mesma regra e já tinham seus atos registrados.

Por fim, havia o impedimento previsto no artigo 313 do Código de Processo Civil, segundo o qual a suspensão do processo não pode ser superior a um ano, quando decorrer da dependência do julgamento de outra causa.

Assim, votei pela revogação do sobrestamento e submissão ao Plenário da admissibilidade do Incidente de Inconstitucionalidade, bem como pelo enfrentamento do mérito. Antecipei, também, meu voto pela constitucionalidade da integralidade e paridade dos proventos, em consonância com o artigo 40 da Constituição Federal de 1988. Em seu parágrafo 4º, o dispositivo garante aos servidores públicos civis que exercem atividades de risco, como é o caso dos policiais, a concessão de aposentadoria especial, nos termos definidos em lei complementar. Diga-se de passagem, a adoção de requisitos e de critérios diferenciados para a aposentação dos servidores que exercem atividades especiais remonta à Constituição de 1946.

Meu entendimento também foi respaldado no artigo 1º da Lei Complementar Federal nº 51/85, que regulamentou a aposentadoria especial do policial civil, em razão do exercício de atividade de risco e das circunstâncias específicas às quais se submete. O próprio STF reconheceu, em 2008, a constitucionalidade da Lei Complementar, ao julgar procedente a ADIN nº 3.817/DF, que tratava da ampliação do benefício de aposentadoria dos policiais civis cedidos à administração direta e indireta da União e do Distrito Federal. Segundo o Supremo, não houve afronta ao mencionado artigo 40, "por restringir-se a exigência constitucional de lei complementar à matéria relativa à aposentadoria especial do servidor público, o que não foi tratado no dispositivo impugnado."

Tendo em vista que, até então, nenhuma lei revogou a aposentadoria especial do servidor policial ou excluiu a garantia da integralidade dos seus proventos, podemos concluir pela garantia constitucional da integralidade dos proventos e paridade com os policiais da ativa.

Em linhas gerais, foram estes foram meus argumentos pela constitucionalidade do parágrafo 2º do artigo 20-B da Lei Complementar Estadual nº 84/2005, bem como do parágrafo 2º do artigo 73 da Lei Complementar Estadual nº 129/2013, que, posteriormente, substituiu a anterior, mas sem alterações significativas.

Em julgamento realizado em 12 de junho de 2019, o TCE-MG decidiu pela improcedência do Incidente de Inconstitucionalidade, pela continuidade dos julgamentos dos atos de registros de aposentadorias e pensões de policiais civis e beneficiários, bem como pelo direito à integralidade e à paridade. A votação ficou empatada, sendo necessário o voto do presidente, que opinou pelo direito dos policiais civis à aposentadoria especial.

Além de se fazer justiça àquela categoria de servidores, com a garantia de um direito reconhecido na Constituição, foi uma discussão que, sem dúvida, nos possibilitou avançar muito em questões fundamentais para os Tribunais de Contas, em especial, no que se refere à independência desta instância e ao seu compromisso com a segurança jurídica.

INCIDENTE DE INCONSTITUCIONALIDADE Nº 898.492[96]

I RELATÓRIO

[...]

II FUNDAMENTAÇÃO

Da revogação do sobrestamento do presente Incidente de Inconstitucionalidade

De acordo com a Questão de Ordem apresentada pelo Conselheiro em exercício à época, Conselheiro Hamilton Coelho, na Sessão do dia 20/6/2018, o Plenário deliberou pelo sobrestamento do presente Incidente de Inconstitucionalidade, até a conclusão do julgamento da ADI 5039/RO.

Todavia, trago novamente à baila a discussão da matéria, por entender que o sobrestamento do presente feito poderá acarretar insegurança jurídica aos interessados em relação aos inúmeros processos de aposentadoria que tramitam nesta Casa, além da indefinição quanto à designação de dia para julgamento da ADI 5039/RO perante o Supremo Tribunal Federal.

---

[96] Todas as informações sobre este processo, bem como a íntegra do nosso voto, podem ser obtidas na busca de processos do *site* do TCE-MG: https://www.tce.mg.gov.br/.

E a seguir vou mostrar que a média desses sobrestamentos, dessas suspensões, caminha de 8 a 10 anos, só para termos uma ideia do caos que isso poderá causar na família policial do Estado de Minas Gerais.

Conforme relatado acima, ingressou em meu gabinete expediente enviado pelo Sindicato dos Delegados de Polícia do Estado de Minas Gerais requerendo fossem os autos reincluídos em pauta de julgamento, tendo em vista a ausência de previsão para reinclusão em pauta da ADI 5039/RO, que tramita no Supremo Tribunal Federal.

A ADI 5039/RO, que tramita no Supremo Tribunal Federal, protocolada em 28/3/2013 e distribuída à relatoria do Ministro Edson Fachin, trata de ação direta de inconstitucionalidade, com pedido de medida liminar, proposta pelo Governador do Estado de Rondônia, em que se impugna os arts. 45, §12, e 91-A, parágrafos 1º, 3º, 4º, 5º e 6º, todos da Lei Complementar n. 432, de 3/3/2008, daquela unidade federada, na redação introduzida pela Lei Complementar n. 672, de 9/8/2012, do mesmo Estado,[97] por ofensa aos arts. 22, XXIII; 24, XII e §1º; 39, §1º; 40, caput e parágrafos 4º e 20; 195, §5º e 201, todos da Constituição Federal.

Insta ressaltar que não houve a concessão de medida cautelar de suspensão de eficácia dos mencionados dispositivos atacados nos autos da ADI 5039/RO, pois não houve deliberação pelo Plenário do Pretório Excelso, embora houvesse a expectativa de que fosse concluída em 10/4/2019, data em que fora pautada para julgamento. Ressalto, ainda, que não há previsão de nova data para finalização da referida Ação Direta de Inconstitucionalidade.

Ocorre que o presente Incidente está sobrestado pelo Plenário desta Corte, aguardando a decisão final sobre a ADI 5039/RO, por parte do STF.

Nesta oportunidade, informo que, em consulta ao sítio eletrônico do Supremo Tribunal Federal, houve Repercussão Geral no Recurso Extraordinário 1.162.672/SP, em 22/11/2018, tratando-se "na origem, de ação onde a autora, servidora pública estadual ocupante de cargo de policial civil, requereu a concessão de aposentadoria especial com proventos integrais e com paridade com os servidores ativos ocupantes do mesmo cargo". Todavia, o Recurso Extraordinário ainda não foi

---

[97] Dispõe sobre a Nova Organização do Regime Próprio de Previdência Social dos Servidores Públicos Civis e Militares do Estado de Rondônia [...].

deliberado pelo Plenário do STF.[98] Então, acho que essa decisão, apesar de que ainda não foi deliberado o Recurso Extraordinário, é clara, é lapidar, mostra evidente isso.

[...]

Fragmentando o disposto no mencionado artigo 171 e respectivo parágrafo único do Regimento Interno, o eminente Conselheiro Gilberto Diniz, de forma objetiva, simples e exauriente, brinda-nos com a seguinte lição:[99]

> A propósito, cumpre fazer as observações a seguir delineadas.
>
> **Primeira: o art. 171 regimental introduz a figura do sobrestamento com caráter de facultatividade.** O Colegiado competente não necessariamente determinará o sobrestamento; poderá fazê-lo – essa a letra do Regimento.
>
> Segunda: condição *sine qua non* para a determinação de sobrestamento facultada ao Colegiado é a relação de dependência entre a matéria submetida ao Poder Judiciário e a decisão de mérito a ser tomada no âmbito deste Tribunal. Reza o caput do art. 171: "No caso de a decisão de mérito depender..." A manifestação judicial em expectativa tem, pois, de ser – em potencial, pelo menos – antecedente lógico da(s) questão(ões) meritória(s) posta(s) nos autos do processo de controle externo.
>
> Terceira: a regra geral é a independência de instâncias, de sorte que não se há de entender o art. 171 como impeditivo da atuação deste Tribunal, ainda que venha ela a incidir sobre fatos judicializados.
>
> Quarta: no aplicar o regimental art. 171, há que ter em mente que a simples previsão constitucional de competências distintas – atribuídas umas às Cortes de Contas, outras, às de Justiça – leva à conclusão de que essas não se excluem. Antes, devem ser conciliadas, de sorte que, ainda que uma delas, no caso concreto, prevaleça, isso não venha a significar a completa anulação da outra.
>
> **Por isso, creio profundamente na possibilidade da conciliação de competências entre as instâncias; do contrário, referindo-me ao que nos interessa nesta assentada, deveríamos nos perguntar qual seria a necessidade da manutenção de todo o sistema de Controle Externo,**

---

[98] Em consulta ao site do STF, relativa às "Informações Consolidadas" – "Números da repercussão geral (situação atual detalhada)", conclui-se que, a partir da reputação de existência de repercussão geral da questão constitucional suscitada até deliberação definitiva, percorre-se, em média, um período de 08 (oito) anos – http://portal.stf.jus.br/textos/verTexto.asp?servico=repercussaoInformacoesConsolidadas&pagina=repercussaoInformacoesConsolidadas.

[99] TCE/MG – 4ª Sessão Ordinária da Segunda Câmara – 08/03/2018 – Representação n. 1013280.

constitucionalmente previsto nos arts. 70 a 75 da Constituição da República.

[...]

Também não é o caso de supor que a instância judicial sempre prevalecerá, especialmente quando se tratar da competência atribuída ao Tribunal de Contas para julgar as contas dos administradores e demais responsáveis por dinheiros, bens e valores públicos, bem como daqueles que derem causa a perda, extravio ou outra irregularidade de que resulte prejuízo ao erário, consoante prescreve o inciso II do art. 71 da Constituição da República.

Nesse particular, o Ministro Carlos Ayres Britto, com propriedade, pontifica que "O Tribunal de Contas tal como o Poder Judiciário julga. E naquela matéria de sua competência o mérito não pode ser revisto pelo Poder Judiciário". **Assim, não obstante a possibilidade regimental do sobrestamento, este não pode ser realizado de forma irrestrita, sem a ponderação específica da questão que está sob o crivo do Poder Judiciário.**

Devo salientar que não ignoro as condições em que a decisão judicial tenha o poder de afastar a imposição de pena na dimensão administrativa. Insisto apenas em afirmar que o art. 171 do Regimento Interno deve ser aplicado restritivamente, com a devida cautela, de forma a impedir qualquer prejuízo às competências atribuídas a esta Corte de Contas.

[...] entendo não configurada quaisquer das hipóteses insertas no art. 171 regimental, pelo que não vislumbro óbice à continuidade da tramitação do feito neste Tribunal de Contas. É como voto. [Grifei]

Inclusive, no voto, citamos vários juristas, vários julgados dos tribunais superiores onde essa tese está duplamente contemplada, como coloca, aqui, o Conselheiro.

Assim, na esteira do entendimento esposado pelo Conselheiro Gilberto Diniz, o sobrestamento do feito pauta-se pela sua facultatividade de aplicação por esta Corte e em respeito à independência das instâncias (*in casu*, pela ausência de medida cautelar e pela indefinição de data para julgamento da ADI 5039/RO).

Quanto à independência das instâncias, venho tecer algumas considerações.

As competências e atribuições exercidas pelos Tribunais de Contas objetivam o controle e a fiscalização da utilização dos recursos públicos federais, estaduais e municipais, em todas as esferas de poder – Executivo, Judiciário e Legislativo, bem como de qualquer pessoa física ou jurídica que administre recursos públicos (art. 70 e respectivo parágrafo único da CR/88).

[...]

Em que pese o fato de a própria Constituição da República dispor que o controle externo será exercido pelo Congresso Nacional (e, por simetria, pelas Assembleias Legislativas e Câmaras Municipais), com o auxílio dos Tribunais de Contas (da União, dos Estados e dos Municípios), entendo que, em virtude da pormenorização das atribuições e competências (inclusive em relação a julgamento de contas de gestão e registro de atos de admissão), tais órgãos não estão subordinados ao Poder Legislativo, ou seja, "o Tribunal não é preposto do Legislativo".

O Tribunal de Contas é um "órgão constitucional de soberania",[100] ou um órgão com "dignidade constitucional formal" (op. cit., p. 658). Ou, ainda, "órgão especial de destaque constitucional" independente[101] que, pela própria disciplina constitucional, assume caráter *sui generis*, posto de permeio entre os poderes políticos da Nação, o Legislativo e o Executivo, sem sujeição, porém, a qualquer deles".[102]

O Supremo Tribunal Federal entende que:

> [...] **com a superveniência da nova Constituição, ampliou-se, de modo extremamente significativo, a esfera de competência dos Tribunais de Contas,** os quais, distanciados do modelo inicial consagrado na Constituição republicana de 1891, foram investidos de poderes mais amplos, que ensejam, agora, a fiscalização contábil, financeira, orçamentária, operacional e patrimonial das pessoas estatais e das entidades e órgãos de sua administração direta e indireta.
>
> [...]
>
> **Nesse contexto, o regime de controle externo, institucionalizado pelo novo ordenamento constitucional, propicia, em função da própria competência fiscalizadora outorgada ao Tribunal de Contas da União,** o exercício, por esse órgão estatal, de todos os poderes que se revelem inerentes e necessários à plena consecução dos fins que lhe foram cometidos. (BRASIL, STF, MS n. 21466, Rel. Min. Celso de Mello, DJU 06/05/1994). [Grifei]

---

[100] CANOTILHO, J. J. Gomes. *Direito Constitucional e Teoria da Constituição.* 4. ed. Coimbra: Almedina, 1998. p. 540-550.

[101] PARDINI, Frederico. *Tribunal de Contas da União*: órgão de destaque constitucional. 1997. 464p. Tese (Doutorado em Direito) – Faculdade de Direito, Universidade Federal de Minas Gerais, Belo Horizonte. p. 159.

[102] CASTRO NUNES, Teoria e prática do Poder Judiciário. *Revista Forense*, Rio de Janeiro, 1943. p. 25.

A atuação do Tribunal de Contas na função fiscalizatória, insculpida no artigo 70 da CR/88, não se restringe aos critérios da legalidade, legitimidade e economicidade, devendo ser observados, ainda, os princípios constitucionais e orçamentários constantes nos artigos 37 e 165 da Constituição da República, uma vez que *"os Tribunais de Contas tornaram-se instrumentos de inquestionável relevância na Administração Pública e no comportamento de seus agentes, com especial ênfase para os princípios da moralidade administrativa, da impessoalidade e da legalidade."*.[103]

Todavia, um dos temas mais controversos sobre as Cortes de Contas refere-se à possibilidade de revisão de suas decisões, *in totum*, pelo Poder Judiciário, uma vez o Brasil é regido pelo sistema de jurisdição única com fulcro no artigo 5º, inciso XXXV, da CR/88, ou seja, *"a lei não excluirá da apreciação do Poder Judiciário lesão ou ameaça a direito"*.

[...]

Contudo, em que pese esse "monopólio" do Poder Judiciário, a própria Constituição expressamente admite exceções nessa concepção unívoca de atuação, direcionando a competência de apreciação de temas específicos a determinados órgãos.

Apresentam-se alguns exemplos dessas excepcionalidades na Constituição da República:

Art. 49. É da competência exclusiva do Congresso Nacional:

[...]

IX - julgar anualmente as contas prestadas pelo Presidente da República e apreciar os relatórios sobre a execução dos planos de governo;

[...]

Art. 52. Compete privativamente ao Senado Federal:

I – processar e julgar o Presidente e o Vice-Presidente da República nos crimes de responsabilidade, bem como os Ministros de Estado e os Comandantes da Marinha, do Exército e da Aeronáutica nos crimes da mesma natureza conexos com aqueles;

II – processar e julgar os Ministros do Supremo Tribunal Federal, os membros do Conselho Nacional de Justiça e do Conselho Nacional do Ministério Público, o Procurador-Geral da República e o Advogado-Geral da União nos crimes de responsabilidade. (BRASIL, 1988).

---

[103] BRASIL, STF. Suspensão de Segurança nº 1.308-9/RJ, Rel. Min. Celso de Mello, *DJ*, Seção I, out. 1998, p. 26.

E, em relação aos Tribunais de Contas, há mais uma exceção na Constituição:

> Art. 71. O controle externo, a cargo do Congresso Nacional, será exercido com o auxílio do Tribunal de Contas da União, ao qual compete:
>
> [...]
>
> II – julgar as contas dos administradores e demais responsáveis por dinheiros, bens e valores públicos da administração direta e indireta, incluídas as fundações e sociedades instituídas e mantidas pelo Poder Público federal, e as contas daqueles que derem causa a perda, extravio ou outra irregularidade de que resulte prejuízo ao erário público;
>
> III – apreciar, para fins de registro, a legalidade dos atos de admissão de pessoal, a qualquer título, na administração direta e indireta, incluídas as fundações instituídas e mantidas pelo Poder Público, excetuadas as nomeações para cargo de provimento em comissão, bem como a das concessões de aposentadorias, reformas e pensões, ressalvadas as melhorias posteriores que não alterem o fundamento legal do ato concessório;
>
> [...]
>
> VIII – aplicar aos responsáveis, em caso de ilegalidade de despesa ou irregularidade de contas, as sanções previstas em lei, que estabelecerá, entre outras cominações, multa proporcional ao dano causado ao erário. (BRASIL, 1988).

A norma constitucional acima eriça um importante tema que merece ser analisado: a "jurisdição" fora dos limites do Poder Judiciário. O Tribunal de Contas é conhecido por ser uma jurisdição *sui generis*: só ele detém essa espécie de "jurisdição", que se afasta da comum, de responsabilidade dos órgãos judiciários.

Sobre a atividade judicante do Tribunal de Contas, pode-se asseverar:

> [...] **o exercício do poder judicante pressupõe um órgão que produz a coisa julgada material e tenha poder coercitivo**. Tais características são encontradas nas decisões das Cortes de Contas, exercendo, assim, o Poder Jurisdicional, visto que a CF/88 contém a inscrição positivada de que tais órgãos julgam contas, impondo a sua autonomia sem submissão ao Poder Judiciário, que não pode reformar a decisão prolatada, mas tão-somente anulá-la pela existência de algum vício formal.[104] [Grifei]

---

[104] CASTARDO, Hamilton Fernando. *O tribunal de contas no ordenamento jurídico brasileiro.* Campinas; São Paulo: Millennium, 2007. p. 115.

Apesar da previsão de competência dos Tribunais de Contas para "julgar contas" (inclusive registro dos atos de admissão e aposentadoria), reitera-se tratar-se de uma jurisdição *"sui generis"*, pois "ao judiciário cabe apenas o *patrulhamento das fronteiras da legalidade*, vedado o exame quanto à conveniência e oportunidade".[105]

[...]

Nesta esteira, o Poder Judiciário não poderá adentrar nos fundamentos que incidiram em determinada decisão proferida pelo Tribunal de Contas *"eis que limitado ao controle da legalidade, sob pena de ofender o princípio da separação dos poderes"*.[106]

Mutatis mutandis, tem-se a seguinte decisão do Supremo Tribunal Federal acerca da existência de poderes implícitos aos Tribunais de Contas para atingir as finalidades relacionadas com sua existência orgânica:

> [...] a atribuição de poderes explícitos, ao Tribunal de Contas, tais como enunciados no art. 71 da Lei Fundamental da República, supõe que se lhe reconheça, ainda que por implicitude, a titularidade de meios destinados a viabilizar a adoção de medidas cautelares vocacionadas a conferir real efetividade às suas deliberações finais, permitindo, assim, que se neutralizem situações de lesividade, atual ou iminente, ao erário público. **Impende considerar, no ponto, em ordem a legitimar esse entendimento, a formulação que se fez em torno dos poderes implícitos, cuja doutrina, construída pela Suprema Corte dos Estados Unidos da América, no célebre caso McCulloch v. Maryland (1819), enfatiza que a outorga de competência expressa a determinado órgão estatal importa em deferimento implícito, a esse mesmo órgão, dos meios necessários à integral realização dos fins que lhe foram atribuídos.**[107] [Grifei]

Nesta mesma linha, o Superior Tribunal de Justiça já se pronunciou sobre o tema da incompetência do Poder Judiciário para revisão de decisões dos Tribunais de Contas em relação ao exame das contas públicas de entes da federação.[108]

---

[105] JACOBY FERNANDES, Jorge Ulisses. *Tribunais de Contas do Brasil*: jurisdição e competência. 3. ed. rev. atual. ampl. Belo Horizonte: Fórum, 2012. p. 147.

[106] TJMG, Apelação Cível nº 1.0592.06.006422-3/001 – Comarca de Santa Rita de Caldas – Relatora: Sra. Desembargadora Teresa Cristina da Cunha Peixoto – *DJ* 24.02.2011.

[107] BRASIL, STF, MS nº 24.510, Rel. Min. Ellen Gracie, voto do Min. Celso de Mello, julgamento em 19.11.2003, Plenário, *DJ* de 19.03.2004.

[108] Superior Tribunal de Justiça. ROMS nº 12.487/GO – 1ª Turma. Relator Min. Francisco Falcão. *Diário de Justiça da República Federativa do Brasil*, Brasília, DF, 1º out. 2001.

[...]

Por outra linha (e não menos importante), destaco que a continuidade do presente sobrestamento poderá acarretar "represamento" de processos submetidos a registro de aposentadorias e pensões no âmbito desta Corte de Contas, o que impactará no cumprimento das metas institucionais e causará insegurança jurídica aos interessados e beneficiários.

[...]

Antes da conclusão deste tópico, destaco a decisão proferida pelo Tribunal de Contas do Estado de Santa Catarina sobre matéria análoga ao presente Incidente de Constitucionalidade, *ipsis litteris*:

> [...] Não se desconhece, por outra linha de raciocínio, a existência no Supremo Tribunal Federal da ADI n. 5039, cujo relator é o Min. Edson Fachin, que trata, em suma, da aposentadoria especial de policiais civis do Estado de Rondônia com integralidade de vencimento e paridade. No entanto, importante que se diga que até o momento o pedido liminar sequer foi apreciado. Assim, o simples fato de pender uma demanda no Supremo Tribunal Federal cujo efeito pode atingir a legislação previdenciária de diversos estados não é fundamento suficiente para, desde logo, negar vigência, a bem da verdade, aos decretos estaduais que regulamentam a aposentadoria voluntária especial de policial civil. - [Grifei]

Nesta perspectiva, tem-se, ainda, recente decisão do Tribunal de Contas do Estado do Rio Grande do Sul, de 22/04/19, da lavra do Conselheiro Alexandre Postal, sobre a possibilidade (dever) da Corte de Contas em deliberar processos de registros de aposentação relativos a policiais civis:

> Ocorre que no referido Recurso de Embargos nº 15169-0200/18-9 restou decidido que tal suspensão, em virtude de Ação de Inconstitucionalidade de preceito legal do Estado de Rondônia, não pode ensejar a suspensão de julgamento de processo de policial civil do Estado do Rio Grande do Sul, com base em lei diversa cuja constitucionalidade não está sendo contestada, razão pela qual o Tribunal Pleno, em Sessão de 30-01-2019, decidiu por prover os Embargos para alterar a decisão de suspensão do Processo nº 016824-02.10/17- 0, devendo ser dado seguimento ao exame do mérito da Inativação da Recorrente. - [Grifei]

Na mesma Corte de Contas gaúcha, destaco o voto do Conselheiro Estilac Martins Rodrigues Xavier[109] – Vice-presidente daquele Tribunal de Contas –, que, **em 30/4/2019,** assim decidiu:

> [...]
>
> 3. Dito isso, não desconheço a possibilidade de que, concretamente, a LCF 51/85 possa vir a ser considerada inconstitucional, ainda que, unicamente, quanto ao cálculo dos proventos, quando do julgamento pelo Supremo Tribunal Federal da Ação Direta de Inconstitucionalidade (ADI) 5039, em que constam como partes o Governador de Rondônia e a Assembleia Legislativa daquele Estado, e onde se questiona a particularidade aqui debatida (previsão pela lei de integralidade dos proventos e paridade).
>
> **Mas, a meu sentir, isso que, hoje, afigura-se como uma mera (e ainda que fosse provável) expectativa, não pode vir a prejudicar o ato jurídico perfeito, aqui compreendidas não só as situações que já se aperfeiçoaram e foram registradas por esta Corte, mas também as que já se aperfeiçoaram, mas pendem unicamente de registro, justamente em função dessa particularidade agora levantada (discussão travada naquela ADI de Rondônia).**
>
> Lembro, ainda, no particular, que no art. 5º da CF/88, onde encontram-se relacionados os direitos e garantias fundamentais, consta expressamente do seu inciso XXXVI, a previsão de que "a lei não prejudicará o direito adquirido, o ato jurídico perfeito e a coisa julgada".
>
> **Por esse motivo, meu entendimento particular é no sentido de que, mesmo que, efetivamente, venha a ser declarada a inconstitucionalidade da LCF 51/85, na parte referente à paridade e à integralidade dos proventos, a Suprema Corte deva ter o cuidado de atribuir o efeito** *ex nunc* **ao seu julgado, nos termos do art. 27 da Lei 9.868/99,** que, ao dispor sobre o julgamento da ADI, estabelece o seguinte:
>
> > Art. 27. Ao declarar a inconstitucionalidade de lei ou ato norma-tivo, e tendo em vista razões de segurança jurídica ou de excep-cional interesse social, poderá o Supremo Tribunal Federal, por maioria de dois terços de seus membros, restringir os efeitos daquela declaração ou decidir que ela só tenha eficácia a partir de seu trânsito em julgado ou de outro momento que venha a ser fixado.

---

[109] TCERS. Processo: 017971-0210/17-6 – Órgão: POLÍCIA CIVIL – Matéria: Inativação – Interessado(s): André Braga Gomes. Ementa: APOSENTADORIA ESPECIAL. POLICIAL CIVIL. LCF 51/85. LEI RECEPCIONADA PELA CF/88 E PELA EC 41/2003. REGISTRO. Não há óbice a impedir o registro do ato de aposentadoria especial de policial civil com fundamento na Lei Complementar nº 51/85 e no Decreto Estadual 48.136/2011, porquanto esta Lei já foi objeto de exame pelo próprio STF e considerada constitucional e recepcionada pela CF/88 e pela EC nº 41/2003. Mesmo entendimento foi assentado no âmbito desta Casa no julgamento do Processo nº 18999- 1204/11-3.

É, portanto, com fulcro em todos esses argumentos aqui elencados, e, especialmente, por uma questão de isonomia dos servidores já aposentados, mas cujos ingressos pendem de chancela (porque seus processos estão sendo sobrestados) com os servidores já aposentados pela mesma regra e cujos atos já foram registrados, que, divergindo dos nobres entendimentos em sentido contrário (que, aliás, em rigor, não opinam pela impossibilidade de registro, mas somente pelo sobrestamento do julgamento acerca dessas aposentadorias), entendo que as situações análogas, até que o STF se manifeste definitivamente no julgamento da ADI nº 5039, não encontram óbice ao seu exame e chancela, se for o caso, a teor do já assentado no julgamento do Processo nº 18999-1204/11-3, em que este Tribunal, em sua composição plenária, posicionou-se pela constitucionalidade da referida norma, assentando, por via de consequência, sua recepção pela Carta Magna.

[...]

Além dos argumentos acima elencados, tem-se ainda o arcabouço legal insculpido no Código de Processo Civil – e importante foi um dado que eu trouxe ontem ao processo –, que em seu parágrafo 4º do artigo 313 estabelece que "o prazo de suspensão do processo nunca poderá exceder 1 (um) ano nas hipóteses do inciso V"; este inciso V assevera que o processo será suspenso quando a sentença de mérito depender do julgamento de outra causa, entretanto, tal suspensão processual não poderá extrapolar o prazo de 1 (um) ano, conforme já se pronunciou o Egrégio Tribunal de Justiça do Estado de Minas Gerais nos autos do Agravo Interno n. 1043962-29.2017.8.13.0000, da 1ª Câmara Cível, da Relatoria do Desembargador Bitencourt Marcondes, no julgamento de 04/12/2018 (no mesmo sentido: Agravo Interno n. 0065467-53.2014.8.13.0694, Relatora Desembargadora Mônica Libânio, 11ª Câmara Cível, Julgamento em 31/01/2018).

Por todo o exposto nessa preliminar, considerando **(1)** a facultatividade de determinação de sobrestamento por esta Corte de Contas, **(2)** a indefinição quanto à data de julgamento da ADI 5039/STF (e também do Recurso Extraordinário 1162672/SP), **(3)** a independência de instâncias, **(4)** a insegurança jurídica dos interessados em relação à definição da inconstitucionalidade (ou não) de dispositivo da Lei Complementar n. 84/2005, **(5)** a razoável duração do processo, **(6)** a aplicação do parágrafo 4º do artigo 313 do Código de Processo Civil c/c o artigo 379 do Regimento Interno (aplicação supletiva do CPC no âmbito desta Corte de Contas e **(7)** o "represamento" considerável de processos de atos de registro de aposentação e de pensão da Polícia

Civil do Estado de Minas Gerais no âmbito deste Tribunal, **voto pela revogação do sobrestamento deliberado na sessão plenária do dia 20/6/2018 (fls. 805/809) e, por conseguinte, pela submissão ao Plenário da admissibilidade do presente Incidente e, caso acolhida, pelo enfrentamento do mérito.**

[...]

CONSELHEIRO WANDERLEY ÁVILA:

Senhor Presidente, Senhores Conselheiros, ilustre Procuradora-Geral.

A questão que nos é posta hoje revela aspectos de vital importância para o papel do controle externo, sobretudo a partir do momento em que se consolidou a jurisprudência e o direito positivo acerca de nossa competência para a declaração incidental de inconstitucionalidade.

No caso sob análise, resta patente o prejuízo que vem sendo gerado a cada dia que se passa sem que haja definição desta egrégia Corte sobre a constitucionalidade do **art. 20-B, §2º, da Lei Complementar Estadual n. 84, de 26/07/2005, que trata da aposentadoria especial do servidor policial civil do Estado de Minas Gerais.**

O sobrestamento *ad aeternum* não é salutar a nenhum dos atores envolvidos no deslinde da aposentadoria especial dos policiais civis, tendo em vista que há uma situação de insegurança jurídica na atuação da Polícia Civil no momento de orientar seus servidores destinatários da norma, a paralisação dos processos de aposentação naquele órgão bem como no Tribunal de Contas.

[...]

Portanto, na esteira do posicionamento do Conselheiro Relator, por entender ser um ato justo e perfeito, voto pelo cancelamento do sobrestamento de modo a dar continuidade à apreciação do Incidente de Inconstitucionalidade.

CONSELHEIRO SEBASTIÃO HELVECIO:

Com o Relator.

CONSELHEIRO SUBSTITUTO HAMILTON COELHO:

Senhor Presidente,

Vislumbro que o quadro revela questão alusiva a levantamento de sobrestamento do processo, mesmo estando a matéria pendente de julgamento no Supremo Tribunal Federal, ADI 5039/RO.

Convém não olvidar que o referido trancamento da marcha processual foi requerido pelos interessados e deferido até que se ultime decisão definitiva da Suprema Corte, formando-se, assim, o fenômeno do sobrestamento que, nos tribunais do País, tem por escopo proporcionar garantia ao jurisdicionado, conciliar celeridade e conteúdo, e, dessa forma, concretizar o princípio constitucional da isonomia mediante prevenção de decisões divergentes.

A controvérsia reclama o crivo da Suprema Corte, definindo-se, portanto, o alcance das normas em jogo, ou seja, cumpre ao guardador maior da Carta da República dizer se a lei mineira é ou não constitucional, vale dizer: é meio hábil para afastar, em particular, a negativa de registro de atos de aposentação e pensão, numa possível declaração de inconstitucionalidade do regramento da lei estadual pelo Tribunal de Contas, como, aliás, outrora ocorrera.

A propósito, uma das causas a incrementar o número de processos nos tribunais – judicial ou de contas, é a imprevisibilidade das decisões, daí a necessidade de se aguardar o *decisum* do STF.

E mais: a função institucional desta Corte de Contas não se resume à dicção do *iuris* – dizer o direito, nos processos de contas ou nos de inativação, mas também proporcionar segurança jurídica.

Decerto, não se desconhece a natureza facultativa de se deter o curso de processos, em razão da independência das instâncias, tampouco a garantia constitucional da razoável duração do processo e, também, a possibilidade de represamento de demandas no Tribunal.

Noutra senda intelectiva, pontuo que, relativamente à segurança jurídica, a decisão acerca de questão pendente de julgamento no STF, ao contrário, gera insegurança jurídica, desigualdade, e dificulta ao Tribunal o cumprimento da sua função de conferir higidez, coesão e estabilidade às suas decisões.

Não desconheço a disposição inserta no art. 313, §4º, da Lei Processual Civil, mas, dada a particularidade da questão examinada, rogo vênia para renovar o sobrestamento facultativo, até pronunciamento da Suprema Corte Federal.

CONSELHEIRO JOSÉ ALVES VIANA:
Vou acompanhar o voto divergente do Conselheiro Substituto Hamilton Coelho.

CONSELHEIRO GILBERTO DINIZ:

Senhor Presidente,

Peço vênia para citar trecho do voto proferido na Sessão Plenária de 20/6/2018 pelo então Relator, Conselheiro em exercício Hamilton Coelho:

> O representante do Sindicato dos Delegados de Polícia do Estado de Minas Gerais, do Sindicato dos Servidores da Polícia Civil do Estado de Minas Gerais, do Sindicato dos Peritos Criminais do Estado de Minas Gerais e do Sindicato dos Médicos do Estado de Minas Gerais, Sr. Fernando Ferreira Calazans, protocolizou petição em 27/3/18, na qual noticia o então iminente julgamento, pelo Supremo Tribunal Federal, da Ação Direta de Inconstitucionalidade n.º 5039/RO, acerca da constitucionalidade de Lei do Estado de Rondônia em que se garante a integralidade e a paridade das aposentadorias de seus policiais civis. Requereu, assim, o sobrestamento do presente incidente de inconstitucionalidade, sustentando que o julgamento da referida ação impactará o regime previdenciário dos servidores policiais federais e civis de todo o país.

Também naquela assentada, o Dr. Bruno Reis de Figueiredo, atuando como advogado do Sindicato dos Servidores da Polícia Civil do Estado de Minas Gerais – SINDPOL, ressaltou a existência do referido pedido de sobrestamento do Incidente de Inconstitucionalidade n. 898.492.

Na sequência, o então Relator, Conselheiro em exercício Hamilton Coelho, votou, em questão de ordem, pelo sobrestamento, porque "As disposições legais questionadas na ADI 5039/RO são análogas àquelas tratadas no presente Incidente de Inconstitucionalidade, sendo provável o impacto da decisão a ser proferida pelo Pretório Excelso sobre o julgamento deste processo".

Havendo acompanhado aquele voto os Conselheiros Wanderley Ávila, Mauri Torres, José Alves Viana e eu mesmo, o Conselheiro, então Presidente, Cláudio Couto Terrão, proclamou o resultado da votação: "Aprovado o voto do relator pelo sobrestamento do processo, atendendo aos requerimentos nos autos e também na sustentação oral de patronos dos representados".

Em consulta ao portal do Supremo Tribunal Federal, constatei que a Ação Direta de Inconstitucionalidade 5039/RO continua pendente de julgamento.

Minha conclusão é, pois, que persiste a situação que, na referida Sessão Plenária, levou à decisão pelo sobrestamento.

Por isso, considerando as referidas manifestações dos próprios advogados do SINDPOL, e louvando-me na fundamentação explicitada no voto proferido pelo Conselheiro em exercício Hamilton Coelho na sessão do Pleno de 20/6/2018, e nos acréscimos trazidos por Sua Excelência nesta assentada, voto, acompanhando a divergência, pela manutenção do sobrestamento do Incidente de Inconstitucionalidade n. 898.492, até a conclusão do julgamento da Ação Direta de Inconstitucionalidade 5039/RO.

CONSELHEIRO PRESIDENTE MAURI TORRES:

Estamos diante de um empate: 3 a 3. Então, vou me manifestar para desempatar. Meu entendimento acompanha o entendimento do eminente Relator, Conselheiro Durval Ângelo. Desempato pela revogação do sobrestamento.

ACOLHIDA A PRELIMINAR. VENCIDOS O CONSELHEIRO SUBSTITUTO HAMILTON COELHO, O CONSELHEIRO JOSÉ ALVES VIANA E O CONSELHEIRO GILBERTO DINIZ.

CONSELHEIRO DURVAL ÂNGELO:

Preliminar de Admissibilidade

[...]

Em que pese o substancioso voto-vista do Conselheiro Gilberto Diniz,[110] que votou pelo reconhecimento da relevância de se examinar a constitucionalidade ou não do §2º do art. 20-B da Lei Complementar Estadual n. 84/2005, e, ao mesmo tempo, inadmitir o Incidente, relativamente ao §2º do art. 73 da Lei Complementar Estadual n. 129, de 2013, **entendo, em observância do princípio da segurança jurídica nas relações,** que a análise dos dois artigos revela que não ocorreram mudanças significativas na redação do novo dispositivo, razão pela qual entendo, como o Ministério Público junto ao Tribunal, que, revogado o art. 20-B, §2º, da LC nº 84/2005, o objeto do presente Incidente de Inconstitucionalidade passa a ser, **também,** o art. 73, §2º, da LC/MG nº 129/2013, e assim, preliminarmente, acolho o presente Incidente de Inconstitucionalidade.

---

[110] Voto-vista apresentado na 17ª Sessão Ordinária do Tribunal Pleno do dia 01/07/2015.

CONSELHEIRO WANDERLEY ÁVILA:

Senhor Presidente, conforme parecer exarado pelo Procurador-Geral à época, em consonância com o princípio da segurança jurídica, ao meu sentir deve-se ampliar o objeto do processo para, com isso, apreciar o art. 73, §2º, da Lei Complementar Estadual n. 129, de 8/11/2013, bem como o art. 20-B, §2º, da LC/MG n. 84/2005, em razão de que os dois dispositivos legais mantêm a mesma norma jurídica, tendo havido apenas mudança topográfica.

Há que se reconhecer que tanto a lei revogada quanto a lei vigente possuem o mesmo desiderato, razão pela qual admito o Incidente de Inconstitucionalidade nos termos do voto do Relator.

CONSELHEIRO SEBASTIÃO HELVECIO:

Acolho.

CONSELHEIRO SUBSTITUTO HAMILTON COELHO:

Renovando vênia ao Relator, reitero, quanto à admissibilidade do Incidente, a fundamentação adotada no voto-vista do Conselheiro Gilberto Diniz, proferido na Sessão de 1º/7/2015, manifestando-me pelo controle incidental de constitucionalidade apenas do §2º do art. 20-B da Lei Complementar Estadual n. 84/05, pois o Incidente vincula-se apenas aos processos antecedentes, que, na hipótese, consubstanciam atos de concessão de aposentadoria lastreados no referido dispositivo.

CONSELHEIRO JOSÉ ALVES VIANA:

Com o Relator.

CONSELHEIRO GILBERTO DINIZ:

Senhor Presidente, também quanto a esse ponto, peço vênia ao eminente Relator, Conselheiro Durval Ângelo, para, acompanhando a divergência, manter meu entendimento anterior, conforme voto proferido na sessão do Pleno de 1º/7/2015.

Nesta oportunidade, em acréscimo às razões por mim expendidas naquela assentada, não se pode deixar de considerar, para deslinde do caso ora em exame, que o Pleno não pode ampliar o delineamento feito pelo colegiado da Primeira Câmara, no momento em que foi suscitado o Incidente de Inconstitucionalidade ora sob apreciação, o qual se cingiu ao §2º do art. 20-B da Lei Complementar Estadual n. 84, de 2005, até mesmo porque, nos termos e limites do enunciado da Súmula n. 347

do Supremo Tribunal Federal (STF), o Tribunal de Contas não tem competência para exercer o controle concentrado de constitucionalidade de lei ou de ato normativo, atuando no controle difuso ou no caso concreto, no exercício de suas atribuições constitucionais e legais.

Para ênfase de tal assertiva, calha recordar a lição clássica de José Carlos Barbosa Moreira (*Comentários ao Código de Processo Civil*, vol. V, 13ª ed., Rio de Janeiro, Forense, 2006, p. 46):

> Incumbe ao plenário ou ao "órgão especial" pronunciar-se acerca da prejudicial de inconstitucionalidade da lei ou ato do poder público, ou da parte de uma ou de outro, a cujo respeito lhe houver sido submetida a arguição pelo órgão fracionário. O plenário (ou o "órgão especial") não tem competência para manifestar-se sobre o que não haja sido acolhido na arguição: naquilo em que a declarou inadmissível, ou negou a ocorrência de inconstitucionalidade, o órgão fracionário permaneceu competente para decidir a espécie, mediante a aplicação, sendo o caso, da lei ou ato impugnado – e pode até já haver decidido.

São essas, Senhor Presidente, as considerações pelas quais, neste Incidente de Inconstitucionalidade, quanto à admissibilidade, voto pelo reconhecimento da relevância de se examinar a constitucionalidade ou não do §2º do art. 20-B da Lei Complementar Estadual n. 84, de 2005, e, ao mesmo tempo, inadmitir o incidente, relativamente ao §2º do art. 73 da Lei Complementar Estadual n. 129, de 2013.

Quanto ao mais, fico no aguardo de que o Relator, Conselheiro Durval Ângelo, esgote a matéria de mérito.

É como voto, nesta fase do julgamento.

CONSELHEIRO PRESIDENTE MAURI TORRES:

FICA ADMITIDO O PRESENTE INCIDENTE DE INCONS-TITUCIONALIDADE, VENCIDOS O CONSELHEIRO SUBSTITUTO HAMILTON COELHO E O CONSELHEIRO GILBERTO DINIZ.

De novo com a palavra o Conselheiro Durval Ângelo.

CONSELHEIRO DURVAL ÂNGELO:

Preliminares arguidas pelo SINDPOL/MG e pela AESPOL/MG

O Sindicato dos Servidores da Polícia Civil do Estado de Minas Gerais (SINDPOL/MG) e a Associação dos Escrivães da Polícia Civil do Estado de Minas Gerais (AESPOL/MG) apresentaram, às fls. 385/415 e 417/445, duas questões preliminares: a primeira, relativa à aplicação da Súmula Vinculante n. 03 do Supremo Tribunal Federal ao caso e a segunda, ao reconhecimento da decadência.

Em apertada síntese, as duas preliminares arguidas não devem ser acolhidas, pois quanto à primeira preliminar, aplicação da Súmula Vinculante n. 0316,[111] entendo que já foi devidamente ultrapassada por todas as alegações defensivas apresentadas pelas partes interessadas, no bojo destes autos, e quanto à segunda preliminar – reconhecimento da decadência – entendo que refoge ao âmbito de apreciação/discussão no presente Incidente de Inconstitucionalidade.

Assim, deixo de acatar as preliminares suscitadas pelo SINDPOL/MG e pela AESPOL/MG, às fls. 385/415 e 417/445.

CONSELHEIRO WANDERLEY ÁVILA:
Com o Relator.

CONSELHEIRO SEBASTIÃO HELVECIO:
Também desacolho ambas.

CONSELHEIRO SUBSTITUTO HAMILTON COELHO:
Também acompanho o Relator.

CONSELHEIRO JOSÉ ALVES VIANA:
De acordo.

CONSELHEIRO GILBERTO DINIZ:
Com o Relator.

CONSELHEIRO PRESIDENTE MAURI TORRES:
APROVADO O VOTO DO RELATOR.

De novo com a palavra o Relator, Conselheiro Durval Ângelo, para o mérito.

CONSELHEIRO DURVAL ÂNGELO:
Mérito
[...]

---

[111] Súmula Vinculante 3: Nos processos perante o Tribunal de Contas da União asseguram-se o contraditório e a ampla defesa quando da decisão puder resultar anulação ou revogação de ato administrativo que beneficie o interessado, excetuada a apreciação da legalidade do ato de concessão inicial de aposentadoria, reforma e pensão.

Portanto, manifesto-me, desde já, pela constitucionalidade dos arts. 20-B, §2º e 73, §2º, respectivamente das Leis Complementares Estaduais nᵒˢ 84/2005 e 129/2013 – e aqui ressalto que participei da elaboração dessas duas leis, enquanto legislador – valendo-me de fundamentação *per relationem*,[112] para adotar integralmente o Parecer do Ministério Público junto a este Tribunal[113] às **fls. 17/37**, e adotar a fundamentação do voto inicialmente apresentado pela Conselheira às **fls. 65/70**, exceto quanto à parte dispositiva, pois a minha conclusão terá maior abrangência decisória.

[...]

Para melhor complementação da matéria, tem-se o entendimento de um dos grandes tribunais, que formula muita jurisprudência no Brasil, o Tribunal de Justiça de Santa Catarina,[114] *verbis*:

EMBARGOS INFRINGENTES. APOSENTADORIA ESPECIAL. PERITO MÉDICO-LEGISTA. ART. 40, §4º, INCISOS II E III DA CONSTITUIÇÃO DA REPÚBLICA C/C O ART. 18 DA LEI COMPLEMENTAR ESTADUAL N. 374/07. DIREITO À PARIDADE REMUNERATÓRIA. INTELIGÊNCIA DO ART. 56 DO ATO DAS DISPOSIÇÕES CONSTITUCIONAIS TRANSITÓRIAS DA CARTA ESTADUAL C/C O ART. 2º DO DECRETO ESTADUAL N. 4.810/06. RECURSO DESPROVIDO.

Patenteado o direito à aposentadoria especial prevista no art. 40, §4º, incisos II e III, da Constituição da República, em conformidade com o art. 18 da Lei Complementar Estadual n. 374/07, o cálculo aritmético restritivo quanto aos proventos, utilizado pelo órgão previdenciário estadual, não merece guarida, pois há de prevalecer o regrado pela invocada LCE, que, regulamentando a matéria, assegura a aposentadoria integral, de forma a preservar a paridade remuneratória, [...] - [Grifei]

---

[112] Vide Denúncia nº 932606 – Relator: Conselheiro José Alves Viana, Sessão da Segunda Câmara de 16/4/2015: **Motivação *per relationem* se caracteriza pela remissão que o ato judicial expressamente faz a outras manifestações ou peças processuais existentes nos autos, mesmo as produzidas pelas partes, pelo Ministério Público ou por autoridades públicas, cujo teor indique os fundamentos de fato e ou de direito que justifiquem a decisão emanada do Poder Judiciário.** Precedente: MS 25.936-ED, Rel. Min. Celso de Mello, julgamento em 13-6-2007, Plenário, DJE de 18-9-2009. (http://juniordpj.blogspot. com.br/2011/11/tecnica-da-motivacao-per-relationem.html) - [Grifei]

[113] Vide conclusão do Parecer do Procurador Daniel de Carvalho Guimarães, fls. 17 a 37: "[...] 54 Em face do exposto, **OPINO pela constitucionalidade** dos arts. 20-B, §2º e 73, §2º, respectivamente das LCE's n. 84/2005 e 129/2013." - [Grifei]

[114] TJSC - Processo: 2014.058732-3 (Acórdão) – Relator: João Henrique Blasi – Origem: Capital – Órgão Julgador: Grupo de Câmaras de Direito Público - Julgado em: 12/11/2014 - Juiz Prolator: Hélio do Valle Pereira – Classe: Embargos Infringentes.

Esse voto foi aprovado à unanimidade pelos Conselheiros daquele Estado.

E, ainda, tem-se o entendimento do E. Tribunal de Justiça do Estado do Rio Grande do Sul:[115]

> - Segundo a interpretação do precedente do STF referente a ADI 3.817-DF/2009, que consignou a plena eficácia da Lei Complementar 51/1985, está garantido, tanto com amparo na referida Lei Complementar, quanto pelo Decreto 48.136/11, **ao aposentado com mais de trinta anos de serviço, destes, sendo vinte anos em cargo de natureza estritamente policial, o direito aos proventos integrais e paridade** previstos na Lei n. 12.201/04. Ressalva de posição pessoal. Adequação ao entendimento da Câmara. (Grifei)

[...]

Novamente trago à baila a citada decisão do Tribunal de Contas do Estado de Rondônia a respeito do direito à paridade e à integridade em recente de decisão[116] **(6/11/2018)**:

> 11. É necessário destacar que o entendimento anterior desta Corte de Contas, firmado por meio do Acórdão n. 87/2012 – Pleno (Processo n. 3767/2010), era no sentido de que a remuneração dos policiais civis do Estado que adquiriram o direito à aposentação com fundamento na Lei Complementar n. 51/1985, na vigência da Lei Complementar n. 432/2008, deveriam ser calculados de acordo com a média aritmética de 80% das maiores remunerações contributivas. **No entanto, tal posicionamento foi superado pelo Acórdão APL-TC 00044/18 (Processo 1016/2012), que passou a reconhecer, em conformidade com o entendimento do Supremo Tribunal Federal, que o servidor policial tem direito a proventos correspondentes à integralidade da última remuneração percebida em atividade, bem como à paridade.**

---

[115] TJRS - APELAÇÃO CÍVEL – N. 70039481312 (Nº CNJ: 0535846-65.2010.8.21.7000) – ESTADO DO RIO GRANDE DO SUL – DES.ª Relatora LEILA VANI PANDOLFO MACHADO – Julgamento 23/6/2015.

[116] TCE/RO. PROCESSO: 03921/2015 – TCE/RO (Apenso n. 1090/2017 – TCE/RO). CATEGORIA: Ato de Pessoal. SUBCATEGORIA: Aposentadoria. ASSUNTO: Aposentadoria Especial de Policial Civil. JURISDICIONADO: Instituto de Previdência dos Servidores Públicos do Estado de Rondônia – Iperon. INTERESSADA: Angelina Maria da Maia Juracy. CPF n. 293.485.601-15. RESPONSÁVEL: Maria Rejane Sampaio dos Santos Vieira – Presidente do Iperon. CPF n. 341.252.482-49. ADVOGADOS: Sem advogados. RELATOR: CONSELHEIRO SUBSTITUTO OMAR PIRES DIAS. GRUPO: II (artigo 170, §4º, II, RITCRO). SESSÃO: 20ª – 6 de novembro de 2018. EMENTA: PREVIDENCIÁRIO. ATO DE PESSOAL SUJEITO A REGISTRO. APOSENTADORIA ESPECIAL. CARREIRA DE POLICIAL CIVIL. SEGURADO DO REGIME PRÓPRIO DE PREVIDÊNCIA SOCIAL (RPPS). LEGALIDADE. ARQUIVAMENTO.

12. Com efeito, em relação aos proventos da interessada Angelina Maria da Maia Juracy, observa-se que o cálculo corresponde à fundamentação do Ato Concessório retificado, ou seja, o benefício previdenciário está sendo pago de forma integral, com base na última remuneração e com paridade, conforme se pode comprovar por meio da planilha de proventos coligida, sendo assim, denoto que foram atendidas as determinações feitas.

13. Desse modo, **considero legal a aposentadoria da servidora Angelina Maria da Maia Juracy, nos termos delineados no Ato Concessório, com proventos integrais calculados com base na última remuneração e com paridade, conforme planilha de proventos.** [Grifei]

Destaco, finalmente, que, no único voto já proferido no julgamento da ADI 5039/RO perante a Suprema Corte, que trata do exame da constitucionalidade de Lei do Estado de Rondônia que garante a integralidade e a paridade das aposentadorias de seus policiais civis, o Relator, Ministro Edson Fachin, manifestou-se no sentido de resguardar o direito à integralidade e à paridade dos servidores policiais civis que entraram no serviço público antes da entrada em vigor da Emenda Constitucional n. 41, de 19 de dezembro de 2003.

Então, o único voto já proferido na ADI 5039 é no sentido de resguardar esse direito.

No mesmo sentido, caminhava o entendimento desta Corte em decisão que havia sido proferida neste Incidente, antes da anulação que a alcançou. Curiosamente, deduzo que seja o caso de todos os sessenta e três processos de atos de aposentadoria que entraram como antecedentes lógicos deste Incidente, na medida em que se referem a atos dos anos de 2007 e 2008 e tiveram como condição para suas concessões o cumprimento de, pelo menos, vinte anos de efetivo exercício nos cargos em que se deram as aposentadorias, consoante disposto no *caput* do artigo 20-B da Lei Complementar Estadual n. 84/2005, o que, obviamente, remonta a período anterior à vigência da Emenda Constitucional n. 41, de 19 de dezembro de 2003, mesmo para aqueles que, eventualmente, tenham se aproveitado de tempo de serviço prestado como militar integrante dos quadros da Polícia Militar do Estado de Minas Gerais, de acordo com previsão do §1º do mesmo artigo.

Vale dizer que, por estes fundamentos, ainda que a inconstitucionalidade suscitada neste Incidente venha a ser reconhecida, caso prevaleça o entendimento de que o direito à integralidade e à paridade dos servidores que ingressaram no serviço público antes da vigência da EC n. 41/2003 foi resguardado, nenhum dos servidores aposentados pelos atos de concessão de aposentadoria dos sessenta e três processos antecedentes lógicos deste Incidente serão afetados em seu direito à integralidade e à paridade de seus proventos.

A questão me parece de cristalina justiça, sendo reconhecida, de forma até mais ampla na Proposta de Emenda Constitucional n. 06/2019, que trata da Reforma da Previdência, ora em tramitação no Congresso Nacional, na qual se pretende garantir o direito à integralidade e à paridade aos servidores policiais que tenham ingressado no serviço público até a data em que tiver sido implementado o regime de previdência complementar pelo ente federativo, consoante disposto no §3º, I e no §4º, I, do artigo 4º da PEC:

[...]

No Estado de Minas Gerais, o regime de previdência complementar foi instituído pela Lei Complementar n. 132, de 07 de janeiro de 2014, de forma que eventual promulgação de Emenda Constitucional nos termos da PEC n. 06/2019 neste ponto, poderá implicar, até mesmo, na perda de objeto deste Incidente, caso ainda esteja tramitando.

Com estas considerações, reconheço a constitucionalidade do §2º do artigo 20-B da Lei Complementar Estadual n. 84/2005, bem como do art. 73, §2º, da LCE nº 129, de 08/11/2013.

Senhor Presidente, eu gostaria de fazer um destaque que não está no voto.

Nos meus quase trinta anos de vida pública, sempre atuei na causa dos direitos humanos. E, durante dezesseis anos, dos vinte e quatro, presidi a Comissão de Direitos Humanos da Assembleia Legislativa. Sempre tivemos um respeito, uma consideração muito grande pela Polícia Civil do Estado de Minas Gerais, tanto que o único voto pelo exercício exclusivo da atividade como polícia judiciária, naquele Legislativo, foi deste deputado. Mas, ao mesmo tempo, reconheço que tivemos, em alguns setores da Polícia Civil, muitas incompreensões pela questão da defesa dos direitos humanos.

Este voto traz a defesa dos direitos humanos, pois o art. 1º da Constituição Federal coloca, como fundamento do Estado Democrático de Direito, a dignidade da pessoa humana e a cidadania. São os dois lados da moeda dos direitos humanos.

Então, quero deixar bem claro que o nosso voto é na defesa dos direitos humanos dos policiais, porque entendemos que a maioria tem compreensão do trabalho que fizemos na Assembleia Legislativa.

III CONCLUSÃO

Ante o exposto, com fundamento no inciso V do art. 26 do Regimento Interno, **voto pela constitucionalidade do §2º do artigo 20-B da Lei Complementar Estadual n. 84/2005, bem como do §2º do art. 73 da Lei Complementar Estadual nº 129/2013.**

Assim, julgo improcedente o presente Incidente de Inconstitucionalidade e determino que os autos sejam devolvidos ao Relator suscitante, para a continuidade do julgamento dos processos relacionados à fl. 02 destes autos.

Considerando que os pareceres emitidos na consulta possuem caráter normativo, nos termos do art. 210-A do Regimento Interno, e considerando que a tese consolidada na Consulta n. 862.633 destoa, em parte, do entendimento defendido neste Incidente, sugiro que a Presidência deste Tribunal apresente proposta de ato normativo, nos termos da Resolução n. 06/2009, com o objetivo de reformar a tese da referida consulta nos pontos conflitantes com esta decisão.

Promovidas as medidas legais cabíveis à espécie, arquivem-se os autos.

CONSELHEIRO WANDERLEY ÁVILA:

Acompanho o Relator.

CONSELHEIRO SEBASTIÃO HELVECIO:

De acordo com o Relator.

CONSELHEIRO SUBSTITUTO HAMILTON COELHO:

Senhor Presidente, no mérito, conforme bem argumentado pelo Conselheiro Substituto Licurgo Mourão, na sessão do dia 16/9/15, é cediço que, no art. 40, §4º, II, da Constituição da República, autorizam-se critérios e requisitos diferenciados para a aposentadoria de servidores que exerçam atividade de risco. A Lei Complementar Federal n. 51/85, regulamentando o referido dispositivo constitucional, constitui norma geral sobre aposentadoria especial de servidor policial.

Contudo, ao manifestar-se acerca da recepção da norma mencionada, o STF deixou de se pronunciar sobre a constitucionalidade da forma de cálculo dessa espécie de aposentação, não se assegurando a paridade e a integralidade.

Aliás, na EC n. 41/03 alterou-se a estrutura jurídico-previdenciária dos servidores públicos, suprimindo do texto constitucional dispositivos que lhes garantiam a paridade e a integralidade de proventos, razão pela qual entendo que a Lei Complementar n. 84/05 não poderia prever forma de cálculo diferenciado das aposentadorias dos policiais civis do Estado, sobretudo pelo fato de o Supremo não ter analisado a constitucionalidade de tal previsão normativa. Registro que a paridade e a integralidade foram suprimidas para todos os servidores, civis ou militares, permanecendo apenas quanto a estes – os policiais –, a diferenciação de tempo de contribuição, que é menor; daí ser especial a inativação deles.

Convém não olvidar que esse novel comando normativo alcança tão somente os novos servidores, isto é, aqueles que ingressaram na administração pública depois da promulgação da nova norma, porque os anteriores estão blindados pela cláusula da garantia constitucional, denominada "direito adquirido", numa regra transitória e exauriente.

Com esses argumentos, julgo procedente o presente Incidente, para declarar a inconstitucionalidade do §2º do art. 20-B da Lei Complementar Estadual n. 84/05 e do §2º do art. 73 da Lei Complementar Estadual n. 129/13, em razão da ampliação do escopo deste Incidente.

CONSELHEIRO PRESIDENTE MAURI TORRES:

Com a palavra o Conselheiro José Alves Viana.

[...]

Voto pela inconstitucionalidade do §2º do art. 20-B da Lei Complementar Estadual n. 84/2005 bem como do §2º do art. 73 da Lei Complementar Estadual n. 129/2013.

CONSELHEIRO GILBERTO DINIZ:

Senhor Presidente, também quanto ao mérito, peço vênia ao Relator para, acompanhando a divergência inaugurada pelo Conselheiro Substituto Hamilton Coelho, manter meu entendimento anterior sobre a matéria, nos termos do voto que proferi na Sessão do Tribunal Pleno de 26/4/2017, a seguir reproduzido, por não vislumbrar razões de fato e de direito para alterá-lo, neste momento.

Para se determinar a constitucionalidade ou não do §2º do art. 20-B da Lei Complementar Estadual n. 84, de 2005, faz-se necessário interpretar de forma sistemática o disposto no inciso II do §4º do art. 40 da Constituição da República, de modo a descobrir a *mens legis* da norma constitucional. A meu sentir, não chegará a bom termo a empreitada hermenêutica que se dispuser a analisar apenas o dispositivo constitucional citado, em sua literalidade, apartado do contexto em que se insere. Nesse sentido, permanece atual a quase centenária advertência de Carlos Maximiliano de que a interpretação verbal, "como toda meia ciência, deslumbra, encanta e atrai; porém fica longe da verdade as mais das vezes, por envolver um só elemento de certeza, e precisamente o menos seguro".[117]

A interpretação sistemática já vem sendo feita, pelo Supremo Tribunal Federal – STF, ao examinar controvérsias envolvendo aposentadoria de policial, tanto civil quanto militar. A esse respeito, o Informativo n. 781 trouxe notícia de julgamento de ação declaratória de inconstitucionalidade por omissão apreciada pelo excelso Pretório e na qual se discutiu a previsão de período de tempo diferenciado para concessão de aposentadoria voluntária ao policial civil do sexo feminino:

Policiais civis e militares do sexo feminino e aposentadoria

O Plenário, por maioria, julgou improcedente pedido formulado em ação direta de inconstitucionalidade por omissão, ajuizada com o objetivo de ser declarada a mora legislativa do Estado de São Paulo na elaboração de lei complementar estadual sobre os critérios diferenciados para aposentadoria de policiais civis e militares do sexo feminino, nos termos do art. 40, §§1º e 4º, da CF. **No tocante ao regime das policiais civis, o Colegiado mencionou a existência da LC estadual 1.062/2008, que dispõe sobre requisitos e critérios diferenciados para a concessão de aposentadoria voluntária aos policiais civis locais. Por outro lado, no plano federal, apontou haver a LC 144/2014, em alteração à LC 51/1985, que cuida da aposentadoria do funcionário policial, para regulamentar a aposentadoria da mulher servidora policial. A edição de lei complementar nacional, na atual configuração centralizadora da Federação, seria impositiva, pois a matéria exigiria regramento uniforme, de caráter geral, mediante edição de lei pela União, a fim de evitar criação de regras distintas pelos Estados-Membros para servidores em situações semelhantes. Assim, se a lei federal sobre a matéria regulamenta o tempo de contribuição para efeito de aposentadoria dos policiais de forma exaustiva, não poderia a lei estadual dispor de modo diverso, sob pena de afrontar as regras de repartição de competência firmadas pela Constituição.** Quanto às servidoras policiais civis, o pleito aduzido no sentido de que se adotassem critérios diferenciados para aposentadoria de policiais do

---

[117] MAXIMILIANO, Carlos. *Hermenêutica e aplicação do direito*. 18. ed. Rio de Janeiro: Forense, 1999. p. 112.

sexo feminino já teria sido atendido pela LC 144/2014, que possui abrangência nacional e incide, portanto, sobre servidores do Estado de São Paulo. [...].[118] (grifo meu)

[...]

A razão pela qual a Assembleia Legislativa e o Chefe do Poder Executivo paulista, em relação à questão de fundo que é análoga àquela que, nos autos principais, será influenciada pelo desate deste Incidente de Inconstitucionalidade, admitem, de plano, que o fundamento legal de validade para a aposentadoria dos policiais estaduais deve ser a Lei Complementar Federal n. 51, de 1985, não é outra senão o fato de ter a Constituição de 1988, ao consagrar novo pacto federativo, definido a competência para legislar sobre previdência social como concorrente (art. 24, XII).

Como é cediço, pelo fato de ser concorrente, ao exercitar a União sua competência para traçar normas gerais, suspende-se a eficácia da lei estadual, naquilo que for contrária às normas federais, que têm natureza de lei nacional (CF/88, art. 24, §4º). Aos Estados e ao Distrito Federal, a Constituição de 1988 defere competência legislativa, em matéria de previdência social, apenas enquanto persistir o que Gilmar Ferreira Mendes, no livro *Jurisdição constitucional: o controle abstrato de normas no Brasil e na Alemanha*, 5ª edição, página 239, denomina "vácuo legislativo".

Em se tratando de aposentadoria de servidor policial civil, é o próprio STF que entende que a Lei Complementar Federal n. 51, de 1985, regula plenamente a matéria, como se lê da ementa da decisão no Mandado de Injunção n. 1664/DF, sob a relatoria do Ministro Celso de Mello, prolatada em 1º/8/2014:

MANDADO DE INJUNÇÃO – EMBARGOS DE DECLARAÇÃO RECEBIDOS COMO RECURSO DE AGRAVO – ALEGADA OMISSÃO ESTATAL NO ADIMPLEMENTO DE PRESTAÇÃO LEGISLATIVA DETERMINADA NO ART. 40, §4º, DA CONSTITUIÇÃO FEDERAL – SERVIDOR POLICIAL – PRETENDIDO ACESSO AO BENEFÍCIO DA APOSENTADORIA ESPECIAL – INOCORRÊNCIA DE SITUAÇÃO CONFIGURADORA DE INÉRCIA ESTATAL – **EXISTÊNCIA DE LEGISLAÇÃO, EDITADA PELA UNIÃO FEDERAL, PERTINENTE À DISCIPLINA NORMATIVA DA APOSENTADORIA ESPECIAL DOS SERVIDORES POLICIAIS INTEGRANTES DOS ÓRGÃOS**

---

[118] ADO 28/SP, rel. Min. Cármen Lúcia, 16.4.2015. (ADO-28).

DE SEGURANÇA PÚBLICA DO ESTADO (LEI COMPLEMENTAR Nº 51/85), DISPONDO, DE MANEIRA PLENA, SOBRE A MATÉRIA – PRECEDENTES – INVIABILIDADE, DE OUTRO LADO, DO PEDIDO DE CONTAGEM DIFERENCIADA DO TEMPO DE SERVIÇO EXERCIDO EM ATIVIDADES DE RISCO OU INSALUBRES, PAR EFEITO DE CONVERSÃO EM TEMPO COMUM – INEXISTÊNCIA DE LACUNA TÉCNICA – PRECEDENTES – RECURSO DE AGRAVO IMPROVIDO. (grifo meu)

Embora tenha afirmado o Pretório excelso que a Lei Complementar Federal n. 51, de 1985, regulou plenamente o tema, percebe-se, pela comparação de seu conteúdo com o dos arts. 20-A e 20-B da Lei Complementar Estadual n. 84, de 2005, que a sobreposição não é total, como demonstram os destaques que fiz nos textos normativos a seguir reproduzidos, chamando a atenção, desde já, para o fato de que a lei federal é bastante mais concisa que a estadual:

[...]

Duas normas sobressaem da lei estadual que não encontram paralelo na lei federal. As decorrentes dos §§1º e 2º do art. 20-B. A primeira admite, para obtenção da aposentadoria especial do policial civil, a contagem de tempo prestado como "militar integrante dos Quadros da Polícia Militar do Estado de Minas Gerais". A segunda estabelece que os proventos do policial civil aposentado corresponderão à totalidade da remuneração do cargo efetivo em que se deu a aposentadoria e serão revistos, na mesma proporção e data, sempre que se modificar a remuneração dos servidores em atividade.

Mas, se não há correlação total entre a lei mineira e a lei federal, por que afirma o Supremo Tribunal Federal que a última regulou plenamente a matéria? É a interpretação sistemática do texto constitucional que fornece a resposta a tal questão, sendo que interpretar sistematicamente um dispositivo significa cotejar a parte com o todo, isto é, com o sistema no qual está inserida.

No caso da aposentadoria dos servidores públicos civis, o sistema, que é constitucionalmente previsto, sofreu, ao longo dos anos, modificações profundas. Em sua redação original, o art. 40 da Constituição de 1988 previa, no §4º, regra que estabelecia que os proventos fossem revistos, na mesma proporção e na mesma data, sempre que se modificasse a remuneração dos servidores em atividade. Essa paridade foi extinta com a Emenda Constitucional nº 41, de 2003, que deu nova redação ao *caput* do art. 40, à luz do qual todos os demais dispositivos que o integram deverão ser interpretados, sob pena de se desfazerem as conexões lógicas que permitem considerá-lo um todo homogêneo e sistematicamente organizado.

A referida emenda constitucional decorreu de proposição originada no Poder Executivo, mais precisamente pela PEC nº 40/2003,[119] cuja exposição de motivos deixa clara a intenção de seu autor, ao extinguir a paridade entre proventos de servidores inativos e remuneração de servidores ativos, que é aproximar o regime previdenciário dos servidores públicos ao dos trabalhadores da iniciativa privada:

> 4. É sabido que a Emenda Constitucional nº 20, de 15 de dezembro de 1998, modificou diversos princípios da administração previdenciária do setor público, em especial o caráter contributivo e o equilíbrio financeiro-atuarial. Não obstante, dada a abrangência incompleta e parcial da EC nº 20, persistem hoje regras bastante diferenciadas entre o Regime Geral de Previdência Social e os regimes próprios de Previdência Social dos servidores, com desequilíbrios nas dimensões da equidade e sustentabilidade de longo prazo.
>
> 5. **Trata-se de avançar no sentido da convergência de regras entre os regimes de previdência atualmente existentes, aplicando-se aos servidores públicos, no que for possível, requisitos e critérios mais próximos dos exigidos para os trabalhadores do setor privado. Com este vetor, busca-se tornar a Previdência Social mais equânime, socialmente mais justa e viável financeira e atuarialmente para o longo prazo.** Esta convergência de regras proposta na Emenda Constitucional em anexo, que inclui a criação de um teto comum de benefícios e contribuições para os segurados futuros dos diversos regimes previdenciários existentes no Brasil, será um passo decisivo na direção em que aponta o Programa de Governo de Vossa Excelência citado mais acima.
>
> [...]
>
> 12. **Ao se examinar a regra de determinação do benefício de aposentadoria da Previdência Social no serviço público brasileiro, verifica-se que esta constitui um caso único no mundo inteiro. Na maioria dos países, o valor do benefício é inferior à remuneração dos servidores ativos.** Nações como a França e a Alemanha oferecem a seus servidores um benefício equivalente, em regra, a 75% do valor da última remuneração, isto após 37,5 e 40 anos, respectivamente, de contribuição. (grifos meus)

---

[119] Conforme texto disponível em: http://www.camara.gov.br/proposicoesWeb/prop_mostr arintegra;jsessionid=BD86E81A8875E72C6126410D756FC967.proposicoesWeb1?codteor= 129815&filename=PEC+40/2003, visualizado em: 10 maio 2015.

Nota-se que no texto da justificativa consta a expressão "requisitos e critérios", que, mais tarde, foi empregada pela Emenda Constitucional n. 47, de 2005, que deu nova redação ao §4º do art. 40, para contemplar a situação especial dos policiais civis e de outras categorias, que, na percepção do constituinte derivado, estariam a merecer tratamento diferenciado. Nem todas as alterações pretendidas pelo Governo, em 2003, mostraram-se politicamente possíveis. Por isso, parte da matéria somente foi aprovada dois anos depois, em decorrência da Proposta de Emenda à Constituição n. 77-A, de 2003 (originalmente, PEC n. 77, de 2003, no Senado Federal, e n. 227, de 2004, na Câmara dos Deputados), que alterou os arts. 28, 37, 40, 195 e 201 da Constituição da República, para dispor sobre a previdência social, a chamada "PEC Paralela da Reforma da Previdência". Embora a interpretação objetiva seja sempre preferível à subjetiva, a vontade do legislador, nesse caso, é elucidativa. Isso porque ficou claro, no Parecer n. 1032, de 2005, da Comissão de Constituição, Justiça e Cidadania do Senado Federal, que o intuito da proposição, que "nasceu no Senado Federal com o objetivo de promover ajustes na Reforma da Previdência, a Emenda Constitucional n. 41, de 2003, que resultou da PEC n. 67, de 2003, para viabilizar politicamente a sua aprovação sem alterações", foi suprimir, desde o início, a competência legislativa dos estados-membros, conforme se lê do ponto em que o Relator, Senador Rodolfo Tourinho, trata da alteração proposta para o §4º do art. 40:

2. POSSIBILIDADE DA ADOÇÃO DE REQUISITOS E CRITÉRIOS DIFERENCIADOS PARA APOSENTADORIA DE PORTADORES DE DEFICIÊNCIA E DE SERVIDORES QUE EXERCEM ATIVIDADES DE RISCO

Neste ponto não há divergência. O texto do Senado Federal autorizou que lei complementar defina, para os deficientes físicos, requisitos e critérios de aposentadoria diferenciados dos usados para as pessoas sem deficiência. A Câmara dos Deputados atendeu o mesmo objetivo, de forma diversa. **Cuidou ainda, a Câmara, da inclusão da possibilidade de existirem normas especiais para a aposentadoria dos servidores policiais civis – as chamadas "atividades de risco". Ainda que o novo texto trate da matéria de forma um pouco diferente, retirando o tema da competência legiferante dos Estados e do Distrito Federal,** como fazia o texto do Senado Federal, a alteração deve ser acolhida em nome da agilização da promulgação da "PEC Paralela". A matéria, que foi um dos claros compromissos feitos quando do nascimento da proposição, faz justiça aos portadores de deficiência e está pronta para ser promulgada. (grifo meu)

Voltando à interpretação objetiva, a hermenêutica dos parágrafos atrelados ao *caput* do art. 40 da Constituição de 1988, peço vênia para ressaltar o conteúdo do §8º, depois do advento da Emenda Constitucional n. 41, de 2003, que estabelece a grande mudança no sistema de remuneração das aposentadorias dos servidores públicos civis, ao assegurar não mais a revisão dos proventos na mesma proporção e na mesma data, sempre que se modificar a remuneração dos servidores em atividade, mas, tão somente, "para preservar-lhes, em caráter permanente, o valor real".

O constituinte derivado fez opção bastante clara, ao tratar da disposição da matéria, ao longo do art. 40. O citado §8º, que trata dos proventos de aposentadoria já concedida, somente aparece depois das regras que tratam do momento lógico antecedente, que é o da concessão da aposentadoria. Assim, os §§1º a 5º prescrevem as regras aplicáveis no momento em que o servidor deixa a atividade. Por exemplo, o §2º estabelece que os proventos, no momento da concessão da aposentadoria, não poderão exceder a remuneração do cargo efetivo em que ela se deu, e o §3º determina que o cálculo dos proventos de aposentadoria, também por ocasião da sua concessão, considerará as remunerações utilizadas como base para as contribuições do servidor aos regimes de previdência do setor público e do setor privado, em nítida aproximação a este último, como já havia sido salientado pela *mens legislatoris*.

O §4º trata, igualmente, do momento de concessão da aposentadoria, mas para estabelecer tratamento excepcional àqueles que, por critério de igualdade material, merecem, no entender do constituinte derivado, neste momento, tratamento diferenciado. Esses são os indivíduos cujas situações sejam descritas, abstratamente, pelos incisos I a III. Ressalvadas essas hipóteses, o dispositivo veda "a adoção de requisitos e critérios diferenciados para a concessão de aposentadoria aos abrangidos pelo **regime de que trata este artigo**".

O trecho citado entre aspas deixa claro que o art. 40 constitui um regime previdenciário. Por isso, seus dispositivos precisam ser vistos como parte de um todo coeso. Não é admissível que o exegeta, seja ele o legislador estadual, o magistrado, o administrador ou mesmo este Tribunal, por meio de atividade hermenêutica, crie novo regime previdenciário, aplicável apenas aos policiais civis, sob pena de se violar o *animus* que determinou a reforma constitucional das citadas regras.

Pode-se até discordar das normas trazidas a lume nas citadas emendas constitucionais. Entretanto, ressalvada a apreciação da constitucionalidade de tais normas – já realizada pelo Supremo Tribunal Federal, que decidiu pela validade delas –, não cabe ao intérprete, mesmo ao legislador, ainda que por meio de lei ordinária estadual, tentar subverter a vontade do constituinte derivado.

A meu juízo, e com a devida vênia, foi isso o que fez a Lei Complementar Estadual nº 84, de 2005, ao estabelecer regramento diferenciado apenas para os policiais civis. É dizer, se entendeu equivocada a opção adotada pelo constituinte derivado, o legislador estadual procurou desfazer um equívoco com outro.

Isso porque, se a paridade de proventos com vencimentos é, na sua percepção, a melhor opção, o legislador estadual deveria, por dever de coerência e de isonomia, tê-la garantido a todos os servidores mineiros, já que não há justificativa razoável para defender a tese de que o policial civil aposentado é mais merecedor de proteção do Estado do que os demais servidores públicos civis.

Por apreço ao debate, deixo consignado, também, meu ponto de vista sobre a expressão "requisitos e critérios" que, como antes exposto, surge, pela primeira vez, na exposição de motivos da proposta que viria a ser a Emenda Constitucional n. 41, de 2003. Sua origem em texto não normativo milita contra a aplicação do brocardo jurídico de que a lei não deve conter palavras vazias. A meu perceber, no art. 40, a Constituição da República somente excepcionou a regra geral de concessão de aposentadoria ao servidor público civil, que é a prevista no §1º, por meio de previsão de tempo de serviço ou de idade diferenciados. Não é outra a razão pela qual, no §5º, o texto afirma que, para o professor, "os requisitos de idade e de tempo de contribuição serão reduzidos em cinco anos, em relação ao disposto no §1º".

A meu ver, não foi por outra razão que o STF assentou o entendimento de que "Os servidores que ingressaram no serviço público antes da EC n. 41/2003, mas que se aposentaram após a referida emenda, possuem direito à paridade remuneratória e à integralidade no cálculo de seus proventos, desde que observadas as regras de transição especificadas nos arts. 2º e 3º da EC 47/2005", no julgamento do RE n. 590.260/SP, sob a relatoria do Ministro Ricardo Lewandowski, em precedente obrigatório da sistemática da repercussão geral, no qual se examinou questão relacionada à concessão de benefício a servidor inativo também detentor de direito à aposentadoria especial.

Por todo o exposto, entendo que é inconstitucional o §2º do art. 20-B da Lei Complementar Estadual n. 84, de 2005, razão pela qual esse dispositivo deve ser afastado no caso concreto, isto é, no exame da legalidade, para fim de registro, de ato concessório de aposentadoria de servidor policial civil submetido à apreciação do Tribunal de Contas, devendo prevalecer o entendimento fixado pelo STF, no RE n. 590.260/SP, de que "Os servidores que ingressaram no serviço público antes da EC 41/2003, mas que se aposentaram após a referida emenda, possuem direito à paridade remuneratória e à integralidade no cálculo de seus proventos, desde que observadas as regras de transição especificadas nos arts. 2º e 3º da EC 47/2005".

CONSELHEIRO PRESIDENTE MAURI TORRES:

Agora, diante do empate, novamente terei que votar.

Eu vou proferir meu voto na mesma linha do Relator, Conselheiro Durval Ângelo.

APROVADO O VOTO DO RELATOR. VENCIDOS O CONSELHEIRO SUBSTITUTO HAMILTON COELHO, O CONSELHEIRO JOSÉ ALVES VIANA E O CONSELHEIRO GILBERTO DINIZ.

[...]

ACÓRDÃO

Vistos, relatados e discutidos estes autos, **ACORDAM** os Exmos. Srs. Conselheiros do Tribunal Pleno, na conformidade da Ata de Julgamento e das Notas Taquigráficas, diante das razões expendidas no voto do Relator, **I)** preliminarmente, em: **a)** revogar o sobrestamento deliberado na sessão plenária do dia 20/6/2018 (fls. 805/809), por maioria de votos, ficando vencidos o Conselheiro Substituto Hamilton Coelho, o Conselheiro José Alves Viana e o Conselheiro Gilberto Diniz; **b)** admitir o presente Incidente de Inconstitucionalidade, por maioria de votos, ficando vencidos o Conselheiro Substituto Hamilton Coelho e o Conselheiro Gilberto Diniz; **c)** rejeitar, por unanimidade, as preliminares arguidas pelo SINDPOL/MG e pela AESPOL/MG, relativas à aplicação da Súmula Vinculante n. 03 do Supremo Tribunal Federal e ao reconhecimento da decadência; e, **II)** no mérito, por maioria de votos, em declarar a constitucionalidade do §2º do art. 20-B da Lei Complementar Estadual n. 84/2005, bem como do §2º do art. 73 da Lei Complementar Estadual n. 129/2013, com fundamento no inciso V do art. 26 do Regimento Interno, e julgar improcedente o presente Incidente de Inconstitucionalidade, devendo os autos ser devolvidos ao Relator suscitante, para a continuidade do julgamento dos processos relacionados à fl. 02. Promovidas as medidas legais cabíveis à espécie, arquivem-se os autos. Vencidos, no mérito, o Conselheiro Substituto Hamilton Coelho, o Conselheiro José Alves Viana e o Conselheiro Gilberto Diniz.

Plenário Governador Milton Campos, 12 de junho de 2019.

MAURI TORRES
Presidente

DURVAL ÂNGELO
Relator

CAPÍTULO IV

FUNÇÃO EDUCATIVA DOS TRIBUNAIS DE CONTAS E O NOVO FOCO DA PRESTAÇÃO DE CONTAS DO TERCEIRO SETOR –
O caso das APACs de Minas Gerais

> *Teu dever é lutar pelo Direito, mas se um dia encontrares o Direito em conflito com a Justiça, luta pela Justiça.*
>
> (Eduardo Juan Couture)[120]

Neste capítulo, abordamos uma denúncia recebida pelo Tribunal de Contas do Estado de Minas Gerais (TCE-MG), da qual fui relator, com um voto que considero histórico no âmbito do controle externo, e por diferentes motivos.

A denúncia foi feita pela Fraternidade Brasileira de Assistência aos Condenados (FBAC), em maio de 2020. Questionava um ato administrativo da Secretaria de Estado de Justiça e Segurança Pública de Minas Gerais (SEJUSP), que suspendeu todos os repasses de recursos financeiros para custeio das atividades das Associações de Proteção e Assistência aos Condenados (APACs) e da própria FBAC.

---

[120] COUTURE, Eduardo Juan. *Os mandamentos do advogado*. 3. ed. Porto Alegre: Sergio Antonio Fabris, 1987.

A motivação do ato administrativo foi um débito na prestação de contas da APAC da cidade de Frutal, no Triângulo Mineiro, referente a despesas executadas em junho de 2011, e cuja análise e deliberação da Secretaria ocorreu mais de sete anos depois, em 04.12.2018. A suspensão dos repasses foi replicada nos demais processos administrativos da mesma natureza, que compunham o passivo de prestações de contas de convênios celebrados entre todas as APACs e o Governo de Minas Gerais, o que inviabilizava o funcionamento dessas instituições prisionais. De imediato, constatei ser necessária uma rápida intervenção do TCE-MG, a fim de evitar um dano irremediável a uma importante política pública.

Em julho de 2020, em decisão monocrática, concedi medida cautelar, determinando ao então secretário de Estado de Justiça e Segurança Pública, General Mário Lúcio Alves de Araújo, a suspensão de qualquer ato administrativo que bloqueasse os repasses financeiros de convênios e parcerias com as APACs e a FBAC, por motivo de débitos em prestações de contas constituídos até janeiro de 2017. Também determinei que a Secretaria não editasse qualquer outro ato com efeito semelhante, até o julgamento do mérito da denúncia. E, ainda, que fossem regularizados os repasses pendentes e procedidos regularmente os pagamentos futuros às APACs e à FBAC, entre outras medidas.

Destaquei, preliminarmente, minha convicção acerca da legitimidade da concessão de medidas cautelares pelos Tribunais de Contas. Trata-se de medida excepcional, adotada em situações específicas, a fim de garantir a efetividade da ação de controle e prevenir a ocorrência de lesão ao erário ou a direito alheio, conforme previsto no artigo 95 da Lei Orgânica do TCE-MG (Lei Complementar Estadual nº 102/2008).

A medida cautelar em questão daria início a uma série de decisões da Corte de Contas mineira, com impactos em diferentes áreas. Primeiro, porque garantia o trabalho das APACs, cuja proposta inovadora trouxe uma nova visão do cumprimento da pena de privação de liberdade e transformou boa parte do cenário prisional no Estado. Como ressalto em meu voto, onde apresento detalhes do método, ao humanizar o cumprimento da pena, as APACs alcançam índices de recuperação de seus internos que variam entre 85% e 95% — contra 15% do modelo carcerário tradicional — e com um custo três vezes menor. O projeto foi encampado pelo Tribunal de Justiça de Minas Gerais (TJMG), com o programa "Novos Rumos na Execução Penal" e, àquela altura, já estava presente em mais de 30% das Comarcas do Estado.

CAPÍTULO IV

FUNÇÃO EDUCATIVA DOS TRIBUNAIS DE CONTAS E O NOVO FOCO DA PRESTAÇÃO DE CONTAS DO TERCEIRO SETOR | 183

Acrescente-se que a eficiência da experiência tem reconhecimento nacional e internacional, e três presidentes do Supremo Tribunal Federal (STF) já visitaram unidades das APACs, sendo o método recomendado por nossa Corte Maior. Somente a importância do trabalho já justificaria a medida cautelar, diante da insensibilidade do ordenador de despesas. Mas havia, ainda, outros motivos.

Para início de conversa, sem os repasses do Estado, as APACs seriam obrigadas a suspender suas atividades e os recuperandos sob sua custódia precisariam ser transferidos para o sistema prisional regular. Onde o Estado colocaria nada menos que 4.164 presos, que precisariam ser realocados de uma só vez? Sem contar que, como o custo do preso nas APACs é três vezes menor, a transferência acarretaria uma despesa adicional de R$6,8 milhões mensais para os cofres públicos estaduais, indo na contramão dos princípios da economicidade e razoabilidade.

Outro ponto fundamental é que a Lei Federal nº 13.019/2018, denominada Marco Regulatório do Terceiro Setor, alterou substancialmente o foco das prestações de contas de entidades não governamentais. Em detrimento da antiga prestação de contas financeira, de conformidade, a nova legislação priorizou o cumprimento do objeto, das metas e dos resultados previstos no convênio ou parceria. No entanto, o ato administrativo da SEJUSP se guiou, exclusivamente, pela conformidade financeira das prestações de contas, sem considerar os excelentes resultados alcançados pelas APACs. Além disso, o passivo dos débitos acumulados no período dos convênios — 2007 a 2017 —, que motivaram a suspensão dos pagamentos, representava somente 0,64% de todo o montante de recursos repassados ao sistema APAC.

Percebe-se, ainda, que o ordenador de despesas não levou em conta em seu ato administrativo a situação excepcional de pandemia de Covid-19, na qual entidades públicas e privadas tiveram drástica redução de receitas, mantendo-se ou até aumentando-se as suas despesas. Com as APACs não foi diferente, já que parte de seus recursos vinha de oficinas profissionalizantes ministradas por internos em regime semiaberto, os quais, em função da pandemia, passaram a cumprir pena em prisão domiciliar, por determinação do Tribunal de Justiça.

Na outra ponta, havia por parte da SEJUSP um imenso represamento de prestações de contas das APACs pendentes de análise, algumas das quais remontavam ao ano de 2007. O atraso motivou, inclusive, a formação, em 2019, de um grupo de trabalho, composto pela própria SEJUSP, o Tribunal de Contas, o Tribunal de Justiça, FBAC e APACs. O mesmo grupo discutia também as recentes decisões do

STF que tratavam da prescrição de ações de ressarcimento ao erário, passados cinco anos sem decisão do mérito, o que poderia tornar nulas as cobranças de débitos antigos das APACs.

A criação desse fórum de diálogo foi sugerida por mim, como ouvidor do TCE-MG, com o objetivo de buscarmos uma solução negociada para o problema. As discussões tiveram uma participação ativa do Tribunal de Justiça, representado pelo juiz Luiz Carlos Rezende e Santos e a desembargadora Márcia Milanez. Acredito que a questão poderia ter sido equacionada naquele fórum, mas, lamentavelmente, a Secretaria de Justiça e Segurança Pública sempre se mostrou reticente quanto às propostas apresentadas.

Por essa e outras razões, a medida cautelar por mim concedida foi ratificada pelo Tribunal Pleno do TCE-MG, com cinco votos favoráveis e somente um contrário, garantindo-se a continuidade das atividades das APACs. Ainda assim, continuei incomodado por um questionamento: por que a Secretaria não se dispôs a solucionar o problema das prestações de contas no âmbito do grupo de trabalho criado para essa finalidade, pautando-se pelo diálogo e a ação educativa, antes de adotar medida tão extrema, colocando em risco o serviço fundamental prestado pelas APACs?

Meu entendimento é o de que erros materiais não são, necessariamente, dolosos e configuram improbidade administrativa. Muitas vezes, são fruto de puro desconhecimento. Na esteira desse raciocínio, propus outras medidas. Na função de ouvidor do Tribunal, diante de uma demanda, solicitei que investíssemos em um processo de formação. A Escola de Contas José Maria Alckmin, do TCE-MG — em parceria com o Tribunal de Justiça e com o apoio direto do presidente do órgão, desembargador Nelson Missias de Morais —, desenvolveu um curso voltado a presidentes e tesoureiros de todas as APACs de Minas, com o objetivo de orientar sobre como fazer a prestação de contas corretamente. A iniciativa foi tão bem recebida que APACs de outros estados solicitaram a participação de seus representantes.

Posteriormente, também determinei a realização pelo Tribunal de Contas de uma auditoria em todos os convênios vigentes entre as APACs e o Estado. Afinal, permanecia o risco de que a Secretaria de Justiça e Segurança Pública voltasse a bloquear os repasses, inclusive alegando erros em prestações de contas antigas, de até 20 anos atrás, não obstante as decisões do STF acerca da prescrição de processos sem decisões por mais de cinco anos. Durante a execução da auditoria, com encerramento previsto para o segundo semestre de 2022, o Governo do Estado ficaria impedido de suspender qualquer convênio.

Cumprimos, assim, importantes funções das Cortes de Contas, tais como a atribuição fiscalizadora, com a realização de auditorias, inspeções e acompanhamentos de programas governamentais; a de ouvidoria, ao receber denúncias de possíveis irregularidades; e, especialmente, as funções educativa e harmonizadora.

Nosso entendimento é o de que se o Tribunal de Contas age de forma educativa, quando orienta e informa sobre procedimentos e melhores práticas de gestão — ou mesmo ao aplicar sanções, em casos de irregularidades —, também o faz quando busca a resolução de conflitos por meio de um processo dialógico que envolva as partes conflitantes. E, neste caso, também exerce uma função harmonizadora.

Estou convencido de que, sempre que possível, este é o melhor caminho. Um percurso que demanda sensibilidade para a compreensão da realidade, foco nas metas e resultados em prol do bem-estar social, disposição para o diálogo e atuação pedagógica, e não meramente punitiva.

PROCESSO Nº 1.092.340 – DENÚNCIA[121]

I   RELATÓRIO

[...]

II   FUNDAMENTAÇÃO

Em 03/07/2020, ao realizar um juízo de cognição sumária, proferi decisão monocrática na qual deferi a medida cautelar requerida pela Denunciante, e determinei a intimação, por e-mail e por publicação no Diário Oficial de Contas, do Exmo. Gen. Mário Lúcio Alves de Araújo atual Secretário de Estado de Justiça e Segurança Pública, para que adotasse, de imediato, sob pena de aplicação de multa (art. 85, III, da Lei Orgânica), as seguintes medidas:

(a) suspensão qualquer ato administrativo editado por qualquer Ordenador de Despesas da SEJUSP, de modo que nenhum débito de glosas das APACs e FBAC, constituídos até janeiro/2017, em virtude de convênios (ou outros termos de parceria) anteriores vigente até essa data, seja impedimento para os repasses previstos em plano de trabalho dos atuais termos de colaboração celebrados pelas APACs e FBAC;

(b) se abstivesse de editar qualquer ato administrativo, de modo que nenhum débito de glosas das APACs e FBAC,

---

[121] Todas as informações sobre este processo, bem como a íntegra do nosso voto, podem ser obtidas na busca de processos do *site* do TCE-MG: https://www.tce.mg.gov.br/.

constituídos até janeiro/2017, em virtude de convênios (ou outros termos de parceria) anteriores vigente até essa data, seja impedimento para os repasses previstos em plano de trabalho dos atuais termos de colaboração celebrados pelas APACs e FBAC;

(c) a realização dos pagamentos pendentes e futuros, para todas as APACs e FBAC, regularmente, conforme previsto em plano de trabalho dos termos de colaboração vigentes, até que este Tribunal de Contas decida sobre o mérito da presente denúncia.

A título de elucidação, transcrevo excerto da decisão monocrática com a especificação dos fundamentos de fato e de direito que embasaram a concessão da medida cautelar e das diligências imputadas ao denunciado:

II - Fundamentação

II.1 – Da atual situação de excepcionalidade: Pandemia da COVID-19. Contextualização das APACs neste cenário de emergência

O Ministério da Saúde, por meio da Portaria nº 188, de 3 de fevereiro de 2020, declarou a Emergência em Saúde Pública de Importância Nacional (ESPIN) em decorrência da infecção humana pelo novo coronavírus (2019-nCoV). No dia 11 de março, a Organização Mundial de Saúde (OMS) caracterizou como pandemia a COVID-19, doença causada pelo novo coronavírus.

[...]

Considerada a notória situação de anormalidade e excepcionalidade imposta a todos os entes federativos do Brasil em virtude da pandemia da COVID-19, a gestão pública foi impactada com mudanças drásticas em seus fluxos de trabalhos, diminuição de receitas e aumentos de despesas, restrições em implementação de políticas públicas, reorientação nas diretrizes para a política de parceria entre a administração pública e as organizações da sociedade civil.

O sistema prisional brasileiro não ficou à margem dessa situação. Atualmente, de acordo com dados do Departamento Penitenciário Nacional (DEPEN), o Brasil tem mais de 773 mil presos em unidades prisionais e nas carceragens das delegacias.[122] Os números mostram ainda que faltam 312.125 vagas nas unidades carcerárias do país e que as vagas disponíveis são 461.026. E, para piorar, a contaminação pela

---

[122] Fonte: https://agenciabrasil.ebc.com.br/geral/noticia/2020-02/brasil-tem-mais-de-773-mil-encarcerados-maioria-no-regime-fechado#:~:text=Publicado%20em%2014%2F02%2F20 20,e%20nas%20carceragens%20das%20delegacias. Acesso em: 2 jul. 2020.

COVID-19 avança entre presos e agentes penitenciários, sobretudo em virtude da superlotação das prisões.[123]

Para estabelecer diretrizes aos tribunais e magistrados na adoção de medidas preventivas à propagação da infecção pelo novo coronavírus no âmbito dos sistemas de justiça penal e socioeducativo, foi editada pelo Conselheiro Nacional de Justiça (CNJ) a Recomendação nº 62, de 17/03/2020.[124]

[...]

Assim, se é imprescindível o monitoramento do sistema prisional no Brasil em situações normais, imagine no momento (sensível) de excepcionalidade que vivenciamos no país e no mundo com o surgimento da pandemia do novo coronavírus.

Neste sentido, as Associações de Assistências aos Condenados (APACs) desempenham um papel importante neste cenário prisional, pois trata-se de uma entidade civil de direito privado, com personalidade jurídica própria, dedicada à recuperação e à reintegração social dos condenados a penas privativas de liberdade, operando como entidade auxiliar dos Poderes Judiciário e Executivo, respectivamente, na execução penal e na administração do cumprimento das penas privativas de liberdade.

Atualmente, há 37 APACs instaladas no Estado de Minas Gerais, com capacidade de atendimento a 4.184 recuperandos, sendo que, conforme estudo do Departamento Penitenciário Nacional apresentado pela Denunciante em sua peça inicial, um preso no sistema convencional de Minas Gerais apresenta custo de R$2.700,00, "e o custo em APAC, no valor de R$1.055,44, o que já demonstra a manutenção do preso na APAC tem o custo de, aproximadamente, 1/3 do sistema convencional de Minas Gerais, e gera resultados mais profícuos".

Além disso, "a questão do custo no sistema prisional é matéria que impacta o erário, e que já foi objeto de estudo dos próprios Tribunais de Contas, conforme auditoria do Tribunal de Contas da União".[125]

As APACs desempenham um papel inovador na recuperação e ressocialização dos condenados,[126] pois: "todos os recuperandos são

---

[123] Fonte: https://veja.abril.com.br/brasil/covid-19-avanca-entre-presos-e-agentes-e-espalha-tensao-nos-presidios/. Acesso em: 2 jul. 2020.
[...]

[124] Fonte: https://www.cnj.jus.br/judiciario-monitora-casos-de-covid-19-no-sistema-prisional-e-socioeducativo/.
[...]

[125] Fonte: https://portal.tcu.gov.br/imprensa/noticias/realidade-prisional-auditoria-mostra-que-o-custo-mensal-do-preso-e-desconhecido-em-varios-estados.htm. Acesso em: 2 jul. 2020.
[...]

[126] Destaco algumas ações das APACs neste momento de pandemia: "Sistema Fecomércio MG, Sesc e Senac e APAC produzem máscaras de pano para proteção contra a Covid-19"

chamados pelo nome, valorizando o indivíduo; há individualização da pena; a comunidade local participa efetivamente, através do voluntariado; é o único estabelecimento prisional que oferece os três regimes penais: fechado, semiaberto e aberto, com instalações independentes e apropriadas às atividades desenvolvidas; não há presença de policiais e agentes penitenciários, e as chaves do presídio ficam em poder dos próprios recuperandos; há ausência de armas; a religião é fator essencial da recuperação; a valorização humana é a base da recuperação, promovendo o reencontro do recuperando com ele mesmo; os recuperandos têm assistência espiritual, médica, psicológica e jurídica prestada pela comunidade; além de frequentarem cursos supletivos e profissionais, os recuperandos praticam trabalhos laborterápicos no regime fechado; no regime semiaberto, cuida-se da mão de obra especializada (oficinas profissionalizantes instaladas dentro dos Centros de Reintegração); no regime aberto, o trabalho tem o enfoque da inserção social, pois, o recuperando trabalha fora dos muros do Centro de Reintegração, prestando serviços à comunidade; oferecem assistência à família do recuperando e à vítima ou seus familiares; há um número menor de recuperandos juntos, evitando formação de quadrilhas, subjugação dos mais fracos, pederastia, tráfico de drogas, indisciplina, violência e corrupção; a escolta dos recuperandos é realizada pelos voluntários da Apac".[127]

Portanto, os fatos expostos pela denunciante em sua exordial devem ser apreciados com cautela e urgência por este Tribunal de Contas, sob pena de inviabilizar os procedimentos e a própria atuação das APACs.

II.2 – Da análise da denúncia

Após este breve introito, entendo que, mediante análise da petição inicial de denúncia, os fatos podem ser resumidos da seguinte maneira:

a) que desde 2003, o Estado de Minas Gerais, através da SEJUSP, celebra instrumentos jurídicos de transferência de recursos públicos (Convênios e atualmente, Termos de Colaboração) com a denunciante e as APACs;

b) que há um montante considerável de prestações de contas encaminhadas pelas APACs sujeitas a análise pela SEJUSP;

– Fonte: https://www.fecomerciomg.org.br/2020/06/sistema-fecomercio-mg-sesc-e-senac-e-apac-produzem-mascaras-de-pano-para-protecao-contra-a-covid-19/; "Detentos produzem 350 mil máscaras de proteção ao coronavírus" – Fonte: https://www.em.com.br/app/noticia/gerais/2020/06/10/interna_gerais,1155595/detentos-produzem-350-mil-mascaras-de-protecao-ao-coronavirus.shtml; "Recuperando da APAC de Caratinga fabricam máscaras hospitalares" – Fonte: https://diariodecaratinga.com.br/recuperandos-da-apac-de-caratinga-fabricam-mascaras-hospitalares/; "Recuperandos das Apacs produzirão 350 mil máscaras - Iniciativa nasce por meio de campanha cofinanciada pela União Europeia" – Fonte: https://www.tjmg.jus.br/portal-tjmg/noticias/recuperandos-das-apacs-produzirao-350-mil-mascaras.htm#.Xv4FPm2j_IV.

[127] Fonte: https://ambitojuridico.com.br/cadernos/direito-penal/apac-um-modelo-de-humani zacao-do-sistema-penitenciario/. Acesso em: 2 jul. 2020.

c) que a SEJUSP, órgão gestor das parcerias celebradas pelo sistema APAC, em 26/05/2020, decidiu por impedir novos pagamentos de recursos financeiros às APACs e FBAC, previstos em plano de trabalho dos atuais termos de colaboração celebrados, caso não sejam quitados os débitos gerados pelo passivo de prestação de contas de convênios;

d) que em virtude de decisão da SEJUSP, as APACs não recebem o devido pagamento para custeio de suas atividades, desde maio/2020;

e) que o débito se refere a despesas executadas em junho/2011, cuja análise e deliberação do Ordenador de Despesas ocorreu apenas em 04/12/218 (Deliberação 027/2018);

f) que, para que novos repasses financeiros sejam realizados, a única opção que a Administração Pública oferece às APAC's e FBAC, neste momento, é quitar os débitos, mediante parcelamento, regulamentado pelo Decreto Estadual 46.830/2015, o que seria inviável neste momento, considerando a redução drástica de receita própria das entidades, em tempos de pandemia, com a paralisação quase total de suas oficinas profissionalizantes, movidas pelo trabalho dos recuperandos de regime semiaberto intramuros, aos quais foi concedida prisão domiciliar, nos termos recomendados por Portaria Conjunta n. 19-PR/TJMG/2020.

Pois bem, inicialmente destaco o advento da Lei Federal nº 13.019/2014,[128] intitulada de "Marco Regulatório do Terceiro Setor", que, dentre várias novidades, traz a priorização, na prestação de contas, do cumprimento do objeto da parceria e do cumprimento das metas e dos resultados previstos (prestação de contas com foco em resultados).

Nesta seara, há uma clara intenção do legislador em modificar a antiga prestação de contas financeira de conformidade pela atual necessidade de prestação de "contas" do objeto firmado e dos resultados a serem alcançados pelos instrumentos de parceria.

Por este norte, a análise do objeto da parceria deve ser o foco da prestação de contas pelo gestor público, sob pena de subverter a ordem jurídica definida pelo legislador.

[...]

Consoante interpretação finalística e sistêmica da legislação federal e estadual atualmente em vigor acerca do marco regulatório do terceiro setor, infere-se que a análise da prestação de contas pelo gestor deve ser norteada primordialmente pela consecução do objeto do instrumento de parceria. Inverter a lógica normativa atual é retornar ao *status quo* de análise das prestações de contas em seu caráter puramente financeiro/ conformidade.

[...]

---

[128] [...] altera as Leis nºs 8.429, de 2 de junho de 1992, e 9.790, de 23 de março de 1999.

Nesta linha, entendo que, no presente caso, deve-se interpretar, teleológica e sistemicamente, a legislação e os atos/procedimentos administrativos em vigor, sob a preponderância da análise da prestação de contas na ótica de resultados.

Todavia, o que se vê, atualmente, é a atuação da SEJUSP, quanto à análise das prestações de contas das APACs, focada no seu caráter financeiro/conformidade, deturpando, a meu sentir, o sentido atual da legislação que trata do terceiro setor e dos termos de parceria.

Além disso, causa-me estranheza, nesta situação excepcional de pandemia, em que há redução de receitas e mantença (ou aumento) das despesas das entidades públicas e privadas, a possibilidade de suspensão de repasses financeiros dos termos de parceria, em decorrência de supostas inadimplências ocorridas em 2011 e apreciadas pela SEJUSP somente em 2018; o Memorando SEJUSP/DEPEN n 105/2020, de 26/05/2020 (PEÇA 1 do SGAP), é bem claro em demonstrar a possibilidade (real) da SEJUSP em suspender os repasses públicos em virtude de análise financeira da prestação de contas da APAC de Frutal Masculina no período de junho a setembro de 2011.

Logo, não ficou demonstrada a adoção, pela SEJUSP, da sistemática vigente de análise de prestação de contas com foco em resultados, independentemente do período da celebração do instrumento de parceria.

Ademais, informo que, desde o ano de 2019, foi criado grupo de trabalho composto por integrantes da SEJUSP, TJMG, TCEMG, FBAC e APACs para tentar delinear soluções para o passivo de prestações de contas "represadas" da SEJUSP, bem como discutir possíveis implicações de recentes decisões do Supremo Tribunal Federal em ações judiciais e administrativa de ressarcimento (prescrição ressarcitória) – (PEÇAS 11, 12 e 13 do SGAP).

Já foram realizadas 3 (três) reuniões, inclusive com a SEJUSP, o que, no caso concreto, poderia ter resolvido a questão das prestações de contas em análise, em que pese tratar-se de assunto que perdura por alguns anos sem qualquer resolução.

Na oportunidade, ressalto que o Supremo Tribunal Federal, na discussão do Tema 899, referente ao Recurso Extraordinário n. 636886,[129] decidiu que "é prescritível a pretensão de ressarcimento ao erário fundada em decisão de Tribunal de Contas". Tal decisão foi publicada no dia 24/06/2020 e cogita-se a propositura, por órgãos superiores de controle, de outros recursos perante o Pretório Excelso para fins de delimitar os efeitos dessa decisão em relação à prescritibilidade (ou não) das ações de ressarcimento que tramitam em órgãos administrativos.

---

[129] Fonte: http://portal.stf.jus.br/processos/detalhe.asp?incidente=4046531. Acesso em: 2 jul. 2020.

É evidente que a delimitação dos limites prescricionais pelo STF impactará sensivelmente em ações administrativas de ressarcimento, inclusive nas prestações de contas de convênios e termos de colaboração/ fomento.

Além disso, de acordo com o "Relatório Geral Glosas APACS/FBAC" (PEÇA 7 do SGAP), constato que a grande parte das prestações de contas analisadas em 2018 e 2019 se refere ao período compreendido entre setembro/2007 e dezembro/2015, com valores inferiores à R$30.000,00 (trinta mil reais), que é o valor de alçada para instauração e encaminhamento de Tomada de Contas Especial a este Tribunal (Decisão Normativa nº 01/2016).

E, conforme reputado pela Denunciante, "o passivo de débitos gerados no período de convênios (2007 a janeiro/2017), remonta à quantia de R$1.299.095,23 (um milhão, duzentos e noventa e nove mil, noventa e cinco reais e vinte e três centavos), mas esse total corresponde a apenas 0,64% dos recursos financeiros desembolsados ao sistema APAC no período mencionado, cujo total foi de, aproximadamente, R$202.000.000,00 (duzentos e dois milhões de reais)".[130]

Concluindo este tópico, entendo que as alegações da Denunciante são suficientes, em juízo de cognição sumária, para o deferimento da medida cautelar requerida na petição inicial, cujo desenvolvimento irei detalhar a seguir.

II.3 – Da medida cautelar

As competências e atribuições exercidas pelos Tribunais de Contas objetivam o controle e a fiscalização da utilização dos recursos públicos federais, estaduais e municipais, em todas as esferas de poder – Executivo, Judiciário e Legislativo, bem como qualquer outra pessoa física ou jurídica que administre recursos públicos (art. 70 e respectivo parágrafo único da CR/88).

[...]

Em que pese o fato de a própria Constituição da República dispor que o controle externo será exercido pelo Congresso Nacional (e por simetria pelas Assembleias Legislativas e Câmaras Municipais), com o auxílio dos Tribunais de Contas (da União, dos Estados e dos Municípios), entendo que, em virtude da pormenorização das atribuições e competências (inclusive em relação a julgamento de contas de gestão), tais órgãos não estão subordinados ao Poder Legislativo, ou seja, "o Tribunal não é preposto do Legislativo".

---

[130] Fonte: SEJUSP/DCA. Os dados financeiros estão disponibilizados no SIAFI, de acesso da Administração Pública

Canotilho assevera que o Tribunal de Contas é um "órgão constitucional de soberania",[131] ou um órgão com "dignidade constitucional formal" (op. cit., p. 658). Ou, ainda, "órgão especial de destaque constitucional" independente,[132] que, pela própria disciplina constitucional, assume caráter *"sui generis*, posto de permeio entre os poderes políticos da Nação, o Legislativo e o Executivo, sem sujeição, porém, a qualquer deles".[133]

O Supremo Tribunal Federal entende que

> [...] com a superveniência da nova Constituição, ampliou-se, de modo extremamente significativo, a esfera de competência dos Tribunais de Contas, os quais, distanciados do modelo inicial consagrado na Constituição republicana de 1891, foram investidos de poderes mais amplos, que ensejam, agora, a fiscalização contábil, financeira, orçamentária, operacional e patrimonial das pessoas estatais e das entidades e órgãos de sua administração direta e indireta. Nesse contexto, o regime de controle externo, institucionalizado pelo novo ordenamento constitucional, propicia, em função da própria competência fiscalizadora outorgada ao Tribunal de Contas da União, **o exercício, por esse órgão estatal, de todos os poderes que se revelem inerentes e necessários à plena consecução dos fins que lhe foram cometidos.**[134] (Grifei)

A atuação do Tribunal de Contas na função fiscalizatória, insculpida no artigo 70 da CR/88, não se restringe aos critérios da legalidade, legitimidade e economicidade, e devem ser observados, ainda, os princípios constitucionais (orçamentários, inclusive) constantes no artigo 37, que tratam da Administração Pública, uma vez que *"os Tribunais de Contas tornaram-se instrumentos de inquestionável relevância na Administração Pública e no comportamento de seus agentes, com especial ênfase para os princípios da moralidade administrativa, da impessoalidade e da legalidade."*.[135]

[...]

J. R. Caldas Furtado, em seu artigo intitulado "Controle de legalidade e medidas cautelares dos tribunais de contas", assim asseverou:

---

[131] CANOTILHO, J. J. Gomes. *Direito Constitucional e Teoria da Constituição*. 4. ed. Coimbra: Almedina, 1998. p. 540-550

[132] PARDINI, Frederico. *Tribunal de Contas da União: órgão de destaque constitucional*. 1997. 464p. Tese (Doutorado em Direito) – Faculdade de Direito, Universidade Federal de Minas Gerais, Belo Horizonte, p. 159.

[133] CASTRO NUNES, Teoria e prática do Poder Judiciário. *Revista Forense*, Rio de Janeiro, 1943. p. 25.

[134] BRASIL, STF, MS nº 21466, Rel. Min. Celso de Mello, *DJU* 06.05.1994.

[135] BRASIL, STF. Suspensão de Segurança 1.308-9/RJ, Rel. Min. Celso de Mello, *DJ*, Seção I, out. 1998, p. 26.

O certo é que, como bem asseverou o Ministro Sepúlveda Pertence, "o poder cautelar é inerente à competência para decidir". Se o Tribunal de Contas pode, verificando uma ilegalidade, assinar prazo para ela ser corrigida, exatamente por esse motivo, pode também prevenir, suspendendo o ato impugnado enquanto se verifica se há ilegalidade ou não, evitando que se torne inútil a decisão futura. Vale, assim, o argumento do Ministro Cezar Peluso: quem tem o poder de remediar tem o de prevenir.[136]

Se dentro da competência fiscalizatória da Instituição de Contas federal está contemplada a de editar medidas cautelares para prevenir dano ao erário ou a direito alheio, é imperativo que as cortes de contas estaduais, que receberam equivalente missão da Lei Maior (art. 75, caput), também podem adotar, em tal hipótese, medidas cautelares. Para instrumentalizar essa providência, é importante que as leis orgânicas dos Tribunais de Contas estaduais, ou os regimentos internos, prevejam a edição de medidas cautelares nas situações descritas no artigo 276 do Regimento Interno do Tribunal de Contas da União.

Note-se que a interpretação da Suprema Corte, ao apreciar a possibilidade de os Tribunais de Contas adotarem medidas cautelares, não ficou arraigada à literalidade do texto; a opção foi pelo argumento lógico-sistemático e teleológico, fato que é digno de louvor. Essa exegese proativa do Texto Constitucional faz dos Tribunais de Contas um instrumento hábil e eficaz de defesa do interesse público.

E na esteira do voto do Min. Alexandre de Moraes, na recentíssima decisão do Plenário do Supremo Tribunal Federal na sessão do dia 20/4/2020, RE 576.920/RS,[137] incumbe aos Tribunais de Contas,

> [...] o relevante *munus* público de fiscal das contas públicas e, consequentemente, do nosso erário, uma vez que o "patrimônio nacional não é propriedade de um monarca ou de seus apaniguados, mas sim de todo o povo, ou seja, patrimônio público. Por conseguinte, cada um tem o direito de saber como esses bens e recursos estão sendo geridos.".[138]

Cabe destacar minha convicção acerca da concessão de medidas cautelares por este Tribunal, com destaque, no presente caso, para a suspensão de ato administrativo, que deve constituir medida excepcional, a ser adotada em situações específicas, para se garantir a efetividade da ação de controle, bem como para se prevenir a ocorrência de lesão ao erário

---

[136] MS nº 24.510/DF, Rel. Min. Ellen Gracie, Plenário do STF, 19 de novembro de 2003, *Diário da Justiça*, 19 de março de 2004.

[137] Neste recurso, foi estabelecida a seguinte tese em repercussão geral: **"A competência técnica do Tribunal de Contas do Estado, ao negar registro de admissão de pessoal, não se subordina à revisão pelo Poder Legislativo respectivo"**.

[138] LIMA, Luiz Henrique. *Controle Externo Contemporâneo*. 2020.

ou a direito alheio, nos termos do *caput* do art. 95 da Lei Orgânica deste Tribunal (Lei Complementar Estadual nº 102/2008).

> Art. 95. No início ou no curso de qualquer apuração, havendo fundado receio de grave lesão ao erário ou a direito alheio ou de risco de ineficácia da decisão de mérito, o Tribunal poderá, de ofício ou mediante provocação, determinar medidas cautelares.

No artigo "A cautelaridade nos tribunais de contas", Rachel Campos Pereira de Carvalho e Henrique de Paula Kleinsorge lecionam que "a particularidade que reside na análise do *fumus boni iuris* e do *periculum in mora* no processo de controle é que ambos devem se referir aos interesses públicos, não sendo relevante, isoladamente, a consideração da ofensa ao direito e do prejuízo na esfera privada".[139]

Assim, em se tratando de decisão liminar, ou seja, de cognição sumária, é necessária a presença do *fumus boni iuris* e do *periculum in mora*, sob pena de esta Corte de Contas interferir, de forma não razoável, no mérito administrativo de qualquer ato administrativo, pois, no atendimento do interesse público da Administração Pública, a ingerência do controle externo deve se pautar pela prudência e proporcionalidade de suas decisões (inclusive cautelares).

Dessa maneira, diante dos fatos acima narrados e partindo da premissa constitucional de que o Tribunal de Contas possui competência para fiscalizar e sustar a execução de ato (administrativo) impugnado (artigo 71, inciso X, da Constituição da República de 1988 e artigo 76, inciso XVII, da Constituição Estadual de Minas Gerais) que envolve a aplicação de recursos públicos, independentemente do regramento a que se encontra submetido, entendo que se mostra **urgente e necessária** a concessão do provimento cautelar de adoção de medidas para sustação dos atos administrativos editados (ou a serem editados) pela SEJUSP que possam provocar a inviabilidade de repasse de recursos públicos às APACs, e de modo reflexo, a inviabilidade do exercício de suas precípuas funções.

Ressalto, ainda, que, em consonância com o art. 95, §1º, da Lei Complementar Estadual nº 102/2008[140] e com o art. 197, §1º, da Resolução nº 12/2008 deste Tribunal,[141] **as medidas cautelares poderão ser adotadas**

---

[139] Artigo disponível em: http://revista.tce.mg.gov.br/Content/Upload/Materia/1531.pdf. Acesso em: 02 out. 2017.

[140] **[Lei Complementar Estadual nº 102/2008 – Lei Orgânica do TCEMG]**
Art. 95 – [...]
§1º – As medidas cautelares poderão ser adotadas sem prévia manifestação do responsável ou do interessado, quando a efetividade da medida proposta puder ser obstruída pelo conhecimento prévio.

[141] **[Resolução nº 12/2008 – Regimento Interno do TCEMG]**
Art. 197. [...]
§1º As medidas cautelares poderão ser adotadas sem prévia manifestação do responsável ou do interessado, quando a efetividade da medida proposta puder ser obstruída pelo conhecimento prévio.

sem a oitiva prévia do responsável ou interessado, de modo que não procede qualquer argumentação de violação do devido processo legal, do contraditório e da ampla defesa.

A "fumaça do bom direito" e o "periculum in mora" encontram-se presentes, pois entendo que a possibilidade de suspensão dos repasses financeiros pela SEJUSP às APACs não merece guarida, uma vez que desconsidera **(I)** a atual situação de emergência e de excepcionalidade causada pela pandemia da COVID-19; **(II)** a sistemática de prestação de contas – foco em resultados – atualmente determinada pela Lei 13.019/2014; **(III)** o impacto social e econômico (dano ao erário) em virtude da paralisia das APACs; **(IV)** os esforços expendidos no grupo de trabalho multisetorial que trata da análise da sistemática das prestações de contas das APACS; **(V)** os efeitos do decurso de tempo (razoável duração do processo) nas referidas prestações de contas (prescritibilidade ou não dos procedimento administrativos de cobrança) e **(VI)** a relação desproporcional da conduta da SEJUSP quanto à cobrança dos valores inferiores (em sua maioria) ao valor de alçada fixado por este Tribunal de Contas *versus* possibilidade de suspensão das atividades das APACs.

III - Conclusão

Isto posto, com fundamento no artigo 95 c/c inciso III, do artigo 96, ambos da Lei Complementar Estadual nº 102/2008, e no *caput* do art. 197, §1º c/c o inciso III, do artigo 198, ambos da Resolução nº 12/2008 deste Tribunal, **defiro,** *ad referendum* da Primeira Câmara, a medida cautelar requerida pela Denunciante, e **determino** a intimação, por e-mail e por publicação no Diário Oficial de Contas, do Exmo. Gen. Mário Lúcio Alves de Araújo, atual Secretário de Estado de Justiça e Segurança Pública, para que adote, **de imediato,** sob pena de aplicação de multa (art. 85, III, da Lei Orgânica), as seguintes medidas:

a) **suspender qualquer ato administrativo editado por qualquer Ordenador de Despesas da SEJUSP,** de modo que nenhum débito de glosas das APACs e FBAC, constituídos até janeiro/2017, em virtude de convênios (ou outros termos de parceria) anteriores vigente até essa data, seja impedimento para os repasses previstos em plano de trabalho dos atuais termos de colaboração celebrados pelas APACs e FBAC;

b) **se abstenha de editar qualquer ato administrativo,** de modo que nenhum débito de glosas das APACs e FBAC, constituídos até janeiro/2017, em virtude de convênios (ou outros termos de parceria) anteriores vigente até essa data, seja impedimento para os repasses previstos em plano de trabalho dos atuais termos de colaboração celebrados pelas APACs e FBAC;

c) com o cumprimento dos itens "a" e "b" e em caso de ausência de qualquer outro impedimento que extrapole os limites dessa decisão, **que seja determinada a realização dos pagamentos pendentes**

e futuros, para todas as APACs e FBAC, regularmente, conforme previsto em plano de trabalho dos termos de colaboração vigentes, até que este Tribunal de Contas decida sobre o mérito da presente denúncia;

[...]

III CONCLUSÃO

Diante do exposto, com fundamento no art. 60, parágrafo único, e no art. 95, §2º, ambos da Lei Orgânica deste Tribunal (Lei Complementar Estadual nº 102/2008), submeto à ratificação do Colegiado a decisão monocrática que proferi em 03/07/2020, na qual concedi medida cautelar pleiteada pela Denunciante, e determinei a adoção de medidas pela Secretaria de Estado de Justiça e Segurança Pública, além de cumprimento por esse órgão de algumas diligências.

Nesta oportunidade, venho retificar, ainda, a seguinte determinação exposta da decisão monocrática:

Onde se lê: Por último e para evitar a inviabilização da humanizadora e reconhecida metodologia desenvolvida pelas APACs, mediante o acompanhamento da FBAC em parceria com os Poderes Executivo, Judiciário e demais entidades envolvidas, determino que eventuais passivos financeiros sejam objeto de conciliação entre o Estado e a(s) entidade(s), **através da Câmara de Conciliação da Advocacia Geral do Estado.**

Leia-se: Por último e para evitar a inviabilização da humanizadora e reconhecida metodologia desenvolvida pelas APACs, mediante o acompanhamento da FBAC em parceria com os Poderes Executivo, Judiciário e demais entidades envolvidas, determino que eventuais passivos financeiros sejam objeto de conciliação entre o Estado e a(s) entidade(s), **através da Câmara de Prevenção e Resolução Administrativa de Conflitos – CPRAC.**

Após intimação das partes, da formalização do Acórdão pelos setores competentes e do cumprimento (ou não) das diligências pela SEJUSP, retornem os autos a este Relator para prosseguimento do feito.

CONSELHEIRO SEBASTIÃO HELVECIO:
Referendo.

CONSELHEIRO PRESIDENTE JOSÉ ALVES VIANA:
Excelentíssimo Relator, Conselheiro Durval Ângelo, não se

discute que o trabalho desempenhado pelas APACs, especialmente no âmbito do Estado de Minas Gerais, é de extrema relevância para o processo de reabilitação do apenado e sua inserção no convívio social.

Assim como Vossa Excelência, sou um defensor da reintegração do preso à sociedade e da utilização de alternativas que buscam desonerar o Estado, neste mister.

Muitos foram e são os frutos colhidos da parceria desenvolvida entre o Estado, representado por seus Poderes Executivo, Legislativo e Judiciário, o Ministério Público Estadual, a iniciativa privada e as organizações civis na busca do fim maior, que é permitir ao ser humano que em um determinado momento de sua vida, por este ou aquele motivo, se desvirtuou no cometimento de crimes, que, acolhido e engrandecido pelo trabalho das APACs, se recupere.

Não obstante, a metodologia criada para o enfrentamento desse dilema social se sustenta, também, no recebimento de recursos públicos e privados que exigem, para a continuidade e seriedade das ações, a demonstração de que sejam aplicados de forma correta e austera.

No manual "Método Apac – Sistematização de Processos",[142] constata-se que a busca pelas parcerias é fundamental para o funcionamento das APACs e a correspondente prestação de contas é um dos pilares que demonstram a transparência e a correta aplicação do dinheiro público.

As fontes de receitas da APAC, segundo o aludido manual, foram assim estabelecidas:

> Os recursos financeiros são regulados pela Resolução nº 154/2012 do Conselho Nacional de Justiça – CNJ; e, no caso de Minas Gerais, pelo Provimento Conjunto nº 27/2013, do TJMG e CGJMG.
>
> Os principais recursos, que podem variar em função da localização da APAC, são:
>
> 1. valores de convênio com o Estado – Convênio de Cooperação Técnica e Financeira celebrado entre o Estado e a APAC e seus termos aditivos anuais;
>
> 2. oficinas laborativas – a renda auferida nas oficinas laborativas deverão ser utilizadas principalmente para cobrir as despesas não contempladas nos convênios com o Estado;

---

[142] Disponível em: http://www.tjmg.jus.br/data/files/21/70/2A/81/27AE0610F5759606A04E0 8A8/livro%20MET ODO%20APAC_miolo%20marca%20EJEF%20atualizada.pdf. Acesso em: 27 jul. 2020.

3. verba estadual proporcional ao número de recuperandos, para contratação de funcionários, Resolução SEDS nº 1373/2013;

4. oriundos de penas pecuniárias - multas de trânsito, penas de privação de liberdade convertidas em valores, mediante convênio com o Poder Judiciário, multas ambientais, etc.

Complementando o regramento de utilização de recursos públicos, a Constituição Federal de 1988 estabelece no parágrafo único do art. 70 que "prestará contas qualquer pessoa física ou jurídica, pública ou privada, que utilize, arrecade, guarde, gerencie ou administre dinheiros, bens e valores públicos ou pelos quais a União responda, ou que, em nome desta, assuma obrigações de natureza pecuniária".

Desta forma, em que pese o excelente trabalho desenvolvido pelas APACs, não se pode compactuar que o Estado de Minas Gerais, através de sua Secretaria de Estado de Justiça e Segurança Pública, seja compelido a continuar repassando recursos públicos a entidades que insistentemente deixam de prestar contas da boa e regular aplicação destes recursos, razão pela qual:

1) **deixo de referendar**, com todas as vênias, **os itens "a", "b" e "c"** da decisão liminar proferida pelo Eminente Relator, Conselheiro Durval;

2) **referendo as determinações contidas nos itens 1, 2, 3, 4 e a que estabelece a realização de conciliações entre o Estado de Minas Gerais e as entidades, através da Câmara de Conciliação da Advocacia Geral do Estado.**

REFERENDADA; VENCIDO, EM PARTE, O CONSELHEIRO JOSÉ ALVES VIANA.

(PRESENTE À SESSÃO A PROCURADORA SARA MEINBERG.)

ACÓRDÃO

Vistos, relatados e discutidos estes autos, **ACORDAM** os Exmos. Srs. Conselheiros da Primeira Câmara, por maioria, na conformidade da Ata de Julgamento e das Notas Taquigráficas, em referendar a decisão monocrática que:

I) deferiu a medida cautelar requerida pela Denunciante e determinou a intimação do Gen. Mário Lúcio Alves de Araújo, atual Secretário de Estado de Justiça e Segurança

Pública, para que adotasse, de imediato, sob pena de aplicação de multa (art. 85, III, da Lei Orgânica), as seguintes medidas:

a) suspender qualquer ato administrativo editado por qualquer Ordenador de Despesas da SEJUSP, de modo que nenhum débito de glosas das APACs e FBAC, constituídos até janeiro/2017, em virtude de convênios (ou outros termos de parceria) anteriores vigente até essa data, seja impedimento para os repasses previstos em plano de trabalho dos atuais termos de colaboração celebrados pelas APACs e FBAC;

b) se abster de editar qualquer ato administrativo, de modo que nenhum débito de glosas das APACs e FBAC, constituídos até janeiro/2017, em virtude de convênios (ou outros termos de parceria) anteriores vigente até essa data, seja impedimento para os repasses previstos em plano de trabalho dos atuais termos de colaboração celebrados pelas APACs e FBAC;

c) com o cumprimento dos itens "a" e "b" e em caso de ausência de qualquer outro impedimento que extrapole os limites dessa decisão, determinar a realização dos pagamentos pendentes e futuros, para todas as APACs e FBAC, regularmente, conforme previsto em plano de trabalho dos termos de colaboração vigentes, até que este Tribunal de Contas decida sobre o mérito da presente denúncia;

II) determinou, ainda, ao Gen. Mário Lúcio Alves de Araújo, atual Secretário de Estado de Justiça e Segurança Pública, que encaminhasse, no prazo de 15 (quinze) dias úteis:

1. a relação planilhada de todas as prestações de contas das APACs pendentes de análise pela SEJUSP, constando: (a) número do instrumento jurídico da parceria (convênio, termo de colaboração e ou termo de fomento); (b) valor do objeto; (c) ano referência da parceria; (d) nome da APAC beneficiada; (e) fase atual do processo de prestação de contas e (f) motivo para a paralisação de cada prestação;

2. a relação planilhada de todas as prestações de contas das APACs já analisadas e consideradas irregulares referente aos últimos 05 (cinco) anos, a partir desta data, constando: (a) número do instrumento jurídico da parceria (convênio, termo de colaboração e ou termo de fomento); (b) valor do objeto; (c) valor glosado, (d) motivo da glosa, (e) ano referência da parceria; (f) nome da APAC beneficiada;

3. manual de diretrizes para a análise das prestações de contas pela SEJUSP considerando a nova sistemática estabelecida pela Lei 13019/2014 e pelo Decreto 47132/2017 – foco em resultados, e respectiva comprovação de sua divulgação às APACs;

4. normas internas e/ou manual de diretrizes que possam (a) estabelecer e avaliar se as metas pactuadas estão adequadas ao objeto e são exequíveis e claras, e se os indicadores possibilitam o acompanhamento da execução e a avaliação dos resultados e (b) estabelecer e avaliar se o plano de trabalho é adequado para a consecução do objeto, e respectiva comprovação de sua divulgação às APACs.

III) determinou que eventuais passivos financeiros sejam objeto de conciliação entre o Estado e a(s) entidade(s), através da Câmara de Prevenção e Resolução Administrativa de Conflitos – CPRAC, para evitar a inviabilização da humanizadora e reconhecida metodologia desenvolvida pelas APACs, mediante o acompanhamento da FBAC em parceria com os Poderes Executivo, Judiciário e demais entidades envolvidas;

IV) determinou o retorno dos autos ao gabinete do Relator.

Votaram o Conselheiro Sebastião Helvecio e o Conselheiro Presidente José Alves Viana, ficando vencido em parte o Conselheiro Presidente.

Presente à sessão a Procuradora Sara Meinberg.

Plenário Governador Milton Campos, 4 de agosto de 2020.

JOSÉ ALVES VIANA
Presidente

DURVAL ÂNGELO
Relator

CAPÍTULO V

EMPRESA PÚBLICA, TERCEIRIZAÇÃO E A "FORÇA NORMATIVA DOS FATOS"

E o que vejo a cada momento
É aquilo que nunca antes eu tinha visto,
E eu sei dar por isso muito bem...
Sei ter o pasmo essencial
Que tem uma criança se, ao nascer,
Reparasse que nascera deveras...
Sinto-me nascido a cada momento
Para a eterna novidade do Mundo...
(Fernando Pessoa)[143]

Em que situações a administração pública pode recorrer a empresas públicas para contratações terceirizadas? Em tais casos, órgãos públicos incorreriam na irregularidade de contratação sem concurso? Pode a administração direta, ou a empresa pública, terceirizar sua atividade-fim? A que legislação estão subordinadas as empresas públicas? Ao regime que rege o setor público, ou ao da iniciativa privada?

---

[143] PESSOA, Fernando. O guardador de rebanhos. Ficções do interlúdio. Poemas completos de Alberto Caieiro. In: *Fernando Pessoa*: obra poética. Organização, introdução e notas de Maria Aliete Galhoz. Rio de Janeiro: Nova Aguilar S.A., 2001. p. 204.

Essas foram algumas perguntas que precisamos responder, ao julgar a Representação nº 1.047.886, feita em 2018 ao Tribunal de Contas do Estado de Minas Gerais (TCE-MG) pelo Ministério Público de Contas, e da qual fui relator. Na primeira representação a mim distribuída, que denominamos processo-piloto, o Ministério Público (MP) alegava possíveis irregularidades em contrato firmado entre a empresa Minas Gerais Administração e Serviços S.A. (MGS) e o próprio TCE-MG, para fornecimento de motoristas executivos, motoristas de serviço e mecânico.

Para o *Parquet*, a contratação era irregular, por: burlar a regra constitucional do concurso público; criar empregos comissionados, sem função de direção, chefia e assessoramento; não fixar as atribuições e requisitos para os empregos públicos comissionados de recrutamento amplo; e por violar acordo celebrado com o Ministério Público do Trabalho e o Ministério Público Estadual.

O que, inicialmente, poderia parecer uma questão simples, com respostas claras na legislação, revelou-se um julgamento complexo, que abarcaria nada menos que 48 representações. Após assumir a relatoria, verificando serem matérias com conexão, solicitei que fosse anexada ao processo sob nossa relatoria outra representação do Ministério Público de Contas. Desta vez, em face de agentes da MGS, do então controlador-geral do Estado e do então Secretário de Estado de Planejamento e Gestão. A alegação era também de supostas ilegalidades praticadas em contrato celebrado entre Secretaria e a MGS.

A bem da verdade, transitavam no TCE-MG dezenas de processos referentes a contratações de terceirizados, por meio da MGS, e sob a análise de diferentes conselheiros. Por isso, alertei para o risco de o Tribunal decidir de modo conflitante sobre matérias da mesma natureza. Também ressaltei a possibilidade de serem julgados conjuntamente processos que versam sobre o mesmo assunto e apresentam aspectos peculiares, conforme previsto no artigo 91 do Regimento Interno do órgão. Assim, solicitei que todas as representações em questão fossem redistribuídas a um só relator.

Com a concordância dos outros conselheiros relatores, foi procedida a juntada aos autos de mais 44 processos originários de representações do MP de Contas. Todos tratavam de supostos vícios na contratação de mão de obra comissionada pela MGS e em contratos firmados entre a empresa e diversos órgãos e entidades do Estado e de municípios de Minas Gerais.

Dezesseis representações possuíam, ainda, denúncia de suposto desvio de função. Outra questionava a ocupação por empregados da MGS de cargos da Secretaria de Estado da Saúde, em detrimento de candidatos já aprovados em concurso público.

A fim de fundamentar nossa análise, buscamos elucidar a natural relação entre órgãos da administração direta e a MGS. Ressaltei em meu voto que as atividades da Administração Pública podem ser prestadas de forma direta (Administração Pública centralizada), ou indireta (Administração Pública descentralizada). Na administração centralizada, o serviço público é executado pela própria Administração Direta. Já na descentralizada, é realizado por terceiro, de forma que atividades administrativas passam a ser exercidas por pessoas distintas do Estado.

Por sua vez, a MGS é uma sociedade de economia mista, que desempenha atividades de cunho eminentemente econômico, concorrendo com empresas privadas. Assim, não possui caráter de prestação de serviços públicos, mas de exploração de atividade econômica.

A natureza de empresas de direito privado conferida às estatais que exploram a atividade econômica, a exemplo da MGS, é tratada pela Constituição da República no parágrafo $2^{\underline{o}}$ do artigo 173, segundo o qual, "as empresas públicas e as sociedades de economia mista não poderão gozar de privilégios fiscais não extensivos às do setor privado". Do que se infere que as empresas estatais são regidas pelo regime próprio da iniciativa privada. Assim ocorre no que se refere aos direitos e obrigações do direito civil e empresarial/comercial — em questões contratuais, por exemplo —, ao direito do trabalho, com regime de contratação pela CLT e julgamento de controvérsias pela Justiça do Trabalho, e ao direito tributário, sem possuírem imunidade fiscal, entre outros pontos.

Por sua vez, o Supremo Tribunal Federal (STF) possui jurisprudência no sentido de que as empresas estatais são regidas por um regime jurídico híbrido, com influências tanto das regras aplicadas à iniciativa privada, como daquelas que caracterizam o regime jurídico-administrativo. Em decisão na Ação Direta de Inconstitucionalidade (ADI) $n^{\underline{o}}$ 1.642, o STF afirmou que "sociedades de economia mista e as empresas públicas que explorem atividade econômica em sentido estrito estão sujeitas, nos termos do disposto no $\S1^{\underline{o}}$ do art. 173 da Constituição do Brasil, ao regime jurídico próprio das empresas privadas."

E assim também rezam outros dispositivos legais, a exemplo do artigo 126 da Lei $n^{\underline{o}}$ 11.406, de 1994, que afirma:

§2º – A empresa pública de que trata o caput poderá exigir garantia e utilizar os instrumentos previstos na legislação civil e comercial aplicável às empresas privadas, nos termos do art. 173, §1º, inciso II, da Constituição da República, para assegurar o cumprimento das obrigações contratuais pelos tomadores de serviços.

Sobre a suposta irregularidade na terceirização pela Administração Direta, é bom lembrar que a contratação de serviços pelo ente público está prevista no artigo 37 da Constituição Federal, que em seu inciso XXI dispõe:

> [...] ressalvados os casos especificados na legislação, as obras, serviços, compras e alienações serão contratados mediante processo de licitação pública que assegure igualdade de condições a todos os concorrentes, com cláusulas que estabeleçam obrigações de pagamento, mantidas as condições efetivas da proposta, nos termos da lei, o qual somente permite as exigências de qualificação técnica e econômicas indispensáveis à garantia do cumprimento das obrigações.

Por sua vez, a Lei nº 8.666, de 1993, disciplina o processo licitatório, estabelecendo regras e princípios para as contratações públicas, inclusive de serviços terceirizados.

Feitas tais constatações, buscamos verificar se é possível a terceirização das atividades meio e fim na Administração Pública. Tratava-se de tema sobre o qual o TCE-MG já havia se manifestado em 2019, de forma muito elucidativa, ao responder a uma consulta. Em síntese, o órgão considerou que

> [...] dentro do novo cenário legal, que configura, aliás, desenvolvimento de um fenômeno de descentralização e desconcentração que vem de longa data, observa-se que, para a administração direta, autárquica e fundacional, é possível a terceirização de todas as atividades que não detenham natureza típica de Estado e que não reflitam o seu poder de império. Para essas, segue prevalecendo a regra do concurso público, estabelecida no art. 37, II, da Constituição da República.

As atribuições incompatíveis com a execução descentralizada foram discriminadas no artigo 3º do Decreto nº 9.507/18 e estão descritas na fundamentação do meu voto, que apresento mais à frente. Mas, mesmo em relação às atribuições restritas à Administração Direta, poderão ser terceirizadas suas atividades "auxiliares, instrumentais ou acessórias", ressalvados os serviços de fiscalização e poder de polícia

CAPÍTULO V
EMPRESA PÚBLICA, TERCEIRIZAÇÃO E A "FORÇA NORMATIVA DOS FATOS" | 207

e sendo vedada a "transferência de responsabilidade para a realização de atos administrativos, ou a tomada de decisão para o contratado".

Já no tocante às empresas públicas e sociedades de economia mista, dada sua personalidade jurídica de direito privado e vocação para atuação no mercado, a única vedação à terceirização refere-se aos "serviços que demandem a utilização, pela contratada, de profissionais com atribuições inerentes às dos cargos integrantes de seus Planos de Cargos e Salários". Ainda assim, a proibição não se aplica, quando a contratação de empregado público por meio de concurso público "contrariar os princípios administrativos da eficiência, da economicidade e da razoabilidade".

Dessa forma, meu entendimento foi de que é possível a terceirização de atividade-fim por empresas que atuam na atividade econômica, a exemplo da MGS. O regime jurídico flexibilizado, do direito privado, se justifica pela necessidade de a empresa, por meio do quadro rotativo, atender às demandas dos diversos entes municipais, estaduais e federais, sem perder a competitividade no mercado.

O mesmo entendimento fundamentou minha decisão pela improcedência da alegação de "empregos comissionados sem função de direção, chefia e assessoramento" e da "ausência de fixação das atribuições e dos requisitos para investidura dos empregos públicos comissionados de recrutamento amplo". Também neste caso reforça-se a necessidade de flexibilização do regramento sobre a composição do quadro rotativo de pessoal, para que a empresa estatal possa atender sua atividade-fim.

Por outro lado, recomendamos que a MGS regulamentasse a estrutura e a operacionalização de seu quadro organizacional, com diretrizes e regras para empregos, salários, gratificações, atribuições, recrutamento e provimento. Também alertamos para a necessidade da correta utilização semântica das funções exercidas pelos empregados, que eram indevidamente denominadas de "cargo em comissão". A MGS informou nos autos que seria implantada nova sistemática de provimento de cargo comissionado de livre nomeação e exoneração.

Já sobre os apontamentos do Ministério Público de Contas de "violação aos pressupostos legais de um acordo celebrado com o Ministério Público do Trabalho e com o Ministério Público Estadual", nosso entendimento foi consoante ao da Coordenadoria de Fiscalização de Atos de Admissão. Em seu relatório, a unidade técnica afastou tais irregularidades por entender que o Tribunal de Contas é incompetente para decidir sobre questões da esfera da Justiça do Trabalho.

Para justificar a atuação do Tribunal de Contas, o MP alegava que o suposto desvio de função poderia "acarretar dano ao erário na medida que as funções exercidas pelo empregado público correspondam a emprego com remuneração superior àquele efetivamente contratado." O que não se justificava, pois não havia sentido em se imputar um dano presumido ao erário. Para a configuração de eventual prejuízo, era necessária prova inequívoca do dano, bem como sua quantificação e a identificação dos responsáveis. Atente-se que não havia como pressupor referido dano sem que a caracterização do desvio de função e o eventual direito a diferenças salariais fossem apreciados pela Justiça Trabalhista.

Em relação à denúncia de "empregados públicos da MGS ocupando cargos na Secretaria de Estado de Saúde que deveriam ser preenchidos por candidatos já aprovados em concurso público", consideramos que não foi comprovada. Apesar dos indícios apontados, não estava ainda evidenciada a sobreposição das funções exercidas pelos empregados da MGS em relação às atribuições dos cargos efetivos. Para verificar as supostas ilegalidades, deveria ser feita inspeção que apurasse a natureza das atividades desenvolvidas e se coincidiam com as atribuições previstas no plano de cargos e salários da Secretaria. Assim, determinei que essa representação específica fosse separada dos autos para novas diligências e posterior julgamento, no que se referia exclusivamente à ocupação de cargos de concursados.

É bom esclarecer que o meu voto foi favorável, especificamente, à terceirização de serviços pelo setor público em Minas Gerais, via MGS, tendo em vista termos constatado não haver nesses casos precarização do trabalho. Verificamos que são respeitados os contratos, os dissídios coletivos, o pagamento de horas-extras e vantagens, entre outros pontos. Enfim, os trabalhadores são tratados com dignidade.

Por outro lado, vale destacar que isso não é o que ocorre com a terceirização por meio de diversas empresas privadas. Há situações em que o trabalho é até "quarteirizado", com grande despreparo dos contratados, inclusive para funções de risco, e péssimas condições de trabalho, o que tem gerado inúmeras denúncias de sindicatos. Um exemplo foram as várias denúncias que recebi do Sindieletro — Sindicato dos Trabalhadores da Companhia Energética de Minas Gerais (Cemig) —, quando presidia a Comissão de Direitos Humanos da Assembleia Legislativa. O mesmo acontece em empresas privadas, em que são desrespeitados direitos trabalhistas e, em demissões, os acertos sequer são feitos. Há casos extremos nos quais, muitas vezes, a terceirização representa até situações análogas à escravidão. Tudo isso, ao nosso ver, se deve ao fato de que a nova legislação federal flexibilizou exageradamente a terceirização, o que não tem se mostrado o melhor caminho e requer uma atenta fiscalização.

Com a aprovação do meu voto pelo Tribunal Pleno, a Corte de Contas contribuiu, mais uma vez, para dirimir questão controversa que poderia afetar a agilidade e eficiência da Administração Direta. Mais do que isso, avançamos no entendimento de que o Direito deve acompanhar os novos cenários e tendências da sociedade, inclusive nas áreas administrativa e econômica.

Neste sentido, a título de considerações finais, trago a consciente reflexão do conselheiro Cláudio Terrão, ao tratar da contratação, por meio da MGS, de motoristas para atuarem no Tribunal de Contas. Ele aponta a necessidade de que o Estado considere também as particularidades do caso concreto e atenta para situações em que a relação de confiança entre o contratante e o prestador de serviço é fundamental, a exemplo dos motoristas executivos. Ou seja, nessas situações, a pessoalidade é intrínseca à natureza do serviço. Como bem lembrou o colega, devemos observar "a força normativa dos fatos", ou seja, "na experiência jurídica, as relações reais precedem as normas produzidas para regulá-las".

REPRESENTAÇÃO Nº 1.047.886[144]

I INTRODUÇÃO

[...]

II FUNDAMENTAÇÃO

II.1 Introdução

Conforme relatado acima, o processo (piloto) em epígrafe, Representação n. 1.047.886, trata de representação apresentada pelo Ministério Público de Contas, por meio do procurador Glaydson Santo Soprani Massaria, em face de possíveis irregularidades na execução do contrato firmado entre a **MGS – Minas Gerais Administração e Serviços S.A. (doravante denominada "MGS")** e o Tribunal de Contas do Estado de Minas Gerais, para fornecimento de motoristas executivos, motoristas de serviço e mecânico.

Em sua petição inicial, e para os fins de delimitação da fundamentação neste voto, o *Parquet* de Contas apontou as seguintes irregularidades (Peça 13 do SGAP - fls. 01/21):

a) burla à regra constitucional do concurso público;

b) empregos comissionados sem função de direção, chefia e assessoramento;

---

[144] Todas as informações sobre este processo, bem como a íntegra do nosso voto, podem ser obtidas na busca de processos do *site* do TCE-MG: https://www.tce.mg.gov.br/.

c) ausência de fixação das atribuições e dos requisitos para investidura dos empregos públicos comissionados de recrutamento amplo;

d) violação aos pressupostos legais reconhecidos no acordo celebrado com o Ministério Público do Trabalho e com o Ministério Público Estadual em 01/09/2000, nos autos da Ação Civil Pública n. 1.031/2000, que tramitou perante a 21ª Vara do Trabalho de Belo Horizonte.

Posteriormente, à fl. 694 (Peça 15 do SGAP), registrou-se o apensamento, a estes autos, do processo n. 1.058.568, referente à representação apresentada pelo Ministério Público de Contas em face de agentes da MGS, do então Controlador-Geral do Estado e do então Secretário de Estado de Planejamento e Gestão (SEPLAG), em razão de supostas ilegalidades praticadas pela MGS e pela SEPLAG, na condição de contratante da referida empresa pública. Tal apensamento foi realizado em cumprimento ao despacho exarado pelo presidente do Tribunal à época à fl. 33 do referido processo apenso, por meio do qual relatou a conexão suscitada pelo então relator, Conselheiro substituto Adonias Monteiro, com a sugestão de oitiva do Conselheiro Durval Ângelo, apontado como prevento. Verificou-se, contudo, a desnecessidade de ouvir o Conselheiro prevento, em razão de que, naquele momento, já ter se manifestado na Representação n. 1.058.620.

Nessa manifestação (fls. 19 e 21 dos autos da Representação n. 1.058.620), apontei o risco de o Tribunal decidir, de modo conflitante, matérias de mesma natureza e a possibilidade regimental de processos que versam sobre o mesmo assunto e apresentam aspectos peculiares serem julgados conjuntamente (art. 91). Dessa forma, solicitei que todas as representações em questão fossem redistribuídas a um só relator para serem objeto de julgamento conjunto. Atendendo a essa solicitação, o então presidente emitiu comunicações aos conselheiros e conselheiros substitutos que eram relatores dos demais processos conexos, para que se manifestassem acerca da mencionada conexão (fls. 22/29 dos autos da Representação n. 1.058.620).

Ato contínuo, dada a concordância dos respectivos relatores anteriores, lavrou-se novo termo de apensamento, certificando a juntada aos presentes autos, em 11/02/2019, dos 44 processos listados à fl. 699 (Peça 15 do SGAP). Trata-se de representações oferecidas pelo Ministério Público de Contas em face de irregularidades semelhantes às que são objeto deste processo-piloto (Representação n. 1.047.886), quais sejam, supostos vícios na contratação de mão de obra comissionada pela MGS e em contratos firmados pela aludida empresa pública com diversos órgãos e entidades do Estado de Minas Gerais e dos Municípios mineiros. Em análise perfunctória dos referidos processos, verifiquei similitude entre os fundamentos fáticos e jurídicos apresentados em todos aqueles autos, assim como entre os pedidos formulados.

Como diferença, identifica-se, em 16 representações, apontamento referente a suposto desvio de função, enquanto, na Representação n. 1.058.570, questiona-se o fato de empregados públicos da MGS estarem ocupando cargos na Secretaria de Estado de Saúde em detrimento de candidatos aprovados em concurso público. Em relação aos responsáveis indicados em cada processo, é de se destacar que alguns agentes da MGS – entre presidentes, diretores e membros do Conselho de Administração – figuram repetidamente como partes em várias das representações, o que ressalta, mais uma vez, a grande aproximação entre os diversos processos apensados.

Então, a retomada da narrativa acima é necessária para delimitação do escopo e do desenvolvimento da fundamentação neste voto e se evitar maiores elocubrações fáticas e jurídicas.

Ademais, cabe ressaltar que os presentes autos (e todos os demais) não ultrapassaram a fase de citação por entender, desde já, que seria inócuo e ineficaz o prosseguimento do feito e que todas as representações poderiam ser arquivadas nos termos do parágrafo único, do artigo 305,[145] c/c art. 311,[146] ambos do Regimento Interno, conforme se verá adiante.

A fundamentação a seguir desenvolvida pautará pelo(a) (i) definição da natureza jurídica da MGS, sociedade de economia mista atuante na atividade econômica; (ii) forma de intervenção (direta) do Estado na economia; (iii) a flexibilidade do regime jurídico de direito público e a aplicabilidade das regras do direito privado; (iv) terceirização na Administração Pública; (v) atual entendimento da terceirização pelo Supremo Tribunal Federal; (vi) tratamento diferenciado do quadro permanente e do quadro rotativo da MGS em relação aos contratos firmados com terceiros; (vii) empregos comissionados e suas atribuições

---

[145] Regimento Interno. Art. 305.
[...]
[146] Regimento Interno. Art. 311.
[...]

nos contratos firmados; (viii) incompetência do Tribunal de Contas para julgar desvio de função dos empregados e o acordo celebrado com o Ministério Público do Trabalho e com o Ministério Público Estadual em 01/09/2000, nos autos da Ação Civil Pública n. 1.031/2000, que tramitou perante a 21ª Vara do Trabalho de Belo Horizonte; e (ix) inocorrência de empregados públicos da MGS ocupando cargos na Secretaria de Estado de Saúde em detrimento de candidatos aprovados em concurso público – Edital n. 02/2014.

II.2 Natureza Jurídica da MGS. Empresa estatal exploradora da atividade econômica. Sociedade de economia mista de capital fechado. Intervenção direta do Estado. Flexibilidade do regime jurídico de direito público e aplicabilidade das regras do direito privado.

Como é sabido entre os mais noviços frequentadores dos cursos de Direito, as atividades da Administração Pública[147] podem ser prestadas de forma direta (Administração Pública centralizada) ou indireta (Administração Pública descentralizada).

O Estado realiza as suas funções administrativas por meio de órgãos, agentes e pessoas jurídicas e, quanto ao aspecto organizacional, pode adotar duas formas básicas no desempenho destas atribuições administrativas: centralização ou descentralização. É o que se conclui pelo artigo 37, *caput*, da Constituição da República em que *"a administração pública, **direta e indireta** de qualquer dos Poderes da União, dos Estados, do Distrito Federal e dos Municípios obedecerá aos princípios da legalidade, impessoalidade, moralidade, publicidade e eficiência..."* (Grifei)

---

[147] Podemos conceituar Administração Pública de diversas formas: **a) Sentido formal, subjetivo ou orgânico**: refere-se ao próprio Estado, conjunto de órgãos e entidades incumbidos da realização da atividade administrativa, com vistas a atingir os fins do Estado. Envolve pessoas e órgãos dos três poderes, desde que estes estejam exercendo função administrativa. O conceito de Administração Pública neste sentido envolve tanto a Administração Direta quanto a Indireta. **b) Sentido material, objetivo ou funcional**: representa o exercício da atividade (função) administrativa exercida por intermédio de seus órgãos e entes, ou seja, é o Estado administrando. Essa abordagem material envolve atividades como a polícia administrativa, etc. Enquanto o conceito subjetivo leva em consideração os sujeitos que exercem a atividade administrativa, o objetivo consiste na própria atividade exercida por aqueles.

A execução direta (ou centralizada) ocorre quando a execução do serviço público é realizada pela Administração Direta, isto é, pelo próprio titular do serviço público, enquanto a execução indireta (ou descentralizada) ocorre quando a execução do serviço público é realizada por terceiro que não se confunde com o titular do serviço público, ou seja, descentralizar significa tirar do centro, tirar a execução da Administração Direta. Assim, a descentralização é uma técnica de especialização em que se tem a distribuição externa de atividades administrativas, que passam a ser exercidas por pessoa ou pessoas distintas do Estado.

No presente caso, a MGS desempenha atividades de cunho eminentemente econômico, concorrencial com as demais empresas privadas, ou seja, não tem caráter prestacional de serviços públicos, mas sim de exploração de atividade econômica.

Sobre a diferença de tratamento entre atividade de prestação de serviços públicos e a atuação econômica descentralizada por entes públicos, destaco o seguinte entendimento paradigmático do Supremo Tribunal Federal, inclusive sobre a diferença entre monopólio e exclusividade:

> 2. **A atividade econômica em sentido amplo é gênero que compreende duas espécies, o serviço público e a atividade econômica em sentido estrito. Monopólio é de atividade econômica em sentido estrito, empreendida por agentes econômicos privados.** A exclusividade da prestação dos serviços públicos é expressão de uma situação de privilégio. Monopólio e privilégio são distintos entre si; não se os deve confundir no âmbito da linguagem jurídica, qual ocorre no vocabulário vulgar. 3. A Constituição do Brasil confere à União, em caráter exclusivo, a exploração do serviço postal e o correio aéreo nacional [artigo 20, inciso X]. 4. O serviço postal é prestado pela Empresa Brasileira de Correios e Telégrafos – ECT, empresa pública, entidade da Administração Indireta da União, criada pelo decreto-lei n. 509, de 10 de março de 1.969. (Grifei)
>
> 5. É imprescindível distinguirmos o regime de privilégio, que diz com a prestação dos serviços públicos, do regime de monopólio sob o qual, algumas vezes, a exploração de atividade econômica em sentido estrito é empreendida pelo Estado. 6. A Empresa Brasileira de Correios e Telégrafos deve atuar em regime de exclusividade na prestação dos serviços que lhe incumbem em situação de privilégio, o privilégio postal. 7. Os regimes jurídicos sob os quais em regra são prestados os serviços públicos importam em que essa atividade seja desenvolvida sob privilégio, inclusive, em regra, o da exclusividade. 8. Arguição de descumprimento de preceito fundamental julgada improcedente por

maioria. O Tribunal deu interpretação conforme a Constituição ao artigo 42 da Lei n. 6.538 para restringir a sua aplicação às atividades postais descritas no artigo 9º desse ato normativo.[148]

A expressão "empresa estatal ou governamental"[149] é utilizada para designar todas as sociedades civis ou empresariais, de que o Estado tenha o controle acionário, abrangendo a Empresa Pública, a Sociedade de Economia Mista e outras empresas que não tenham essa natureza. São pessoas jurídicas de Direito Privado, cuja criação se dá pelo Estado, autorizada por lei, com finalidade de prestar serviço público ou explorar atividade econômica, em caráter suplementar, desde que necessário aos imperativos de segurança nacional ou a relevante interesse público.

Nesta linha, importante a Lei 13.303/2016,[150] que em seu artigo 1º assim enuncia:

> Art. 1º. Esta Lei dispõe sobre o estatuto jurídico da empresa pública, da sociedade de economia mista e de suas subsidiárias, abrangendo toda e qualquer empresa pública e sociedade de economia mista da União, dos Estados, do Distrito Federal e dos Municípios **que explore atividade econômica de produção ou comercialização de bens ou de prestação de serviços**, ainda que a atividade econômica esteja sujeita ao regime de monopólio da União ou seja de prestação de serviços públicos. (Grifei)

A Constituição da República, em seu parágrafo 2º, do artigo 173, aduz que *"as empresas públicas e as sociedades de economia mista não poderão gozar de privilégios fiscais não extensivos às do setor privado"*. Tal norma reforça a natureza de direito privado das empresas estatais, notadamente quando atuam (exploram) na atividade econômica.

As empresas estatais têm regime próprio das empresas privadas, como determina a CF, inclusive no que tange aos direitos e obrigações do direito civil e empresarial/comercial (igualdade em contratos, por exemplo), do direito do trabalho (regime de contratação será o da CLT e as controvérsias, julgadas pela Justiça do Trabalho), do direito tributário

---

[148] ADPF nº 46/DF – DISTRITO FEDERAL – ARGUIÇÃO DE DESCUMPRIMENTO DE PRECEITO FUNDAMENTAL – Relator(a): Min. MARCO AURÉLIO – Relator(a) p/ Acórdão: Min. EROS GRAU – Julgamento: 05.08.2009 Órgão Julgador: Tribunal Pleno.

[149] DI PIETRO, Maria Sylvia Zanela. *Direito administrativo*. 18. ed. São Paulo: Atlas, 2005. p. 393.

[150] Dispõe sobre o estatuto jurídico da empresa pública, da sociedade de economia mista e de suas subsidiárias, no âmbito da União, dos Estados, do Distrito Federal e dos Municípios.

(não há imunidade tributária. Exceção: EBCT) e do direito processual civil (não têm prerrogativas quanto aos prazos, por exemplo).

O art. 5º da Lei 13.303/2016 assevera que *"a sociedade de economia mista será constituída sob a forma de sociedade anônima e, ressalvado o disposto nesta Lei, estará sujeita ao regime previsto na Lei n. 6.404, de 15 de dezembro de 1976"*.

E, logo em seguida em seu art. 6º, aduz que...

> o estatuto da empresa pública, da sociedade de economia mista e de suas subsidiárias deverá observar regras de governança corporativa, de transparência e de estruturas, práticas de gestão de riscos e de controle interno, composição da administração e, havendo acionistas, mecanismos para sua proteção, todos constantes desta Lei.

Para melhor visualização de sua natureza jurídica, o art. 5º, inciso III, do Decreto-lei 200/1967 define a sociedade de economia mista como *"a entidade dotada de personalidade jurídica de direito privado, criada por lei para a exploração de atividade econômica, sob a forma de sociedade anônima, cujas ações com direito a voto pertençam em sua maioria à União ou a entidade da Administração Indireta"*.

O Pretório Excelso assim decidiu sobre o tema:

> STF – **"Os privilégios da Fazenda Pública são inextensíveis às sociedades de economia mista que executam atividades em regime de concorrência** ou que tenham como objetivo distribuir lucros aos seus acionistas. Portanto, a empresa Centrais Elétricas do Norte do Brasil S.A. (ELETRONORTE) não pode se beneficiar do sistema de pagamento por precatório de dívidas decorrentes de decisões judiciais (art. 100 da Constituição)."[151] (Grifei)

E, ainda:

> **Quer dizer, o art. 173 da CF está cuidando da hipótese em que o Estado esteja na condição de agente empresarial, isto é, esteja explorando, diretamente, atividade econômica em concorrência com a iniciativa privada.** Os parágrafos, então, do citado art. 173 aplicam-se com observância do comando constante do caput. Se não houver concorrência – existindo monopólio, CF, art. 177 – não haverá aplicação do disposto no §1º do mencionado art. 173.[152] (Grifei)

---

[151] RE nº 599.628, rel. p/ o ac. min. Joaquim Barbosa, julgamento em 25.05.2011, Plenário, *DJE* de 17.10.2011, com repercussão geral.

[152] RE nº 407.099, voto do rel. min. Carlos Velloso, j. 22.06.2004, 2ª T, *DJ* de 06.08.2004.

Assim, o Supremo Tribunal Federal considera que as empresas estatais são regidas por um regime jurídico híbrido, ou seja, sofrendo influências, ora das regras aplicáveis à generalidade dos entes privados, ora da disciplina peculiar que caracteriza o regime jurídico-administrativo.

[...]

O Prof. José dos Santos Carvalho Filho contribui da seguinte maneira sobre a as empresas estatais e o seu regime jurídico:

> **A Constituição Federal faz expressa referência a sociedades de economia mista e empresas públicas, ao tratar dos princípios que informam a atividade econômica. No art. 173, §1º, o texto faz menção ao fato de que, quando exploram atividade econômica, devem sujeitar-se ao regime próprio das empresas privadas,** incluindo-se aí as obrigações trabalhistas e tributárias. Logo a seguir, no §2º, as iguala às empresas privadas no que tange a privilégios fiscais, dispondo que "as empresas públicas e as sociedades de economia mista não poderão gozar de privilégios não extensivos às do setor privado".[153] (Grifei)

E sobre o objetivo da criação das empresas estatais, destaco, ainda, o ilustre doutrinador:[154]

> As empresas públicas e as sociedades de economia mista têm personalidade jurídica de direito privado, o que, nesse aspecto, as torna diferentes das autarquias, qualificadas como pessoas jurídicas de direito público.
>
> **É preciso ter em conta, porém, o objetivo que inspirou o Estado a criar esse tipo de pessoas de natureza empresarial. Como os órgãos estatais se encontram presos a uma infinitude de controles, o que provoca sensível lentidão nas atividades que desempenha, essas pessoas administrativas, tendo personalidade de direito privado, embora sob a direção institucional do Estado, possibilitam maior versatilidade em sua atuação, quando voltadas para atividades econômicas.** (Grifei)

Nesta oportunidade, na esteira do saudoso Prof. Washington Peluso Albino de Souza, ex-professor titular da disciplina de Direito Econômico da Universidade Federal de Minas Gerais, destaco o entendimento acerca das formas de intervenção do Estado na economia

---

[153] CARVALHO FILHO, José dos Santos. *Manual de direito administrativo*. 33. ed. São Paulo: Atlas, 2019. p. 525.

[154] *Idem*, p. 526.

e a importância da atuação das empresas estatais que exploram atividade econômica em nome do Estado, *verbis*:

> Se examinarmos a evolução do direito brasileiro referente às Sociedades de Economia Mista, veremos que, de início, elas se caracterizaram pelo simples fato de o Estado tornar-se "sócio" do particular. Na hipótese de ser "sócio minoritário", todo o comando da empresa caberia, portanto, ao sócio majoritário, o particular. Essa presença do Estado teria o sentido de suprir a falta, as deficiências ou o desinteresse do capital privado, para certas atividades econômicas estreitamente ligadas ao interesse da coletividade. Assim foi que se procedeu, no Brasil, em relação às empresas de eletricidade e de transportes.
>
> Cedo, porém, percebeu-se que o Estado deveria participar do "comando" da empresa, porque se delineava a política da "intervenção" desse Estado no domínio econômico, quando objetivos maiores do que o simples apoio à iniciativa privada já haviam configurado. A empresa criada deveria ajustar-se à política econômica pública, por isso, se o Estado participasse desse comando, tal ajustamento seria mais seguro.[155]

E, acrescenta:

> A Sociedade de Economia Mista constitui, portanto, no Direito Positivo brasileiro, um instrumento da intervenção do Estado no domínio econômico, para a efetivação da política econômica, e não apenas de apoio à ação particular. Por outro lado, definida como "pessoa de direito privado", teve o seu regime jurídico igualado ao dos demais participantes do mercado, e regendo-se pela Lei n. 6.404, das Sociedades por Ações.[156]

Sobre as formas de intervenção do Estado na economia, destaco as palavras do servidor dessa Casa, Gustavo Vidigal Costa, que em sua obra *O Planejamento do Estado e o Papel Fiscalizatório dos Tribunais de Contas*[157] assim asseverou:

> O conceito etimológico da palavra intervenção no Direito Econômico explicita "ação de intervir; [...] ação direta", ou ainda "o instituto pelo

---

[155] SOUZA, Washington Peluso Albino de. *Primeiras linhas de direito econômico*. 5. ed. São Paulo: LTr, 2003. p. 352.

[156] *Idem*, p. 353.

[157] COSTA, Gustavo Vidigal. *O planejamento do Estado e o papel fiscalizatório dos Tribunais de Contas*. Belo Horizonte: D'Plácido, 2015. p. 49-52.

qual o Estado passa a agir direta ou indiretamente na vida econômica." (FABRIS, 2010, p. 278-279).

É importante ponderar que o Estado sempre atuou na vida econômica, em diversas gradações e de forma peculiar, de acordo com cada moldura histórica e modelo econômico, inclusive no denominado Estado Liberal, quando tal atribuição era mitigada a limites extremos.

Em linhas bem gerais, no Estado Liberal, a intervenção ocorria em menor grau, cabendo prioritariamente ao Estado funções de segurança, emissão de moeda, poder de polícia, diplomacia, prestação jurisdicional, desse modo (apenas teoricamente) o mercado regia as relações econômicas. Sobre o tema menciona-se o escólio de Clark:

> Na realidade, o estado sempre atuou na vida econômica, de maneira diferenciada e peculiar, de acordo com cada época e modelo econômico, inclusive no denominado Estado liberal, quando tal atribuição era restringida a limites extremos.
>
> Apesar de uma intervenção denominada negativa no Estado liberal, encontramos nesse modelo inúmeros exemplos de atuação econômica positiva do Estado, até mesmo sistemática – como a Lei do Trigo, na Inglaterra, que garantia um preço mínimo para o seu produto, buscando incentivar o agricultor, mas o sujeitava a certas regras de importação, e as barreiras colocadas pelos Estados Unidos e Alemanha, por volta de meados de 1800, para importação de mercadorias, no intuito de desenvolverem e protegerem a infantil indústria local contra os produtos da potente indústria inglesa. Como se percebe, nas hipóteses apontadas por Adam Smith, onde fosse admitida, a intervenção era frequentemente executada pelo Estado em prol da evolução do liberalismo. A abstenção era, sim, a regra, mas as políticas econômicas estatais positivas deveriam garantir o modelo. (CLARK, 2001, p. 21-22).

Com o advento das revoltas sociais em confronto com o sistema capitalista que implodia os direitos dos trabalhadores, e, ainda, a vigência da Constituição Mexicana de 1917 e da Constituição de Weimar de 1919, o florescimento da Revolução Russa de 1917, a deflagração de duas Grandes Guerras Mundiais (1914-1918 e 1939-1945) e, finalmente, a crise de 1929 exigiram a ação frequente do Estado na atmosfera econômica – era o Estado Social e seu neoliberalismo de regulamentação.

Posteriormente, a partir das Crises do Petróleo de 70 e 80, o fim da Guerra Fria, a aplicação da tecnologia de guerra no mercado de produtos, o Consenso de Washington de 1990 (redução da ação direta do Estado e a desregulamentação econômica), a ordem era implantar freneticamente a liberdade para o poder econômico privado – neoliberalismo de regulação.

A redução substancial da ação do Estado no domínio econômico recrudesceu a implantação de uma ditadura global de poder econômico privado e submergiu o caos socioeconômico nos países em desenvolvimento.

A intervenção do Estado no Domínio Econômico pode ser caracterizada, segundo Giovani Clark:

> A Constituição Econômica trata da intervenção direta do Estado no domínio econômico, em seu artigo 173 da CF. Esta pode ser realizada pelo Estado, inserindo-se o Município, quando for por motivo de segurança nacional ou por relevante interesse coletivo, definidos em lei.
>
> **A ação do Estado no domínio econômico, [...], em sua forma direta, estabelece-se pela atuação estatal na economia, ou seja, o Estado enquanto empresário, configurado, em regra, no Brasil, na sociedade de economia mista e na empresa pública, chamadas de empresas estatais.** Atualmente, o Estado empresário vem sendo duramente criticado e rapidamente destruído, por intermédio das privatizações impostas pelos movimentos neoliberais do final do século XX, a título de debelar a crise do Estado. (CLARK, 2001, p. 143, 148 e 147). (Grifei)

Pois bem, após esta longa explanação sobre a atuação do Estado, natureza jurídica das empresas estatais (especialmente da sociedade de economia mista), regime jurídico e formas de intervenção do Estado na economia, é imprescindível, para delimitação da atuação da MGS nos contratos elencados pelo Ministério Público de Contas nas representações acima enumeradas, transcrever o artigo 1º do Estatuto Social da MGS – Minas Gerais Administração e Serviços S.A, *verbis*:

> Art. 1º – A MGS – Minas Gerais Administração e Serviços S.A. ("Companhia"), sociedade anônima de capital fechado, é uma empresa pública regida por este Estatuto Social e pelas disposições legais que lhe forem aplicáveis, em especial pela Lei Estadual n. 11.406/94, pelas Leis Federais nºs 6.404/76 e 13.303/16 e pelo Decreto Estadual n. 47.154/17.

Sobre a natureza jurídica da MGS e respectiva atuação, destaco os arts. 125 e 126 da Lei 11.406/1994, *ipsis litteris*:

[...]

Nesta toada, entendo importante transcrever artigos pertinentes à organização funcional da referida empresa estatal, para delimitar os "quadros" de atuação interna e externa da MGS:

Art. 128 – O pessoal da empresa Minas Gerais Administração e Serviços S.A. – MGS – será regido pela Consolidação das Leis do Trabalho e respectiva legislação complementar e organizado nos seguintes quadros:

I – **quadro efetivo**, composto de empregados permanentes da empresa;

II – **quadro rotativo**, composto de empregados contratados para a execução das funções previstas no inciso I do art. 126 desta lei. (Grifei)

Aspecto importante desse artigo 128 é a delimitação de atuação da MGS por meio de seus quadros permanente e rotativo, que terá considerável impacto na fundamentação da regularidade das contratações realizadas entre a MGS e o diversos entes (representados).

Assim, reafirmo que a MGS é uma empresa estatal estadual, especificamente uma sociedade de economia mista[158] de capital fechado, com atuação (exploração) na atividade econômica. Enfim, a MGS não é uma empresa estatal prestadora de serviço público, **mas uma empresa estatal que explora atividade econômica[159] em concorrência com outras empresas que atuam em áreas elencadas no artigo 126 e incisos da citada Lei 11406/1994.**[160]

Neste sentido, por ter a incumbência de competir com outras empresas do ramo de atuação similar, a MGS deve ter um regramento próprio das empresas privadas (conforme estatui a Lei 13.303/2016) no sentido de flexibilização do regime jurídico de contratação do quadro rotativo para atendimento do fim social estabelecido em seu objeto legal e estatutário.

É de se reiterar que a MGS é uma sociedade de economia mista estadual, com autossuficiência financeira, e que atua na economia (de forma direta) em situações similares (e concorrencial) às das empresas privadas. Não se pode perder de vista tais pontos explicitados acima, pois são fundamentais para a delimitação da regularidade (e da

---

[158] Sociedades de economia mista são pessoas jurídicas de direito privado criadas para prestação de serviço público ou exploração de atividade econômica, contando com um capital misto e constituídas sob a modalidade de sociedade anônima.

[159] Neste sentido, *vide* informação obtida no sítio eletrônico do Estado de Minas Gerais, considerando a MGS como empresa estatal estadual não dependente, ou melhor, autossuficiente: Disponível em: http://www.fazenda.mg.gov.br/governo/contadoria_geral/relacao_orgaos_entidades_cnpj/.

[160] Com 66 anos de fundação, a MGS – Minas Gerais Administração e Serviços S.A., criada em 18 de janeiro de 1954, é uma sociedade anônima de capital fechado sob a forma de Empresa Pública, orientada pela Lei Estadual n. 11.406, de 28 de janeiro de 1994. [...] Fonte: https://www.mgs.srv.br/detalhe-da-materia/info/quem-somos/6496. Acesso em: 10 dez. 2020.

legitimidade) dos atos e contratos administrativos produzidos pelos diversos entes municipais e estaduais nas representações objetos de análise.

II.3 Terceirização na Administração Pública. Decisão do STF sobre a terceirização das atividades meio e fim. Entendimento do TCEMG sobre o âmbito de aplicabilidade da terceirização na Administração Pública.

A terceirização é um instituto oriundo da Ciência da Administração, que resulta do neologismo da palavra terceiro, compreendido como intermediário, interveniente. Observa-se que tal neologismo foi construído pela área da administração de empresas para designar a descentralização empresarial de atividades para outrem, um terceiro à empresa, como aquele que é estranho a certa relação jurídica entre duas ou mais partes, não se referindo, contudo, ao terceiro no sentido jurídico.[161]

A ideia da terceirização surge no período da Segunda Guerra Mundial, quando as empresas produtoras de armas estavam sobrecarregadas com a demanda e constataram que poderiam delegar serviços a terceiros a fim de aumentar a produção e atender à crescente demanda do mercado.[162] Assim, as empresas especializaram-se e passaram a produzir apenas o essencial, delegando a outras empresas atividades acessórias, de mero suporte a sua atividade-fim.

No Brasil, o fator impulsionador do fenômeno terceirizante foi a entrada das empresas multinacionais automobilísticas no mercado nacional, devido à abertura do mercado interno às empresas estrangeiras, o que ocorreu na década de 1950. Em virtude disso, as empresas nacionais tiveram que se adequar à nova realidade, para se tornarem mais competitivas, buscando o aumento da produtividade e a diminuição de custos.

Impende observar que as crises econômicas e as altas taxas de desemprego favoreceram o surgimento do fenômeno da terceirização, tendo em vista que, neste contexto, o empresário procura diminuir seus custos, principalmente com o barateamento da mão de obra.

---

[161] DELGADO, Maurício Godinho. *Curso de direito do trabalho*. 13. ed. São Paulo: LTr, 2014. p. 452.

[162] MARTINS, Sérgio Pinto. *A terceirização e o direito do trabalho*. 10. ed. São Paulo: Atlas, 2010.

A Consolidação das Leis do Trabalho de 1943 (CLT), em conformidade com os modelos social e econômico vigentes à época, apenas fez menção à empreitada e subempreitada como possibilidades de contratação de mão de obra, consoante ao disposto nos artigos 455 e 652, "a", III do referido diploma legal.

No final da década de 1960, foi instituído o Decreto-Lei n. 200/67 (art.10) que estimulava a descentralização administrativa do Estado através da contratação de serviços meramente executivos ou operacionais pela administração direta e indireta da União, Estados e Municípios, perante empresas componentes do segmento privado da economia, o que, de certo modo, configurou-se na indução legal à terceirização de atividades executivas e operacionais no âmbito da Administração Pública. Vejamos:

> Art. 10. A execução das atividades da Administração Federal deverá ser amplamente descentralizada.
>
> §1º A descentralização será posta em prática em três planos principais:
>
> **a) dentro dos quadros da Administração Federal, distinguindo-se claramente o nível de direção do de execução;**
>
> b) da Administração Federal para a das unidades federadas, quando estejam devidamente aparelhadas e mediante convênio;
>
> c) da Administração Federal para a órbita privada, mediante contratos ou concessões.
>
> [...]
>
> §7º Para melhor desincumbir-se das tarefas de planejamento, coordenação, supervisão e controle e com o objetivo de impedir o crescimento desmesurado da máquina administrativa, a Administração procurará desobrigar-se da realização material de tarefas executivas, recorrendo, sempre que possível, à execução indireta, mediante contrato, desde que exista, na área, iniciativa privada suficientemente desenvolvida e capacitada a desempenhar os encargos de execução. (Grifei)

No ano de 1970, a Lei n. 5.645, em seu artigo 3º, parágrafo único, exemplificou as atividades que poderiam ser objeto de descentralização no âmbito da Administração Pública, elucidando a questão:

> Art. 3º - Segundo a correlação e afinidade, a natureza dos trabalhos, ou o nível de conhecimentos aplicados, cada Grupo, abrangendo várias atividades, compreenderá:
>
> Parágrafo único. **As atividades relacionadas com transporte, conservação, custódia, operação de elevadores, limpeza e outras assemelhadas**

serão de preferência objeto de execução indireta, mediante contrato, de acordo com o art. 10, §7º, do Decreto-lei n. 200, de 25 de fevereiro de 1967. (Grifei)

Posteriormente, o parágrafo único do artigo 3º da Lei n. 5.645/70 foi revogado pela Lei n. 9.527/97 e, com o advento do Decreto n. 2.271/97, elencou, por meio de rol exemplificativo, as atividades que poderiam ser objeto de execução indireta pelos entes estatais, *verbis*:

> Art. 1º – No âmbito da Administração Pública Federal direta, autárquica e fundacional poderão ser objeto de execução indireta as atividades materiais acessórias, instrumentais ou complementares aos assuntos que constituem área de competência legal do órgão ou entidade.
>
> §1º – As atividades de conservação, limpeza, segurança, vigilância, transportes, informática, copeiragem, recepção, reprografia, telecomunicações e manutenção de prédios, equipamentos e instalações serão, de preferência, objeto de execução indireta.
>
> §2º – Não poderão ser objeto de execução indireta as atividades inerentes às categorias funcionais abrangidas pelo plano de cargos do órgão ou entidade, salvo expressa disposição legal em contrário ou quando se tratar de cargo extinto, total ou parcialmente, no âmbito do quadro geral de pessoal.

Verifica-se que no §2º do artigo acima transcrito foi imposta uma vedação com relação à execução indireta de atividades inerentes às categorias funcionais abrangidas pelo plano de cargos do órgão ou entidade, com o intuito de se garantir que a delegação abrangesse apenas atividades secundárias da administração, evitando-se ilegalidades.

É relevante citar a IN n. 02/2008, da Secretaria de Logística e Tecnologia da Informação do Ministério do Planejamento, Orçamento e Gestão, alterada pela IN n. 06/2013. A referida instrução normativa disciplina a contratação de serviços no âmbito da Administração Pública Federal e estabelece que os serviços contratados de terceiros pela Administração são aqueles que apoiam a realização das atividades essenciais ao cumprimento da missão institucional do órgão ou entidade, em estrita consonância ao que dispõe o Decreto n. 2.271/97. Sobre mais, contempla diretrizes que devem ser observadas na realização das licitações e para a gestão dos contratos administrativos pelo Poder Público.

A Constituição Federal de 1988, em seu artigo 37, inciso XXI, dispôs sobre a contratação de serviços pelo ente público, nos seguintes termos:

[...] ressalvados os casos especificados na legislação, as obras, serviços, compras e alienações serão contratados mediante processo de licitação pública que assegure igualdade de condições a todos os concorrentes, com cláusulas que estabeleçam obrigações de pagamento, mantidas as condições efetivas da proposta, nos termos da lei, o qual somente permitirá as exigências de qualificação técnica e econômicas indispensáveis à garantia do cumprimento das obrigações.

Para disciplinar o processo licitatório, foi editada a Lei n. 8.666/93, trazendo em seu bojo as regras e princípios a serem observados nas contratações públicas, inclusive aqueles serviços que poderão ser objeto de execução indireta, portanto, terceirizados.

[...]

Para melhor entendimento da evolução histórica da terceirização no Brasil, tem-se o professado por Carolina Zancaner Zockun, *ipsis litteris*:

[...] O Brasil, acompanhando a tendência mundial, deu início à terceirização material, na década de 1970, também por meio do setor automobilístico.

O modelo, entretanto, sofreu, nos anos 1980, forte resistência sindical e das próprias administrações das empresas, habituadas com planos centralizados de organização e gerência do trabalho. Contudo, nos anos 1990 a terceirização material espraiou-se para todo os setores produtivos.

A intensificação do fenômeno da globalização impulsionou a abertura da economia ao Exterior, realizada de forma abrupta e dissociada de políticas industrial e agrícola.

Esse processo ocorreu em um ambiente de intensa retração econômica, durante o governo Fernando Collor, e se prolongou até o final da década. Desta forma, a terceirização foi alavancada (i) pela necessidade imperativa de uma reestruturação produtiva para alcançar patamares de produtividade que garantissem a competividade e (ii) pela longa recessão da economia brasileira.

Nessa época foram tomadas medidas que tinham por objetivo estimular a competividade dos produtos brasileiros para enfrentar as novas condições impostas pelos mercados nacional e internacional. Destacam-se, entre várias coisas: o incentivo à reestruturação produtiva; a privatização de várias empresas públicas; a desregulamentação das relações de trabalho; a legislação antitruste e as novas leis de proteção ao consumidor; a liberalização comercial e as novas regras para investimentos diretos.

No cenário de crise e de desafios fixados pela abertura da economia brasileira e pela globalização, as empresas pretendiam, antes de tudo, garantir seu lugar nos mercados nacional e internacional. Assim, as empresas brasileiras delimitaram estratégias para alcançar ganhos de produtividade e diferenciais de competitividade. Algumas delas optaram pela redução de custos por meio da demissão de empregados e da precarização das relações de trabalho. Outras optaram por envidar seus esforços no produto final, terceirizando as denominadas atividades-meio. Outras, ainda, combinaram essas duas estratégias. Em todos esses casos o resultado para os trabalhadores foi o agravamento das condições de vida e de trabalho.[163]

Considerando a nova realidade na contratação de mão de obra no país, o Tribunal Superior do Trabalho, em 30/09/1986, editou o Enunciado n. 256, por meio do qual limitou taxativamente as hipóteses de contratação de trabalhadores por empresa interposta, estabelecendo que as contratações fora das alternativas previstas nas Leis nºs 6.019/74 e 7.102/83 geravam o estabelecimento do vínculo empregatício direto com o tomador de serviços.

> ENUNCIADO N. 256 DO TST – CONTRATO DE PRESTAÇÃO DE SERVIÇOS. LEGALIDADE (cancelada) – Res. 121/2003, DJ 19, 20 e 21/11/2003. Salvo os casos de trabalho temporário e de serviço de vigilância, previstos nas Leis nos 6.019, de 03/01/1974, e 7.102, de 20/06/1983, é ilegal a contratação de trabalhadores por empresa interposta, formando-se o vínculo empregatício diretamente com o tomador dos serviços.

Entretanto, devido à intensificação do fenômeno da globalização e pelo longo período de recessão da economia brasileira, a terceirização de serviços propagou-se para outros setores produtivos da economia, fazendo-se necessária a revisão do Enunciado n. 256, do TST, de modo que pudesse regulamentar de forma mais abrangente a prestação de serviços por meio de terceiros. As limitações constantes no aludido enunciado não condiziam mais com o panorama produtivo vigente no país, que buscava adequar-se às novas condições exigidas pelos mercados nacional e internacional.

Assim, a partir da revisão do Enunciado n. 256, foi editada a Súmula 331 pelo TST, composta de quatro incisos:

[...]

---

[163] ZOCKUN, Carolina Zancaner. *Da terceirização na Administração Pública*. São Paulo: Malheiros, 2014. p. 29-30.

Com efeito, a Súmula em questão trouxe significativas mudanças, tais como: a vedação de vínculo com a Administração Pública no caso de contratação irregular de trabalhador por empresa interposta, em estrita consonância com a previsão contida no inciso II, do art. 37 da CF (inciso II); a diferenciação entre atividades-meio e atividades-fim do tomador de serviços e a autorização de terceirização somente nas atividades-meio do tomador. Por fim, trouxe a previsão da responsabilidade subsidiária do tomador de serviços quanto às obrigações trabalhistas inadimplidas pela empresa terceirizante, desde que haja participado da relação processual e conste também do título executivo judicial.

[...]

Novamente, em 2011, foi dada nova redação ao inciso IV e acrescentado o inciso V, ante a decisão do STF na Ação Direta de Constitucionalidade n. 16, prolatada em 24/11/2010, que firmou ser constitucional o art. 71 da Lei n. 8.666/1993. Por conseguinte, foi afastada a responsabilidade objetiva do Estado em caso de inadimplemento das obrigações trabalhistas da empresa de terceirização, desde que respeitado o processo licitatório. A atribuição da responsabilidade subsidiária estaria condicionada à comprovação da *culpa in vigilando* do ente estatal quanto à fiscalização do cumprimento das obrigações trabalhistas da prestadora de serviços. Eis a Súmula com sua redação final:

SÚMULA N. 331 DO TST – CONTRATO DE PRESTAÇÃO DE SER-VIÇOS. LEGALIDADE (nova redação do item IV e inseridos os itens V e VI à redação) – Res. 174/2011, DEJT divulgado em 27, 30 e 31/05/2011.

I – A contratação de trabalhadores por empresa interposta é ilegal, formando-se o vínculo diretamente com o tomador dos serviços, salvo no caso de trabalho temporário (Lei n. 6.019, de 03.01.1974).

II – A contratação irregular de trabalhador, mediante empresa interposta, não gera vínculo de emprego com os órgãos da Administração Pública direta, indireta ou fundacional (art. 37, II, da CF/1988).

III – Não forma vínculo de emprego com o tomador a contratação de serviços de vigilância (Lei n. 7.102, de 20.06.1983) e de conservação e limpeza, bem como a de serviços especializados ligados à atividade-meio do tomador, desde que inexistente a pessoalidade e a subordinação direta.

IV – O inadimplemento das obrigações trabalhistas, por parte do empregador, implica a responsabilidade subsidiária do tomador dos serviços quanto àquelas obrigações, desde que haja participado da relação processual e conste também do título executivo judicial.

REPRESENTAÇÃO Nº 1.047.886 | 229

V – Os entes integrantes da Administração Pública direta e indireta respondem subsidiariamente, nas mesmas condições do item IV, caso evidenciada a sua conduta culposa no cumprimento das obrigações da Lei n. 8.666, de 21.06.1993, especialmente na fiscalização do cumprimento das obrigações contratuais e legais da prestadora de serviço como empregadora. A aludida responsabilidade não decorre de mero inadimplemento das obrigações trabalhistas assumidas pela empresa regularmente contratada.

VI – A responsabilidade subsidiária do tomador de serviços abrange todas as verbas decorrentes da condenação referentes ao período da prestação laboral.

Em 2017, foram editadas as Leis nºs 13.429/2017 e 13.467/2017, que, respectivamente, regulamentam a terceirização em todas as atividades da empresa, ampliando-se a terceirização também para as atividades-fim do empreendimento, dentre outras alterações, e alteram a Consolidação das Leis do Trabalho (CLT), aprovada pelo Decreto-Lei no 5.452, de 1º de maio de 1943, e as Leis nºs 6.019, de 3 de janeiro de 1974, 8.036, de 11 de maio de 1990, e 8.212, de 24 de julho de 1991, a fim de adequar a legislação às novas relações de trabalho (reforma trabalhista).

É de verificar-se que, antes da aprovação das referidas leis, o que se tinha eram leis esparsas e uma construção jurisprudencial que versavam sobre a terceirização. Com efeito, de acordo com entendimento jurisprudencial expresso por meio da Súmula n. 331, III do TST, era permitida a terceirização de serviços apenas das atividades acessórias, não ligadas ao objetivo principal da empresa, também chamadas de atividades-meio do tomador, assim como nos serviços de vigilância e de conservação e limpeza.

Esclarece-se que as atividades-meio são aquelas consideradas não essenciais à atividade empresarial do tomador. São as atividades inerentes, acessórias ou complementares à essência da dinâmica empresarial do tomador de serviços.[164] Já as atividades-fim são aquelas essenciais, indispensáveis à consecução da produção empresarial ou prestação de serviço. São aquelas nucleares que, caso retiradas do contexto empresarial, extinguem a atividade.

---

[164] DELGADO, Maurício Godinho. *Curso de direito do trabalho.* 13. ed. São Paulo: LTr, 2014. p. 468.

A aprovação da lei em análise foi polêmica e muito criticada por vários segmentos da sociedade, tais como, centrais sindicais, oposição política, representantes do Ministério Público do Trabalho e da Justiça do Trabalho, sob o argumento de que terceirização sem limites equivale à precarização dos direitos dos trabalhadores, como redução de salários e benefícios e ameaça ao emprego formal.

Em virtude de tais controvérsias, o STF foi instado a se manifestar na ADPF n. 324 e no Recurso Extraordinário n. 958.252, entendendo, na lavra do voto condutor do Min. Luís Roberto Barroso, pela constitucionalidade das referidas leis.

Assim, peço vênia a transcrição da ementa do voto que entendo importante para o deslinde do feito, *verbis*:

> Ementa: DIREITO DO TRABALHO. ARGUIÇÃO DE DESCUM-PRIMENTO DE PRECEITO FUNDAMENTAL. TERCEIRIZAÇÃO DE ATIVIDADE-FIM E DE ATIVIDADE-MEIO. CONSTITUCIONALIDADE.
>
> 1. A Constituição não impõe a adoção de um modelo de produção específico, não impede o desenvolvimento de estratégias empresariais flexíveis, tampouco veda a terceirização. Todavia, a jurisprudência trabalhista sobre o tema tem sido oscilante e não estabelece critérios e condições claras e objetivas, que permitam sua adoção com segurança. O direito do trabalho e o sistema sindical precisam se adequar às transformações no mercado de trabalho e na sociedade.
>
> **2. A terceirização das atividades-meio ou das atividades-fim de uma empresa tem amparo nos princípios constitucionais da livre iniciativa e da livre concorrência, que asseguram aos agentes econômicos a liberdade de formular estratégias negociais indutoras de maior eficiência econômica e competitividade.**
>
> 3. A terceirização não enseja, por si só, precarização do trabalho, violação da dignidade do trabalhador ou desrespeito a direitos previdenciários. É o exercício abusivo da sua contratação que pode produzir tais violações.
>
> 4. Para evitar tal exercício abusivo, os princípios que amparam a constitucionalidade da terceirização devem ser compatibilizados com as normas constitucionais de tutela do trabalhador, cabendo à contratante: i) verificar a idoneidade e a capacidade econômica da terceirizada; e ii) responder subsidiariamente pelo descumprimento das normas trabalhistas, bem como por obrigações previdenciárias (art. 31 da Lei 8.212/1993).
>
> 5. A responsabilização subsidiária da tomadora dos serviços pressupõe a sua participação no processo judicial, bem como a sua inclusão no título executivo judicial.
>
> 6. Mesmo com a superveniência da Lei 13.467/2017, persiste o objeto da ação, entre outras razões porque, a despeito dela, não foi revogada ou

alterada a Súmula 331 do TST, que consolidava o conjunto de decisões da Justiça do Trabalho sobre a matéria, a indicar que o tema continua a demandar a manifestação do Supremo Tribunal Federal a respeito dos aspectos constitucionais da terceirização. Além disso, a aprovação da lei ocorreu após o pedido de inclusão do feito em pauta.

7. Firmo a seguinte tese: **"1. É lícita a terceirização de toda e qualquer atividade, meio ou fim, não se configurando relação de emprego entre a contratante e o empregado da contratada. 2. Na terceirização, compete à contratante: i) verificar a idoneidade e a capacidade econômica da terceirizada; e ii) responder subsidiariamente pelo descumprimento das normas trabalhistas, bem como por obrigações previdenciárias, na forma do art. 31 da Lei 8.212/1993".**

8. ADPF julgada procedente para assentar a licitude da terceirização de atividade-fim ou meio. Restou explicitado pela maioria que a decisão não afeta automaticamente decisões transitadas em julgado. (Grifei)

Todavia, em que pese a exposição acima e a definição legal da terceirização pelo STF, faço a seguinte indagação: *"É possível a terceirização das atividades meio e fim na Administração Pública?"*

Pois então, este Tribunal já teve oportunidade de se manifestar a respeito do tema, na Consulta n. 1.024.677, na Sessão do Pleno do dia 04/12/2019, em que decidiu que as normas referentes à terceirização se aplicam às empresas públicas e sociedades de economia mista regidas pelo art. 173, da CR/88, *ipsis litteris*:

[...]

III – CONCLUSÃO

Em face do exposto, respondo aos questionamentos formulados pelo consulente, nos seguintes termos:

1) As normas da Lei n. 6.019/74 referentes ao contrato de trabalho temporário se aplicam às empresas públicas e sociedades de economia mista, mas não se aplicam à administração direta, às autarquias e às fundações públicas, para as quais o art. 37, IX, da CR/88 estabeleceu regime jurídico específico.

2) As normas da Lei n. 6.019/74 relativas à terceirização de serviços se aplicam à administração direta, às autarquias e fundações públicas no que concerne às atividades que não compreendam o exercício de parcela do poder estatal, estando vedada para as funções que: a) envolvam a tomada de decisão ou posicionamento institucional nas áreas de planejamento, coordenação, supervisão e controle; b) sejam consideradas estratégicas para o órgão ou a entidade, cuja terceirização possa colocar em risco o controle de processos e de conhecimentos

e tecnologias; c) estejam relacionadas ao poder de polícia, de regulação, de outorga de serviços públicos e de aplicação de sanção; d) sejam inerentes às categorias funcionais abrangidas pelo plano de cargos do órgão ou da entidade, exceto disposição legal em contrário ou quando se tratar de cargo extinto, total ou parcialmente, no âmbito do quadro geral de pessoal.

3) As normas da Lei n. 6.019/74 relativas à terceirização de serviços se aplicam às empresas públicas e sociedades de economia mista regidas pelo art. 173, da CR/88, salvo quando os serviços demandem a utilização, pela contratada, de profissionais com atribuições inerentes às dos cargos integrantes de seus Planos de Cargos e Salários. A vedação não se aplica caso implique contrariedade aos princípios administrativos da eficiência, da economicidade e da razoabilidade.

Dessa forma, consoante recente decisão do TCEMG na consulta acima citada, é possível a terceirização de atividade-fim por empresas estatais (empresas públicas ou sociedades de economia mista) que atuam na atividade econômica. Portanto, a MGS, por se tratar de sociedade de economia mista atuante no domínio econômico, pode terceirizar sua atividade finalística para atender ao seu objeto legal/ estatutário. Tal assertiva explica a necessidade de a MGS ter um regramento (regime jurídico) flexibilizado (de direito privado) para atender, **por meio do quadro rotativo,**[165] aos diversos entes municipais, estaduais e federais, sem perder a sua capacidade de concorrência com as empresas privadas.

II.4   Análise das representações. Apontamentos do Ministério Público junto a este Tribunal de Contas

Pois então, os itens anteriormente desenvolvidos são importantes para delinear, fundamentar e decidir acerca dos apontamentos do Ministério Público de Contas em relação a supostas irregularidades nas contratações da MGS pelos diversos entes públicos. A exaustiva exposição sobre a natureza jurídica da MGS, sua atuação no domínio econômico, a atual concepção da terceirização pelo STF e por este Tribunal dão as coordenadas para um juízo de cognição do caso posto para exame.

---

[165] Lei Estadual 11406/1994. Art. 128 [...]
[...]
Art. 126. [...]

Para melhor análise deste tópico, que trata efetivamente das supostas irregularidades elencadas nas representações apresentadas pelo *Parquet* de Contas, destaco os pontos de exame por este Relator:

a) burla à regra constitucional do concurso público;

b) empregos comissionados sem função de direção, chefia e assessoramento;

c) ausência de fixação das atribuições e dos requisitos para investidura dos empregos públicos comissionados de recrutamento amplo;

d) violação aos pressupostos legais reconhecidos no acordo celebrado com o Ministério Público do Trabalho e com o Ministério Público Estadual em 01/09/2000, nos autos da Ação Civil Pública n. 1.031/2000, que tramitou perante a 21ª Vara do Trabalho de Belo Horizonte;

e) desvio de função;

f) empregados públicos da MGS ocupando cargos na Secretaria de Estado de Saúde em detrimento de candidatos aprovados em concurso público – Edital n. 02/2014 (apontamento presente nos autos da Representação n. 1.058.570).

Quanto à suposta **burla à regra constitucional do concurso público,** entendo que, conforme já exposto no item II.2., a natureza jurídica da MGS elide ou mitiga a obrigatoriedade da instauração do concurso público referente ao **quadro rotativo**[166] da referida empresa estatal.

Com efeito, a MGS é uma sociedade de economia mista que atua (explora) em atividade econômica e, de acordo com o art. 126 e incisos da Lei 11.406/1994 e art. 4º e incisos do Estatuto Social da MGS – Minas Gerais Administração e Serviços S.A:

[...] tem por finalidade a prestação de serviços técnicos, administrativos e gerais aos órgãos e entidades da administração pública direta e indireta da União, dos estados, do Distrito Federal e dos municípios, em especial nas seguintes áreas: I – locação de mão de obra para conservação, limpeza, asseio, higienização, vigilância e serviços temporários; II – administração de estacionamentos rotativos; III – administração de condomínios; IV – recuperação, manutenção e conservação de móveis, máquinas, equipamentos e aparelhos em geral; V – conserto e manutenção de veículos; VI – execução de serviços gráficos; VII – administração de processos licitatórios e contratos administrativos; VIII – transporte de valores, cargas e passageiros; IX – fornecimento,

---

[166] Lei estadual 11.406/1994: Art. 128 [...]

revenda e administração de vale-transporte, vale-alimentação e outros tipos similares de vales; X – administração e representação de ações trabalhistas.

Além do mais, a atuação finalística da MGS no mercado incide na flexibilização do regime de contratação em relação ao quadro rotativo da empresa, sob pena de inviabilizar a sua própria existência. Cabe reiterar que a estrutura organizacional da MGS é composta por quadro permanente e por quadro rotativo, o que incide na conjugação de um sistema híbrido de contratação de pessoal (regime jurídico de direito público — quadro permanente — e privado — quadro rotativo).

Nestes termos, coaduno com os substanciosos argumentos do Conselheiro Cláudio Terrão, em sua manifestação prévia, às fls. 884/892 (Peça 16 do SGAP), acerca do tratamento diferenciado da MGS em relação à composição de seu quadro rotativo, *verbis*:

> [...]
>
> Com efeito, a MGS é uma empresa estatal não dependente cujo objeto social consiste na prestação de serviços técnicos, administrativos e gerais aos órgãos e entidades da administração pública, conforme definido no art. 126 da Lei Estadual n. 11.406/94. Em vista da natureza desta atividade, que não caracteriza serviço público, pode-se afirmar que se trata de entidade por meio da qual o Estado de Minas Gerais intervém no domínio econômico em concorrência no mercado, a atrair a regência do disposto no art. 173 da Constituição da República. Referido dispositivo determina, para empresas estatais como a MGS, "a sujeição ao regime jurídico próprio das empresas privadas, inclusive quanto aos direitos e obrigações civis, comerciais, trabalhistas e tributários", sendo-lhe vedado "gozar de privilégios fiscais não extensivos às do setor privado" (§1, inciso II, e §2º).
>
> [...]
>
> **De toda sorte, sendo a MGS desde sua origem uma empresa estatal cujo objeto vincula-se ao ambiente concorrencial, é pacífica a juris- prudência do STF, para o qual "os privilégios da Fazenda Pública são inextensíveis às sociedades de economia mista que executam atividade em regime de concorrência".** (Grifei)
>
> [...]
>
> Deveras, extrai-se do subsistema normativo constitucional que os entes criados ou utilizados pela Administração Pública para explorar atividade econômica no mercado concorrencial devem igualar-se às entidades privadas não só em relação às restrições jurídicas, mas também quanto às necessárias flexibilidades competitivas, sobretudo quando a equiparação for essencial à consecução de seu objeto social e,

em última análise, ao atingimento da finalidade pública que justificou sua criação. Ou seja, **o regime jurídico híbrido ao qual elas estão vinculadas deve comportar a necessária compatibilização de regras públicas, que eventualmente possam ser restritivas à concorrência, com interpretações mais flexíveis das regras privadas, na medida em que isso for fundamental à própria condição concorrencial ou, noutras palavras, à sua sobrevivência no mercado.** (Grifei)

Estabelecida essa premissa, que se mostra constitucionalmente adequada e na esteira da jurisprudência do STF, é fundamental separar o quadro de pessoal estruturante da empresa de seu quadro dinâmico ou predisposto à terceirização. No primeiro caso, trata-se do quadro fixo ou conjunto de servidores que irá dar sustentação à própria estrutura organizacional da MGS, empregados públicos submetidos a maior nível de estabilização e, portanto, necessariamente submetidos à regra constitucional do concurso público (art. 37, II) para fins de seleção. Enquanto, no segundo caso, trata-se do quadro rotativo ou conjunto de empregados, que representa parte do próprio objeto da empresa, cuja dinâmica de seleção, treinamento e disponibilização aos clientes reflete diretamente a demanda do próprio mercado, muitas vezes a incompatibilizar-se com os custos, os formalismos e o tempo necessário à aplicação da regra constitucional do concurso público. (Grifei)

Diante desse cenário, é de concluir que, para o quadro rotativo de pessoal da MGS, cuja alocação em tomadores de serviço constitui parte substancial da própria atividade econômica da empresa pública, as normas constitucionais, especialmente as insculpidas no art. 170, *caput*, no art. 173, §1º, inciso II, e seu §2º, devem afastar, sempre que necessário, aquela prevista no seu art. 37, inciso II. (Grifei)

[...]

Com efeito, deve-se pôr em relevo mais uma vez que faz parte do objeto empresarial da MGS o fornecimento de mão de obra para atender as demandas ordinárias do mercado. De tal sorte que – seja em função do tempo de resposta à demanda, a propiciar condição efetiva de competitividade à empresa em face da iteratividade do mercado e das exigências da concorrência, seja em função da tipologia de mão de obra para um determinado contrato, a fim de atender as especificidades técnicas (cursos, experiência do profissional etc.) das de um ou outro contratante – **é imprescindível que haja flexibilidade na seleção do quadro rotativo da empresa; tornando-a, portanto, pragmaticamente incompatível com as regras do concurso público.** (Grifei)

Ademais, a solução encontrada pelo MPT e pelo MPMG, de submeter a certame público o quadro rotativo da MGS – mão de obra que compõe o próprio objeto de mercado da empresa –, para evitar os desvios operacionais que à época foram identificados nesse tipo de procedimento, poderá vir a inviabilizar a empresa; porquanto, como já se ressaltou, é com o pessoal de seu quadro rotativo que a MGS precisa responder com rapidez à dinâmica do mercado e realizar suas contratações operacionais. Em outras palavras, a gestão da empresa não pode ficar cerceada de sua capacidade competitiva por excessivos formalismos de controle. Por mais que essas formalidades atendam ou facilitem a atuação ou os interesses de alguns órgãos estatais (MPT, MPMG, Tribunal de Contas etc.), elas não podem inviabilizar as condições mercadológicas da empresa. Não se assevera com isso que a empresa não deve submeter-se a critérios rígidos de controle, nem muito menos que deve sucumbir à influência de políticos e ou de autoridades administrativas na seleção das pessoas que venham a compor o seu quadro rotativo. Sabemos que o controle é fundamental, mas seus estratagemas e processos de trabalho devem estar predispostos a compatibilizar-se com a finalidade pública para qual a empresa foi criada.

Vale destacar ainda que o novel acordo judicial, nos exatos termos em que foi firmado, em complementação ao acerto original, pelo MPT, pelo MPMG e pela própria MGS, permanecerá, com a devida vênia aos que propuseram tal solução, impondo à empresa ônus artificial e impróprio à sua natureza jurídica; o que, como ressaltamos acima, poderá vir até mesmo a inviabilizar a sua existência. **Mais uma vez cabe salientar que o quadro rotativo da MGS não precisa estar submetido à regra do concurso público, cabendo aos seus gestores promover a seleção das pessoas que comporão conforme a demanda e a dinâmica do mercado; sem descurar, obviamente, do controle necessário ao seu propósito finalístico, sobretudo quanto às indesejáveis e eventuais interferências externas, sob pena inclusive das responsabilizações pessoais decorrentes da lei.** (Grifei)

No mesmo sentido, a MGS, em seus esclarecimentos às fls. 717/726 (Peça 16 do SGAP), reafirma a natureza jurídica da empresa estatal pois:

na condição de empresa pública exploradora de atividade econômica, está sujeita ao regime jurídico das empresas privadas, inclusive no que tange às obrigações trabalhistas. E, nesse contexto, aplicam-se às relações de trabalho da MGS as normas contidas na Consolidação das Leis do Trabalho (CLT), valendo lembrar que os empregados da MGS, independentemente da forma de provimento, ocupam empregos públicos.

De fato, o item II.2. deste voto desenvolveu cuidadosamente a estrutura organizacional da MGS, delineando a sua finalidade e a existência de prerrogativas e privilégios para o atendimento das demandas do mercado.

Por outro norte, este Tribunal já decidiu acerca da possibilidade de terceirização de atividades-meio e fim pelas empresas estatais (empresas públicas e sociedades de economia mista) que atuam na atividade econômica, conforme se dessume da Consulta n. 1.024.677, na Sessão do Pleno do dia 04/12/2019. Assim, a meu ver, é possível, inclusive, a MGS terceirizar a sua atividade-fim para atender à demanda de entes públicos e privados interessados em contratar com a própria empresa estatal. Logo, se é possível terceirizar o **quadro rotativo** da MGS, então, por conclusão lógica, é prescindível a deflagração de concurso público para composição desse quadro representativo do próprio objeto da empresa. Esse é o sentido exposto pelo Conselheiro Cláudio Terrão em sua manifestação prévia, ao qual me filio na sua integridade, *ipsis litteris*:

> **Outro ponto que merece especial atenção no caso especialíssimo sob análise é que o quadro-contexto normativo existente à época do acordo originário, que submeteu a contratação do pessoal do quadro rotativo da empresa à regra do art. 37, II, da CF, sofreu substancial modificação superveniente. Em especial, vale salientar as alterações que sobrevieram tanto por força da entrada em vigor das Leis nᵒˢ 13.429/17 e 13.467/17 quanto pela formação de precedentes qualificados do STF, nos quais se assentou a possibilidade de terceirização para além dos limites da Súmula 331/TST, que foi considerada inconstitucional por violar os princípios da livre iniciativa e da liberdade contratual.** (Grifei)
>
> Diante desse novo contexto, e respeitados os limites temporais da coisa julgada, entendemos ter restado configurada, inclusive, a insubsistência dos efeitos concretos da regulação jurídica operada tanto pelo acordo originário quanto por sua complementação. Noutras palavras, compreendemos que há plena possibilidade jurídica de que a MGS promova a imediata desconstituição desses acordos, sobretudo por se tratar de relação jurídica de trato continuado sobre a qual sobreveio modificação no estado de direito, nos exatos termos do art. 505, inciso I, do Código de Processo Civil.
>
> Por outro lado, e conquanto possa sob a dimensão do controle externo dar interpretação diferente à que fora estabelecida no âmbito do acordo firmado, não cabe ao Tribunal de Contas imiscuir-se diretamente naquela específica relação jurídica, uma vez que não integrou os limites subjetivos daquele processo judicial de controle. Não por outra razão, sob a nossa relatoria propusemos o arquivamento de anterior processo de controle externo, que tinha o mesmo objeto discutido no âmbito da 21ª Vara do Trabalho em Belo Horizonte. É que não caberia ao Tribunal de Contas, em razão de sua absoluta incompetência, fiscalizar o objeto do acordo firmado entre a MGS, o MPT e o MPMG.

Além disso, conquanto sob a perspectiva do controle externo pudesse ter outra compreensão jurídica sobre os mesmos fatos submetidos ao controle judicial, é necessário sublinhar que, caso viesse a confirmar interpretação divergente daquela, poderia gerar naquele contexto ainda mais insegurança jurídica sobre as relações contratuais já firmadas pela empresa, seus empregados e seus contratados.

[...]

Assevera-se, portanto, sob a ótica administrativa deste Tribunal de Contas, ou seja, enquanto contratante de serviço terceirizado, a total regularidade da contratação da mão de obra na forma em que fora operada; primeiro, porque a norma que estaria sendo ofendida (art. 37, II, CF/88), segundo nossa compreensão, não seria sequer aplicável ao quadro de pessoal rotativo da MGS; segundo, porquanto a solução interna adotada pela empresa para operacionalizar a demanda do Tribunal, na condição de contratante, não estava abarcada pelo acordo judicial originalmente firmado pela empresa, tanto que o MPT arquivou a representação que lhe fora enviada pelo MPC sobre os mesmos fatos ora analisados, suscitando inclusive novo acordo complementar ao original. (Grifei)

[...]

Mas não é só. Vale salientar algo muito peculiar ao caso da MGS. É que, considerando a constitucionalidade da terceirização da própria atividade-fim das empresas privadas – e não se olvidando que essa parte do regime jurídico de direito privado também deve ser aplicável às empresas públicas regidas pelo art. 173 da Constituição da República, uma vez que se lhes devem aplicar tanto as restrições jurídicas quanto os privilégios, a fim de que possam concorrer em igualdade de condições no mercado –, a própria atividade principal da MGS poderia ser terceirizada, diante desse novo contexto jurídico. Em outras palavras, a própria contratação de mão de obra para alocação em tomadores de serviço poderia ser terceirizada pela MGS. Não se tratando, por óbvio, de simples contratos para fins de seleção de pessoal, mas de contrato que configuraria subterceirização, a exemplo da sublocação, ordinariamente verificada no mercado de locação de veículos ou terceirização de frotas.

[...]

Em outras palavras, **a necessidade de competir em igualdade de condições no mercado permite, nos termos do normativo federal, a terceirização da atividade-fim de empresas públicas e sociedades de economia mista.** (Grifei)

Assim sendo, considerando a fundamentação acima exposta, entendo por afastar o apontamento do Ministério Público de Contas acerca da suposta burla ao concurso público em relação a todas as representações elencadas no preâmbulo deste voto.

Quanto aos apontamentos de **"empregos comissionados sem função de direção, chefia e assessoramento"** e da **"ausência de fixação das atribuições e dos requisitos para investidura dos empregos públicos comissionados de recrutamento amplo"**, insisto na proposição por mim desenvolvida acerca da natureza jurídica da MGS (sociedade de economia mista não dependente, atuante no domínio econômico) e da sua repercussão na composição do quadro permanente e do quadro rotativo da referida empresa pública. Reafirmo o entendimento da necessidade de flexibilizar o regramento acerca da composição do **quadro rotativo** da empresa estatal em prol do atendimento de sua atividade finalística.

Assim, em que pese a inapropriada utilização semântica do termo "cargo em comissão" pela MGS, para justificar as diversas contratações realizadas por entes públicos, entendo que a conduta perpetrada pelos gestores da MGS (e muito menos dos entes contratantes) não tem o condão de macular a alocação de empregos para atender às demandas dos diversos órgãos públicos.

Trago a lume (novamente) o entendimento (recente) desse tribunal acerca da possibilidade de terceirização da atividade-fim pelas empresas estatais que atuam na atividade econômica, o que, por si só, já afastaria a suposta irregularidade apontada pelo Ministério Público de Contas, pois demonstra a possibilidade elástica de interpretação do regramento acerca da regular alocação de empregados do **quadro rotativo** (inclusive motoristas executivos) nas relações contratuais já firmadas pela empresa, seus empregados e seus contratados.

Entretanto, entendo que a MGS deve estabelecer instrumento normativo que regulamente a estrutura e a operacionalização do quadro organizacional da empresa, por meio de diretrizes e regras relativas aos empregos, salários, gratificações, atribuições, recrutamento e provimento.

Insta ressaltar o entendimento do plenário desta Corte que, no Recurso Ordinário n. 95.834 (da relatoria do Conselheiro Wanderley Ávila), na Sessão do dia 04/05/2016, assim deliberou em caso análogo:[167]

---

[167] Nesta oportunidade, destaco **o voto do Conselheiro Gilberto Diniz no referido Recurso Ordinário 958.834**: [...] Senhor Presidente, acompanho a conclusão do Excelentíssimo Relator, dando provimento ao recurso e, assim, afastando a determinação feita aos gestores para, sob pena de multa, provocar a autoridade competente para deflagração do devido processo legislativo com vistas à criação, por lei, do quadro de empregados do INDI.

O INDI é uma entidade vinculada a uma Secretaria de Estado, controlada política e administrativamente pelo Estado, mas cujos recursos provêm da CEMIG e do BDMG (Lei n.15.682/2005, p.29), além de poder receber outros: doações de entidades públicas e privadas nacionais e internacionais, após autorização formal do seu Conselho Superior (art.7º, do contrato social, à fl.22-v).

O INDI foi reconhecido pela Lei Delegada n.179/2011 como entidade da Administração Indireta do Estado de Minas Gerais, encontrando-se dentro da área de competência da Secretaria de Estado de Desenvolvimento Econômico, como a CEMIG e o BDMG.

Nos termos da Lei Delegada n.180/2011, art. 153, II, "c", o INDI integra por vinculação a área de competência da Secretaria de Estado de Desenvolvimento Econômico, mas sem subordinação, sem relação de hierarquia, mas tão somente vinculada em razão de sua atividade ser afeta àquela Secretaria. Tal fato encontra simetria com a lei que regulamenta a organização da Administração Federal, Decreto Lei n.200/1967, o qual prevê no parágrafo único do art.4º:

> Art.4º [...]
>
> Parágrafo único. As entidades compreendidas na Administração Indireta vinculam-se ao Ministério em cuja área de competência estiver enquadrada sua principal atividade.

Assim, a princípio, o INDI se sujeita a todas as regras que norteiam a Administração Pública, inclusive quanto à obrigatoriedade de criação do quadro de pessoal por lei. Nesse sentido, há regra expressa na Constituição Estadual:

Registro, ademais, que não me parece razoável manter a determinação, porque a constitucionalidade da norma do inciso X do art. 61 da Constituição do Estado – de que decorreria a necessidade de, por lei, fixar-se o quadro de empregos do INDI – está sendo discutida no Supremo Tribunal Federal, no âmbito da Ação Direta de Inconstitucionalidade n. 4.844, com petição inicial datada de 21/8/2012, assinada pelo então Governador do Estado, Sr. Antônio Augusto Junho Anastasia, e pelo então Advogado-Geral do Estado, Sr. Marco Antônio Rebelo Romaneli, na qual foram manejados argumentos vários, entre os quais o de que o constituinte decorrente estadual ampliara inconstitucionalmente os limites "estabelecidos no artigo 61, §1º, II, alínea 'a', da Constituição Federal, cujo preceito imputa ao Presidente da República a iniciativa privada das leis que disponham sobre 'a criação de cargos, funções ou empregos na administração direta e autárquica ou aumento de sua remuneração.'"
A propósito, a mencionada ADI n. 4.844 conta já com pareceres – pela inconstitucionalidade – da: a) Advocacia-Geral da União, datado de 22/10/2012, em que se afirma que "os artigos 61, inciso X; e 66, inciso III, alínea 'd', da Constituição do Estado de Minas Gerais não guardam simetria com a Carta da República, que somente prevê a edição de lei acerca da criação de empregos públicos na Administração direta e autárquica (artigo 61, §1º, inciso II, alínea 'a', da Lei Maior), mas não contém disposição semelhante em relação às entidades estatais de natureza privada"; b) Procuradoria-Geral da República, datado de 30/11/2012, em que se ressalta que "A própria lógica de criação de uma empresa pública e de uma sociedade de economia mista indica que não cabe ao Legislativo determinar como elas funcionam."

Art. 61. Cabe à Assembleia Legislativa, com a sanção do governador, não exigida esta para o especificado no art. 62, dispor sobre todas as matérias de competência do Estado, especificamente:

[...]

X – fixação do quadro de empregos das empresas públicas, sociedades de economia mista e demais entidades sob controle direto ou indireto do Estado.

Contudo, **considerando que esta Corte já adotou exegese no sentido de flexibilizar tal obrigação no caso de empresas independentes,** resta saber se o INDI é uma empresa dependente ou independente. (Grifei)

A definição de empresa estatal dependente encontra-se no inciso III do art.2º da LRF, conforme segue: "empresa controlada que receba do ente controlador recursos financeiros para pagamento de despesas com pessoal ou de custeio em geral ou de capital, excluídos, no último caso, aqueles provenientes de aumento de participação acionária."

Segundo Alécia Paolucci Nogueira Bicalho,[168] nem sempre a ocorrência dos eventos indicados naquele dispositivo da LRF é suficiente para caracterizar a situação de dependência capaz de enquadrar a empresa no conceito de estatal dependente. Considera ser essencial, diante do caso concreto, avaliar a ocorrência ou não de efetiva oneração do erário, a fim de caracterizar a empresa estatal como autossuficiente ou dependente.

Segundo informado pela 2ª Coordenadoria de Fiscalização do Estado, o INDI figura no rol de empresas incluídas na Lei Orçamentária Anual, notadamente no volume dedicado ao Orçamento de Investimento das Empresas Controladas pelo Estado de Minas Gerais, e, ainda, que nesse rol não estão relacionadas as empresas dependentes.

Analisando a natureza jurídica dos recursos financeiros repassados ao INDI, verifica-se que seus recursos provêm de seus mantenedores, CEMIG e BDMG, sendo que 75% provêm de resultados sociais da CEMIG, podendo receber, também, recursos de entidades privadas, conforme art.7º do seu contrato social (fl.21-v).

A CEMIG e o BDMG, segundo informado pela unidade técnica, apenas recebem do Estado recursos para aumento de participação acionária, não sendo custeados por ele (fl.58-v); logo, também, não são dependentes, nos termos do precitado art. 2º, III, da LRF.

Portanto, entendo que, concretamente, o INDI é sociedade simples controlada, mas não é dependente, pois não onera o Erário. Dessa forma não se sujeita a obrigatoriedade de lei para a fixação do quadro

---

[168] BICALHO, Alécia Paolucci Nogueira. Organização Administrativa Brasileira. *In*: MOTTA, Carlos Pinto Coelho. *Curso Prático de Direito Administrativo*. 3. ed., rev. atual. e ampl. Belo Horizonte: Del Rey, 2011. Cap. 3, p. 86.

de seus empregos, em conformidade com o art. 61, §1º, II, "a" da CR/1988. Todavia, isso não retira do Tribunal de Contas o poder de aferir a adequação dessas contratações com o número de empregos criados, jornada de trabalho, vencimentos, etc. (Grifei)

Acerca do assunto, destaco as decisões deste Tribunal proferidas no Recurso Ordinário n. 772.587, de Relatoria do Cons. Eduardo Carone, Sessão de 15.07.09; e nos autos da Denúncia n. 736.592, de Relatoria do Cons. José Alves Viana, Sessão de 7/5/2013. Ressalto dessas decisões o seguinte:[169]

> Nesse sentido, ressalte-se, não há previsão na Carta Federal de norma que imponha a participação do Poder Legislativo no processo de fixação do quadro de empregos de sociedade de economia mista ou empresa pública, limitada a obrigatoriedade de lei como instrumento a exteriorizar a "criação de cargos, funções ou empregos públicos" à "administração direta e autárquica", na forma do art. 61, §1º, inciso II, alínea "a", do texto constitucional, e, de conseguinte, excluídas dessa dicção aquelas entidades, quer matrizes, quer subsidiárias, tendo o Constituinte assim se conduzido seguramente pelo caráter privado delas.

> [...]

> No aspecto ora examinado, prevalece a norma paradigmática do art. 61, §1º, inciso II, alínea "a", da Constituição Federal, que não dispõe sobre exigência de fixação em lei de quadro de empregos das empresas estatais - sociedade de economia mista, empresa pública e suas subsidiárias –, da qual, portanto, são excluídas, limitada a disposição constitucional à "administração direta e autárquica", com cuja regra impõe harmonizar-se a exegese dos arts. 61, inciso X, e 66, inciso III, alínea "d", da Constituição Estadual.

> Face ao exposto, voto pelo conhecimento do presente recurso e pelo seu provimento, devendo ser reformada a decisão recorrida para excluir a determinação de adoção das medidas necessárias à provocação da autoridade competente para a deflagração do devido processo legislativo para a criação por lei do quadro de empregados do INDI e, via de consequência, a multa; **restando tão somente a necessidade de fixação do seu quadro de empregos, para fins de controle referente à jornada de trabalho, aos vencimentos, à escolaridade, às atribuições dos empregos e a quantidade de vagas ofertadas no edital.**

De acordo com a manifestação às fls. 717/726 (Peça 16 do SGAP), a MGS informou que:

---

[169] O texto transcrito consta nas duas decisões.

a instituição dos empregos públicos da MGS se dá por norma própria, neste caso o Normativo de Empregos e Salários (NES), cuja cópia já consta nos autos. Este normativo tem por objetivo regulamentar a estrutura e a operacionalização do Quadro de Empregos e Salários da MGS, por meio de diretrizes e regras relativas aos empregos, salários, gratificações, atribuições, recrutamento e provimento.

De qualquer maneira, a MGS informou às fls. 894/895 (Peça 16 do SGAP) que, "visando melhorar os processos de recrutamento e seleção de empregados e conferir ainda mais segurança jurídica aos seus procedimentos, bem como atender às determinações contidas no Termo Aditivo ao Acordo Judicial sobre Contratação de Empregados (Cargos) de Confiança: Provimento Comissionado de Livre Nomeação e Exoneração" (Peça 16 do SGAP – fls. 896/899), seria implantada nova sistemática de provimento de cargo comissionado de livre nomeação e livre exoneração.

Por conseguinte, não acolho o apontamento ministerial acerca da suposta irregularidade de **"empregos comissionados sem função de direção, chefia e assessoramento"** e de **"ausência de fixação das atribuições e dos requisitos para investidura dos empregos públicos comissionados de recrutamento amplo"**, pois tais questões não invalidam as contratações realizadas nas representações ora analisadas em atendimento ao regime jurídico (híbrido) que disciplina as empresas estatais que atuam na atividade econômica. De qualquer maneira, entendo que a MGS deve atentar para a correta utilização semântica das funções exercidas pelos empregados (indevidamente denominadas de "cargo em comissão") nas diversas contratações firmadas com entes públicos.

Dando continuidade, quanto aos apontamentos de **"violação aos pressupostos legais reconhecidos no acordo celebrado com o Ministério Público do Trabalho e com o Ministério Público Estadual em 01/09/2000, nos autos da Ação Civil Pública n. 1.031/2000, que tramitou perante a 21ª Vara do Trabalho de Belo Horizonte"** e de **"desvio de função"** (apontamento presente nos autos das representações n. 1.058.554, 1.058.565, 1.058.570, 1.058.573, 1.058.574, 1.058.597, 1.058.598, 1.058.599, 1.058.600, 1.058.601, 1.058.602, 1.058.605, 1.058.606, 1.058.611, 1.058.613 e 1.058.620), entendo que a Coordenadoria de Fiscalização de Atos de Admissão, em seu relatório técnico (Peça 11 do SGAP), afastou tais irregularidades por entender que este Tribunal de Contas é **incompetente** para decidir sobre achados incidentes na esfera da Justiça do Trabalho. Assim, desde já, adoto a manifestação apresentada pela referida Unidade Técnica como o fundamento desta decisão, fazendo uso, *in casu*, da intitulada motivação *per relationem*.

[...]

No âmbito deste Tribunal, na Representação n. 1.058.883,[170] o Relator, Conselheiro José Alves Viana, ao se valer da motivação *per relationem* na fundamentação de seu voto, a conceituou como:

> Motivação *per relationem* se caracteriza pela remissão que o ato judicial expressamente faz a outras manifestações ou peças processuais existentes nos autos, mesmo as produzidas pelas partes, pelo Ministério Público ou por autoridades públicas, cujo teor indique os fundamentos de fato e ou de direito que justifiquem a decisão emanada do Poder Judiciário. Precedente: MS 25.936-ED, Rel. Min. Celso de Mello, julgamento em 13-6-2007, Plenário, DJE de 18-9-2009.[171]

O art. 50, §1º, da Lei Federal n. 9.784/1999, que regula o processo administrativo no âmbito da administração pública federal, permite expressamente a motivação *aliunde* ou *per relationem* ao dispor: "A motivação deve ser explícita, clara e congruente, **podendo consistir em declaração de concordância com fundamentos de anteriores pareceres, informações, decisões ou propostas, que, neste caso, serão parte integrante do ato**". (Grifo meu).

Acrescento que, embora não exista previsão expressa na Lei Estadual n. 14.184/2002, que dispõe sobre o processo administrativo no âmbito da administração pública estadual de Minas Gerais, da motivação *aliunde* ou *per relationem*, é possível a sua utilização nas decisões proferidas por este Tribunal, uma vez que constitui instituto admitido pela doutrina, pelo Poder Judiciário e pela própria jurisprudência deste Tribunal.

Diante do acima narrado, adotando como razões de decidir a fundamentação desenvolvida no relatório técnico constante na Peça 11 do SGAP, reconheço que este Tribunal é incompetente para analisar e decidir sobre a "**violação aos pressupostos legais reconhecidos no acordo celebrado com o Ministério Público do Trabalho e com o Ministério Público Estadual em 01/09/2000, nos autos da Ação Civil**

---

[170] Representação n. 1.058.883, Relator Conselheiro José Alves Viana, Primeira Câmara, sessão de 10.03.2020.

[171] Fonte: http://junior-dpj.blogspot.com.br/2011/11/tecnica-da-motivacao-perrelationem.html.

Pública n. 1031/2000, que tramitou perante a 21ª Vara do Trabalho de Belo Horizonte" e o **"desvio de função"** dos contratos firmados entre a MGS e as diversas entidades públicas estadual e municipais, *ipsis litteris*:

[...]

Por todo o exposto, tendo em vista (i) a previsão, contida no próprio acordo, da aplicação de multas para o caso de descumprimento de alguma de suas cláusulas; (ii) a cláusula 7ª do acordo, pela qual se estabelece que a multa será aplicada após oitiva do Ministério Público do Trabalho e decisão do Juízo Trabalhista; (iii) a tramitação do PAJ n. 16.2000 na Procuradoria Regional do Trabalho da 3ª Região, procedimento destinado ao acompanhamento do cumprimento do acordo celebrado entre MGS/MPT/MPMG, com última movimentação processual em 03/07/2019, conforme consulta ao site da Procuradoria; e, ainda, (iv) o precedente firmado por esta Corte de Contas, no processo n. 696.103, segundo o qual, "diante da previsão de penalidades no próprio instrumento de transação, eventual aplicação de multa por esta Corte ensejaria nítido *bis in idem"*, **esta Unidade Técnica se manifesta pela incompetência desta Corte de Contas para analisar o (des) cumprimento do referido acordo celebrado entre o Ministério Público do Trabalho e a MGS.** (Grifei)

[...]

Nas tabelas constantes das representações, consta a indicação de diversos empregados contratados pela MGS para cargos determinados, porém supostamente exercendo funções distintas no órgão ou na entidade na qual o empregado foi alocado em meio ao contrato de prestação de serviços.

[...]

Prefacialmente, antes de se adentrar à análise dos pontos trazidos pelo Representante e pela MGS, impõe-se algumas considerações preliminares. Nesse sentido, destaca-se, embora a jurisdição seja una, o seu exercício – competência – ocorre por meio de uma divisão de funções entre diversos órgãos, cujo regramento encontra-se constitucionalmente estabelecido. Portanto, a competência pode ser entendida como os limites da atuação de um órgão. Não se pode atuar caso a competência não seja prevista, até mesmo porque, em se tratando da Administração Pública, toda competência deve estar prevista em lei, em convergência com o princípio da legalidade, que revela que aquela só pode agir quando a lei autoriza.

Analisando-se tanto as Constituições Federal e Estadual mineira, quanto a Lei Orgânica desta Corte, não se identifica em qual competência nas normas arroladas poderia o TCE-MG apoiar-se para analisar a presente irregularidade.

Em todos os autos em que o Representante alegou a irregularidade desvio de função, nota-se a relação de terceirização com a empresa interposta MGS – pessoa jurídica de direito privado que, de fato, é a responsável pela contratação dos empregados. "Por ser empresa pública com personalidade jurídica de direito privado, os empregados públicos da MGS são regidos pelo regime celetista", conforme informado pelo próprio Representante. Logo, essa relação é evidentemente trabalhista (regime celetista).

Deve ficar claro que, no contrato de terceirização de serviços, há uma duplicidade de vínculos: o primeiro se estabelece entre a MGS e seus empregados e é uma relação tipicamente privada, à qual se aplicam as normas do Direito Civil e Direito do Trabalho; já o segundo vínculo é formado entre a MGS e o órgão público contratante, cuidando-se de relação estabelecida por meio de um contrato administrativo, regido por normas de Direito Administrativo.

Nesse viés, quando se trata da primeira relação, o TCE-MG não teria – dentro de seu leque de funções instituídas pelas Constituições Federal e Estadual, pela Lei Orgânica e pelo Regimento Interno desta Corte de Contas – competência para tanto. Já em relação à segunda relação, referente ao contrato administrativo, o TCE-MG seria competente para analisar sua legalidade; porém, eventual impropriedade do desvio de função não se situa nesta relação, e sim, na primeira, de caráter trabalhista, configurada entre empregado e empregador.

Ainda no tocante à análise da competência, é preciso destacar que o exame caso a caso de cada empregado da MGS ultrapassa as funções legalmente previstas para este Tribunal, pois estar-se-ia averiguando o direito individual de cada um deles.

Ademais, observe-se o que dispõe o artigo 114, I, da Carta Magna:

> Compete à Justiça do Trabalho processar e julgar as ações oriundas da relação de trabalho, abrangidos os entes de direito público externo e da administração pública direta e indireta da União, dos Estados, do Distrito Federal e dos Municípios.

Considerando tal disposição, o Supremo Tribunal Federal tem firme entendimento no sentido de que:

> [...] compete à Justiça do Trabalho dirimir as controvérsias instauradas entre pessoas jurídicas de direito privado integrantes da administração indireta e seus empregados, cuja relação é regida pela CLT, compreendendo, inclusive, a fase pré-contratual.[172]

[...]

Apesar da clara competência da Justiça Trabalhista para a análise do desvio de função de empregados públicos, o Representante cita que:

---

[172] RE nº 1015362-AgR, Rel. Min. Edson Fachin. Data da sessão: 12.05.2017; *DJe*: 29.05.2017.

[...] o desvio de função enseja o direito à equiparação salarial por aplicação do princípio da isonomia e, consequentemente, pode acarretar dano ao erário na medida que as funções exercidas pelo empregado público correspondam a emprego com remuneração superior àquele efetivamente contratado. Daí o interesse público do Ministério Público de Contas de impedir que tal conduta se concretize ou permaneça.

Entretanto, não há sentido em se imputar um dano ao erário presumido. Uma vez que, para a configuração de eventual prejuízo ao erário, imperiosas se fazem a prova inequívoca do dano, a sua quantificação e a identificação dos responsáveis. No caso em análise, não há como pressupor referido dano sem que a caracterização do desvio de função e o eventual direito a diferenças salariais sejam apreciados pela Justiça Trabalhista. Isso não quer dizer, contudo, que as partes contratantes se eximam da responsabilidade quanto à fiscalização da execução de seus contratos, conforme suas cláusulas e preceitos legais. (Grifei)

Por todo o exposto, conclui esta Unidade Técnica que a análise do presente apontamento não se insere nas competências desta Corte de Contas, tendo em vista tratar-se de matéria trabalhista. Resta prejudicada, portanto, a análise meritória acerca dos fundamentos apresentados nas representações e nas manifestações oferecidas pela representada no que tange à apreciação da irregularidade apontada. (Grifei)

No mesmo sentido, a MGS, em sua manifestação às fls. 717/726 (Peça 16 do SGAP), alegou em relação aos referidos apontamentos:

No que tange às alegações de desvio de função apontadas em algumas das representações, constata-se que se trata de matéria tipicamente trabalhista e de caráter individual, pelo que carece de interesse e legitimidade do Ministério Público de Contas e até mesmo do Ministério Público do Trabalho, pois são interesses tipicamente individuais, sendo que o Ministério Público deve atuar no interesse coletivo *lato sensu*, onde existe repercussão social significativa.

[...]

Neste contexto, a matéria relativa a desvio de função apontada de forma esporádica e individual em algumas representações não merece atuação do Ministério Público devido à ausência de interesse coletivo, bem como carece de elementos concretos que justifiquem o recebimento das representações.

Mutatis mutandis, na Sessão da Segunda Câmara de 10/10/2019, o Conselheiro Substituto Victor Meyer assim se pronunciou sobre a incompetência do Tribunal de Contas para dirimir direitos individuais homogêneos – similar à presente discussão sobre desvio de função, *verbis*:

> **Refletindo após a manifestação da defesa, percebo que o objeto versado nos autos, de fato, não se adequa ao conceito de ato concreto de gestão de receita ou despesa públicas a ser submetido à análise deste órgão de controle externo, tampouco se trata de ato de concessão de aposentadoria a ser registrado, de modo que não vislumbro nas denúncias a existência de elementos que justifiquem qualquer ação de controle por este Tribunal, não merecendo prosseguimento, portanto, as denúncias ora analisadas.** (Grifei)

> Em verdade, em ambos os casos, o denunciante, entidade sindical, **defende direito individual homogêneo dos servidores públicos que congrega, não se tratando de matéria afeta à preservação do interesse público.** (Grifei)

> Friso que a competência constitucional dos Tribunais de Contas para registrar atos de pessoal (art. 71, III, da CF) compreende apenas atos que admitem servidores ou concedem benefícios previdenciários, ou seja, atos que concedem ou ampliam direitos, constituindo obrigações para o ente público. Não contempla atos de indeferimento.

> **Entender de forma diversa implica reconhecer a competência do Tribunal para apreciar em sede de denúncia toda sorte de inconformismos de quaisquer servidores quanto a pleitos negados pela administração, o que, à toda evidência, tem grave potencial para sobrecarregar esta Corte e desviá-la de sua finalidade constitucional.** (Grifei)

> **Isso não significa que os interesses dos denunciantes neste processo não sejam legítimos ou que não mereçam tutela. Há, contudo, instrumentos e foros próprios para veicular tais pretensões no âmbito do Poder Judiciário.** (Grifei)

> [...]

> Desta forma, tendo em vista que o Tribunal não é instância recursal para fins de análise de pedidos de contagem de tempo de servidor público quando há o indeferimento pela administração pública e que **o objeto dos autos não se refere a matéria de competência desta Corte, mas sim a interesses de ordem subjetiva, devem-se encerrar os presentes processos, sem resolução de mérito, por ausência de pressupostos de constituição e desenvolvimento válido e regular.** (Grifei)

> Por fim, diante da conclusão que se propõe, ficam prejudicados os pedidos formulados pelo *Parquet*.

Por conseguinte, entendo que, em consonância com a Unidade Técnica, refoge à competência deste Tribunal a análise dos itens relacionados com o "acordo celebrado com o Ministério Público do Trabalho e com o Ministério Público Estadual em 01/09/2000, nos autos da Ação Civil Pública n. 1.031/2000, que tramitou perante a 21ª Vara do Trabalho de Belo Horizonte" e o "desvio de função"; assim, julgo improcedente os referidos apontamentos.

Finalmente, chegamos ao último item apontado pelo Ministério Público de Contas, qual seja, "**empregados públicos da MGS ocupando cargos na Secretaria de Estado de Saúde em detrimento de candidatos aprovados em concurso público – Edital n. 02/2014 (apontamento presente nos autos da Representação n. 1058570)**".

Quanto a este apontamento, o *Parquet* de Contas alega que...

ao analisar as informações prestadas pela SES no âmbito do Inquérito Civil n. 001.2018.854, verificou-se a existência de empregados públicos da MGS prestando serviços no referido órgão em atividades equivalentes àquelas constantes do Edital n. 02/2014. Dentre elas, destaca-se a função de farmacêutico, atividade específica da área da saúde (atividade-fim da SES).

Continua o órgão ministerial aduzindo que:

a vigência do referido concurso se encerrará em 14.02.2019 e até o presente momento foram realizadas apenas 412 nomeações e que a grande maioria das denúncias relata a existência de contratação de empregados da MGS para alocação em funções na área-fim da Secretaria de Estado de Saúde em detrimento dos aprovados no citado concurso público.

Analisando a Representação n. 1.058.570, entendo que não restou devidamente evidenciada a sobreposição das funções exercidas pelos empregados da MGS em relação às atribuições dos cargos efetivos da Secretaria Estadual de Saúde.

Em que pese os indícios apontados pelo Ministério Público de Contas, entendo que, na linha desenvolvida pelo Conselheiro Licurgo Mourão, nos autos da Representação n. 876.249:[173]

a despeito de toda a análise aqui efetuada, uma verdadeira verificação da legalidade das terceirizações em questão dependeria de uma inspeção para verificação da verdadeira natureza das atividades desenvolvidas

---

[173] Primeira Câmara – 11ª Sessão Ordinária – 08.05.2018.

pelos funcionários da MGS, se coincidem com aquelas previstas no plano de cargos e salários da SES ou se apenas formalmente se sobrepõem àquelas.

Continua, o eminente Conselheiro, *verbis*:

> Além disso, outros elementos estão em jogo na verificação da legalidade de contratos de terceirização. Como destaca a jurisprudência do Tribunal de Contas da União, "é ilegal a terceirização caso verificada a existência de subordinação e pessoalidade dos terceirizados em relação à contratante" (Acórdão 3.294/2011 – Plenário) ou, em outras palavras, "a Administração deve evitar a configuração de relações profissionais com os empregados da empresa terceirizadora de mão de obra que impliquem pessoalidade, subordinação jurídica ou desvio de função" (Acórdão 2353/2009 – Plenário).

Assim, na Representação n. 1058570, em virtude da ausência de evidenciação da ilegalidade do exercício dos empregados terceirizados em funções atribuídas aos cargos efetivos organizados na Secretaria de Estado da Saúde e da necessidade de maior dilação probatória, entendo, nos termos no artigo 142 do Regimento Interno, que a referida representação pode ser desapensada das demais e prosseguir até ulterior decisão final, **exclusivamente quanto a este item de apreciação ("empregados públicos da MGS ocupando cargos na Secretaria de Estado de Saúde em detrimento de candidatos aprovados em concurso público – Edital n. 02/2014"), uma vez que os demais apontamentos já estão sendo objeto de apreciação neste voto.**

II.5 Considerações Finais

Em relação à presente Representação, o Conselheiro Cláudio Terrão pugnou, considerando as especificidades do caso concreto, a aplicação do artigo 22, §2º, da Lei de Introdução às Normas do Direito Brasileiro – LINDB, que assim enuncia:

> [...] na interpretação de normas sobre gestão pública, serão considerados os obstáculos e as dificuldades reais do gestor e as exigências das políticas públicas a seu cargo, sem prejuízo dos direitos dos administrados. [...] §2º Na aplicação de sanções, serão consideradas a natureza e a gravidade da infração cometida, os danos que dela provierem para a administração pública, as circunstâncias agravantes ou atenuantes e os antecedentes do agente.

Assim assevera o Conselheiro em sua manifestação prévia às fls. 884/892 (Peça 16 do SGAP), *verbis*:

Sobrelevam-se, no entanto, algumas particularidades do caso concreto que devem ser adequadamente tratadas pelo estado. Isso porque não se pode fechar os olhos à realidade do mercado, na qual tem-se verificado a necessidade de mitigação da própria regra da inexistência de pessoalidade e da subordinação, sem que isso signifique contratação por interposta pessoa. Com efeito, há situações em que a relação de confiança entre o contratante e as pessoas que lhe prestam serviços é fundamental ao liame contratual, tais como ocorre com os motoristas executivos, seja no ambiente público ou privado.

Deveras, os motoristas executivos são alocados pela empresa prestadora de serviços para laborarem diretamente junto às autoridades públicas, tal como ocorre neste Corte com os conselheiros, conselheiros-substitutos e procuradores do MPC. Com efeito, encontram-se em íntimo contato com a rotina e agenda de referidas autoridades, com seu endereço residencial, com seus familiares e com outras autoridades. E, por isso, têm acesso a conhecimento, ainda que contingente, de informações sensíveis relacionadas tanto ao exercício de funções públicas quanto à vida privada das autoridades que as exercem. Dessa forma, percebe-se que a relação de confiança entre o motorista executivo e a autoridade a quem presta serviço mostra-se fundamental à adequada consecução do serviço, notadamente quanto à garantia da segurança pessoal da autoridade, do que decorre, em última análise, a segurança institucional do órgão e a idoneidade das informações sensíveis do Estado. A confiança – e, portanto, a pessoalidade – é intrínseca à natureza do serviço prestado pelo motorista executivo. (Grifei)

[...]

Destarte, como hipótese excepcionalíssima, resta admitir a possibilidade de terceirização agregada da mitigação da regra da pessoalidade como alternativa que se impõe à direta violação da Constituição da República ou à flagrante ilegalidade – reconhecida inclusive pela procuradora do MPT – uma vez que as autoridades públicas passariam a submeter-se, a contrário senso, à situação de possível vulnerabilidade de sua independência funcional, caso o serviço de motorista executivo fosse contratado e prestado sem fundamental relação de confiança com os tomadores de serviço.

Não se pode olvidar, além do mais, que o art. 22, §2º, da Lei de Introdução às Normas do Direito Brasileiro – LINDB estabelece que "em decisão sobre a regularidade de conduta ou validade de ato, contrato, ajuste, processo ou norma administrativa, serão consideradas as circunstâncias práticas que houverem imposto, limitado ou condicionado a ação do agente". Trata-se da consagração da força normativa dos fatos, expressão cunhada por Gerog Jellinek para reconhecimento de que, na experiência jurídica, as relações reais precedem as normas produzidas para regulá-las. Em outras palavras, **a LINDB veio a positivar uma obviedade: a de que a análise sobre a licitude da conduta do gestor público deve ter como parâmetro o contexto fático do agente.**

Assim impossível reputar-se irregular ou mesmo sancionar ato de gestão praticado em cenário que não fornecia qualquer outra alternativa, pois, como visto, a realização de concurso público não resolveria o problema e não se encontravam presentes as hipóteses autorizativas da criação de cargo em comissão. Por outro lado, o propósito de garantir a segurança e a independência funcional das autoridades deste Tribunal tornava precisa e urgente a adoção de medida hábil a satisfazer tais necessidades administrativas; sendo certo, inclusive, que a solução adotada pela Presidência, a excepcional terceirização mediante pessoalidade, não discrepou da prática das gestões anteriores, quando a terceirização fora contratada através de empresas privadas.

Quanto às disposições da Lei 13.655/2018,[174] colaciono o entendimento deste Plenário nos autos do Processo 10.66.559, sessão do dia 09/10/2019:

> Na mesma esteira da preocupação doutrinária com a melhor adequação da lei à justiça, também o legislador brasileiro entendeu a necessidade de evolução normativa para o alcance da melhor decisão possível para o caso concreto, como é o caso da edição da Lei n. 13.655/2018.
>
> Para Marçal Justen Filho, as inovações trazidas pela Lei de Introdução às Normas do Direito Brasileiro indicam a presença de uma concepção realista da atividade de aplicação do Direito, afirmando que "a dinâmica da realidade é insuscetível de previsão antecipada, pois nem o legislador nem a lei são oniscientes. Por isso, a aplicação de normas gerais e abstratas envolve escolhas a serem realizadas pelo sujeito investido da competência decisória".
>
> Pondera, ainda, o autor que "a finalidade buscada é reduzir o subjetivismo e a superficialidade de decisões, impondo obrigatoriedade do efetivo exame das circunstâncias do caso concreto, tal como a avaliação das diversas alternativas sob um prisma de proporcionalidade."[175]

---

[174] Inclui no Decreto-Lei n. 4.657, de 4 de setembro de 1942 (Lei de Introdução às Normas do Direito Brasileiro), disposições sobre segurança jurídica e eficiência na criação e na aplicação do direito público.

[175] BRASIL. Revista de Direito Administrativo – FGV. JUSTEN FILHO, Marçal. Art. 20 da Lindb – Dever de transparência, concretude e proporcionalidade das decisões públicas. Disponível em: http://bibliotecadigital.fgv.br/ojs/index.php/rda/article/view/77648/74311. Acesso em: 4 out. 2019.

O direito moderno não mais comporta o pragmatismo da legalidade estrita. A alteração da Lei de Introdução ao Código Civil pela Lei n. 13.655/2018 é o maior marco dessa mudança e teve como finalidade instituir normas que possam dar maior efetividade ao princípio da segurança jurídica, no que tange, principalmente, às matérias afetas ao direito público, para combater a utilização de valores jurídicos abstratos, limitando o uso de expressões genéricas e conceitos jurídicos indeterminados, para evitar decisões que não façam a análise da realidade fática no caso concreto.

[...]

Seguindo a mesma diretriz, o art. 22 estabelece que a interpretação das normas sobre gestão pública deve considerar a realidade e os obstáculos enfrentados pelos gestores, sem prejuízo dos direitos dos administrados. Mais uma vez, estabelece a LINDB que o magistrado deve afastar-se do formalismo exacerbado, reduzir as interpretações de mera legalidade, para que também sejam levadas em consideração as circunstâncias fáticas que influenciaram a conduta do gestor público. [...] (Grifei)

Deve-se, ainda, no caso em concreto, sopesar se era possível exigir conduta diversa do agente público, cujos atos estão sob análise, seja jurídica, seja administrativa. Vale aqui colacionar o ensinamento de Piero Calamandrei:[176] "Não basta que os magistrados conheçam com perfeição as leis tais como escritas, será necessário que conheçam igualmente a sociedade em que estas leis devem viver." (Grifei)

Realmente, considerando todo o arcabouço fático e as circunstâncias que nortearam a contratação da MGS, por este Tribunal – de motoristas executivos para atenderem a conselheiros, conselheiros substitutos e a procuradores do Ministério Público de Contas –, a justificativa aduzida pelo gestor é plenamente razoável e devidamente justificada em face dos imperativos que a referida contratação exigia. Assim, entendo por afastar qualquer responsabilidade do gestor.

E mais, considerando as especificidades de cada representação, tenho convicção que as contratações da MGS pelos diversos entes públicos estão revestidas da presunção de legitimidade e de boa-fé, o que enseja a extensão dos efeitos do artigo 22, §2º, da LINDB e a elisão da responsabilidade dos gestores públicos.

---

[176] CALAMANDREI, Piero. *Eles, os juízes, vistos por um advogado*. São Paulo: Martins Fontes, 2000. p. 183.

III CONCLUSÃO

Por todo o exposto, com base na fundamentação acima exposta e por entender **regulares** os itens "a" (burla à regra constitucional do concurso público), "b" (empregos comissionados sem função de direção, chefia e assessoramento) e "c" (ausência de fixação das atribuições e dos requisitos para investidura dos empregos públicos comissionados de recrutamento amplo) e pela incompetência deste Tribunal para deliberar sobre os itens "d" (violação aos pressupostos legais reconhecidos no acordo celebrado com o Ministério Público do Trabalho e com o Ministério Público Estadual em 01/09/2000, nos autos da Ação Civil Pública n. 1.031/2000, que tramitou perante a 21ª Vara do Trabalho de Belo Horizonte) e "e" (desvio de função), **julgo improcedente e determino o arquivamento de todas as representações**, com fulcro no **parágrafo único, do art. 305 c/c art. 311, ambos do Regimento Interno.**

Quanto ao item "f" ("empregados públicos da MGS ocupando cargos na Secretaria de Estado de Saúde em detrimento de candidatos aprovados em concurso público – Edital n. 02/2014"), determino, com fulcro no art. 142 do Regimento Interno, o **desapensamento** da Representação n. 1.058.570 e a mantença da minha prevenção como Relator, para prosseguimento do feito até ulterior decisão final, exclusivamente quanto a este item.

Recomendo ao gestor da empresa estatal **Minas Gerais Administração e Serviços S.A. (MGS)** que atente para a correta utilização semântica das funções exercidas pelos empregados (indevidamente denominadas de "cargo em comissão") nas diversas contratações firmadas com os entes públicos.

Intimem-se o representante, os representados, os procuradores e os interessados do inteiro teor desta decisão.

Cumpridas as disposições regimentais e certificado o trânsito em julgado, arquivem-se os autos.

CONSELHEIRO WANDERLEY ÁVILA:
Com o Relator.

CONSELHEIRO SEBASTIÃO HELVECIO:
Acompanho na íntegra o voto condutor.

CONSELHEIRO JOSÉ ALVES VIANA:
Declaro a minha suspeição, senhor Presidente.

CONSELHEIRO GILBERTO DINIZ:
Com o Relator.

CONSELHEIRO PRESIDENTE MAURI TORRES:
Vou votar para compor o quórum. Acompanho o Relator. APROVADO O VOTO DO RELATOR, COM O IMPEDIMENTO DO CONSELHEIRO JOSÉ ALVES VIANA E DO CONSELHEIRO CLÁUDIO COUTO TERRÃO.

(PRESENTE À SESSÃO A PROCURADORA-GERAL ELKE ANDRADE SOARES DE MOURA.)

* * * * *

ACÓRDÃO

Vistos, relatados e discutidos estes autos, ACORDAM os Exmos. Srs. Conselheiros do Tribunal Pleno, por unanimidade, na conformidade da Ata de Julgamento e das Notas Taquigráficas, diante das razões expendidas no voto do Relator, em:

I) julgar regulares os itens "a", "b" e "c"; e reconhecer a incompetência deste Tribunal para deliberar sobre os itens "d" e "e";

II) julgar improcedentes e, com fulcro no parágrafo único, do art. 305 c/c art. 311, ambos do Regimento Interno, determinar o arquivamento das representações, excetuando-se a Representação autuada sob o n. 1.058.570, a qual deverá ser desapensada, nos termos do art. 142 do Regimento Interno, para prosseguimento do feito até ulterior decisão final, exclusivamente quanto ao item "f", mantendo-se a relatoria, em face da prevenção;

III) recomendar ao gestor da empresa estatal Minas Gerais Administração e Serviços S.A. (MGS) que atente para a correta utilização semântica das funções exercidas pelos empregados (indevidamente denominadas de "cargo em comissão") nas diversas contratações firmadas com os entes públicos;

IV) determinar a intimação do representante, dos representados, dos procuradores e dos interessados do inteiro teor desta decisão;

V) determinar, cumpridas as disposições regimentais e certificado o trânsito em julgado, o arquivamento dos autos.

Votaram, nos termos acima, o Conselheiro Wanderley Ávila, o Conselheiro Sebastião Helvecio, o Conselheiro Gilberto Diniz e o Conselheiro Presidente Mauri Torres.

Declarada a suspeição do Conselheiro José Alves Viana. Impedido o Conselheiro Cláudio Couto Terrão.

Presente à sessão a Procuradora-Geral Elke Andrade Soares de Moura.

Plenário Governador Milton Campos, 16 de dezembro de 2020.

MAURI TORRES
Presidente

DURVAL ÂNGELO
Relator

CAPÍTULO VI

SOBRE A ABRANGÊNCIA DA SANÇÃO NO IMPEDIMENTO DE LICITAR

> *Considera a estrutura não da norma isoladamente tomada, mas do conjunto de normas jurídicas vigentes na sociedade. O positivismo jurídico sustenta a teoria da coerência e da completitude do ordenamento jurídico.*
>
> (Norberto Bobbio)[177]

A Consulta nº 1.088.941, feita ao Tribunal de Contas do Estado de Minas Gerais (TCE-MG) pelo controlador-geral do município de Uberlândia, no Triângulo Mineiro, remeteu-nos a duas funções importantes das Cortes de Contas: a consultiva, com elaboração de pareceres técnicos sobre contas prestadas e respostas a consultas de autoridades acerca de matérias de competência exclusiva do Tribunal; e a educativa, ao orientar e informar sobre procedimentos, melhores práticas de gestão e exigências legais.

Mas, para além disso, a consulta nos levou a, mais uma vez, nos debruçar sobre a hermenêutica jurídica, no desafio de interpretar

---

[177] BOBBIO, Norberto. *O positivismo jurídico*: lições de filosofia do direito. Tradução Márcio Publiesi. São Paulo: 1995. p. 132.

normas e leis, em busca do correto e justo entendimento legal e em conformidade com a evolução da sociedade e, consequentemente, também de suas leis.

Fomos instados a responder questões suscitadas por um processo licitatório interno da prefeitura de Uberlândia, e que tratavam das punições de suspensão temporária de participação em licitação e de impedimento de contratação com a Administração Pública. As sanções estão previstas no artigo 87, inciso III, da Lei Federal nº 8.666, de 1993, e no artigo 7º da Lei Federal nº 10.520, de 2002.

Em linhas gerais, a Lei Federal nº 8.666/93 — que institui normas para licitações e contratos da Administração Pública — estabelece que, em casos de não execução total ou parcial do contrato, a Administração poderá aplicar a sanção de suspensão temporária de participação em licitação e impedimento de contratar com a Administração, pelo prazo de até dois anos.

Já a Lei Federal nº 10.520/02, prevê, para a modalidade pregão, que quem for convocado dentro do prazo de validade da sua proposta e não celebrar o contrato, deixar de entregar documentação ou apresentar documentação falsa, atuar para retardar a execução do objeto, não mantiver a proposta, falhar ou fraudar na execução do contrato, comportar-se de modo inidôneo ou cometer fraude fiscal, ficará impedido de licitar e contratar com a União, Estados, Distrito Federal ou Municípios, além de ser descredenciado no Sicaf, ou nos sistemas de cadastramento de fornecedores, pelo prazo de até cinco anos.

Em síntese, as questões encaminhadas ao TCE-MG foram: qual a extensão das punições previstas pelos dois dispositivos, especificamente no que se refere à pena de impedimento; se as punições de impedimento e suspensão abrangem todos os órgãos da administração pública ou apenas os órgãos que as aplicaram; e se a pena de suspensão possui a mesma abrangência da pena de impedimento, ou o impedimento se refere a todo o ente federativo e a suspensão, somente ao órgão específico.

Ressalte-se que a Lei Federal nº 8.666/93 não estabeleceu de forma clara o âmbito de aplicação das sanções previstas, ou seja, se estas valem somente para o órgão que as aplicou, ou se para todas as entidades e órgãos do ente federativo, ou, ainda, se para todo o conjunto da Administração Pública — municípios, estados e União. A lacuna ocasionou, ao longo da vigência da lei, diferentes interpretações para a aplicação das sanções. Diga-se de passagem, levando a uma ambiguidade vedada pelo ordenamento jurídico, uma vez que o sancionado precisa ter a certeza da pena para que se cumpra uma das funções da sanção, que é impedir o cometimento da infração.

Admitida a consulta, verificamos que o Tribunal não possuía deliberações anteriores que tivessem respondido de forma direta e objetiva a tais questionamentos, e avaliei que seria de grande repercussão jurídica para as administrações estadual e municipais que o TCE-MG se pronunciasse sobre o tema. Assim, encaminhei a consulta para análise da nossa Unidade Técnica, que nos alertou para a existência também no órgão de diferentes correntes de entendimento.

Em relação à Lei nº 8.666/93, que trata das modalidades concorrência, tomada de preços e convite, havia três correntes: a "extensiva", para a qual a Administração Pública é una e, portanto, a sanção se aplica a todos os órgãos públicos, dos municípios, estados e da União; a "restritiva", segundo a qual a sanção atinge somente o órgão ou entidade que a aplicou; e a "intermediária", para a qual a sanção é extensiva a todos os órgãos e entidades do ente federativo que a aplicou. Já em relação à licitação que adota a modalidade do pregão, tratada na Lei nº 10.520/2002, havia a concordância quanto à aplicação literal do artigo 7º.

Às divergências já existentes, somou-se um terceiro fator: a publicação, em 1º de abril de 2021, da Lei Federal nº 14.133/21, que vige concomitantemente às Leis Federais nºs 8.666/93 e 10.520/02, e, em abril de 2023, as substituirá, bem como à Lei do Regime Diferenciado de Contratações (Lei Federal nº 12.462/2011).

Além de unificar a matéria em um único dispositivo, a nova lei inova, ao tipificar as infrações administrativas, prevendo as seguintes sanções: advertência, multa, impedimento de licitar e contratar e declaração de inidoneidade. Já no parágrafo 4º do artigo 156, a nova lei esclarece que as sanções serão aplicadas no âmbito da Administração Pública direta e indireta do ente federativo que as tiver aplicado, e pelo prazo máximo de três anos.

Sobretudo, a Lei Federal nº 14.133/21 normatiza, de maneira clara, a amplitude e a abrangência das restrições de licitar e contratar, colocando fim à dubiedade de interpretações.

Em busca de um denominador comum na disputa hermenêutica que se apresentava, guiamo-nos pelos ensinamentos do mestre Carlos Maximiliano, que assim esclarece:

> Graças ao conhecimento dos princípios que determinam a correlação entre as leis dos diferentes tempos e lugares, sabe-se qual o complexo de regras em que se enquadra um caso concreto. Estrema-se do conjunto a

que parece aplicável ao fato. O trabalho não está ainda concluído. Toda lei é obra humana e aplicada por homens; portanto imperfeita na forma e no fundo, e dará duvidosos resultados práticos, se não verificarem, com esmero, o sentido e o alcance das suas prescrições.

Incumbe ao intérprete aquela difícil tarefa. Procede à análise e também à reconstrução ou síntese. Examina o texto em si, o seu sentido, o significado de cada vocábulo. Faz depois obra de conjunto; compara-o com outros dispositivos da mesma lei, e com os de leis diversas, do país ou de fora. Inquire qual o fim da inclusão da regra no texto, e examina este tendo em vista o objetivo da lei toda e do Direito em geral. Determina por este processo o alcance da norma jurídica, e, assim, realiza, de modo completo, a obra moderna do hermeneuta.

Interpretar uma expressão de Direito não é simplesmente tornar claro o respectivo dizer, abstratamente falando; é, sobretudo, revelar o sentido apropriado para a vida real, e conducente a uma decisão reta. (MAXIMILIANO, 2011, p. 8).[178]

Nesta linha, ponderamos que analisar a celeuma em questão sob a luz da nova lei — mesmo que esta ainda não tivesse substituído as anteriores — representava um avanço na interpretação, bem como o respeito à vontade do legislador ordinário, que atualiza as normas para acompanhar a evolução da sociedade.

Por outro lado, negar tal interpretação, ou permitir decisões conflitantes no âmbito do TCE, significava ir na contramão de um dos pilares da Constituição: o princípio da segurança jurídica. Afinal, é direito do cidadão saber as sanções às quais está sujeito, antes do cometimento da infração, sendo esta a razão do princípio da irretroatividade, segundo o qual uma lei nova não pode ser aplicada em situação ocorrida antes da sua vigência.

Observamos, ainda, em nossa análise, outro mandamento importante para o Direito: o de que toda sanção deve ser interpretada restritivamente. Do que se conclui que estendê-la a todos os entes da Administração Pública, sem que haja previsão em lei, está em completo desacordo com a Constituição. Acrescente-se que a nova lei é clara neste sentido: o impedimento imposto pelo Estado não inviabiliza a participação em licitações no âmbito dos municípios, de outros estados e da União.

---

[178] MAXIMILIANO, Carlos. *Hermenêutica e aplicação do direito*. 20. ed. Rio de Janeiro: Forense, 2011.

Considerando todos os aspectos apresentados, nossa resposta à Consulta foi a de que a sanção prevista na Lei Federal nº 8.666/93, de "suspensão temporária de participação em licitação e impedimento de contratar com a Administração", abrange a Administração Pública direta e indireta do ente federativo que a tiver aplicado. Já a sanção prevista na Lei Federal nº 10.520/02, de "impedimento de licitar e contratar", possui a abrangência que a própria lei estabelece: "ficará impedido de licitar e contratar com a União, Estados, Distrito Federal ou Municípios".

Confesso que precisei reformar meu entendimento "restritivo", em vista do avanço da legislação, já que, anteriormente, havia proferido decisão de que a suspensão temporária de participação em licitação e o impedimento de contratar com a Administração possuíam efeitos restritos ao âmbito do órgão ou entidade que aplicou a sanção.

Nosso parecer foi referendado, por unanimidade, pelo plenário do TCE-MG, com acolhimento da sugestão do Conselheiro Cláudio Mourão, de que a tese tivesse efeitos prospectivos, vindo a reger os julgamentos após a sua publicação.

O entendimento em conformidade com a nova lei nos possibilita solucionar a polêmica interpretativa, sem nos desviarmos da racionalidade necessária à estabilidade normativa, mas abrindo-nos à inovação pautada na objetividade. Contribuímos, assim, para a efetiva aplicação e fiscalização do cumprimento da norma.

PROCESSO Nº 108.894 – CONSULTA[179]

I RELATÓRIO

[...]

II FUNDAMENTAÇÃO

[...]

II.2 Mérito

As perguntas formuladas pelo Consulente dizem respeito à abrangência das sanções administrativas previstas no art. 87, inc. III da Lei Federal n. 8.666/93 e no art. 7º da Lei Federal n. 10.520/02, especificamente a sanção de impedimento.

O art. 87, inc. III da Lei Federal n. 8.666/93 assim dispõe:

> Art. 87. Pela inexecução total ou parcial do contrato a Administração poderá, garantida a prévia defesa, aplicar ao contratado as seguintes sanções:
>
> [...]
>
> III - **suspensão temporária de participação em licitação e impedimento de contratar com a Administração**, por prazo não superior a 2 (dois) anos; (Grifei)

---

[179] Todas as informações sobre este processo, bem como a íntegra do nosso parecer, podem ser obtidas na busca de processos do *site* do TCE-MG: https://www.tce.mg.gov.br/.

O art. 7º da Lei Federal n. 10520/02 estabelece:

> Art. 7º Quem, convocado dentro do prazo de validade da sua proposta, não celebrar o contrato, deixar de entregar ou apresentar documentação falsa exigida para o certame, ensejar o retardamento da execução de seu objeto, não mantiver a proposta, falhar ou fraudar na execução do contrato, comportar-se de modo inidôneo ou cometer fraude fiscal, **ficará impedido de licitar e contratar com a União, Estados, Distrito Federal ou Municípios** e, será descredenciado no Sicaf, ou nos sistemas de cadastramento de fornecedores a que se refere o inciso XIV do art. 4º desta Lei, pelo prazo de até 5 (cinco) anos, sem prejuízo das multas previstas em edital e no contrato e das demais cominações legais. (Grifei.)

Como se depreende dos dispositivos mencionados, a Lei Federal n. 8.666/93 estabelece que pela inexecução total ou parcial do contrato, a Administração poderá aplicar a sanção de suspensão temporária de participação em licitação e impedimento de contratar com a Administração. Já a Lei Federal n. 10.520/02 prevê que, quem, convocado dentro do prazo de validade da sua proposta, não celebrar o contrato, deixar de entregar ou apresentar documentação falsa exigida para o certame, ensejar o retardamento da execução de seu objeto, não mantiver a proposta, falhar ou fraudar na execução do contrato, comportar-se de modo inidôneo ou cometer fraude fiscal, ficará impedido de licitar e contratar com a União, Estados, Distrito Federal ou Municípios, além de ser descredenciado no Sicaf, ou nos sistemas de cadastramento de fornecedores.

Observa-se que a Lei Federal n. 8.666/93 não estabeleceu de forma clara o âmbito de aplicação da sanção de suspensão temporária de participação em licitação e impedimento de contratar com a Administração, tendo sido adotadas interpretações diversas ao longo de sua vigência para viabilizar a aplicação do dispositivo.

Sendo assim, a dúvida do Consulente diz respeito a uma disputa hermenêutica antiga quanto à extensão da sanção administrativa prevista no art. 87, inc. III da Lei Federal n. 8.666/93.

Uma das alternativas adotadas para solucionar a questão é a utilização do método de interpretação literal do dispositivo analisado. No caso, busca-se o sentido das expressões "Administração" e "Administração Pública" mencionadas no art. 6º da Lei Federal n. 8.666/93 para elucidar a previsão do art. 87, inc. III, que em sua parte final usa a expressão "Administração" e não "Administração Pública".

Em 2002, com a publicação da Lei Federal n. 10.520/02, surgiu outra corrente, pautada no argumento da necessidade de interpretação sistemática das leis que tratem da mesma matéria, que sustenta a extensão da regra do art. 7º da Lei Federal n. 10.520/02 para a hipótese de suspensão e impedimento do art. 87, inc. III da Lei Federal n. 8.666/93.

Enquanto a primeira corrente, calcada na interpretação literal art. 87, inc. III c/c o art. 6 º da Lei Federal n. 8.666/93 ficou conhecida como corrente restritiva, por entender que a sanção de suspensão e impedimento possui efeitos restritos ao âmbito do órgão ou entidade que aplicou a sanção, a segunda corrente ficou conhecida como extensiva, por defender a extensão da regra da sanção de impedimento do art. 7º da Lei Federal n. 10.520/02 para a hipótese de impedimento do art. 87, inc. III da Lei Federal n. 8.666/93.

Ocorre que recentemente, em 1/4/2021, foi publicada a Lei Federal n. 14.133/21 que substituirá, após decorridos dois anos da publicação desta Lei, a Lei de Licitações (Lei Federal n. 8.666/93), a Lei do Pregão (Lei Federal n. 10.520/02) e a Lei do Regime Diferenciado de Contratações (Lei Federal n. 12.462/2011).

No tocante à Lei Federal n. 14.133/21 destaco que:

(1) **a nova lei trata claramente da abrangência das sanções administrativas, objeto desta Consulta (impedimento: art. 155 III e §4º)**;

(2) quanto à vigência, a nova lei entrou em vigor na data de sua publicação, ou seja, em 1º de abril de 2021 (art. 194);

(3) somente **após 2 (dois) anos da publicação da lei** nova, estarão revogadas (art. 193, II) as Lei de Licitações (Lei Federal n. 8.666/93), Lei do Pregão (Lei Federal n. 10.520/2002) e Lei do Regime Diferenciado de Contratações (Lei Federal n. 12.462/2011);

(4) durante **os 2 (dois) anos, entre a publicação da lei nova e a revogação das leis consolidadas**, a Administração **poderá escolher** licitar de acordo com a lei nova ou de acordo com a lei anterior; sendo o contrato respectivo regido pelas regras da lei escolhida durante toda a sua vigência (art. 191 e parágrafo único);

(5) o contrato cujo instrumento tenha sido assinado antes da entrada em vigor desta Lei continuará a ser regido de acordo com as regras previstas na legislação revogada (art. 190).

Considerando que a Lei Federal n. 8.666/93 e a Lei Federal n. 10.520/02, tratadas na Consulta, permanecerão vigentes por mais dois anos, de forma concomitante com a lei nova, e considerando, ainda, que os contratos celebrados até a publicação da nova lei continuarão regidos pelas leis anteriores, entendo que a dúvida do Consulente permanece atual, mas não pode ser dada sem a observância da Lei Federal n. 14.133/21.

A Lei Federal n. 14.133/21, suprindo grave deficiência da Lei Federal n. 8.666/93, que contribui para dúvidas como a do Consulente, inova ao tipificar as infrações administrativas, vez que a Lei Federal n. 8.666/93 apenas tratava das sanções, não estabelecendo uma correlação expressa entre as infrações e as sanções aplicáveis.

Enquanto a Lei Federal n. 8.666/93 tratava em apenas 3 (três) artigos das sanções administrativas e do seu processo de aplicação, a Lei Federal n. 14.133/21 dedica 9 (nove) artigos ao tema, com realce para a tipificação das infrações administrativas em doze incisos do art. 155. Ao tipificar a inexecução parcial do contrato, por exemplo, especifica duas situações distintas: a inexecução parcial do contrato (art. 155 inc. I) e a inexecução parcial que cause grave dano à administração (art. 155 inc. II), com sanções diferentes.

Um ponto que merece menção é o de que a nova Lei prevê as seguintes sanções: advertência, multa, impedimento de licitar e contratar e declaração de inidoneidade. Ou seja, na nova lei não existe a sanção de *suspensão temporária de participação em licitações e impedimento de contratar* com a Administração, tal qual a prevista no art. 87, inc. III da Lei Federal n. 8.666/1993. Entendo, contudo, que a alteração é apenas terminológica, já que enquanto na redação da lei anterior falava-se em "suspensão para licitar e impedimento para contratar", o dispositivo atual menciona o "impedimento de licitar e contratar". Nesta linha, de acordo com Francisco Zardo:[180]

> A sanção de impedimento de licitar e contratar por até 3 (três) anos prevista na lei 14.133/2021 é, de certa forma, **a fusão entre a suspensão temporária por até 2 (dois) anos, prevista na Lei nº 8.666/93 e o impedimento por até 5 (cinco) anos, previsto na Lei do Pregão.** (Grifei.)

Para o deslinde almejado, nos importa mais é que a lei nova normatiza de maneira clara a amplitude e a abrangência das restrições de licitar e de contratar, bem como os prazos aplicáveis. Vejamos:

---

[180] ZARDO, Francisco. *Infrações e sanções em licitações e contratos administrativos:* inovações da lei 14.133/21. Disponível em: https://www.migalhas.com.br/depeso/346095/infracoes-e-sancoes-em-licitacoes-e-contratos-administrativos. Acesso em: 7 jun. 2021.

Art. 156. Serão aplicadas ao responsável pelas infrações administrativas previstas nesta Lei as seguintes sanções:

I – advertência;

II – multa;

III – impedimento de licitar e contratar;

[...]

§4º A sanção prevista no inciso III do **caput** deste artigo será aplicada ao responsável pelas infrações administrativas previstas nos incisos II, III, IV, V, VI e VII do **caput** do art. 155 desta Lei,[181] quando não se justificar a imposição de penalidade mais grave, e **impedirá o responsável de licitar ou contratar no âmbito da Administração Pública direta e indireta do ente federativo que tiver aplicado a sanção**, pelo prazo máximo de 3 (três) anos.

O §4º especifica que a sanção de impedimento de licitar e contratar, impedirá o responsável de licitar ou contratar no âmbito da Administração Pública direta e indireta do ente federativo que tiver aplicado a sanção, pelo prazo máximo de 3 (três) anos. Desta forma, a lei nova resolve a celeuma interpretativa anterior, pois é taxativa ao dizer que a sanção de impedimento possui abrangência **no âmbito da Administração Pública direta e indireta do ente federativo que tiver aplicado a sanção**. Assim, a título exemplificativo, o impedimento imposto pelo Estado não inviabiliza a participação em licitações no âmbito dos Municípios, de outros Estados e da União.

Ressalto que este âmbito de aplicação era o previsto no art. 7º da Lei Federal n. 10.520/02, apenas com a diferença quanto ao prazo, que era de até 5 anos e agora será de 3 anos.

Outro ponto relevante é que a sanção de impedimento de licitar ou contratar prevista na Lei Federal n. 14.133/21 servirá para qualquer modalidade licitatória prevista na Lei.

---

[181] II – dar causa à inexecução parcial do contrato que cause grave dano à Administração, ao funcionamento dos serviços públicos ou ao interesse coletivo;
III – dar causa à inexecução total do contrato;
IV – deixar de entregar a documentação exigida para o certame;
V – não manter a proposta, salvo em decorrência de fato superveniente devidamente justificado;
VI – não celebrar o contrato ou não entregar a documentação exigida para a contratação, quando convocado dentro do prazo de validade de sua proposta;
VII – ensejar o retardamento da execução ou da entrega do objeto da licitação sem motivo justificado;

Posto isso, entendo que a previsão da lei nova está em consonância com a terceira corrente defendida pela CFEL e amparada pelo TCU, que postula que o impedimento se dá apenas em relação à Administração que aplicou a sanção, mas é extensivo a toda a administração direta e indireta do ente sancionador.

Anteriormente, como apontado no relatório técnico, diante da dúvida interpretativa então existente, perfilhei o entendimento mais restritivo:

> Traz-se à baila, ainda, a decisão liminar, proferida pelo Conselheiro Durval Ângelo nos autos nº 1.082.512, referendada pela Primeira Câmara em 28/11/2019, na qual restou decidido que "a suspensão temporária de participação em licitação e impedimento de contratar com a Administração, prevista no art. 87, inciso III, da Lei nº 8.666/1993, **possui efeitos restritos ao âmbito do órgão ou entidade que aplicou a sanção**". (Grifei.)

Todavia, revejo meu posicionamento de alhures, pois não me parece subsistir mais dúvida, com a lei nova, quanto ao alcance das sanções administrativas discutidas e também porque vejo como inadequado, durante a concomitância das leis em discussão, um regime híbrido em que coexistam interpretações diversas sobre um mesmo instituto, a depender da lei adotada.

Embora o legislador tenha autorizado que o gestor opte, **até 1/4/2023**, pela adoção da Lei Federal n. 14.133/21 ou das leis anteriores (Lei Federal n. 8.666/93 ou Lei Federal n. 10520/02), não considero razoável que a dúvida interpretativa anterior seja resolvida em sentido diverso da literalidade do atual texto legal.

Em que pese a existência dos dois regimes legais distintos não se restringir às sanções administrativas, penso que ao tratarmos de regras restritivas de direitos, como são as que se referem às sanções administrativas, devemos ser indubitavelmente cautelosos e coerentes.

Como já mencionei, a Lei Federal n. 14.133/21 revoga as leis anteriores[182] apenas após decorridos 2 (dois) anos da sua publicação, sendo que até o decurso deste prazo, a Administração poderá optar por licitar ou contratar diretamente de acordo com esta Lei ou de acordo com as leis anteriores. E ainda, o contrato cujo instrumento

---

[182] Lei nº 8.666, de 21 de junho de 1993, a Lei nº 10.520, de 17 de julho de 2002, e os arts. 1º a 47-A da Lei nº 12.462, de 4 de agosto de 2011.

tenha sido assinado antes da entrada em vigor da Lei Federal n. 14.133/21 continuará a ser regido de acordo com as regras previstas na legislação revogada. Diante disso, temos que as regras quanto às sanções administrativas, especialmente as aplicáveis durante a execução contratual, perdurarão por prazo superior a dois anos.

Retomando então meu argumento acerca da falta de razoabilidade quanto a solucionar a dúvida interpretativa acerca da abrangência da sanção de *suspensão temporária de participar em licitação e impedimento de contratar*, prevista no art. 87, inc. III da Lei Federal n. 8.666/93, de maneira diversa da literalidade do art. 155, §4º da Lei Federal n. 14.133/21, caminho para a conclusão, ressaltando antes que:

1 – a dúvida do Consulente é quanto à abrangência da sanção de *suspensão temporária de participar em licitação e impedimento de contratar*, prevista no art. 87, inc. III da Lei Federal n. 8.666/93, com ênfase na sanção de *impedimento,* já que a Lei Federal n. 8.666/93 não é expressa neste ponto, tendo ainda o documento complementar mencionado também a sanção de *impedimento de licitar ou contratar* prevista no art. 7º da Lei Federal n. 10.520/02;

2 – as soluções interpretativas até agora levantadas ou estavam pautadas na extensão da regra do art. 7º da Lei Federal n. 10.520/02 para a hipótese de impedimento do art. 87, inc. III da Lei Federal n. 8.666/93 (corrente extensiva), ou estavam pautadas na interpretação literal do dispositivo do art. 87, inc. III da Lei Federal n. 8.666/93, com fundamento no sentido das expressões "Administração" e "Administração Pública" previstas no art. 6º da mesma lei (corrente restritiva);

3 – a Lei Federal n. 14.133/21 previu as infrações administrativas e as correlacionou expressamente às sanções, tendo eliminado a expressão "suspensão" existente no art. 87, III da Lei n. 8.666/93 e mantido a sanção "impedimento de licitar e contratar";

4 – a Lei Federal n. 14.133/21 é taxativa quanto à abrangência e ao alcance da sanção "impedimento de licitar e contratar": *impedirá o responsável de licitar ou contratar no* âmbito *da Administração Pública direta e indireta do ente federativo que tiver aplicado a sanção, pelo prazo máximo de 3 (três) anos* (art. 156, III c/c art. 156, §4º);

5 – a Lei Federal n. 14.133/21 é aplicada a todas as modalidades licitatórias.

Diante da nova lei, que em breve substituirá a totalidade da Lei Federal n. 8.666/93 e da Lei Federal n. 10.520/02, não vejo razoabilidade em qualquer interpretação sobre o âmbito de aplicação da sanção de impedimento de licitar e de contratar que contrarie a expressa e taxativa disposição legal atual. Isso porque se não houve consenso até então quanto à abrangência da sanção prevista no art. 87, III, da Lei Federal n. 8.666/93, e a nova lei não traz nenhuma margem para dúvida quanto a este ponto, não subsiste razão para interpretações em sentidos diversos ao da opção atual do legislador.

Segundo Eros Roberto Grau, em voto proferido enquanto ministro do Supremo Tribunal Federal, a norma não se confunde com o seu texto, é produto da interpretação, e para que esta se qualifique como tal depende da realidade, do ordenamento jurídico como um todo:

> Permito-me, ademais, insistir em que ao interpretarmos/aplicarmos o direito – porque aí não há dois momentos distintos, mas uma só operação – ao praticarmos essa única operação, isto é, **ao interpretarmos/ aplicarmos o direito não nos exercitamos no mundo das abstrações, porém trabalhamos com a materialidade mais substancial da realidade. Decidimos não sobre teses, teorias ou doutrinas, mas situações do mundo da vida.** Não estamos aqui para prestar contas a Montesquieu ou a Kelsen, porém para vivificarmos o ordenamento, todo ele. **Por isso o tomamos na sua totalidade.** Não somos meros leitores de seus textos – para o que nos bastaria a alfabetização – mas magistrados que produzem normas, **tecendo e recompondo o próprio ordenamento.**[183] (Grifei.)

Dar ao dispositivo analisado entendimento consoante ao previsto literalmente na lei nova, permite que se atenda às necessidades e valores do nosso tempo sem, no entanto, nos afastar de um padrão de racionalidade que garanta ao sistema normativo estabilidade pautada em segurança jurídica e inovação pautada em objetividade e, ainda, com menos consequências adversas na aplicação e na fiscalização do instituto.

III CONCLUSÃO

Isso posto, assim respondo aos questionamentos formulados pelo consulente:

---

[183] STF, Reclamação nº 3034-2/PB AgR, Min. Rel. Sepúlveda Pertence.

A sanção prevista no art. 87, inc. III da Lei Federal n. 8.666/93, de "suspensão temporária de participação em licitação e impedimento de contratar com a Administração", abrange a Administração Pública direta e indireta do ente federativo que tiver aplicado a sanção.

A sanção prevista no art. 7º da Lei Federal n. 10.520/02, de "impedimento de licitar e contratar", possui a abrangência que a própria lei estabelece: "ficará impedido de licitar e contratar com a União, Estados, Distrito Federal ou Municípios".

CONSELHEIRO WANDERLEY ÁVILA:
Senhor Presidente, com o Relator, uma vez que está na mesma linha do meu voto externado no Processo 1.084.318, que é uma denúncia da Prefeitura Municipal de Pocrane.

Com o Relator.

CONSELHEIRO SEBASTIÃO HELVECIO:
Com o Relator.

CONSELHEIRO CLÁUDIO COUTO TERRÃO:
Peço vista.

CONSELHEIRO PRESIDENTE JOSÉ ALVES VIANA:
VISTA CONCEDIDA AO CONSELHEIRO CLÁUDIO COUTO TERRÃO.

(PRESENTE À SESSÃO A SUBPROCURADORA-GERAL CRISTINA ANDRADE MELO.)

RETORNO DE VISTA
NOTAS TAQUIGRÁFICAS
TRIBUNAL PLENO – 25/08/2021

CONSELHEIRO CLÁUDIO COUTO TERRÃO:
I – RELATÓRIO
[...]

II – FUNDAMENTAÇÃO
Após análise detida dos autos, considero que a interpretação autêntica reconhecida pelo relator como decorrência dos dispositivos legais que tratam da sanção de suspensão temporária de participação

em licitação e impedimento de contratar com a Administração está em consonância com o sistema licitatório vigente e, por essa razão, manifesto meu acordo com a estabilização do tema no sentido proposto no voto condutor.

De todo modo, não se pode olvidar que, até o advento da Lei nº 14.133/21, tanto esta Corte quanto a jurisprudência em geral oscilaram na definição do conceito de Administração previsto no inciso III do art. 87 da Lei nº 8.666/93, ora adotando a corrente restritiva, ora a ampliativa e, eventualmente, a intermediária. A diferença de entendimentos, aliás, foi objetivamente demonstrada pela Unidade Técnica, no estudo constante na peça nº 9.

Nesse ambiente, até então marcado pela incerteza e pela indefinição nos planos legal, doutrinário e jurisprudencial, e por se tratar de matéria sancionatória, na qual a dúvida deve se resolver em favor do responsável, entendo pertinente promover, nesta oportunidade, a contenção dos efeitos da orientação agora firmada, porquanto mais gravosa do que a corrente restritiva, antes adotada pela maior parte deste Colegiado e defendida por expressiva parcela da doutrina.

Tal solução, a meu ver, encontra alinhamento com a atual redação dos arts. 23 e 24 do Decreto-lei nº 4.657/42, a Lei de Introdução às Normas do Direito Brasileiro – LINDB, que buscam preservar as situações constituídas antes do estabelecimento de novas orientações ou interpretações. Eis os termos da lei:

> Art. 23. A decisão administrativa, controladora ou judicial que estabelecer interpretação ou orientação nova sobre norma de conteúdo indeterminado, impondo novo dever ou novo condicionamento de direito, deverá prever regime de transição quando indispensável para que o novo dever ou condicionamento de direito seja cumprido de modo proporcional, equânime e eficiente e sem prejuízo aos interesses gerais.
>
> Parágrafo único. (VETADO).
>
> Art. 24. A revisão, nas esferas administrativa, controladora ou judicial, quanto à validade de ato, contrato, ajuste, processo ou norma administrativa cuja produção já se houver completado levará em conta as orientações gerais da época, sendo vedado que, com base em mudança posterior de orientação geral, se declarem inválidas situações plenamente constituídas.
>
> Parágrafo único. Consideram-se orientações gerais as interpretações e especificações contidas em atos públicos de caráter geral ou em jurisprudência judicial ou administrativa majoritária, e ainda as adotadas por prática administrativa reiterada e de amplo conhecimento público.

Com efeito, tendo em vista que a interpretação assentada neste momento para o inciso III do art. 87 da Lei nº 8.666/93 altera o panorama que antes prevalecia na jurisprudência desta Corte, entendo ser o caso de conferir efeitos prospectivos à tese aqui fixada, de modo que ela prevaleça apenas para as condutas praticadas a partir da sua publicação.

Deste modo, estou de pleno acordo com o voto do relator, limitando-me a propor a complementação, para prever contenção dos efeitos desta interpretação para os fatos que ocorrerem após a publicação do prejulgamento desta tese.

III – CONCLUSÃO

Pelo exposto, acompanho integralmente o voto do relator e proponho que sejam conferidos efeitos prospectivos à tese ora fixada, de modo a reger as condutas praticadas após a publicação do parecer emitido nesta Consulta.

CONSELHEIRO DURVAL ÂNGELO:
Pela ordem, Senhor Presidente.

CONSELHEIRO PRESIDENTE MAURI TORRES:
Com a palavra, pela ordem, o Conselheiro Durval Ângelo.

CONSELHEIRO DURVAL ÂNGELO:
Senhor Presidente, gostaria de acrescentar ao meu voto a proposta do Conselheiro Cláudio Terrão.

CONSELHEIRO PRESIDENTE MAURI TORRES:
Nesse caso, vou consultar os Conselheiros que já votaram, Conselheiro Wanderley Ávila e Conselheiro Sebastião Helvecio, se aderem também.

CONSELHEIRO SEBASTIÃO HELVECIO:
Com o Relator.

CONSELHEIRO WANDERLEY ÁVILA:
Com o voto original do Relator.

CONSELHEIRO PRESIDENTE JOSÉ ALVES VIANA:
Com o Relator, que adotou a menção do Conselheiro Cláudio Terrão.

CONSELHEIRO GILBERTO DINIZ:

Também voto com o Relator, senhor Presidente, com a modulação dos efeitos da tese aprovada, de acordo com a proposta do Conselheiro Cláudio Terrão.

CONSELHEIRO PRESIDENTE MAURI TORRES:

Também acompanho o voto do Relator.

FICA APROVADO O VOTO DO RELATOR, QUE ACOLHEU A SUGESTÃO DO CONSELHEIRO CLÁUDIO TERRÃO. VENCIDO, EM PARTE, O CONSELHEIRO WANDERLEY ÁVILA.

(PRESENTE À SESSÃO A PROCURADORA-GERAL ELKE ANDRADE SOARES DE MOURA.)

* * * * *

PARECER

Vistos, relatados e discutidos estes autos, acordam os Exmos. Srs. Conselheiros do Tribunal Pleno, na conformidade da Ata de Julgamento e das Notas Taquigráficas, diante das razões expendidas no voto do Relator, que encampou a modulação dos efeitos proposta pelo Conselheiro Cláudio Couto Terrão, em:

I) admitir a Consulta, por unanimidade, por estarem preenchidos os pressupostos de admissibilidade estabelecidos no §1º do art. 210-B do RITCEMG;

II) fixar prejulgamento de tese, com caráter normativo, por maioria, nos seguintes termos:

a) a sanção prevista no art. 87, inciso III, da Lei Federal n. 8.666/93 de "suspensão temporária de participação em licitação e impedimento de contratar com a Administração" abrange a Administração Pública direta e indireta do ente federativo que tiver aplicado a sanção;

b) a sanção prevista no art. 7º da Lei Federal n. 10.520/02 de "impedimento de licitar e contratar" possui a abrangência que a própria lei estabelece: "ficará impedido de licitar e contratar com a União, Estados, Distrito Federal ou Municípios";

III) conferir efeitos prospectivos à tese ora fixada, de modo a reger as condutas praticadas após a publicação do parecer emitido nesta Consulta;

IV) determinar o cumprimento das disposições do art. 210-D da Resolução n. 12/08 deste Tribunal.

Votaram o Conselheiro Wanderley Ávila, o Conselheiro Sebastião Helvecio, o Conselheiro Cláudio Couto Terrão, o Conselheiro José Alves Viana, o Conselheiro Gilberto Diniz e o Conselheiro Presidente Mauri Torres. Vencido, em parte, o Conselheiro Wanderley Ávila.

Presente à sessão a Procuradora-Geral Elke Andrade Soares de Moura.

Plenário Governador Milton Campos, 25 de agosto de 2021.

MAURI TORRES
Presidente

DURVAL ÂNGELO
Relator

CAPÍTULO VII

MAIS DO QUE FISCALIZADORES, TRIBUNAIS DE CONTAS SÃO ALIADOS NA EXECUÇÃO DAS POLÍTICAS PÚBLICAS

> *Se a educação sozinha, não transforma a sociedade, sem ela tampouco a sociedade muda.*[184]
>
> (Paulo Freire)

Uma das principais demandas das gestões governamentais no Brasil, a educação é um direito social assegurado pelo artigo 6º da Constituição Federal e objeto de grande parte dos recursos orçamentários da União, Estados e Municípios. Em seu artigo 212, o texto constitucional prevê percentuais mínimos que cada ente federado deve, obrigatoriamente, aplicar nessa área. E foi também com base nos preceitos da nossa Lei Maior que foram criadas políticas públicas com vistas à garantia do ensino de qualidade, acessível a todos. Dentre elas, destacam-se o Plano Nacional da Educação (PNE), estabelecido pela Lei nº 13.005/2014, e, hierarquicamente, os Planos estaduais e municipais de Educação.

---

[184] FREIRE, Paulo. *Pedagogia da indignação*: cartas pedagógicas e outros escritos. São Paulo: UNESP, 2000. p. 67.

Apesar de constituírem uma obrigação, não é novidade que diversos gestores, principalmente nos municípios mais pobres, enfrentam grandes dificuldades para cumprir as obrigações constitucionais no âmbito da educação, muitas vezes, por ausência de recursos orçamentários. Mas a este problema soma-se, ainda, o desconhecimento de como e onde alocar as verbas disponíveis. É preciso compreender, por exemplo, o que entra no cálculo dos mínimos constitucionais, quais são as implicações legais por seu descumprimento, bem como as obrigações estabelecidas pelo PNE. E, neste desafio, os Tribunais de Contas (TCs) podem ser grandes aliados de prefeitos e secretários.

É fato que as Cortes de Contas são os principais órgãos de controle e fiscalização do cumprimento orçamentário nos municípios. Mas, para além dessa atribuição de vigilância, elas também podem auxiliar na elaboração de um planejamento para aumentar a eficiência da aplicação dos recursos, de modo a garantir mais qualidade no ensino. Trata-se de uma atuação que se insere na competência dos TCs para a fiscalização operacional, a qual incide diretamente no monitoramento da execução das políticas públicas e é destacada no inciso IV do artigo 71 da Constituição.

> Art. 71. O controle externo, a cargo do Congresso Nacional, será exercido com o auxílio do Tribunal de Contas da União, ao qual compete:
> [...]
> IV – realizar, por iniciativa própria, da Câmara dos Deputados, do Senado Federal, de Comissão técnica ou de inquérito, inspeções e auditorias de natureza contábil, financeira, orçamentária, **operacional** e patrimonial, nas unidades administrativas dos Poderes Legislativo, Executivo e Judiciário, e demais entidades referidas no inciso II; (Grifo nosso).

O fato é que, cada vez mais, os TCs têm se dedicado a um trabalho preventivo e pedagógico de orientação aos gestores. Com a prestação de consultoria a prefeitos e secretários, esses órgãos contribuem para a tomada de decisões no âmbito municipal, evitando a rejeição de contas e outras consequências do descumprimento de determinações legais.

Tal atribuição refere-se, por exemplo, à aplicação de recursos do mínimo constitucional (25% para os municípios) para o cumprimento do PNE. Estabelecido por leis decenais, o Plano coloca para todos os entes da federação, segundo o artigo 214 da Constituição, "diretrizes, objetivos, metas e estratégias de implementação para assegurar a manutenção e o desenvolvimento do ensino em seus diversos níveis, etapas e modalidades, por meio de ações integradas dos poderes públicos das diferentes esferas federativas". Por impor obrigações ao poder público, o PNE constitui pauta para a atuação do controle externo.

Neste sentido, o Tribunal de Contas da União (TCU) desenvolveu uma metodologia própria para monitorar o PNE 2014-2024, verificando sua execução, a conformidade com determinações e os resultados alcançados. A metodologia foi aprovada pelo Acórdão nº 795/2016, segundo o qual o acompanhamento realizado pelo TCU deve seguir cinco premissas: foco em risco; seletividade; agregação de valor e transparência; caráter preventivo; e cooperação com Tribunais de Contas brasileiros.

As auditorias operacionais são importantes instrumentos para essa atuação dos Tribunais de Contas. Elas possibilitam o exame imparcial de programas e ações, com foco no aperfeiçoamento da gestão pública, na boa governança, na prestação de contas e na transparência de órgãos, programas e projetos da administração. Foi com essa visão que o Tribunal de Contas do Estado de Minas Gerais (TCE-MG) procedeu, em 2017/2018, à Auditoria Operacional nº 1.054.302, realizada na cidade mineira de Arapuá, na região do Alto Paranaíba, e da qual fui relator. A ação fez parte de uma série de auditorias para analisar a qualidade da educação nos anos iniciais do Ensino Fundamental e que integram o programa "Na Ponta do Lápis".

Lançado pelo TCE-MG no biênio 2017-2018, o programa "Na Ponta do Lápis" contempla ações integradas para monitorar o cumprimento das 20 metas e 254 estratégias estabelecidas no PNE, atuando em três eixos: ações de fiscalização, oferta de ferramentas de gestão aos jurisdicionados e capacitação para os diversos atores envolvidos com a política pública.

O procedimento está em conformidade com a Resolução do TCE-MG nº 16, de 05.10.2011, que assim dispõe sobre as auditorias:

> Art. 4º A auditoria operacional compreende as seguintes etapas:
>
> I – seleção do objeto de auditoria;
>
> II – planejamento;
>
> III – execução;
>
> IV – elaboração de relatório preliminar;
>
> V – autuação e distribuição do relatório preliminar a um relator;
>
> VI – encaminhamento do relatório preliminar ao gestor;

VII – análise das considerações do gestor;

VIII – emissão de relatório final;

IX – apreciação e deliberação em sessão do Colegiado competente;

X – divulgação do relatório final por meio eletrônico do Tribunal, bem como por outros meios de comunicação;

XI – monitoramento das determinações e/ou recomendações aprovadas pelo Tribunal.

Merece destaque a importância da elaboração do plano de ação pela gestão e, mais ainda, o monitoramento de sua execução, pois somente por meio do atendimento às recomendações e determinações se alcançará a eficiência da política pública, com os pretendidos benefícios à sociedade.

No caso da auditoria realizada em Arapuá, tivemos por objetivo a análise da gestão municipal, da gestão escolar e das políticas de valorização dos professores, três dos principais aspectos que influenciam a qualidade da educação oferecida nos anos iniciais do Ensino Fundamental da rede municipal.

É importante esclarecer que, para as auditorias do programa "Na Ponta do Lápis", foi selecionada uma amostra de oito municípios, com base no resultado do Índice de Desenvolvimento da Educação Básica (Ideb) de 2015. Os municípios foram agrupados, dois a dois, segundo os seguintes critérios: Idebs mais baixos do Estado, duplo regressivo no Ideb, interrupção na trajetória de duplo regressivo no Ideb e melhores Idebs do Estado.

Arapuá integrou a amostra, por figurar entre os melhores índices de Minas. Vale destacar que a cidade tem população inferior a três mil habitantes e arrecadação de 0,6 do Fundo de Participação dos Municípios (FPM); o menor índice do Fundo. O trabalho de campo no município foi realizado no período de 30 de novembro a 1º de dezembro de 2017 e a auditoria, subsidiada por aplicação de questionários, troca de correspondências via *e-mail* e visitas *in loco*.

Quanto à gestão municipal, constataram-se dificuldades, sobretudo, em razão da ausência de uma transição adequada do governo anterior para o atual. Também foi constatado insuficiente rendimento escolar dos alunos itinerantes, que chegam ao município com os pais, por ocasião da época de colheita de safras rurais. Por outro lado, foram observadas boas práticas, como a intervenção pedagógica, com acompanhamento dos alunos com dificuldades, e o número reduzido de alunos por sala de aula.

Quanto à gestão escolar, foram analisadas a forma de acesso ao cargo de diretor escolar, a atualização e a disponibilidade para consulta em geral do Plano Político-Pedagógico (PPP), do Planejamento Anual e do Regimento Escolar, a regularidade no recebimento dos recursos do Programa Dinheiro Direto na Escola (PDDE), a existência e atuação dos Conselhos Escolares e a infraestrutura da escola. A auditoria concluiu que o município precisava aperfeiçoar alguns institutos da gestão democrática, bem como aspectos da infraestrutura física escolar.

Já quanto às políticas de valorização dos professores — que abrangem remuneração, condições de trabalho e formação inicial e continuada —, a principal deficiência encontrada foi o não pagamento do piso salarial nacional do magistério, bem como baixos reajustes salariais. No entanto, foi reconhecido o esforço da Secretaria Municipal de Educação para implementar metas e estratégias do PNE relativas à valorização dos profissionais da educação.

Apesar dos problemas, em linhas gerais, a auditoria constatou que tanto os professores quanto os gestores buscavam desenvolver um trabalho eficaz, considerando que a maioria das inadequações poderiam se contornadas com o atendimento às recomendações propostas.

Com base nas orientações do relatório técnico, emiti meu voto, que foi aprovado pelo Pleno do TCE-MG, por unanimidade. Fizemos uma série de recomendações ao prefeito de Arapuá, dentre as quais:

- manter, como prática permanente, a elaboração de relatórios e a organização de documentação da educação no Município, a fim de disponibilizar as informações necessárias à transição para a próxima gestão;
- promover a conscientização das famílias sobre a importância da frequência escolar e incentivar a participação na vida escolar;
- aperfeiçoar o acompanhamento dos alunos com dificuldades e buscar a aproximação dos itinerantes com o nível dos alunos regulares;
- programar a renovação da frota de veículos do transporte escolar rural;
- apresentar para a comunidade escolar cronograma do Projeto Político-Pedagógico, do Regimento Escolar e do Planejamento Anual;
- apresentar cronograma de instituição de Conselho Escolar/ Fiscal, de acordo com os preceitos da gestão democrática e de forma a inserir a comunidade escolar na tomada de decisões;

- apresentar cronograma de manutenção e melhoria da estrutura física da escola que oferta os anos iniciais do Ensino Fundamental, adequando-as à legislação vigente;
- adotar medidas para implementar o piso nacional do magistério;
- estimular a formação de uma comissão de professores para discutir o plano de carreira;
- fornecer cursos de capacitação para os professores, atendendo às demandas da categoria;
- capacitar e dar condições de trabalho aos coordenadores pedagógicos para que implementem formação continuada no ambiente escolar;
- organizar a grade de horários dos professores para que a jornada seja cumprida em um só turno;
- fornecer ao corpo docente acesso a computadores com internet.

Determinamos, ainda, que no prazo de 60 dias, a partir da publicação do acórdão, o prefeito de Arapuá apresentasse ao TCE-MG um Plano de Ação com as medidas a serem adotadas para o cumprimento da decisão. Após o recebimento do Plano de Ação, caberia à Coordenadoria de Auditoria Operacional sua análise, bem como o monitoramento das recomendações aprovadas na decisão.

Não obstante as recomendações com vistas ao aprimoramento, verificamos que a gestão de Arapuá desenvolvia um ótimo trabalho na educação. Não sem motivos, o município havia atingido os melhores índices do Ideb no Estado. A avaliação positiva mostrou que um município pequeno, mesmo com poucos recursos financeiros e dificuldades de acesso a profissionais e informações, pode desenvolver um projeto de excelência nesse campo, desde que tenha gestores responsáveis e uma equipe que, de fato, se preocupe com a qualidade do ensino. Assim, após emitir meu voto, fiz questão de conhecer pessoalmente essa experiência.

Em minha visita, fui acompanhado pelo prefeito, o vice, vereadores, a secretária de Educação e sua equipe pedagógica. Verifiquei, *in loco*, a seriedade do trabalho. Em função da pandemia da Covid-19, as aulas presenciais estavam suspensas, mas pude constatar o comprometimento com a entrega semanal dos cadernos de exercícios nas casas dos alunos, bem como com a posterior correção das atividades. Também tive a oportunidade de conhecer a equipe pedagógica.

Sobretudo, foi gratificante ver que várias recomendações do Tribunal de Contas já estavam sendo seguidas, além de constatar o empenho da Secretaria de Educação para colocar em prática outras intervenções mais complexas. Estou certo de que, em próximas avaliações, Arapuá terá um destaque ainda maior.

Deixei a cidade ainda mais convicto de que o papel orientador e pedagógico do Tribunal de Contas é fundamental para a melhoria de vida da população, em especial, em uma área tão sensível para o desenvolvimento de qualquer povo, como a educação.

AUDITORIA OPERACIONAL Nº 1.054.302[185]

I RELATÓRIO

[...]

II FUNDAMENTAÇÃO

A presente auditoria operacional foi estruturada em três tópicos, sobre os quais passo a fazer minhas considerações, adotando entendimento de que recomendações constantes do Relatório de Auditoria que já tenham sido eventualmente cumpridas poderão ser, se acatadas, decotadas de futuro Plano de Ação, mediante justificativa e comprovação do fato. Isso porque, apesar de o gestor ter apresentado informação nesse sentido, de que algumas recomendações já foram cumpridas, não as especificou.

Passo, então, à análise da proposta de encaminhamento da equipe de auditoria.

1 Quanto à gestão municipal.

Neste tópico, foram destacadas duas questões no Relatório de Auditoria. A primeira, decorrente de problemas enfrentados pela atual gestão em razão de dificuldades proporcionadas pela gestão anterior, quando da transição.

---

[185] Todas as informações sobre este processo, bem como a íntegra do nosso voto, podem ser obtidas na busca de processos do *site* do TCE-MG: https://www.tce.mg.gov.br/.

Informa-se que, segundo relatado pela Secretaria Municipal de Educação, fl. 69, não obstante ter sido constituída uma equipe de transição:

> Não foi possível efetuar uma transição adequada, visto que a antiga gestão se recusou a apresentar a documentação necessária, bem como senhas de acesso, e-mails, programas FNDE, MEC, PAR e SIMEC em andamento, Cadastro do Prefeito e Secretário, sendo necessária ação judicial para tanto. No início da gestão, foi necessária a participação em cursos de capacitação e a colaboração de Secretários das cidades vizinhas.

A outra questão constatada foi o insuficiente rendimento escolar dos alunos itinerantes, filhos de pais que, em função de seu trabalho, têm que se deslocar constantemente entre municípios, destacando-se, no Município de Arapuá, aqueles que assim o fazem em razão da colheita de safras agrícolas.

O Município de Arapuá foi escolhido para compor a amostra de municípios a serem auditados, por estar entre os melhores Ideb's no ano de 2015 no Estado de Minas Gerais, fl. 59. Apesar disso, não alcançou os índices Ideb estipulados na Meta 7 do PNE, tendo a Secretaria Municipal de Educação, fl. 70, atribuído como maior entrave à consecução da meta a presença de *"alunos que recebe de fora, nas safras. Pois, não dá para separar os alunos do município dos alunos que chegam. Tem alguns alunos do 4º ano que não leem. Os alunos itinerantes 'atrapalha' o índice (Ideb)"*.

A equipe de auditoria concluiu, quanto a este tópico, no Relatório Final de Auditoria, fl. 90v:

> [...] a auditoria buscou analisar a perspectiva da gestão para o atingimento da qualidade da educação nos anos iniciais do EF no Município. Para essa análise, partiu-se da seguinte questão: quais aspectos apontados na gestão municipal podem ser aperfeiçoados, de forma a melhorar a qualidade da educação e o índice do Ideb?
>
> Constatou-se dificuldade na gestão e insuficiente rendimento escolar dos alunos itinerantes. Entretanto, observamos boas práticas no Município, como a intervenção pedagógica com objetivo de aperfeiçoamento, mediante acompanhamento dos alunos com dificuldades, e número reduzido de alunos por sala. O que possibilita um atendimento melhor do aluno.

Com base nessa conclusão, foram apresentadas, no Relatório Final de Auditoria, as seguintes recomendações quanto a este tópico, fl. 91v:

1.1. Determinar à equipe de transição, quando da época da eleição, atuação em conjunto com a nova gestão eleita, mediante ato normativo específico com datas de início e encerramento dos trabalhos, identificação de finalidade e forma de atuação, com o objetivo de repassar informações gerenciais e organizar documentação relativa à área da educação para o gestor eleito.

1.2. Preparar relatórios relativos à situação da educação no Município para apresentação à equipe de transição, informando, em suma, decisões tomadas com repercussão e relevância no futuro.

1.3. Promover ações para conscientização da família sobre a importância de o aluno frequentar a escola.

1.4. Incentivar maior participação da família na vida escolar dos alunos.

Com essas recomendações, a equipe de auditoria elencou os seguintes benefícios esperados, fl. 70v:

- Propiciar condições e maiores recursos financeiros para que o novo gestor possa dar continuidade à gestão pública.

- Ampliar a oferta de informação entre as gestões municipais, principalmente, ligadas à área da educação do EF1.

- Alcance das metas para uma melhor qualidade da educação.

- Maior frequência de alunos itinerantes.

- Melhoria de aprendizagem e acompanhamento educacional por parte dos pais dos alunos da escola nos anos iniciais do EF no Município.

A equipe de auditoria apresenta, às fls. 67v e 68, arcabouço normativo sobre a instituição e funcionamento das equipes de transição, no qual se destaca a Lei n.º 19.434/2011, que disciplina a matéria nos âmbitos estadual e municipal no Estado de Minas Gerais. Destaca, ainda, cartilha elaborada pela CGU, denominada *Orientações para o gestor municipal – Encerramento de mandato"*, na qual se apresentam sugestões a serem adotadas pelos gestores quando da transição de governos.

Dentre as propostas de encaminhamento constantes do Relatório de Auditoria, atinentes à questão da equipe de transição, a primeira é apresentada como uma determinação à futura equipe de transição a ser oportunamente constituída, ao passo que a segunda trata de orientação direta à atual gestão para a elaboração da documentação que irá subsidiar os trabalhos da equipe de transição.

Entendo que melhor atende aos objetivos da presente auditoria o foco na gestão atual, a fim de criar os meios e os conteúdos que levem a uma maior efetividade e eficiência nos trabalhos a serem desenvolvidos pela futura equipe de transição, e, quem sabe, tornar as futuras ações a serem programadas práticas permanentes.

Nesse sentido, no intuito de evitar atrasos e entraves às futuras gestões, como aqueles verificados pela auditoria com relação à última transição de governos; e condensando as duas propostas de encaminhamento apresentadas pela equipe de auditoria para concentrar na atuação da atual gestão as ações a serem contempladas em futuro Plano de Ação a ser objeto de processo de monitoramento, visando subsidiar equipes de transição, proponho a seguinte recomendação ao Executivo Municipal:

> 1.1. Manter, como prática permanente, a elaboração de relatórios e a organização de documentação relativa à situação da educação no Município, objetivando repassar informações gerenciais e decisões tomadas com repercussão e relevância no futuro à equipe de transição a ser oportunamente instituída, observando-se o regramento específico, em especial a Lei Estadual n.º 19.434/2011 e, tanto quanto possível, a Cartilha *"Orientações para o gestor municipal – Encerramento de mandato"* da CGU, na parte relativa à transição de governos.

Outro ponto abordado neste tópico pela equipe de auditoria foi aquele relativo aos entraves trazidos pelos alunos itinerantes à consecução da Meta 7 do PNE, que estabelece, *litteris*:

> META 7 Fomentar a qualidade da educação básica em todas as etapas e modalidades, com melhoria do fluxo escolar e da aprendizagem de modo a atingir as seguintes médias nacionais para o Ideb:

IDEB	2015	2017	2019	2021
Anos iniciais do ensino fundamental	5,2	5,5	5,7	6,0
Anos finais do ensino fundamental	4,7	5,0	5,2	5,5
Ensino médio	4,3	4,7	5,0	5,2

Não obstante a informação da Secretaria Municipal de Educação, reproduzida no corpo do Relatório de Auditoria, fl. 70, ter feito menção expressa à defasagem de aprendizado dos alunos itinerantes, a proposta de encaminhamento apresentada pela equipe de auditoria nos subitens 1.3 e 1.4 acima transcritos, concentrou-se no problema do fluxo escolar, sem distinção entre alunos regulares e alunos itinerantes.

A questão do aluno itinerante, sem dúvida, representa um grande desafio para a gestão escolar, na medida em que há grande dificuldade para que esses alunos mantenham o mesmo nível de aprendizado dos alunos regulares, pois estão, constantemente, mudando de escolas, de acordo com o tempo e o trabalho de seus pais.

Embora o tempo médio de permanência do aluno itinerante, de acordo com a Secretaria Municipal de Educação, fl. 70, seja de seis meses, tal fato não representa, propriamente, evasão escolar em sentido estrito, pois é uma característica intrínseca à sua condição. Nesse sentido, não há nos autos outros elementos que permitam entender que esses alunos, no período de safra, em que estão matriculados na EM Irmãs Cândida, não estejam frequentando adequadamente as salas de aula.

A questão colocada é outra: pela falta de continuidade no aprendizado, devido à constante mudança de escolas, não conseguem atingir o nível de aprendizagem dos alunos regulares. Entretanto, como não houve oposição a esta proposta de encaminhamento por parte do gestor, em sua manifestação de fl. 51, acolho-a, integrando as duas recomendações em uma só, nos termos que proponho:

> 1.2. Promover ações para que a família tenha mais conscientização sobre a importância de o aluno frequentar a escola e seja incentivada a ter maior participação na vida escolar.

Com relação à questão central relativa à defasagem de aprendizado do aluno itinerante, destaco trecho do Relatório de Auditoria onde foram evidenciadas boas práticas do Município, fl. 71, em pontos que podem contribuir para a redução do problema encontrado:

> No Município de Arapuá, a equipe verificou que a SME promove intervenção pedagógica com objetivo de aperfeiçoamento, mediante acompanhamento dos alunos com dificuldades.
>
> Outro item importante é a quantidade de alunos por sala. Segundo a SME há poucos alunos por sala, o que possibilita um atendimento individualizado.

Com base nessa informação, recomendo ao Executivo Municipal:

> 1.3. Manter e aperfeiçoar o acompanhamento dos alunos com dificuldades, com vistas ao aperfeiçoamento e, no caso do aluno itinerante, à aproximação com o nível dos alunos regulares.

Por fim, da leitura do Relatório de Auditoria neste tópico, extrai-se, ainda, quanto ao transporte na zona rural, fl. 70, que, apesar de haver o atendimento de todas as linhas-tronco, os veículos utilizados foram considerados como velhos e inadequados pela Secretaria Municipal de Educação.

Assim, recomendo ao Executivo Municipal:

> 1.4. Programar a renovação da frota de veículos que atendem ao transporte na zona rural, de forma a garantir a segurança e integridade dos alunos e do motorista.

2 Quanto à gestão escolar.

Neste tópico, foram analisados os aspectos relativos à gestão democrática e à infraestrutura da Escola Municipal Irmãs Cândida, única escola do Município de Arapuá responsável pelos primeiros anos do Ensino Fundamental, primeira à quinta séries.

A equipe de auditoria concluiu, quanto a este tópico, no Relatório Final de Auditoria, fl. 90v:

> [...] a auditoria buscou analisar a forma de acesso ao cargo de diretor escolar, a atualização e a disponibilidade para consulta em geral do PPP, Planejamento Anual e Regimento Escolar, a regularidade no recebimento dos recursos do PDDE, bem como a existência e atuação dos Conselhos Escolares e a infraestrutura da escola.
>
> A auditoria concluiu que o Município de Arapuá necessita aperfeiçoar alguns institutos da gestão democrática, incluindo aspectos da infraestrutura da escola EM Irmãs Cândida.

Com base nessa conclusão, foram apresentadas, no Relatório Final de Auditoria, as seguintes determinações e recomendações quanto a este tópico, fls. 91v e 92:

> 2.1. Realizar eleição para o cargo de diretor escolar, de acordo com os princípios da gestão democrática, com estudos acerca da previsão de inclusão desta determinação no PME.

2.2. Apresentar cronograma de apresentação do PPP, Regimento Escolar, Planejamento Anual para a comunidade escolar, especialmente para o Conselho Escolar, além de manter estes documentos atualizados e disponíveis para consulta pública, inclusive no momento de transição de gestão escolar e municipal.

2.3. Apresentar cronograma de instituição de Conselho Escolar/Fiscal para sugestão de aplicação e, principalmente, para a fiscalização da aplicação dos recursos do PDDE, de acordo com os preceitos da gestão democrática, de forma a inserir a comunidade escolar na tomada de decisão acerca dos assuntos escolares, informando os nomes dos participantes do Conselho, bem como quais setores estes representam, o local e a periodicidade das reuniões.

2.4. Apresentar cronograma de manutenção da estrutura física da escola que oferta os anos iniciais do EF, adequando-as à legislação vigente, de acordo com os itens abaixo apontados:

2.4.1. Estabelecer um Plano de Ação para reforma da escola, tendo em vista as condições precárias em que se encontra, principalmente, portas necessitando de demão de verniz, paredes descascadas, infiltrações, lavatórios sem saboneteiras e suporte de toalhas e quadra de esportes bastante danificada, com barras de ferro e alambrados enferrujados, botijão instalado na área interna.

2.4.2. Acondicionar adequadamente os mantimentos que estão sem a devida proteção da ação de insetos rasteiros que colocam em risco a deterioração dos alimentos, bem como acondicionar separadamente materiais inflamáveis dos botijões de gás, em depósito apropriado, providenciando uma ventilação natural.

2.4.3. Elaborar Plano de Ação para reforma da quadra de esportes desativada em decorrência das péssimas condições de uso.

2.4.4. Providenciar instalações sanitárias para os portadores de necessidades especiais na EM Irmãs Cândida.

2.4.5. Elaborar Plano de Ação para informatizar a biblioteca nos termos da estratégia 7.14 do PME.

2.4.6. Elaborar Plano de Ação para implantação do laboratório de informática, nos termos da estratégia 7.9 do PME.

2.4.7. Elaborar Plano de Ação para implantação do laboratório de ciências, nos termos da estratégia 7.12 do PME.

2.4.8. Atualizar os instrumentos relativos ao plano de segurança da escola, de acordo com a legislação vigente, bem como sanar as irregularidades apontadas no relatório de inspeção sanitária.

Com essa recomendação, a equipe de auditoria elencou os seguintes benefícios esperados, fl. 82v:

[...] a aplicação dos princípios da gestão democrática, materializados pela eleição da direção da escola; a atualização, o conhecimento e a disponibilização dos instrumentos institucionais-pedagógicos (PPP, Regimento Escolar, Planejamento Anual) para a comunidade escolar; a instituição da unidade executora e do Conselho Escolar para supervisionar o recebimento e aplicação dos recursos financeiros, pedagógicos e administrativos; a manutenção da estrutura física da escola aos padrões mínimos de comodidade para os alunos e corpo docente contribuirão para que a educação no Município continue alcançando os patamares de conformidade estabelecidos nacionalmente, contribuindo para o desenvolvimento do País com a formação de cidadãos aptos e cientes de seus direitos e deveres.

Com relação à proposta de encaminhamento da equipe de auditoria consubstanciada no item 2.1, sugerindo que se recomende ao gestor que realize eleições "para o cargo de diretor escolar, de acordo com os princípios da gestão democrática, com estudos acerca da previsão de inclusão desta determinação no PME", entendo que, embora louvável e diria até desejável, há uma limitação legal intransponível: o entendimento majoritário já consolidado na jurisprudência do Supremo Tribunal Federal, segundo o qual seria inconstitucional lei que prevê eleições para o provimento de cargos de gestores escolares, pois, sendo cargos comissionados, seriam de livre nomeação e exoneração do Poder Executivo.

EMENTA: - DIREITO CONSTITUCIONAL E ADMINISTRATIVO. ESTABELECIMENTO DE ENSINO PÚBLICO. CARGOS DE DIREÇÃO: ELEIÇÃO. AÇÃO DIRETA DE INCONSTITUCIONALIDADE DE EXPRESSÕES CONSTANTES DO INCISO VII DO ART. 178 DA CONSTITUIÇÃO DO ESTADO DO PARANÁ. ARTIGOS 25, 37, II, E 206, VI, DA CONSTITUIÇÃO FEDERAL. 1. O Plenário do Supremo Tribunal Federal, em várias oportunidades, tem declarado a inconstitucionalidade de leis estaduais que tratam de eleições para os cargos de direção dos estabelecimentos de ensino público. 2. Precedentes (Rp 1.473-SC; ADI 51-RJ; ADI 490-AM; ADI 123- SC; ADI 640-MG; e mais recentemente, na ADI 578-RS). 3. No caso, dispõe o inciso VII do art. 178 da Constituição do Estado do Paraná: "Art. 178. O ensino será ministrado com base nos seguintes princípios: 4. Pelas mesmas razões deduzidas nos precedentes referidos, são inconstitucionais, no texto do inciso VII do art. 178 da Constituição do Estado do Paraná, as expressões "adotando-se o sistema eletivo, direto e secreto, na escolha dos dirigentes, na forma da lei". 5. No mais, o inciso VII não é de ser declarado inconstitucional, ou seja, no ponto em que estabelece, como princípio do ensino, no Paraná, a "gestão democrática e colegiada". 6. Ação Direta julgada procedente, em parte, para declaração de inconstitucionalidade, com eficácia *"ex tunc"*, das expressões "adotando-se o sistema eletivo, direto e secreto, na escolha dos dirigentes, na forma da lei" contidas no inciso VII do art. 178 da Constituição do Estado do Paraná.[186]

A própria Constituição do Estado de Minas Gerais teve seu inciso VIII, do art. 196, que estabelecia seleção competitiva interna para o exercício de cargo comissionado de Diretor e da função de Vice-Diretor de escola pública, declarado inconstitucional pelo STF.

EMENTA: AÇÃO DIRETA DE INCONSTITUCIONALIDADE. PROVIMENTO DOS CARGOS DE DIREÇÃO DE UNIDADES ESTADUAIS DE ENSINO POR ELEIÇÃO: ART. 196, VIII, DA CONSTITUIÇÃO ESTADUAL, LEI Nº 10.486, DE 24.07.91, E DECRETO Nº 32.855, DE 27.08.91, TODOS DO ESTADO DE MINAS GERAIS. INCONSTITUCIONALIDADE: ART. 37, II, IN FINE, DA CONSTITUIÇÃO FEDERAL. 1. Cabe ao Poder Executivo fazer as nomeações para os cargos em comissão de diretor de escola pública (CF, art. 37, II, in fine). 2. É inconstitucional a norma legal que subtrai esta prerrogativa do Executivo, ao determinar a realização de processo eleitoral para o preenchimento destes cargos. 3. Ação direta julgada procedente para declarar a inconstitucionalidade do art. 196, VIII, da Constituição Estadual, da Lei nº 10.486/91 e do Decreto nº 32.855/91, todos do Estado de Minas Gerais.[187]

No âmbito do Tribunal de Justiça de Minas Gerais, a questão também é pacificada, tendo o Órgão Especial decidido à unanimidade pela inconstitucionalidade de lei municipal que previa o provimento de cargos de gestores escolares por meio de eleições:

EMENTA: AÇÃO DIRETA DE INCONSTITUCIONALIDADE – LEI 920/1989 e LEI ORGÂNICA DO MUNICÍPIO DE JOÃO MONLEVADE – ALTERAÇÕES DADAS PELAS LEIS 1.195/1993 E 2.057/2013 – PROVIMENTO DE CARGO DE DIRETOR E VICE-DIRETOR DE ESCOLA PÚBLICA – ELEIÇÃO – INCONSTITUCIONALIDADE – CARGO COMISSIONADO – ATO DISCRICIONÁRIO – INCONSTITUCIONALIDADE MATERIAL – INOBSERVÂNCIA DO DISPOSTO

---

[186] ADI nº 606, Relator: Min. Sydney Sanches, Tribunal Pleno, julgado em 25.03.1999, *DJ* 28.05.1999, pp-00003, ement vol-01952-01, pp-00028.

[187] ADI nº 640, Relator: Min. Marco Aurélio, Relator p/ Acórdão: Min. Maurício Corrêa, Tribunal Pleno, julgado em 05.02.1997, *DJ* 11.04.1997, pp-12177, ement vol-01864-01, pp-00090.

NOS ARTIGOS 21, §1º DA CEMG. É inconstitucional a norma que exige a eleição para o cargo de Diretor, Vice-Diretor e Auxiliar de Diretoria de Escola Municipal, por ferir o disposto no artigo 21, §1º da CEMG.[188]

Estando a questão relativa à escolha de diretores e vice-diretores das escolas circunscrita à discricionariedade do gestor, no caso, o Prefeito do Município de Arapuá, não tenho como acolher a proposta de encaminhamento feita pela equipe de auditoria quanto a este ponto, não obstante, dada a relevância que imputo ao tema, trago algumas reflexões, não sem antes reconhecer como positiva a situação encontrada na EM Irmãs Cândida e na Secretaria Municipal de Educação que, segundo relatado à fl. 85v, tomando-se por base questionários respondidos pelos quatorze professores da instituição:

> Nenhum professor criticou o modo como a escola ou a SME é administrada. Não houve, por exemplo, denúncias de questões políticas influenciando na gestão escolar, como costuma acontecer.

Em entrevista à Revista Nova Escola, quando de sua visita ao Brasil no ano de 2009 para o lançamento da obra *A vantagem acadêmica de Cuba – Por que seus alunos vão melhor na escola* – na qual o autor, motivado por resultados obtidos por alunos cubanos em exames promovidos pela UNESCO, dos quais participaram alunos de países latino-americanos, expõe os resultados de pesquisa comparativa sobre a educação entre Brasil, Cuba e Chile, o Professor Martin Carnoy ressalta a importância da equipe gestora na qualidade do ensino das escolas em Cuba:[189]

> **NOVA ESCOLA** De que maneira a equipe gestora colabora para a qualidade do ensino?
>
> **CARNOY** O ponto principal é que, em Cuba, diretores e vice-diretores supervisionam de perto o trabalho docente [...]. Os educadores estão acostumados a ser apoiados didaticamente e ser avaliados pelos gestores. É um trabalho focado no aprendizado. **Além disso, os diretores conhecem muito bem os estudantes e as medidas adotadas para garantir que cada um avance.** (Grifei).

---

[188] Ação Direta de Inconstitucionalidade nº 1.0000.15.101967-6/000, Órgão Especial – Rel. Des. Agostinho Gomes de Azevedo, sessão de 08.06.2016, *DJ* 17.06.2016.

[189] RATIER, Rodrigo Ratier. Aproveitar melhor o tempo de aula é o caminho cubano. Nova Escola. 1º nov. 2009. Disponível em: https://novaescola.org.br/conteudo/868/martin-carnoy-aproveitar-melhor-o-tempo-de-aula-e-o-caminho-cubano. Acesso em: 08 maio 2019.

Grifo a parte final da resposta do professor Martin Carnoy por revelar a importância de que diretor e vice sejam profissionais familiarizados com o ambiente da escola que irão gerir. Neste sentido, a importância de que sejam escolhidos dentre o quadro de educadores que estejam inseridos naquele ambiente — preferencialmente, pela via democrática da eleição —, na medida em que já terão conhecimento dos estudantes, das medidas e estratégias pedagógicas adotadas na busca do aprimoramento de cada aluno, dos problemas específicos da instituição, etc.

Sendo assim, caso seja a vontade do gestor, entendo que a eleição de diretor e vice-diretor pode ser objeto de delegação por meio de decreto, tomando-se o cuidado para que seja uma delegação específica, estabelecendo regras apenas para a eleição que será realizada e não regras gerais para eleições futuras, o que poderá atrair a mesma inconstitucionalidade já apreciada por nossa Suprema Corte. Cito, como exemplo desta prática, adotada, há muito, pelo Estado de Minas Gerais, o Decreto NE n.º 486, de 1º de outubro de 2018, do Governador do Estado, que estabelece regras para as eleições de diretores e vice-diretores das Escolas Estaduais para o ano de 2019, ressaltando o fato de que, como condição prévia, há, no Estado, um processo de certificação ocupacional de diretor de Escolas Estaduais, no qual é aferida a qualificação do futuro gestor quanto aos aspectos pedagógico e gerencial.

Quanto às propostas de encaminhamento dos itens 2.2 e 2.3, acolho-as como estão, na medida em que guardam consonância com os fatos apurados durante a auditoria e houve concordância por parte do gestor em sua manifestação, de fl. 51, promovendo apenas a renumeração, tendo em vista o não acolhimento da proposta referente ao item 2.1, ficando da seguinte forma as recomendações a serem incluídas em futuro plano de ação elaborado pelo Executivo Municipal para posterior monitoramento:

2.1. Apresentar cronograma de apresentação do PPP, Regimento Escolar, Planejamento Anual para a comunidade escolar, especialmente para o Conselho Escolar, além de manter estes documentos atualizados e disponíveis para consulta pública, inclusive no momento de transição de gestão escolar e municipal.

2.2. Apresentar cronograma de instituição de Conselho Escolar/Fiscal para sugestão de aplicação e, principalmente, para a fiscalização de aplicação dos recursos do PDDE, de acordo com os preceitos da gestão democrática, de forma a inserir a comunidade escolar na tomada de decisão acerca dos assuntos escolares, informando os nomes dos participantes do Conselho, bem como quais setores estes representam, o local e a periodicidade das reuniões.

Quanto à proposição 2.4, agora renumerada para 2.3, faço uma pequena modificação, apenas para referenciar seus subitens ao Relatório de Auditoria, à fl. 92 deste processo, recomendando ao gestor que elabore plano de ação a ser objeto de futuro processo de monitoramento, contemplando todas as ações referenciadas, bem como demais ações necessárias para a melhoria das condições de infraestrutura da Escola Municipal Irmãs Cândida, observadas as condições orçamentárias e financeiras, nos seguintes termos:

> 2.3. Apresentar cronograma de manutenção da estrutura física da escola que oferta os anos iniciais do EF, adequando-as à legislação vigente, observando os itens elencados no Relatório de Auditoria, à fl. 92 dos autos do processo de auditoria n.º 1054302 e incluindo demais itens que se mostrem necessários para promover melhorias na infraestrutura escolar.

3 Quanto à política de valorização dos professores.

Neste tópico, a auditoria teve por objetivo *"verificar se a Prefeitura está implementando as metas e estratégias do PNE relativas à formação inicial e continuada e às condições de trabalho e de remuneração dos professores"*, valendo-se, para tanto, de informações colhidas em ofícios da Secretaria Municipal de Educação, em entrevistas com a Secretária Municipal de Educação, com a Diretora e a Supervisora Pedagógica da EM Irmãs Cândida e em resposta a questionários pelos quatorze professores da escola.

A principal deficiência encontrada foi quanto ao não cumprimento, pelo Município, do piso nacional do magistério.

À exceção desse aspecto, a equipe de auditoria ressaltou o ambiente favorável à valorização dos profissionais da educação do Município, fl. 83v:

> [...], foi possível observar que a SME de Arapuá se esforça para implementar as metas e estratégias do PNE relativas à valorização dos profissionais da educação. Tanto os professores quanto os gestores,

aparentemente, buscam desenvolver um trabalho eficaz, de modo que a maioria das inadequações apontadas neste capítulo podem ser contornadas com pequenos ajustes.

Assim, foram abordados os seguintes pontos: 1) piso salarial e plano de carreira; 2) formação continuada; 3) horário de atividades extraclasse e 4) saúde do professor.

A equipe de auditoria concluiu, quanto a este tópico, no Relatório Final de Auditoria, fl. 90v e 91:

> Quanto às políticas de valorização dos professores, esse termo abrange não só as questões remuneratórias, mas também as condições de trabalho e de formação inicial e continuada. A Constituição e as leis que tratam do ensino público determinam a valorização do profissional do magistério por haver um consenso de que a melhoria na qualidade da educação passa necessariamente pela composição de um corpo docente mais capacitado e comprometido. Mas, na prática, esses profissionais ainda são pouco valorizados pelo poder público.

> O objetivo do capítulo que tratou da valorização dos professores foi verificar se a Prefeitura de Arapuá está implementando as metas e estratégias do PNE relativas à formação inicial e continuada e às condições de trabalho e de remuneração dos professores.

> Nesse sentido, a principal deficiência encontrada diz respeito à remuneração dos professores. A Prefeitura de Arapuá não paga o piso nacional do magistério, e os reajustes anuais têm sido bem inferiores ao recomendável.

> Fora isso, foi possível observar que a SME de Arapuá se esforça para implementar as metas e estratégias do PNE relativas à valorização dos profissionais da educação. Tanto os professores quanto os gestores, aparentemente, buscam desenvolver um trabalho eficaz, de modo que a maioria das inadequações encontradas certamente serão contornadas a parir das recomendações propostas.

Com base nessa conclusão, foi apresentada, no Relatório Final de Auditoria, a seguinte recomendação quanto a este tópico, fl. 92v:

> 3.1. Remunerar os professores com vencimento inicial e reajuste anual no mínimo semelhantes ao do piso nacional do magistério.

> 3.2. Estimular a formação de uma comissão de professores representantes do corpo docente para discutir possíveis modificações no plano de carreira.

3.3. Consultar periodicamente os professores para saber quais cursos de capacitação eles estão necessitando e fornecer esses cursos em parceria com uma instituição de ensino superior.

3.4. Capacitar e dar condições de trabalho para que os coordenadores pedagógicos implementem a formação continuada no ambiente escolar.

3.5. Organizar a grade de horários da EM Irmãs Cândida de modo que todos os professores permaneçam no máximo dois terços da carga horária de trabalho em atividades de interação com os alunos, e que toda a jornada seja cumprida em um só turno.

3.6. Viabilizar o acesso a computadores com internet para todos do corpo docente durante o período em que estiverem planejando aulas.

Com essa recomendação, a equipe de auditoria elencou os seguintes benefícios esperados, fl. 89v: "Sentindo-se valorizados e bem recompensados pelo esforço, os professores de Arapuá continuarão lecionando com eficácia e o Município seguirá alcançando bons resultados educacionais."

Quanto à proposta de encaminhamento 3.1, a equipe de auditoria verificou que os vencimentos iniciais dos professores de Arapuá, para uma jornada de 24h semanais, no ano de 2017, estavam em R$779,82, enquanto o piso nacional do profissional da educação era de R$2.298,80, necessitando, portanto, que fossem reajustados em 75% para que a Lei n.º 11.738/2008 fosse cumprida.

A Lei n.º 11.738/2008 regulamentou o inciso VIII, do art. 206 da CR/88, incluído pela EC n.º 53 de 2006, fixando o valor; as regras de transição para que o piso fosse implementado até janeiro de 2010; regras de atualização anual e, em seu artigo 4º, a forma de participação da União na complementação de valores e cooperação técnica para que Municípios sem disponibilidade orçamentária suficiente consigam implementar o piso; e determinando que todos os entes federados adequassem os Planos de Carreira e Remuneração do Magistério até 31 de dezembro de 2009.

Nova oportunidade foi dada pela Lei n.º 13.005/2014, que aprovou o Plano Nacional de Educação para o decênio 2014/2024 para que os entes que ainda não tivessem conseguido implementar o piso nacional o fizessem no prazo de 2 (dois) anos, consoante restou consignado na meta 18:

> **META 18** Assegurar, no prazo de 2 (dois) anos, a existência de planos de Carreira para os (as) profissionais da educação básica e superior pública de todos os sistemas de ensino e, para o plano de Carreira dos

(as) profissionais da educação básica pública, tomar como referência o piso salarial nacional profissional, definido em lei federal, nos termos do inciso VIII do art. 206 da Constituição Federal.

Sendo uma imposição legal e tendo o gestor concordado com a medida, fl. 51, acolho a proposta de encaminhamento da equipe de auditoria, recomendando ao gestor municipal que envide todos os esforços possíveis no sentido de implementar o piso nacional do profissional da educação no Município, observando os limites legais e as restrições orçamentárias e formulando plano de ação a ser objeto de futuro monitoramento, no qual, para a consecução de seu fim, poderá, inclusive, ser contemplada ação visando à obtenção de cooperação técnica da União, em conformidade com o §2º, do artigo 4º, da Lei n.º 11.738/2008. Assim, a recomendação pode se dar nos seguintes termos: "3.1. Tomar as medidas necessárias para a implementação do piso nacional do magistério."

Da mesma forma, tendo havido plena concordância do gestor e estando em consonância com metas do PNE, acolho as demais propostas de encaminhamento da equipe de auditoria, itens 3.2 a 3.6, como recomendações ao Prefeito do Município de Arapuá para nortear plano de ação a ser oportunamente apresentado a esta Corte para futuro monitoramento.

III CONCLUSÃO

Por todo o exposto, com os elementos constantes da fundamentação e consoante o disposto nos artigos 6º e 7º da Resolução TC n.º 16/2011, voto para que sejam feitas as recomendações listadas a seguir ao Prefeito do Município de Arapuá, fixando prazo de 60 dias, contados da publicação do Acórdão, para que encaminhe a esta Corte Plano de Ação contemplando as ações que serão adotadas para o cumprimento desta decisão:

a. Quanto à gestão municipal.

a.1. Manter, como prática permanente, a elaboração de relatórios e a organização de documentação relativa à situação da educação no Município, objetivando repassar informações gerenciais e decisões tomadas com repercussão e relevância no futuro à equipe de transição a ser oportunamente instituída, observando-se o regramento específico, em especial a Lei Estadual n.º 19.434/2011 e, tanto quanto possível, a Cartilha

"Orientações para o gestor municipal – Encerramento de mandato" da CGU, na parte relativa à transição de governos.

a.2. Promover ações para que a família tenha mais conscientização sobre a importância de o aluno frequentar a escola e seja incentivada a ter maior participação na vida escolar.

a.3. Manter e aperfeiçoar o acompanhamento dos alunos com dificuldades, com vistas ao aperfeiçoamento e, no caso do aluno itinerante, à aproximação com o nível dos alunos regulares.

a.4. Programar a renovação da frota de veículos que atendem ao transporte na zona rural, de forma a garantir a segurança e integridade dos alunos e do motorista.

b. Quanto à gestão escolar.

b.1. Apresentar cronograma de apresentação do PPP, Regimento Escolar, Planejamento Anual para a comunidade escolar, especialmente para o Conselho Escolar, além de manter esses documentos atualizados e disponíveis para consulta pública, inclusive no momento de transição de gestão escolar e municipal.

b.2. Apresentar cronograma de instituição de Conselho Escolar/ Fiscal para sugestão de aplicação e, principalmente, para a fiscalização de aplicação dos recursos do PDDE, de acordo com os preceitos da gestão democrática, de forma a inserir a comunidade escolar na tomada de decisão acerca dos assuntos escolares, informando os nomes dos participantes do Conselho, bem como quais setores estes representam, o local e a periodicidade das reuniões.

b.3. Apresentar cronograma de manutenção da estrutura física da escola que oferta os anos iniciais do EF, adequando-as à legislação vigente, observando os itens elencados no Relatório de Auditoria, à fl. 92 dos autos do processo de auditoria n.º 1054302 e incluindo demais itens que se mostrem necessários para promover melhorias na infraestrutura escolar.

c. Quanto à política de valorização dos professores.

c.1. Tomar as medidas necessárias para a implementação do piso nacional do magistério.

c.2. Estimular a formação de uma comissão de professores representantes do corpo docente para discutir possíveis modificações no plano de carreira.

c.3. Consultar periodicamente os professores para saber quais cursos de capacitação eles estão necessitando e fornecer esses cursos em parceria com uma instituição de ensino superior.

c.4. Capacitar e dar condições de trabalho para que os coordenadores pedagógicos implementem a formação continuada no ambiente escolar.

c.5. Organizar a grade de horários da EM Irmãs Cândida de modo que todos os professores permaneçam no máximo dois terços da carga horária de trabalho em atividades de interação com os alunos, e que toda a jornada seja cumprida em um só turno.

c.6. Viabilizar o acesso a computadores com internet para todos do corpo docente durante o período em que estiverem planejando aulas.

Em face da disposição expressa no art. 13 da Resolução nº 16/2011, determino que as autoridades responsáveis sejam cientificadas de que a ausência injustificada da apresentação do Plano de Ação, no prazo determinado, poderá ensejar a aplicação de multa pessoal, por descumprimento de determinação deste Tribunal, com fundamento no inciso III do art. 85 da Lei Complementar n.102/2008.

Após o envio do Plano de Ação, encaminhem-se os autos à Coordenadoria de Auditoria Operacional para análise e monitoramento das recomendações aprovadas nesta decisão, de acordo com o disposto no inciso XI do art. 4º e do art. 10 da Resolução TC n. 16/11.

Findos os procedimentos pertinentes, arquivem-se os autos, nos termos do inciso I do art. 176, regimental.

Belo Horizonte, 16 de maio de 2019.

Durval Ângelo
Conselheiro Relator

ACÓRDÃO

Vistos, relatados e discutidos estes autos, ACORDAM os Exmos. Srs. Conselheiros da Primeira Câmara, por unanimidade, na conformidade da Ata de Julgamento e diante das razões expendidas no voto do Relator, em: 1) determinar ao Prefeito do Município de Arapuá, consoante disposto nos artigos 6º e 7º da Resolução TC n. 16/2011, que encaminhe a este Tribunal, no prazo de 60 dias, contados da publicação do Acórdão, Plano de Ação contemplando as ações que serão adotadas para o cumprimento desta decisão, com as recomendações listadas a seguir: a) Quanto à gestão municipal: a.1) manter, como prática permanente, a elaboração de relatórios e a organização de documentação relativa à situação da educação no Município, objetivando repassar informações gerenciais e decisões tomadas com repercussão e relevância no futuro à equipe de transição a ser oportunamente instituída, observando-se o regramento específico, em especial a Lei Estadual n. 19.434/2011 e, tanto quanto possível, a Cartilha "Orientações para o gestor municipal – Encerramento de mandato" da CGU, na parte relativa à transição de governos; a.2) promover ações para que a família tenha mais conscientização sobre a importância de o aluno frequentar a escola e seja incentivada a ter maior participação na vida escolar; a.3) manter e aperfeiçoar o acompanhamento dos alunos com dificuldades, com vistas ao aperfeiçoamento e, no caso do aluno itinerante, à aproximação com o nível dos alunos regulares; a.4) programar a renovação da frota de veículos que atendem ao transporte na zona rural, de forma a garantir a segurança e integridade dos alunos e do motorista; b) Quanto à gestão escolar: b.1) apresentar cronograma de apresentação do PPP, Regimento Escolar, Planejamento Anual para a comunidade escolar, especialmente para o Conselho Escolar, além de manter estes documentos atualizados e disponíveis para consulta pública, inclusive no momento de transição de gestão escolar e municipal; b.2) apresentar cronograma de instituição de Conselho Escolar/Fiscal para sugestão de aplicação e, principalmente, para a fiscalização de aplicação dos recursos do PDDE, de acordo com os preceitos da gestão democrática, de forma a inserir a comunidade escolar na tomada de decisão acerca dos assuntos escolares, informando os nomes dos participantes do Conselho, bem como quais setores estes representam, o local e a periodicidade das reuniões; b.3) apresentar cronograma de manutenção da estrutura física da escola que oferta os anos iniciais do EF, adequando-as à legislação vigente, observando os itens elencados no Relatório de Auditoria, à fl. 92 dos autos do processo de auditoria n. 1.054.302 e incluindo demais itens que se mostrem necessários para promover melhorias na infraestrutura escolar; c) Quanto à política de valorização dos professores: c.1) tomar as medidas necessárias para a implementação do piso nacional do magistério; c.2. estimular a formação de uma comissão de professores representantes do corpo docente para discutir possíveis modificações no plano de carreira; c.3) consultar periodicamente os professores para saber quais cursos de capacitação eles estão necessitando e fornecer esses cursos em parceria com uma instituição de ensino superior;

c.4) capacitar e dar condições de trabalho para que os coordenadores pedagógicos implementem a formação continuada no ambiente escolar; c.5) organizar a grade de horários da EM Irmãs Cândida de modo que todos os professores permaneçam no máximo dois terços da carga horária de trabalho em atividades de interação com os alunos, e que toda a jornada seja cumprida em um só turno; c.6) viabilizar o acesso a computadores com internet para todos do corpo docente durante o período em que estiverem planejando aulas; 2) determinar, em face da disposição expressa no art. 13 da Resolução n. 16/2011, que as autoridades responsáveis sejam cientificadas de que a ausência injustificada da apresentação do Plano de Ação, no prazo determinado, poderá ensejar a aplicação de multa pessoal, por descumprimento de determinação deste Tribunal, com fundamento no inciso III do art. 85 da Lei Complementar n.102/2008; 3) determinar, após o envio do Plano de Ação, o encaminhamento dos autos à Coordenadoria de Auditoria Operacional para análise e monitoramento das recomendações aprovadas nesta decisão, de acordo com o disposto no inciso XI do art. 4º e do art. 10 da Resolução TC n. 16/11; 4) determinar, findos os procedimentos pertinentes, o arquivamento dos autos, nos termos do inciso I do art. 176, regimental.

Votaram, nos termos acima, o Conselheiro Substituto Adonias Monteiro e o Conselheiro Presidente José Alves Viana.

Presente à sessão a Procuradora Maria Cecília Borges.

Plenário Governador Milton Campos, 04 de junho de 2019.

JOSÉ ALVES VIANA
Presidente

DURVAL ÂNGELO
Relator

CAPÍTULO VIII

INEXIGIBILIDADE DE LICITAÇÃO, SINGULARIDADE DO OBJETO E O FOCO NO INTERESSE PÚBLICO

Chamo, pois, República a todo Estado regido por leis, qualquer que seja a sua forma de administração, porque só então o interesse público governa e a coisa pública significa algo.

(Jean-Jacques Rousseau)[190]

Uma representação apresentada em janeiro de 2019 por um vereador da cidade mineira de Conselheiro Lafaiete, na macrorregião metropolitana de Belo Horizonte, resultou em oportuno posicionamento do Tribunal de Contas de Minas Gerais (TCE-MG) sobre uma questão controversa: a inexigibilidade de licitação em decorrência da singularidade do serviço contratado.

O vereador denunciava suposta irregularidade em um processo licitatório realizado pela prefeitura da cidade para a contratação de assessoria especializada que prestaria serviços técnicos de consultoria jurídica. A assessoria se destinava à implementação do Sistema de Controle Interno Municipal nas áreas de compras, licitação, contratos,

---

[190] ROUSSEAU, Jean-Jacques. *O Contrato Social*: princípios do Direito Político. Tradução Antônio de Pádua Danesi. São Paulo: Martins Fontes, 1996. p. 48.

obras e serviços de engenharia e patrimônio. O parlamentar alegava que o serviço contratado não possuía natureza singular que justificasse a ausência de licitação, como havia ocorrido.

Admitida a representação, o então prefeito de Conselheiro Lafaiete foi citado para que se manifestasse. Já o Ministério Público, em manifestação preliminar, considerou que o preço da contratação, de mais de R$80 mil, não havia sido devidamente justificado e solicitou explicações da administração municipal.

A análise técnica verificou que o processo de contratação direta, embora nominado como de dispensa de licitação, havia sido fundamentado na não exigência da competição, devido à natureza singular do objeto, conforme previsto no inciso II, do artigo 25 da Lei nº 8.666/1993:

> Art. 25. É inexigível a licitação quando houver inviabilidade de competição, em especial:
>
> [...]
>
> II – para a contratação de serviços técnicos enumerados no art. 13 desta Lei, de natureza singular, com profissionais ou empresas de notória especialização, vedada a inexigibilidade para serviços de publicidade e divulgação;

Fundamentadas em jurisprudência do Tribunal de Contas da União (TCU), as alegações da Comissão Permanente de Licitação e da Procuradoria Jurídica do Município para o processo de inexigibilidade foram de que a natureza singular devia ser considerada em relação ao profissional, e não ao serviço. Por outro lado, apontaram que, no referido caso, os serviços abrangidos não eram atividades típicas do cotidiano da Administração.

Por sua vez, a unidade técnica do TCE-MG trouxe à discussão a doutrina de Jacoby Fernandes e Justen Filho, bem como a jurisprudência de outros Tribunais de Contas, para defender que a singularidade se refere ao serviço, e não a seu executor. Em seu relatório, o órgão argumentou que o fato de um serviço somente poder ser realizado por um único executor não estabelece a singularidade do objeto, e concluiu que o serviço contratado pela prefeitura não seria singular. A avaliação foi respaldada na interpretação de Marçal Justen Filho,[191] para quem

---

[191] JUSTEN FILHO, Marçal. Ainda a inviabilidade de competição para contratação de serviços técnicos profissionais especializados. *Fórum de Contratação e Gestão Pública – FCGP*, Belo Horizonte, v. 2, n. 17, p. 2057-2073, maio 2003.

a singularidade do serviço é configurada pela imprevisibilidade do resultado da execução, que vai depender daquele que o executa. Assim, não se relacionaria ao objeto, mas ao interesse público concreto, representado pela Administração. Segundo o relatório técnico,

> O interesse público, a ser satisfeito através da contratação, será "singular" na medida em que escapar ao padrão de normalidade das atividades e dos recursos disponíveis no âmbito da Administração. Mais ainda, quando a necessidade administrativa apresentar tamanha complexidade e heterodoxia que não haja disponibilidade para sua satisfação através quer dos recursos materiais e humanos da própria Administração, quer por parte de um sujeito ou empresa de capacitação comum, média, regular.
>
> Portanto, a prioridade do exame não se dirige nem ao sujeito a ser contratado nem à atividade que desempenhará, mas às necessidades e peculiaridades da própria Administração. (JUSTEN FILHO, 2003).

Com base em tal interpretação, a unidade técnica não constatou na contratação questionada o requisito que justificasse a singularidade, entendendo que independentemente do prestador do serviço, *"o produto final será o mesmo, padronização de rotinas e processos administrativos conforme critérios estabelecidos na lei e a decisão normativa proferida por esta Corte de Contas"*.

Por sua vez, a defesa afirmou que o resultado pretendido não seria uma simples padronização de rotinas e procedimentos administrativos, pois, se assim o fosse, o serviço poderia ser facilmente executado pelo Controlador-Geral do Município com o apoio da Procuradoria-Geral, ou mesmo licitado.

Apresentando a descrição dos serviços executados, a defesa ressaltou o diferencial da metodologia da contratada, com soluções "customizadas", conforme o contexto do Município. A assessoria se daria em várias etapas, que iriam desde o diagnóstico inicial, à definição dos tipos de controle, de mudanças físicas, procedimentais e/ou estruturais necessárias, passando pela elaboração de instruções normativas, acompanhamento de sua implantação, até o monitoramento da adaptação dos servidores a uma "nova cultura de controle e reponsabilidade".

Segundo a defesa, o serviço contratado era "infungível" — ou insubstituível —, por não ter similar no mercado.

A personalização do trabalho não tem a ver com a figura da contratada, mas sim com o objetivo buscado pelo Poder Executivo Municipal ao contratar tais serviços. A profissional que se mostrou mais adequada ao atendimento de tal objetivo, em virtude de sua experiência anterior, forma de atuação e estudos realizados, foi a contratada.

Argumentou a defesa também que, em duas oportunidades, o Ministério Público Estadual havia reconhecido a inexigibilidade de licitação na contratação da mesma empresa, em serviços similares prestados a outros municípios. E evocou, ainda, o princípio da confiança, com referência à Súmula nº 264/2011 do TCU e à decisão do Supremo Tribunal Federal (STF) no Inquérito nº 3.074/SC.

Segundo a súmula do TCU:

> A inexigibilidade de licitação para a contratação de serviços técnicos com pessoas físicas ou jurídicas de notória especialização somente é cabível quando se tratar de serviço de natureza singular, capaz de exigir, na seleção do **executor de confiança**, grau de subjetividade insuscetível de ser medido pelos critérios objetivos de qualificação inerentes ao processo de licitação, nos termos do art. 25, inciso II, da Lei nº 8.666/1993. (Grifei).

Já no acórdão do STF, o relator, Ministro Luís Roberto Barroso, afirma:

> 5. Duas considerações podem justificar o afastamento do dever de licitar nesses casos: (i) a peculiaridade dos próprios serviços, quando sejam marcados por considerável relevância e complexidade; e (ii) a falta de parâmetros para estruturar a concorrência entre diferentes prestadores especializados.[...] A atribuição de um encargo como esse pressupõe uma relação de confiança na expertise diferenciada do prestador, influenciada por fatores como o estilo da argumentação, a maior ou menor capacidade de desenvolver teses inovadoras, atuações pretéritas em casos de expressão comparável, dentre outros.

Em sua manifestação, a unidade técnica insistiu na tese da ausência de singularidade, destacando que mesmo sendo reconhecida a notória especialização da empresa contratada, os serviços não poderiam ser caracterizados como singulares — com inviabilidade de competição, uma vez que existiam no mercado inúmeras empresas e profissionais capazes de ofertar o mesmo produto final. Assim, opinou pela ilegalidade da inexigibilidade, sendo o entendimento corroborado pelo MP em seu parecer conclusivo.

CAPÍTULO VIII
INEXIGIBILIDADE DE LICITAÇÃO, SINGULARIDADE DO OBJETO E O FOCO NO INTERESSE PÚBLICO | 309

Em meu julgamento, como relator, considerei ter sido comprovado nos autos que a contratação por inexigibilidade de licitação havia tido por objeto serviço técnico profissional especializado, atendendo ao requisito de notória especialização.

Estava claro também que os serviços contratados não se enquadravam na categoria de serviços habituais da Administração, que pudessem ser realizados, rotineiramente, por seus servidores. Assim, tomando a definição de Justen Filho, de que a singularidade do objeto varia no tempo e no espaço, dependendo das características da própria Administração, julguei estar presente um dos elementos para a sua caracterização.

Outro entendimento importante foi o de que não se requer a existência de apenas um único prestador capaz de realizar o serviço para efeito do requisito da singularidade.

O ponto mais controverso era se estava presente na contratação a "infungibilidade" calcada na maior satisfação do interesse público envolvido. Ou seja, se a metodologia, bem como o conhecimento e a experiência da contratada eram insubstituíveis.

Meu entendimento foi o de que a alegação da prefeitura era pertinente. Pelas informações e documentação apresentadas, constatava-se que a Administração buscou mais do que a mera padronização de rotinas e processos administrativos. Visou a uma maior satisfação do interesse público, não apenas pela metodologia, mas pela possibilidade de agregar, por uma visão externa e imparcial, nova compreensão dos vícios e problemas advindos da rotina de trabalho, bem como propor soluções e aperfeiçoamento. Ademais, ressalte-se a importância do Sistema de Controle Interno, como instrumento independente de apoio a uma Administração pautada pela legalidade e eficiência.

Assim, julguei caracterizada a "infungibilidade" do serviço contratado, que conterá, necessariamente, os traços daquele que o conduziu e executou.

É inegável, também, que o administrador tem que se valer do critério subjetivo da confiança neste tipo de contratação, o que é previsto na jurisprudência do STF, como podemos ver no excerto do voto do relator, Ministro Luís Roberto Barroso, no Inquérito nº 3.074/SC:

> 15. Na mesma linha, o Plenário do Supremo Tribunal Federal já reconheceu a "confiança" no trabalho profissional como elemento subjetivo a ser aferido, no contexto dos serviços especializados, quando do exame da inexigibilidade de licitação. Veja-se a parte relevante da ementa do acórdão proferido na AP 348, relatada pelo Ministro Eros Grau:

"[...] 'Serviços técnicos profissionais especializados' são serviços que a Administração deve contratar sem licitação, escolhendo o contratado de acordo, em última instância, com o grau de confiança que ela própria, Administração, deposite na especialização desse contratado. Nesses casos, o requisito da confiança da Administração em quem deseje contratar é subjetivo. Daí que a realização de procedimento licitatório para a contratação de tais serviços – procedimento regido, entre outros, pelo princípio do julgamento objetivo – é incompatível com a atribuição de exercício de subjetividade que o direito positivo confere à Administração para a escolha do "trabalho essencial e indiscutivelmente mais adequado à plena satisfação do objeto do contrato (cf. O §1º do art. 25 da Lei 8.666/93). O que a norma extraída do texto legal exige é a notória especialização, associada ao elemento subjetivo confiança".

Meu entendimento se apoia, ainda, na recente Lei nº 14.039/2020, que estabeleceu relação objetiva e direta entre a notória especialização do prestador e a singularidade do serviço, nos casos de serviços contábeis e advocatícios, nos seguintes termos:

Art. 1º A Lei nº 8.906, de 4 de julho de 1994 (Estatuto da OAB), passa a vigorar acrescida do seguinte art. 3º-A:

Art. 3º-A Os serviços profissionais de advogado são, por sua natureza, técnicos e singulares, quando comprovada sua notória especialização, nos termos da lei.

Parágrafo único. Considera-se notória especialização o profissional ou a sociedade de advogados cujo conceito no campo de sua especialidade, decorrente de desempenho anterior, estudos, experiências, publicações, organização, aparelhamento, equipe técnica ou de outros requisitos relacionados com suas atividades, permita inferir que o seu trabalho é essencial e indiscutivelmente o mais adequado à plena satisfação do objeto do contrato.

Art. 2º O art. 25 do Decreto-Lei nº 9.295, de 27 de maio de 1946, passa a vigorar acrescido dos seguintes §§1º e 2º:

§1º Os serviços profissionais de contabilidade são, por sua natureza, técnicos e singulares, quando comprovada sua notória especialização, nos termos da lei.

§2º Considera-se notória especialização o profissional ou a sociedade de profissionais de contabilidade cujo conceito no campo de sua especialidade, decorrente de desempenho anterior, estudos, experiências, publicações, organização, aparelhamento, equipe técnica ou de outros requisitos relacionados com suas atividades, permita inferir que o seu trabalho é essencial e indiscutivelmente o mais adequado à plena satisfação do objeto do contrato.

Faço um parêntese neste ponto para destacar que, recentemente, o Tribunal de Contas de Minas Gerais alterou o seu entendimento sobre a temática. A mudança ocorreu em resposta à Consulta nº 987.411, em dezembro de 2020. O conselheiro Mauri Torres pediu vistas do voto do relator. Posteriormente, ao apresentar seu voto-vista, alertou para a necessidade de que o colegiado revisasse o entendimento inicial, em função da "mudança de paradigmas relacionados à identificação da singularidade na contratação de serviços técnicos de advogados e contadores". Ao mencionar a alteração trazida pela vigência da Lei nº 14.039/2020, o conselheiro afirmou: "Da inteligência do novo dispositivo legal, infere-se que foi reconhecida a singularidade dos serviços de advocacia e de contabilidade pela natureza técnica dessas atividades, que por si só já é fator que inviabiliza a competição desses profissionais." Ele também destacou o componente da subjetividade: "A singularidade se faz presente quando, na escolha do prestador de serviços mais apto para o alcance das finalidades, incidem critérios preponderantemente subjetivos, tornando inviável a competição", afirmou.

Já no que se refere à falta de justificativa para o valor do serviço, alegada pelo Ministério Público, entendi tratar-se de questão diretamente relacionada à singularidade do objeto. Vale lembrar que a unidade técnica considerou inadequada a pesquisa de preços apresentada pela prefeitura, com levantamento dos valores de outros serviços prestados pela contratada. Como avaliou que não havia a singularidade do objeto, o órgão entendeu que a pesquisa deveria ter sido feita com fornecedores diversos.

No entanto, por ter chegado ao entendimento de existência da singularidade do objeto, julguei que a pesquisa apresentada — com valores de serviços semelhantes prestados pela contratada a outros municípios e órgãos públicos — havia comprovado a compatibilidade dos preços praticados na inexigibilidade de licitação. Entendimento semelhante já teve o TCU, como mostra o excerto do voto do Ministro Bruno Dantas, no já citado Acórdão nº 2.993/2018 – Plenário:

> 30. Ainda no tocante à seleção das consultorias, resta analisar a questão dos preços contratados. Quanto a isso, verifico que alguns precedentes desta Corte reconheceram a dificuldade de justificar o preço nos casos de inexigibilidade à luz de propostas de outros fornecedores ou prestadores, razão pela qual foi nascendo o entendimento de que a razoabilidade do preço poderia ser verificada em função da atividade anterior do próprio particular contratado (nessa linha, item 9.1.3 do Acórdão 819/2005-TCU-Plenário).

31. Tal situação culminou na expedição, pela Advocacia-Geral da União (AGU), da Orientação Normativa 17/2009, inicialmente com a seguinte redação: *"É obrigatória a justificativa de preço na inexigibilidade de licitação, que deverá ser realizada mediante a comparação da proposta apresentada com preços praticados pela futura contratada junto a outros órgãos públicos ou pessoas privadas"*.

Assim fundamentei meu voto em que julguei improcedente a representação, o qual foi referendado, por unanimidade, pelo Tribunal Pleno do TCE-MG.

A título de reflexão, destaco que o imperativo republicano de governos regidos por leis, como apregoado por Rousseau, não constitui impedimento para reconhecer que as circunstâncias de cada município e de sua Administração requerem caminhos também particularizados. Tais peculiaridades estão previstas em lei, como demonstrado em nosso voto. Sem perder de vista os princípios da Administração Pública — legalidade, impessoalidade, moralidade, publicidade e eficiência —, é preciso considerar que o interesse público deve ser sempre o foco principal do ato administrativo, não cabendo ao controle externo engessar a administração por mero formalismo.

REPRESENTAÇÃO Nº 1.058.875[192]

I   RELATÓRIO

[...]

II   FUNDAMENTAÇÃO

A presente representação tem por objeto a análise de duas irregularidades apontadas com relação ao Processo Licitatório n.º 076, Dispensa n.º 009/2018, que resultou na contratação da assessoria especializada da empresa Priscila Viana Sociedade de Advogados, formalizada no Contrato n.º 107/2018, fls. 06 a 14 (Peça n.º 11 do SGAP), para prestação de serviços técnicos advocatícios de consultoria jurídica ao Controle Interno Municipal, visando à estruturação e implementação específica de Sistema de Controle Interno Municipal nos setores de compras, licitação, contratos, obras e serviços de engenharia e patrimônio, em cumprimento aos termos da Decisão Normativa 0002/2016 do Tribunal de Contas do Estado de Minas Gerais e demais preceitos legais e normativos aplicáveis.

O escopo dos serviços contratados foi assim especificado na cláusula segunda do contrato:

---

[192] Todas as informações sobre este processo, bem como a íntegra do nosso voto, podem ser obtidas na busca de processos do *site* do TCE-MG: https://www.tce.mg.gov.br/.

Etapa	Descrição	Prazo Execução	Valor Mensal R$	Valor Total da Etapa R$
01	Verificação da atual situação do Sistema de Controle Interno Municipal e diagnóstico do funcionamento dos diversos órgão da Administração Pública Municipal.	03 meses	7.300,00	21.900,00
02	Aperfeiçoamento do Sistema de Controle Interno do Município mediante a elaboração de instruções normativas, rotinas e procedimentos.	05 meses	7.300,00	36.500,00
03	Acompanhamento da implantação das instruções normativas.	02 meses	7.300,00	14.600,00
04	Elaboração de instrução normativa sobre a realização de auditoria interna.	02 meses	3.650,00	7.300,00
05	Realização de 04 palestras, treinamentos, oficinas ou seminários de qualificação e aperfeiçoamento profissional.	Ao longo do contrato	-	-
Total				80.300,00

O processo de contratação direta, embora tenha sido nominado como de dispensa de licitação, efetivamente, se deu com fundamento em inexigibilidade de licitação pela hipótese do inciso II, do artigo 25 da Lei n.º 8.666/1993:

Art. 25. É inexigível a licitação quando houver inviabilidade de competição, em especial:

[...]

II – para a contratação de serviços técnicos enumerados no art. 13 desta Lei, de natureza singular, com profissionais ou empresas de notória especialização, vedada a inexigibilidade para serviços de publicidade e divulgação;

Art. 13. Para os fins desta Lei, consideram-se serviços técnicos profissionais especializados os trabalhos relativos a:

[...]

III – assessorias ou consultorias técnicas e auditorias financeiras ou tributárias;

[...]

VI – treinamento e aperfeiçoamento de pessoal;

A primeira irregularidade, apontada pelo representante em sua peça inicial, fl. 1 (Peça n.º 11 do SGAP), foi a ausência de natureza singular do serviço contratado e a segunda irregularidade, aditada pelo Ministério Público, fls. 37 a 38 (Peça n.º 11 do SGAP), foi a falta de justificativa para o preço contratado.

Passa-se, então, à análise individualizada de cada uma das irregularidades.

Quanto à ausência de natureza singular do serviço

O representante limitou-se a relatar que, a despeito dos diversos questionamentos que fizera, como edil, a respeito do não enquadramento da contratação em tela na hipótese do art. 25, II da Lei n.º 8.666/1993, o Poder Executivo optou pela manutenção do contrato.

Assim, não satisfeito com as justificativas apresentadas pelo Executivo, alegou, sem fundamentar seu pedido, que o serviço não teria natureza singular, de acordo com a jurisprudência desta Casa.

A unidade técnica, fls. 32 a 35v (Peça n.º 11 do SGAP), realizou minucioso estudo sobre o instituto da singularidade para efeito de enquadramento na hipótese permissiva de inexigibilidade de licitação do artigo 25, II da Lei n.º 8.666/1993.

Contrapondo-se às alegações apostas nas manifestações da Comissão Permanente de Licitação e da Procuradoria Jurídica, no processo de inexigibilidade, que, em linhas gerais, defendem a natureza singular do objeto sob o entendimento de que, consoante jurisprudência do TCU, esta se relaciona ao profissional e não ao serviço, *"pois está fincada nos conhecimentos individuais de cada profissional, impedindo, portanto, a aferição de competição"*, além de, no caso específico, abranger serviços não afetos à Administração de forma cotidiana e rotineira, a unidade técnica, valendo-se de doutrina de Jacoby Fernandes e Justen Filho e de jurisprudência de diversos Tribunais de Contas, apresentou entendimento de que a singularidade se refere ao serviço executado e não a seu executor, e discorreu sobre a necessidade de que os serviços singulares não se amoldem àqueles habitualmente desenvolvidos pela Administração, trazendo à baila, neste sentido, a súmula n.º 106 desta Corte.

A unidade técnica teceu comentários sobre a desnecessidade de que o serviço possa ser realizado apenas por um executor como condição para a singularidade do objeto, o que está em perfeita consonância com os ditames legais, pois, casos de fornecedores ou executores exclusivos configuram hipótese de inexigibilidade prevista no *caput* do art. 25 da Lei n.º 8.666/93, sendo suficiente a simples constatação de impossibilidade de competição, o que prescinde dos requisitos exigidos pelo inciso II do mesmo artigo, nas quais se insere a singularidade.

Em seguida, após outras considerações, concluiu que o serviço não seria singular com base em interpretação de doutrina de Marçal Justen Filho. Pela forma didática da exposição feita pela unidade técnica, transcrevo este trecho de seu relatório, fls. 5 a 7 (Peça n.º 4 do SGAP):

> Destarte, o fato de haver inúmeros possíveis executores não é excludente da hipótese de singularidade, pois essa não é uma condição (objetiva) estipulada na norma legal. E nem tampouco a complexidade induz à singularidade, pois há casos em que um serviço não é complexo, mas poderá ser singular. Da mesma forma, a singularidade não decorre da notória especialização de seu executor (singularidade subjetiva), ora, a notória especialização e a singularidade são institutos diferentes, até porque o art. 25, II, da lei 8.666/93 trata-os como requisitos distintos e que devem ser atingidos de forma cumulativa.
>
> Considerar que a inviabilidade pode decorrer da pessoa do contratado é o mesmo que admitir que um mesmo objeto é a um só tempo, singular e não singular, conforme a pessoa que o executar. Ora, o serviço é ou não é singular.
>
> Então o que seria um serviço singular, anômalo e não afeto à Administração?
>
> Basicamente seria a imprevisibilidade ou incerteza do resultado da execução, algo que torne o serviço infungível, não padronizado e anômalo. Ou seja, considera-se serviço singular aquele em que não é possível determinar antecipadamente o resultado da execução; pois este irá variar de acordo com aquele que o executa.
>
> Nessa esteira, Marçal Justen Filho[193] leciona:
>
>> Em outras palavras, **singular não é o objeto do serviço, mas o interesse público concreto titularizado pela Administração.** Não obstante, neste aspecto, Celso Antônio Bandeira de Melo refira-se que são singulares os estilos ou orientação pessoal dos prestadores de serviço, o que "não significa que outros não possam realizar o mesmo serviço."

---

[193] JUSTEN FILHO, Marçal. Ainda a Inviabilidade de Competição para Contratação de Serviços Técnicos Profissionais Especializados. *Fórum de Contratação e Gestão Pública – FCGP*, Belo Horizonte, v. 2, n. 17, p. 2057-2073, maio 2003.

O interesse público, a ser satisfeito através da contratação, será "singular" na medida em que escapar ao padrão de normalidade das atividades e dos recursos disponíveis no âmbito da Administração. Mais ainda, quando a necessidade administrativa apresentar tamanha complexidade e heterodoxia que não haja disponibilidade para sua satisfação através quer dos recursos materiais e humanos da própria Administração, quer por parte de um sujeito ou empresa de capacitação comum, média, regular.

Portanto, a prioridade do exame não se dirige nem ao sujeito a ser contratado nem à atividade que desempenhará, mas às necessidades e peculiaridades da própria Administração. **A singularidade consiste na caracterização da anomalia** — mas verificada em face das características da própria Administração.

Daí deriva a impossibilidade de caracterizar como singular uma certa prestação de serviço considerada em si mesma. A qualificação da singularidade depende da circunstância concreta, em face de cada caso específico, tomando em vista a entidade administrativa que desempenha atuação determinada.

Logo, a singularidade do objeto variará no tempo e no espaço, podendo ser diversamente qualificada em cada oportunidade. Determinada contratação poderá envolver singularidade de objeto em um caso, mas ser diversamente considerada em outro. [...]

A singularidade do objeto consiste na existência de peculiaridade no interesse público que exige solução não padronizada, específica para o caso concreto. Verifica-se a necessidade de produzir, para cada caso, a solução adequada a satisfazer interesse público peculiar. Isso se passará em todas as hipóteses de produção de um objeto diferenciado daqueles fornecidos por uma pluralidade de agentes no mercado. A singularidade se relaciona com a necessidade de solução original, que contenha resposta às exigências incomuns que o interesse público apresenta. A singularidade do interesse público acarreta espécie de "infungibilidade" entre as prestações imagináveis para sua satisfação. Não é possível supor que qualquer prestação, integrante de uma categoria, atenderia ao interesse público, em termos equivalentes. Apenas as prestações que apresentem alguma característica especial, correspondente à peculiaridade do interesse público, é que servem para o Estado.

No caso em epígrafe não se vê uma "infungibilidade" nos serviços de consultoria contratados pela Administração; ora, apesar de haver inúmeros fornecedores, cada um com metodologia própria, isso não se nega; o produto final será o mesmo: padronização de rotinas e processos administrativos conforme critério estabelecido na lei e a decisão normativa proferida por esta Corte de Contas, independentemente de quem o tenha executado.

Portanto, vê-se que o processo de inexigibilidade se encontra maculado por lesão direta à lei, devendo haver declaração do processo de contratação direta e, por conseguinte, nulidade do contrato administrativo, pagando à CONTRATADA apenas o proporcional pelos serviços já prestados, haja vista não ter havido qualquer constatação, até agora, de má-fé por parte deste, assim como preconiza o art. 59, parágrafo único, da lei 8.666/93.

Ademais, também não se pode constatar, até o presente momento, má-fé do gestor público responsável e nem o imputar a ressarcir ao erário, pois não se pode determinar, analisando apenas o ato de autorização da licitação, objetivamente, prejuízo ao erário, pois se trata de uma definição com muitas controvérsias jurídicas que podem levar facilmente qualquer operador do direito ou agente público ao engano.

Assim, com fundamento na doutrina de Marçal Justen Filho, relativa às peculiaridades do interesse público como elemento caracterizador da singularidade do objeto, conferindo-lhe uma espécie de "infungibilidade", a unidade técnica não vislumbrou a presença de tal requisito na contratação em análise, por entender que, independentemente do prestador do serviço, "*o produto final será o mesmo: padronização de rotinas e processos administrativos conforme critérios estabelecidos na lei e a decisão normativa proferida por esta Corte de Contas*".

Exatamente quanto a este ponto se funda a defesa apresentada pelo Sr. Mário Marcus Leão Dutra, às fls. 42 a 56 (Peça n.º 11 do SGAP), discordando da conclusão da unidade técnica ao argumento de que a singularidade da contratação da empresa Priscila Viana Sociedade de Advogados estaria resguardada, justamente pela peculiaridade do interesse público envolvido.

A defesa iniciou sua argumentação, alegando, ao contrário da conclusão da unidade técnica, que o produto final esperado não é a mera padronização de rotinas e procedimentos administrativos, de acordo com os critérios legais e normativos, pois, fosse esse o objetivo da contratação, poderia ser facilmente executado pelo Controlador Geral do Município com o apoio da Procuradoria Geral, ou ser licitado.

A defesa apresentou, em seguida, descrição dos serviços executados pela contratada, discorrendo sobre o diferencial de sua metodologia em relação a serviços padronizados, de prateleira, comumente ofertados e implementados em diversos municípios, justificando sua escolha pela busca de um serviço customizado com soluções adequadas ao contexto do Município:

Quando a atual gestão assumiu a Prefeitura Municipal (2017/2020), diante da situação de descontrole generalizado em que se viam os diversos órgãos públicos, buscou-se um trabalho efetivamente **customizado**, em que o prestador de serviços criasse soluções adequadas ao contexto do Município, capazes de alterar a sua realidade, para que a Controladoria Geral não fosse apenas um órgão formal ou que executasse, conforme acontece na grande maioria dos pequenos e médios municípios mineiros, os controles que, por lei, competem às unidades executoras (secretarias e órgãos municipais). É o que se conclui da exposição de motivos do Projeto de Lei elaborado pela contratada, a partir constatação da inexistência de um sistema de controle interno no Poder Executivo Municipal (cópia em anexo).

A metodologia utilizada pela contratada, que motivou a sua escolha para a execução do objeto em tela, encontra-se comprovada nos documentos em anexo. Ela pressupõe a realização de um diagnóstico inicial, mediante visitas e entrevistas presenciais com a totalidade dos servidores lotados nos setores objeto do diagnóstico, bem como dos respectivos agentes políticos. (vide atas e listas de presença anexas às respectivas notas fiscais e relatório de prestação de serviços mensais).

Os encontros têm como objetivo averiguar a existência de instrumentos de controle, conhecer a realidade dos setores e suas respectivas dificuldades enfrentadas no dia a dia, para, dessa forma, com base nas informações levantadas, na estrutura física e de recursos humanos de cada órgão, propor soluções, implementar rotinas de trabalho adequadas àquela realidade e, por fim, instrumentos e mecanismos que elevem a eficiência da gestão pública. Nesses momentos são também colhidas sugestões dos próprios servidores para a melhoria do desempenho de suas atribuições e consequentemente, de todo o serviço da Prefeitura Municipal.

Essa fase é concluída com o relatório diagnóstico, que subsidia a tomada de decisões sobre os tipos de controle a serem instituídos e as mudanças físicas, procedimentais e/ou estruturais que se mostrem necessárias.

Posteriormente, inicia-se a elaboração das instruções normativas, novamente com a presença dos servidores envolvidos na fase de diagnóstico, a fim de que eles participem da construção das normas e procedimentos que deverão ser por eles seguidos no exercício dos seus respectivos controles internos.

Essas normas demandam revisões por parte de seus usuários e do responsável pela unidade central do sistema de controle interno e, antes de entrarem em vigor, a consultoria realiza treinamentos e capacitações para que os novos instrumentos de controle sejam efetivamente compreendidos por seus usuários e não simplesmente "impostos", por um ato autoritário unilateral, reforçando a participação de seus destinatários em todas as fases do trabalho. (vide novamente atas e listas de presença em anexo).

Segue-se a fase de acompanhamento de implantação das normativas, com o monitoramento da fase de adaptação dos servidores à **nova cultura de controle e responsabilidade**, a fim de se constatar a necessidade de ajustes nas normas e seus efeitos práticos nos diversos processos administrativos da entidade. Concluída essa fase, a Controladoria Geral do Município torna-se mais apta a realizar os procedimentos de auditoria interna, a partir dos parâmetros de atuação estabelecidos nas instruções normativas, completando o ciclo de atuação da unidade central do Sistema de Controle Interno, assim resumido:

a) diagnóstico da situação;

b) debate sobre os instrumentos de controle a serem adotados de acordo com a situação encontrada;

c) consenso quanto aos instrumentos de controle a serem adotados, expressos em normatizações;

d) treinamentos para execução das normatizações;

e) implantação;

f) auditoria interna.

Após discorrer minuciosamente sobre os serviços executados pela contratada e seu diferencial com relação a serviços padronizados, de prateleira, comumente ofertado por empresas do ramo, ressaltando a importância da participação dos servidores e agentes políticos no processo, a defesa definiu o que entende por singularidade quanto ao objeto em análise:

A singularidade do objeto, portanto, não reside nas instruções normativas ou procedimentos padronizados elaborados sob a orientação da contratada, mas sim na transformação dos processos de trabalho e da conduta dos servidores, para além de uma mera aparência de legalidade. **O que se espera é a mudança de cultura, ou seja, que os servidores observem as instruções normativas, não apenas "porque está na Lei", mas sim porque eles acreditam que é o correto a se fazer, na medida em que vislumbram, com a sua prática, significativas melhorias em seus trabalhos e, em última instância, a garantia de consecução do interesse público e do bem-estar de toda a coletividade.**

Complementando seu raciocínio, após apresentar uma comparação entre os serviços realizados pela contratada e serviços propostos por outra empresa, a defesa acrescentou:

[...] as normas só podem ser efetivamente cumpridas se os servidores, além de participarem de sua elaboração, forem adequadamente treinados para cumprir aquela normativa específica criada junto com eles, e não minutas e modelos genéricos apenas adaptados aos nomes dos órgãos que compõem a Estrutura Administrativa do Poder Executivo Municipal.

Ora, como a Controladoria Geral pode criar normas sem executar um diagnóstico prévio e circunstanciado da realidade dos diversos órgãos públicos municipais? Como tais normas vão conseguir a adesão irrestrita se os servidores não se sentem responsáveis por sua elaboração e cumprimento ou se não são ouvidos, já que melhor do que ninguém conhecem a sua realidade? E como saber se as instruções normativas geram os efeitos esperados, se não houver o acompanhamento durante a sua implantação? Essa forma de atuação encontra-se exaustivamente comprovada na documentação anexa a esta defesa.

Por isso, o serviço com a Dra. Priscila Viana é infungível: não se confunde com outros similares disponíveis no mercado, pois não é qualquer profissional que se propõe a um trabalho tão personalizado e customizado. **A personalização do trabalho não tem a ver com a figura da contratada, mas sim com o objetivo buscado pelo Poder Executivo Municipal ao contratar tais serviços.** A profissional que se mostrou mais adequada ao atendimento de tal objetivo, em virtude de sua experiência anterior, forma de atuação e estudos realizados foi a contratada.

Por fim, depois de enfatizar que o resultado final não seria o mesmo daquele obtido pela contratação de qualquer profissional, devido à metodologia, experiência e conhecimento da contratada, e de relatar o fato de o Ministério Público Estadual ter reconhecido, por duas oportunidades, a hipótese de inexigibilidade de licitação na contratação da mesma empresa em serviços similares prestados a outros municípios, arquivando respectivos inquéritos civis, a defesa evocou o princípio da confiança como aplicável ao caso, fundamentando suas alegações com referências à súmula n.º 264/2011 do TCU e à decisão do Supremo Tribunal Federal no Inquérito 3.074/SC, entre outras.

Eis o enunciado da súmula citada:

SÚMULA 264/2011/TCU: A inexigibilidade de licitação para a contratação de serviços técnicos com pessoas físicas ou jurídicas de notória especialização somente é cabível quando se tratar de serviço de natureza singular, capaz de exigir, na seleção do **executor de confiança**, grau de subjetividade insuscetível de ser medido pelos critérios objetivos de qualificação inerentes ao processo de licitação, nos termos do art. 25, inciso II, da Lei nº 8.666/1993. (grifei).

Do acórdão citado, trago parte dos trechos do voto do relator, Ministro Luís Roberto Barroso, reproduzidos pela defesa:

5. Duas considerações podem justificar o afastamento do dever de licitar nesses casos: (i) a peculiaridade dos próprios serviços, quando sejam marcados por considerável relevância e complexidade; e (ii) a falta de parâmetros para estruturar a concorrência entre diferentes prestadores especializados. [...] A atribuição de um encargo como esse pressupõe uma relação de confiança na expertise diferenciada do prestador, influenciada por fatores como o estilo da argumentação, a maior ou menor capacidade de desenvolver teses inovadoras, atuações pretéritas em casos de expressão comparável, dentre outros.

[...]

13. A natureza singular refere-se ao objeto do contrato, ao serviço a ser prestado, que deve escapar à rotina do órgão contratante e da própria estrutura de advocacia pública que o atende. Não basta, portanto, que o profissional seja dotado de notória especialização, exigindo-se, igualmente, que a atividade envolva complexidades que tornem necessária a peculiar expertise. É essa nota de diferenciação que torna inviável a competição, mesmo entre prestadores qualificados, dada a necessidade de um elo de especial confiança na atuação do profissional selecionado.

Ainda, do mesmo voto, a defesa reproduziu trecho em que o relator cita Celso Antônio Bandeira de Melo:[194]

Se o serviço pretendido for banal, corriqueiro, singelo, e, por isso, irrelevante que seja prestado por "A" ou por "B", não haveria razão alguma para postergar-se o instituto da licitação. Pois é claro que a singularidade só terá ressonância para o tema na medida em que seja necessário, isto é, em que por força dela caiba esperar melhor satisfação do interesse administrativo a ser provido.

[...]

Em suma: a singularidade é relevante e um serviço deve ser havido como singular quando nele tem de interferir, como requisito de satisfatório entendimento da necessidade administrativa, um componente criativo de seu autor, envolvendo o estilo, o traço, a engenhosidade, a especial habilidade, a contribuição intelectual, artística, ou a argúcia de quem o executa, atributos, estes, que são precisamente os que a Administração reputa convenientes e necessita para a satisfação do interesse público em causa.

---

[194] BANDEIRA DE MELO, Celso Antônio. *Curso de direito administrativo*, 2006, p. 525-527.

Embora outros, talvez até muitos, pudessem desempenhar a mesma atividade científica, técnica ou artística, cada qual o faria à sua moda, de acordo com os próprios critérios, sensibilidade, juízos, interpretações individualizadores repercutirão necessariamente quanto à maior ou menor satisfação do interesse público.

Em sua manifestação final (Peça n.º 8 do SGAP), a unidade técnica limitou-se a ratificar o entendimento inicial, sem tecer quaisquer considerações quanto aos argumentos da defesa. Eis o inteiro teor de sua manifestação quanto à questão da singularidade do objeto:

> No entanto, ainda que se possa reconhecer a notória especialização do escritório Priscila Viana Sociedade de Advogados, os serviços de consultoria contratados não podem ser reconhecidos como serviços singulares, de modo a inviabilizar a competição, uma vez que existem no mercado inúmeras empresas e profissionais autônomos que poderiam ofertar o mesmo produto final almejado pela administração, independentemente da metodologia adotada, e que poderiam, em tese, participar de um processo licitatório.
>
> Verifica-se, assim, que a singularidade do objeto não está relacionada ao prestador, mas sim à natureza do próprio serviço a ser realizado. Oportuno mencionar o entendimento do Tribunal de Contas da União (TCU) sobre singularidade do objeto:
>
> [...] A singularidade, como textualmente estabelece a lei, é do objeto do contrato; é o serviço pretendido pela administração que é singular e não o executor do serviço [...] (Acórdão 1299/2008 Plenário – Voto do Ministro Relator).
>
> Menciona-se ainda, entendimento atual desta Corte de Contas acerca da singularidade do objeto, conforme decisão proferida no processo n. 952118 (D.O.C – 2156 – 23/10/2019):
>
> RECURSO ORDINÁRIO. DENÚNCIA. PRELIMINAR. ADMISSIBILIDADE. MÉRITO [...]. SINGULARIDADE DO OBJETO. PROFISSIONAL NOTORIAMENTE ESPECIALIZADO [...].
>
> 1. A responsabilidade recairá somente sobre aquele que cometeu erro ou ilegalidade na execução de um determinado ato, ficando isenta a autoridade que delegou sua prática, exceto nos casos em que for constatada a ocorrência de culpa *in eligendo*, culpa *in vigilando* ou necessidade de prévia aprovação do ato executado pela autoridade delegante.
>
> 2. A natureza singular caracteriza-se como uma situação anômala, incomum, impossível de ser enfrentada satisfatoriamente por qualquer profissional especializado. Envolve os casos que

demandam mais do que a especialização, pois apresentam complexidades que impedem obtenção de solução satisfatória a partir da contratação de qualquer profissional.

Com o exposto, ratificamos o entendimento emanado na análise inicial, no sentido que, não ficou caracterizado a singularidade do objeto contratado, acarretando a ilegalidade da inexigibilidade da licitação realizada.

O Ministério Público, em seu parecer conclusivo (Peça n.º 10 do SGAP), sem tecer maiores considerações, corroborou o entendimento da unidade técnica.

Sendo inconteste nos autos que a contratação sob análise, realizada por inexigibilidade de licitação, tem por objeto serviço técnico profissional especializado e atendeu ao requisito de notória especialização, restou, para efeito do enquadramento da hipótese do artigo 25, II, da Lei n.º 8.666/1993, o atendimento ao requisito da singularidade.

O primeiro ponto a se ressaltar, com o qual concordam a unidade técnica e o Ministério Público, é o fato de que os serviços contratados não se enquadram na categoria de serviços habituais da Administração, que podem ser, rotineiramente, realizados por seus servidores.

Sob esta perspectiva, tomando-se trecho da doutrina de Marçal Justen Filho citada pela unidade técnica, segundo a qual a singularidade do objeto varia no tempo e no espaço, dependendo das características da própria Administração, características essas que podem envolver aspectos jurídicos, administrativos ou estruturais, acrescento eu, revela-se presente um dos elementos para a caracterização da singularidade na contratação sob análise, contudo, outros elementos devem ser necessariamente perquiridos.

Outro ponto que merece destaque, igualmente incontroverso nos autos, é o entendimento segundo o qual não se requer a existência de apenas um prestador que possa realizar o serviço para efeito da subsunção do caso concreto à hipótese legal do requisito da singularidade, ou seja, neste sentido, não é necessário que o serviço seja único, exclusivo.

O ponto controverso reside no entendimento quanto à singularidade do serviço, sob o enfoque da doutrina citada de Marçal Justen Filho e de Celso Antônio Bandeira de Melo, ou seja, se estaria presente a citada espécie de "infungibilidade" calcada na maior satisfação do interesse público envolvido.

Para a unidade técnica, não haveria tal "infungibilidade", porquanto entende que, independentemente do prestador do serviço, o produto final seria o mesmo: padronização de rotinas e processos administrativos, conforme critérios estabelecidos na lei e a decisão normativa proferida por esta Corte de Contas.

Já, a defesa, alega que a "infungibilidade" estaria na busca de um serviço customizado para atender aos interesses e necessidades peculiares do Município de Conselheiro Lafaiete, com a mudança de cultura entre os servidores, visando o fortalecimento do Sistema de Controle Interno, o que, aliado ao princípio da confiança, levou à escolha da contratada como aquela que melhor atende ao interesse público.

Tenho para mim que assiste razão à defesa.

Pelo escopo do trabalho apresentado, não somente pelo relato da defesa, instruído com documentação comprobatória, mas, também, pela cláusula segunda do contrato, depreende-se que se buscou algo além da mera padronização de rotinas e processos administrativos, conforme critérios estabelecidos na lei e a decisão normativa proferida por esta Corte de Contas.

Pela relevância que tem o Sistema de Controle Interno, de status constitucional, como instrumento independente de apoio a uma Administração pautada pela legalidade e eficiência, é de se reconhecer que, no presente caso, ao se buscar uma consultoria externa e especializada para a implementação de uma nova cultura de controle interno, com um diagnóstico completo dos órgãos e o envolvimento de seus servidores, a Administração visou uma maior satisfação do interesse público, não somente pela metodologia, mas, também, pela possibilidade de se agregar, pela visão imparcial de quem está de fora, novas formas de se entender os vícios e problemas que a rotina e a repetição trazem sobre os procedimentos de trabalho e, por consequência, propor medidas corretivas e melhoradoras.

Sob este prisma, revela-se a "infungibilidade" do serviço contratado, que, invariavelmente, por mais que se objetive a padronização de rotinas e procedimentos, conterá os traços daquele que o conduziu e executou, diferenciando-se, certamente, daquele executado por outro profissional. Neste sentido, correta a alegação da defesa de que, fossem os resultados iguais para qualquer prestador do serviço, poderia ser realizado pelo Controlador Geral com o apoio da Procuradoria Geral, ou licitado.

Ainda assim, deparando-se com a possibilidade de que exista um universo considerável de prestadores do serviço pretendido, com equivalente especialização, sem que isso afaste a característica da "infungibilidade", terá o administrador que se valer de critério subjetivo, devidamente justificado, para a escolha do contratado, e este critério, como assentado na jurisprudência do Supremo Tribunal Federal, é o princípio da confiança. Neste sentido, excerto do voto do relator, Ministro Luís Roberto Barroso no Inquérito 3.074/SC:

> 15. Na mesma linha, o Plenário do Supremo Tribunal Federal já reconheceu a "confiança" no trabalho profissional como elemento subjetivo a ser aferido, no contexto dos serviços especializados, quando do exame da inexigibilidade de licitação. Veja-se a parte relevante da ementa do acórdão proferido na AP 348, relatada pelo Ministro Eros Grau:
>
>> "[...] 'Serviços técnicos profissionais especializados' são serviços que a Administração deve contratar sem licitação, escolhendo o contratado de acordo, em última instância, com o grau de confiança que ela própria, Administração, deposite na especialização desse contratado. Nesses casos, o requisito da confiança da Administração em quem deseje contratar é subjetivo. Daí que a realização de procedimento licitatório para a contratação de tais serviços – procedimento regido, entre outros, pelo princípio do julgamento objetivo – é incompatível com a atribuição de exercício de subjetividade que o direito positivo confere à Administração para a escolha do "trabalho essencial e indiscutivelmente mais adequado à plena satisfação do objeto do contrato (cf. O §1º do art. 25 da Lei 8.666/93). O que a norma extraída do texto legal exige é a notória especialização, associada ao elemento subjetivo confiança".
>
> 16. O caráter parcialmente subjetivo da denominada confiança no profissional pode e deve ser objeto de fundamentação transparente, com o que se permite o controle intersubjetivo quanto à razoabilidade da escolha administrativa. A singularidade do serviço não exige que exista um único profissional apto, mas sim que se demonstre a presença de característica própria do serviço que justifique a contratação de um profissional dotado de determinadas características, em detrimento de outros potenciais candidatos.

Também o Tribunal de Contas da União, no Acórdão n.º 2.993/2018 – Plenário, de relatoria do Ministro Bruno Dantas, fazendo referência ao mesmo precedente jurisprudencial do STF citado pelo Ministro Luís Roberto Barroso, reconheceu o princípio da confiança como justificador da escolha do prestador do serviço singular:

21. Não estou aqui a afirmar que todas as contratações de serviço de consultoria possuem o traço distintivo da inviabilidade de competição. Pelo contrário. No meu entender, há consultorias cujos objetos são "mais comuns" (ou "menos singulares") e cuja notória especialização do contratado é passível de ser mensurada mediante critérios estritamente objetivos (tais como escolaridade, área de graduação, experiência profissional), suficientes para atender o interesse público almejado. Nessa linha, veja-se, por exemplo, a contratação de serviços técnicos de consultoria para a implementação dos projetos de cooperação técnica internacional descrita no Decreto 5.151/2004, cuja seleção é capaz de ser conduzida pelos procedimentos inerentes ao processo de licitação.

22. Entretanto, há consultorias em que certo grau de subjetividade (e discricionariedade) é inevitável. Neste ponto, não posso deixar de mencionar o julgamento realizado pelo Supremo Tribunal Federal no âmbito da Ação Penal 348-5/SC, apreciada em 15/12/2006 e assim ementada:

"Caracterização de situação na qual há inviabilidade de competição e, logo, inexigibilidade de licitação. 'Serviços técnicos profissionais especializados' são serviços que a Administração deve contratar sem licitação, escolhendo o contratado de acordo, em última instância, **com o grau de confiança que ela própria, Administração, deposite na especialização desse contratado.** Nesses casos, o requisito da confiança da Administração em quem deseje contratar é subjetivo. Daí que a realização de procedimento licitatório para a contratação de tais serviços – procedimento regido, entre outros, pelo princípio do julgamento objetivo – é incompatível com a atribuição de exercício de subjetividade que o direito positivo confere à Administração para a escolha do 'trabalho essencial e indiscutivelmente mais adequado à plena satisfação do objeto do contrato' (cf. o §1º do art. 25 da Lei 8. 666/93). O que a norma extraída do texto legal exige é a notória especialização, associada ao elemento subjetivo confiança. Há, no caso concreto, requisitos suficientes para o seu enquadramento em situação na qual não incide o dever de licitar, ou seja, de inexigibilidade de licitação: os profissionais contratados possuem notória especialização, comprovada nos autos, além de desfrutarem da confiança da Administração."

23. Em sintonia com a Suprema Corte, o Min. Benjamin Zymler relatou o Acórdão 7.840/2013-TCU-Primeira Câmara, que serviu de base para uma série de outros julgados deste Tribunal, a exemplo do Acórdão 1.585/2016-TCU-Plenário (relatado pelo Min. Walton Alencar Rodrigues) e do precitado Acórdão 10.940/2018-TCU-Primeira Câmara.

24. No voto que fundamentou aquele *decisum*, o relator reiterou que o conceito de singularidade não está vinculado à ideia de unicidade, pois não é exigível, para fins de subsunção ao art. 25, inciso II, da Lei 8.666/1993, que um serviço que possa ser prestado exclusivamente por uma única pessoa.

25. Além disso, restou consignado, também, que a singularidade pressupõe complexidade e especificidade, devendo ser compreendida como uma situação diferenciada e sofisticada que exige grande nível de segurança, restrição e cuidado.

26. No presente caso, parece-me inegável que os serviços colocados sob a responsabilidade das empresas de consultoria eram estratégicos e de grande relevância. De fato, as contratações realizadas relacionam-se com a própria sobrevivência da entidade contratante, delineando a natureza singular do objeto. Nessa conformidade, considero que os serviços também podem ser caracterizados como singulares pela relevância do interesse público em jogo. Por conseguinte, no caso concreto sob exame, entendo ter ficado devidamente justificada a natureza singular das atividades a serem realizadas pelas consultorias contratadas.

27. Demais disso, a singularidade do objeto não foi suficientemente descaracterizada pela unidade instrutora sob o argumento de que a ECT não teria demonstrado que *"outras consultorias atuantes no mercado não pudessem executá-los tão bem quanto a consultoria efetivamente contratada"*, pois, como frisado, o conceito de singularidade não está vinculado à ideia de unicidade.

28. Acerca da notória especialização, restou demonstrado pela ECT que as contratadas detinham vasta experiência no ramo de atuação desejado. A existência de estudos, atuações pretéritas, publicações e equipe técnica qualificada foi, igualmente, evidenciada. Logo, não me parece duvidosa a designação de notória especialização atribuída pela ECT às contratadas.

29. Nesses casos – e com base nos retromencionados julgados –, entendo que a singularidade do objeto, aliada à respeitabilidade das empresas e à confiança da entidade contratante, justificam a inexigibilidade. (Grifei)

Consagrando o princípio da confiança, ainda que implicitamente, a recentíssima Lei n.º 14.039/2020, publicada em 18 de agosto de 2020, estabeleceu relação objetiva e direta entre a notória especialização do prestador e a singularidade do serviço, nos casos de serviços contábeis e advocatícios, nos seguintes termos:

Art. 1º A Lei nº 8.906, de 4 de julho de 1994 (Estatuto da OAB), passa a vigorar acrescida do seguinte art. 3º-A:

Art. 3º-A Os serviços profissionais de advogado são, por sua natureza, técnicos e singulares, quando comprovada sua notória especialização, nos termos da lei.

Parágrafo único. Considera-se notória especialização o profissional ou a sociedade de advogados cujo conceito no campo de sua especialidade, decorrente de desempenho anterior, estudos, experiências, publicações, organização, aparelhamento, equipe técnica ou de outros requisitos relacionados com suas atividades, permita inferir que o seu trabalho é essencial e indiscutivelmente o mais adequado à plena satisfação do objeto do contrato.

Art. 2º O art. 25 do Decreto-Lei nº 9.295, de 27 de maio de 1946, passa a vigorar acrescido dos seguintes §§1º e 2º:

§1º Os serviços profissionais de contabilidade são, por sua natureza, técnicos e singulares, quando comprovada sua notória especialização, nos termos da lei.

§2º Considera-se notória especialização o profissional ou a sociedade de profissionais de contabilidade cujo conceito no campo de sua especialidade, decorrente de desempenho anterior, estudos, experiências, publicações, organização, aparelhamento, equipe técnica ou de outros requisitos relacionados com suas atividades, permita inferir que o seu trabalho é essencial e indiscutivelmente o mais adequado à plena satisfação do objeto do contrato.

Por todo o exposto, entendo que foi atendido o requisito de singularidade do objeto para a contratação em análise e devidamente justificada a escolha, com base no princípio da confiança, da empresa Priscila Viana Sociedade de Advogados.

Quanto à falta de justificativa para o preço contratado

Este ponto é logicamente indissociável da questão anterior, relativa ao reconhecimento da presença da singularidade no objeto contratado.

A unidade técnica, em sua manifestação final (Peça n.º 8 do SGAP), chegou ao entendimento de que a pesquisa de preços não estava adequada, pois, como não reconheceu a singularidade do objeto contratado, a pesquisa deveria ter sido feita com fornecedores diversos e não com o próprio fornecedor, comparando os preços praticados por ele em serviços semelhantes prestados a outros entes públicos, como foi o caso. Eis os argumentos da unidade técnica:

Quanto à inexistência de mapa de apuração de preços obtidos junto a outros prestadores, o defendente alega, em síntese, que a singularidade do objeto, por sua natureza, impede o levantamento de preços junto a outros fornecedores (fls. 55/56).

Ao analisarmos a documentação apresentada pelo defendente, em especial folhas 42/548, bem como, CD-ROM – folha (22), não encontramos cotação de preços realizada com outros fornecedores de serviços iguais ou similares.

Na análise quanto à singularidade do objeto, verificamos que o serviço prestado pelo escritório Priscila Viana Sociedade de Advogados ao Município de Conselheiro Lafaiete não possui a característica de singularidade. Ou seja, o preço do serviço prestado deveria ser cotado com outros fornecedores, com a finalidade de se chegar a uma estimativa razoável do valor do serviço praticado no mercado.

O TCU possui entendimento no sentido de ser obrigatória a consulta de preço corrente nos processos de licitação, dispensa ou inexigibilidade, a saber:

> De acordo com o disposto nos art. 26, parágrafo único, incisos II e III, e 43, inciso IV, da Lei 8666/1993, é obrigatória, nos processos de licitação, dispensa ou inexigibilidade, a consulta dos preços correntes no mercado, daqueles fixados por órgão oficial competente ou, ainda, daqueles constantes do sistema de registro de preços.[195]

Com o exposto, entendemos que a documentação apresentada pelo defendente não sana a irregularidade apontada pelo Ministério Público de Contas em sua manifestação preliminar (fls. 37/38). Ou seja, deveria o município realizar cotação de preços com outros fornecedores para melhor mensuração dos custos do serviço ora contratado.

Por ter chegado a entendimento diverso, reconhecendo a singularidade do objeto e considerando que a pesquisa apresentada contém dados relativos à prestação, pela contratada, de serviços semelhantes a outros municípios e órgãos públicos, permitindo a aferição da compatibilidade dos preços praticados na inexigibilidade sob análise, concluo, logicamente, que os preços contratados atendem ao requisito de justificativa de preços do inciso III, do parágrafo único do art. 26 da Lei n.º 8.666/93.

O entendimento de que a pesquisa de preços, no caso de inexigibilidade de licitação, pela inviabilidade de competição, pode ser feita com dados de outros contratos de serviços realizados pelo mesmo prestador do objeto de contratação direta é compartilhado pelo Tribunal de Contas da União, como se vê em excerto do voto do Ministro Bruno Dantas, também no já citado Acórdão n.º 2.993/2018 – Plenário:

---

[195] TCU, Acórdão nº 2.380/2013 – Plenário, Relator Min. Ana Arraes, 04/0982013.

30. Ainda no tocante à seleção das consultorias, resta analisar a questão dos preços contratados. Quanto a isso, verifico que alguns precedentes desta Corte reconheceram a dificuldade de justificar o preço nos casos de inexigibilidade à luz de propostas de outros fornecedores ou prestadores, razão pela qual foi nascendo o entendimento de que a razoabilidade do preço poderia ser verificada em função da atividade anterior do próprio particular contratado (nessa linha, item 9.1.3 do Acórdão 819/2005-TCU-Plenário).

31. Tal situação culminou na expedição, pela Advocacia-Geral da União (AGU), da Orientação Normativa 17/2009, inicialmente com a seguinte redação: "*É obrigatória a justificativa de preço na inexigibilidade de licitação, que deverá ser realizada mediante a comparação da proposta apresentada com preços praticados pela futura contratada junto a outros órgãos públicos ou pessoas privadas*".

32. Esta linha de raciocínio vem evoluindo no seio da Administração Pública (vide Portaria-AGU 572/2011) e sendo convalidada pelo Tribunal, como nos Acórdãos 1.565/2015, 2.616/2015 e 2.931/2016, todos do Plenário.

Por essas razões, também quanto ao preço praticado, considero que foi atendido o requisito de sua justificativa preconizado pelo inciso III, do parágrafo único, do artigo 26 da Lei n.º 8.666/93.

III CONCLUSÃO

Por todo o exposto, julgo improcedente a representação.

Intimem-se o representante e o representado.

Cumpridas as disposições regimentais e certificado o trânsito em julgado, arquivem-se os autos.

*****

ACÓRDÃO

Vistos, relatados e discutidos estes autos, **ACORDAM** os Exmos. Srs. Conselheiros da Primeira Câmara, por unanimidade, diante das razões expendidas no voto do Relator, em:

I) julgar improcedente a representação;

II) determinar a intimação do representante e do representado;

III) determinar, após cumpridas as disposições regimentais e certificado o trânsito em julgado, o arquivamento dos autos.

Votaram, nos termos acima, o Conselheiro Sebastião Helvecio e o Conselheiro Presidente José Alves Viana.

Presente à sessão a Procuradora Sara Meinberg.

Plenário Governador Milton Campos, 20 de outubro de 2020.

JOSÉ ALVES VIANA
Presidente

DURVAL ÂNGELO
Relator

CAPÍTULO IX

LIDERAR PELO EXEMPLO – O COMBATE E A PREVENÇÃO AOS ASSÉDIOS MORAL E SEXUAL NOS TRIBUNAIS DE CONTAS

Temos por dignidade da pessoa humana a qualidade intrínseca e distintiva de cada ser humano que o faz merecedor do mesmo respeito e consideração por parte do Estado e da comunidade, implicando, neste sentido, um complexo de direitos e deveres fundamentais que assegurem a pessoa tanto contra todo e qualquer ato de cunho degradante e desumano, como venham a lhe garantir as condições existenciais mínimas para uma vida saudável, além de propiciar e promover sua participação ativa corresponsável nos destinos da própria existência e da vida em comunhão dos demais seres humanos.

(Ingo Sarlet)[196]

---

[196] SARLET, Ingo Wolfgang. *A eficácia dos direitos fundamentais*. 2. ed. Porto Alegre: Livraria do Advogado, 2001. p. 60.

No ano de 2021, fui eleito corregedor do Tribunal de Contas do Estado de Minas Gerais (TCE-MG). E assumi tal função com a consciência da grande responsabilidade do cargo, que tem um papel fundamental para que os órgãos de controle externo cumpram a missão de fiscalizar e cobrar a lisura na esfera pública, com a autoridade e a legitimidade de quem lidera pelo exemplo.

A importância adquirida pelas corregedorias dos Tribunais de Contas (TCs) pode ser verificada pelo destaque que suas temáticas ganharam, nos últimos anos, no âmbito das duas instituições nacionais dos TCs: a Associação dos Membros dos Tribunais de Contas do Brasil (Atricon) e o Instituto Rui Barbosa (IRB). Fato é que elas criaram um comitê específico para tratar de tais assuntos. As duas entidades também desenvolvem um processo de avaliação dos 33 Tribunais de Contas brasileiros, no qual as ações das corregedorias têm um peso significativo.

Enfim, existe hoje uma grande sensibilidade quanto ao papel das corregedorias para que as cortes de contas do nosso país tenham a mesma postura que cobram de seus jurisdicionados, agindo com transparência, moralidade, coerência, zelo com o recurso público e ética. Neste sentido, precisamos nos preocupar, por exemplo, em criar um código de ética, não somente para os servidores do órgão, mas também para seus membros: conselheiros titulares e substitutos e procuradores do Ministério Público de Contas.

As corregedorias são esse olhar para dentro; são a autocrítica dos nossos Tribunais de Contas. É nesse contexto que faz parte da nossa pauta permanente o grave problema dos assédios moral e sexual dentro dos Tribunais de Contas. Trata-se de uma questão discutida de forma recorrente tanto nos encontros nacionais dos Colegiados de Corregedores e Ouvidores dos TCs, como no Encontro Nacional da Atricon — assembleia anual que reúne todos os conselheiros de contas do Brasil — e do IRB, que é a "Casa do Conhecimento" dos Tribunais.

Especificamente em Minas Gerais, onde atuo, é bom destacar que já existe uma lei estadual sobre o assédio moral. Por sinal, trabalhei muito por sua aprovação, quando fui deputado e presidente da Comissão de Direitos Humanos na Assembleia Legislativa. A Lei Complementar nº 116/2011 estabelece o assédio moral como um crime grave na administração pública estadual e vale para todos os poderes e órgãos do Estado, inclusive o Tribunal de Contas, sendo um dispositivo legal de esclarecimento, conscientização e também punitivo.[197]

---

[197] Não foram incluídos na abrangência da lei somente os servidores militares, porque setores do comando da Polícia Militar na época se opuseram, sendo assumido o compromisso de

Ressalte-se, ainda, que a lei tem como grande novidade a parceria com as entidades de classe dos servidores, tais como sindicatos e associações. Ela prevê a criação de um comitê para tratar da prevenção e combate ao assédio moral, no qual essas instituições representativas devem ter assento. A valorização das entidades de classe como órgãos de interlocução e de defesa do servidor ganha ainda mais relevância neste momento em que temos um ataque tão grande à estrutura sindical. Mas por melhor e mais avançada que a lei seja, de nada vale, se não for colocada em prática. Fiscalizar seu cumprimento é também papel das corregedorias.

Obviamente, junto com o problema do assédio moral, temos também o do assédio sexual. Costumo dizer que são "duas faces de uma mesma moeda". Consistem em crimes que têm a mesma matriz: usar do poder do cargo para subjugar outra pessoa, seja moralmente — com ofensas, ordens absurdas e tarefas humilhantes —, seja sexualmente, por meio de "cantadas", indiretas de mau gosto, ou mesmo chegando às vias de fato, sob chantagens e ameaças de perda de promoção, ou até mesmo de demissão.

Esse quadro se agrava, a partir da instituição pelo Estado de um sistema de avaliação de desempenho, que acaba se tornando um instrumento perverso para o assédio. Quando era presidente da Comissão de Direitos Humanos da Assembleia, ouvi diversos relatos nesse sentido e determinei apurações, sendo que algumas denúncias se confirmaram. E, aqui, há que se ponderar que temos nestes casos uma grande dificuldade na obtenção de provas, visto que, na maior parte das vezes, o crime ocorre de forma muito privada, na relação pessoal entre chefe e subordinado.

Desde que me tornei conselheiro do Tribunal de Contas de Minas Gerais, há cerca de três anos, nossas entidades nacionais têm alertado para a gravidade desse problema também nos órgãos de controle externo. Em função da minha experiência com o tema, fui convidado para coordenar um grupo do IRB e da Atricon designado para elaborar uma cartilha sobre o assunto. A publicação faz parte de uma campanha nacional mais ampla contra os assédios moral e sexual. Aceitei o convite, é claro.

Uma de nossas primeiras ações foi elaborar um questionário e enviá-lo a servidores e membros — conselheiros e procuradores — dos

---

que, posteriormente, seria criado um Código de Ética dos Militares; o que, até o momento, não aconteceu.

33 Tribunais de Contas do país. Entre outras perguntas, indagávamos se já tinha sofrido assédio moral e/ou sexual. Cabe aqui um parêntese. Quando iniciávamos o trabalho, ouvi de um colega conselheiro que o assunto era um tabu e, por isso, não obteríamos um número significativo de respostas, o que levaria ao fracasso do projeto.

Pois bem. Recebemos 1.489 respostas de todo o país, das quais, em mais de 500 os consultados afirmaram ter sofrido assédio moral, e 15% ter sofrido assédio sexual. A pesquisa foi respondida por homens, mulheres, servidores de todas as áreas, conselheiros, trabalhadores terceirizados. Esse número significativo mostra que o problema dos assédios moral e sexual está presente, e é sinal claro de que as nossas instituições públicas — não somente os Tribunais de Contas — padecem muito dessas mazelas. O levantamento também apontou, como já esperávamos, que as mulheres são as que mais sofrem assédio nos TCs. A este dado, com base em pesquisas mais gerais, eu acrescento que as principais vítimas são também mulheres negras e as pessoas LGBTQIAP+.

Acima de qualquer coisa, é nosso dever, como cidadãos e como conselheiros, defender a dignidade humana, combatendo, a qualquer custo, a subjugação do "outro" nas relações de trabalho. Além disso, como órgãos fiscalizadores de contas, devemos nos preocupar também com o prejuízo para o serviço público e para o erário.

Sobretudo, o assédio — seja moral ou sexual — tem como principal consequência a infelicidade das pessoas e, assim, consiste em uma violação de direito. É isso mesmo. O "direito à felicidade" é reconhecido internacionalmente e já estava presente na Constituição dos Estados Unidos, quando foi elaborada, no século XVIII, após a independência daquele país. Já no Brasil, se analisarmos os 16 primeiros artigos da Constituição de 1988, veremos que o "direito à felicidade" está subjacente, principalmente quando são tratados os direitos individuais e sociais. A ideia da felicidade está, por exemplo, no artigo 3º, que estabelece os objetivos da República Federativa do Brasil, ou no artigo 1º, que trata do Estado Democrático e da dignidade da pessoa humana, enquanto um dos fundamentos da cidadania.

Por outro lado, se temos trabalhadores infelizes e insatisfeitos, também vão sofrer os nossos 16 mil jurisdicionados e mais de um milhão de servidores públicos (no caso de Minas Gerais). Isso porque perderemos na qualidade do serviço prestado. Estudos também mostram que o assédio reduz a produtividade no trabalho. Sem contar as licenças médicas prolongadas de servidores, principalmente por

CAPÍTULO IX
LIDERAR PELO EXEMPLO – O COMBATE E A PREVENÇÃO AOS ASSÉDIOS MORAL E SEXUAL NOS TRIBUNAIS DE CONTAS | 337

depressão, havendo até casos de suicídio. Quem acaba pagando a conta disso tudo é o povo, pois, além do serviço ruim, ainda temos o desperdício do dinheiro público.

Uma realidade que verificamos é que a maioria das pessoas que afirmaram ter sofrido assédio moral ou sexual nos Tribunais de Contas não teve coragem de denunciar. Mais grave ainda é que, nos casos denunciados, as corregedorias foram omissas, não havendo punição. A principal alegação foi a de ausência de provas. É lamentável e não podemos fechar os olhos para essa realidade. Há, de fato, a dificuldade em provar a relação de assédio. Mas a isso se somam o corporativismo e as relações internas de poder.

Com a publicação da *Cartilha de Conscientização e Combate aos Assédios Moral e Sexual nos Tribunais de Contas*, nosso objetivo maior é o empoderamento das pessoas. A cartilha não é um fim em si mesma, mas um meio, um instrumento para que outras ações sejam promovidas. Para que as pessoas tenham uma "ferramenta" que as informe, oriente, encoraje a denunciar; para que os estados que ainda não possuem leis de assédio moral criem suas legislações; e para que também sejam criadas leis específicas de prevenção e combate ao assédio sexual.

Para além disso, a proposta da cartilha é quebrar o tabu em torno do tema, incentivando as pessoas a falarem. Afinal, a verbalização é fundamental para o empoderamento. Assim, a corregedoria, além da função de apurar, tem um papel importante de acolhimento, escuta e orientação. Na mesma perspectiva, autorizei a criação de um comitê específico de prevenção e combate aos assédios moral e sexual no TCE-MG, com a participação das entidades de classe.

Quando decidem discutir explicitamente este tema, os 33 Tribunais de Contas brasileiros estão derrubando um mito de que deve imperar o silêncio sobre questões de assédios moral e sexual. É uma postura que coaduna com a Declaração de Moscou, elaborada durante o Congresso Internacional das Entidades Fiscalizadoras Superiores (EFS), realizado em 2019, na capital russa. O Congresso reúne, a cada três anos, entidades de controle externo de todo o mundo para discutir seus problemas comuns e possibilidades de solução.

Ao combaterem o assédio, os TCs também atuam em consonância com a Agenda 2030 para o cumprimento dos Objetivos de Desenvolvimento Sustentável (ODS), em especial, com o objetivo 16 — "Paz, justiça e instituições eficazes" —, que nos insta a "desenvolver instituições eficazes, responsáveis e transparentes em todos os níveis" (item 16.6).

O tema pode ainda ser relacionado a vários outros objetivos da Agenda 2030, que visam tanto ao desenvolvimento da pessoa humana, como ao da sociedade. E as instituições nada mais são do que reflexo da sociedade de seu tempo. Portanto, questões como assédios moral e sexual têm também um forte componente cultural, cuja mudança exige não somente leis, mas vontade política e um debate público qualificado. A publicação da *Cartilha de Conscientização e Combate aos Assédios Moral e Sexual nos Tribunais de Contas* se insere neste esforço. Apresentamos, a seguir, uma versão resumida da cartilha, mas a íntegra pode ser acessada no *site* do Instituto Rui Barbosa (IRB).[198] Convidamos você a ler, divulgar e também somar nesta luta.

---

[198] Disponível em: https://irbcontas.org.br/wp-content/uploads/2021/09/cartilha-assedio-moral-e-sexual-nos-tribunais-de-contas.pdf.

CARTILHA DE CONSCIENTIZAÇÃO E COMBATE AO ASSÉDIO MORAL E SEXUAL NOS TRIBUNAIS DE CONTAS[1]

Portaria IRB n. 4, de 31 de março de 2021 – Nomeia em substituição, membros e assistente do Comitê Técnico das Corregedorias, Ouvidorias e Controle Social e dá outras providências.

COORDENADOR
Conselheiro Durval Ângelo Andrade – Corregedor do TCE-MG

ASSISTENTES TÉCNICOS
Flávia Ávila Teixeira – TCE/MG
José Marcelo de Almeida Perez – TCE/MT
Glaucia Mattjie – TCE/SC
Andréa Martins Cavalcante – TCE/PA

APOIO OPERACIONAL
Carolina Galvão de Paula – colaboradora do TCE/MG
Mariana de Figueiredo Morandi – colaboradora do TCE/MG

---

[1] Versão resumida e adaptada. A íntegra da cartilha está disponível no *site* do Instituto Rui Barbosa (IRB), no *link* https://irbcontas.org.br/biblioteca/cartilha-de-conscientizacao-e-combate-aos-assedios-moral-e-sexual-nos-tribunais-de-contas/.

ATENÇÃO!

Assédio é coisa séria e assim deve ser tratado. Sabe-se que toda questão que confronta uma forma de comportamento, produzindo transformação em um contexto social, enfrenta resistências e deve romper alguns paradigmas. Barreiras importantes, como a falta de conhecimento, informações falsas ou equivocadas, o medo e a impunidade, precisam ser amplamente mitigadas e rompidas em nome de relações de trabalho éticas e saudáveis, que promovam a integridade da pessoa humana.

Importante lembrar que assédio não tem relação com ideologia ou espectro político; que se trata de um crime, especialmente o assédio sexual, já tipificado pelo direito penal, e cuja prevenção está ligada à construção de ambientes saudáveis de trabalho, seguros e harmoniosos, com a qualidade e higidez que todos desejam e merecem ter.

Precisamos fomentar a discussão sobre este tema, ainda tão pouco abordado nos Tribunais, e dessa forma, ampliar o debate, promover a conscientização, divulgar ações de cuidado e fortalecer estratégias de prevenção, com o intuito de reduzir sistematicamente o número de casos de assédios.

A "Cartilha de Conscientização e Combate ao Assédio Moral e Sexual nos Tribunais de Contas", elaborada pelo Comitê Técnico de Corregedorias, Ouvidorias e Controle Social do Instituto Rui Barbosa – IRB, é, pois, uma oportunidade de informação confiável sobre o tema, cuja leitura deve ser feita de forma atenta e sem prejulgamentos. É preciso debate, conscientização e proteção para avançar nessa busca. Vamos juntos edificar relações de trabalho prazerosas, saudáveis, dignas, respeitosas, seguras e sustentáveis.

A seguir estão resumidos alguns dos principais conceitos, exemplos e outras questões sobre o assédio moral e o assédio sexual. Para informações mais detalhadas, acesse a cartilha completa no *link site* do IRB: https://irbcontas.org.br/biblioteca/cartilha-de-conscientizacao-e-combate-aos-assedios-moral-e-sexual-nos-tribunais-de-contas/.

ASSÉDIO MORAL

É a conduta abusiva que atente, por sua repetição ou sistematização, contra a dignidade ou integridade psíquica ou física de uma pessoa, expondo-a a situações humilhantes e constrangedoras, ameaçando seu emprego ou degradando o clima de trabalho. Vale ressaltar também que o assédio pode ter o objetivo de intimidar e demonstrar poder, além de "minar" a autoestima, desestabilizar, prejudicar a vítima emocionalmente para que ceda a objetivos, como, por exemplo, perda de promoção, pedido de desligamento, exoneração, remoção ou demissão. E, como consequência, tem-se um ambiente de trabalho deteriorado.

Exemplos:

- excluir ou isolar determinados trabalhadores;
- desconsiderar a opinião técnica do servidor/colaborador em sua área de conhecimento, ou silenciá-lo em reuniões, sempre rejeitar suas escolhas e decisões;
- ocultar ou manipular informações úteis dos trabalhadores para a realização das atividades, de forma a induzi-los ao erro;
- retirar autonomia funcional dos trabalhadores e solicitar, por exemplo, alteração em relatórios técnicos;
- privar os trabalhadores de acesso às ferramentas de trabalho;
- instigar a competição entre as pessoas contribuindo para um ambiente com falta de confiança, solidariedade e colaboração;
- distribuir quantidade superior ou inferior de tarefas a uma determinada pessoa comparativamente aos demais membros da equipe - ou seja, sobrecarregar o colaborador ou retirar atividades que ele já realizava;
- atribuir tarefas distintas às atribuições do cargo ou tarefas humilhantes;
- relevar questões de saúde e recomendações médicas na atribuição de tarefas;
- subestimar o conhecimento ou diminuir alguém devido ao gênero, cor/raça, opção sexual, deficiência;
- vigiar de forma excessiva;
- delegar tarefas impossíveis de serem cumpridas ou estipular prazos e metas inexequíveis ou exorbitantes para a execução das tarefas;
- pressionar para que os trabalhadores não exerçam seus direitos;

- retirar cargos ou funções, injustificadamente, ou dificultar e impedir promoções;
- postar mensagens depreciativas ou compartilhar mídias sexistas nos grupos de trabalho;
- espalhar boatos ou fofocas, fazer intrigas, piadas de mau gosto, desmerecer, diminuir ou constranger determinada pessoa perante os demais;
- encaminhar solicitações, *e-mails*, fora do horário de expediente acordado ou em momentos de folga e férias; e
- alterar tom de voz (gritar), agredir verbalmente ou por gestos, ou falar de forma desrespeitosa.

E o que não é assédio moral?

- Distribuição de tarefas;
- mudança de lotação de pessoal ou a troca de jornada ou turno de trabalho, de modo justificado;
- exigências profissionais justas;
- aumento do volume de trabalho;
- divergências claras e conscientes de visão entre os profissionais;
- feedback;
- comunicação direta, clara e franca;
- confrontos respeitosos;
- conflitos e divergências ocasionais;
- críticas construtivas e avaliações de trabalho.

ASSÉDIO SEXUAL

Manifestação de cunho sensual ou sexual alheia à vontade da pessoa a quem se dirige. Ou seja, abordagens grosseiras, ofensas e propostas inadequadas que constrangem, humilham, amedrontam. É essencial que qualquer investida sexual tenha o consentimento da outra parte, caso contrário, é assédio.

Exemplos:
Os exemplos abaixo podem ser configurados como assédio sexual, se a conduta for indesejada pela pessoa assediada:

- piadas, comentários constrangedores, brincadeiras e conversações de cunho sexual;
- compartilhamento de fotos de pessoas nuas;
- olhares e gestos insinuantes;
- telefonemas e/ou convites explícitos;
- aproximação intimidatória;
- ser cumprimentada(o) de forma muito íntima;
- elogios indelicados ou "cantadas";
- toques ofensivos;
- mensagens, ligações, chamadas de vídeo com abuso de privacidade; e
- solicitações de visitas em domicílio.

O que não é assédio sexual?
Para que não seja assédio sexual, é preciso que haja consentimento, ou seja, a manifestação favorável pela conduta, e que não haja abuso de poder hierárquico nas relações profissionais.

E quem cala, consente? Não! A condição de vulnerabilidade, com facilidade, intimida a vítima, que muitas vezes não consegue reagir à atitude, manifestando-se com liberdade, por temer que a reação afete a sua carreira.

DANOS

Os danos para quem sofre assédio são indiscutíveis sob a perspectiva das vítimas, mas também são muitos para a instituição como um todo. Abaixo foram elencadas algumas dessas consequências:

Danos à vítima:

Para os trabalhadores, os danos podem ser divididos em psicológicos, físicos, sociais, profissionais, como estão apresentados abaixo:

Psicológicos: culpa, vergonha, ansiedade, apatia, rejeição, insegurança, tristeza, depressão, irritação, perda do sono, alteração de humor, pânico e fobias, baixa autoestima, pensamentos suicidas.

Físicos: distúrbios digestivos, hipertensão arterial, crises diversas, palpitações, dermatites, dores diversas, gastrite, tremores, alteração no sono, estresse, tentativa de suicídio, disfunções sexuais.

Sociocomportamentais: agressividade, isolamento social, deterioração das relações afetivas e sociais, aumento do tabagismo e consumo de álcool, perda do significado do trabalho, bem como do interesse e prazer por ele.

Profissionais: falta de foco, redução da produtividade, erros na execução das atividades, falta de tolerância e paciência no ambiente de trabalho e desagrado às ordens superiores, gerando desobediência e rejeição.

Danos à instituição:

- prejuízo à imagem institucional;
- deterioração das condições de trabalho;
- diminuição da produtividade, criatividade, motivação e satisfação;
- redução da qualidade dos produtos, processos ou serviços prestados e possivelmente, aumento de erros e acidentes;
- evasão de pessoal qualificado, alta rotatividade de pessoal, com transferências repetidas, demissões ou pedidos de aposentadoria e, consequentemente, perda de conhecimento, e necessidade de treinamento de novos funcionários;
- aumento de faltas ao trabalho; e
- custos de contencioso.

O QUE FAZER DIANTE DE UMA SITUAÇÃO DE ASSÉDIO?

Não há protocolo ou regras de como agir diante de uma situação de assédio, mas determinados comportamentos podem ajudar, e aqui estão listados alguns.

Vítimas

Para quem é vítima de assédio, em primeiro lugar, sentimos muito por isso, sabemos que não é uma situação fácil, mas você se sairá da melhor forma possível, se tiver serenidade e ajuda. Por isso, incentivamos fortemente a compartilhar o que aconteceu com sua rede de apoio e aliados (amigos, família ou em outro espaço seguro, principalmente, com pessoas que testemunharam ou já passaram por tal situação), pois isso pode te aliviar o peso dessa situação e trazer força para enfrentá-la. Além disso, não diminua o que você sentiu ou passou; lembre-se, se você está desconfortável, o responsável pelo desconforto é o assediador, e não você. Não acredite quando disserem que você está exagerando. Não se culpe! Mas para além disso, reforçamos: denuncie. Só assim a cultura de assédio vai acabar! Não espere a situação piorar para tomar uma providência. O assédio mata aos poucos.

Outras dicas são:
- evite ficar sozinho com a pessoa, sem a presença de possíveis testemunhas;
- demonstre, de forma clara, que não aceita o comportamento da pessoa;
- reúna provas do assédio; anote, com detalhes, todas as situações de assédio sofridas, com data, hora e local, e liste os nomes dos que testemunharam os fatos, realize gravações das situações e guarde bilhetes, *e-mails* e presentes;
- busque orientação de profissionais da área de saúde, como psicólogos, para saber como lidar diante de tal situação; procure ajuda no setor de saúde do seu órgão;
- solicite, se necessário, mudança de lotação ou do turno de trabalho;
- denuncie o assédio ao setor responsável; e
- caso não tenha sucesso na denúncia, procure o sindicato profissional ou o órgão representativo de classe, ou a associação, ou até mesmo a Delegacia de Atendimento Especial à Mulher

(DEAM) (Ligue 180), Delegacia Regional do Trabalho ou qualquer delegacia comum, Ministério Público do Trabalho ou qualquer outra entidade de defesa de direitos humanos e, quem sabe, ingresse com ação judicial.

Testemunhas

Ouvir sem julgar: caso alguém chegue a verbalizar com você a situação difícil que está vivendo, é importante ouvir sem julgar, pois, seguramente, não é fácil falar do assunto. Acolher neste momento é muito importante.

Falar coisas como:
- Você não é culpada pelo que aconteceu.
- Saiba que você não é exceção e que a culpa nunca é da vítima.
- Você não está sozinha.

Oferecer ajuda: tanto a alguém que compartilhe explicitamente com você a situação de violência, quanto a alguém que você identifique que está vivendo isso. Importante ser sutil, pois não é um tema fácil de abordar, então, vale mandar uma mensagem no *WhatsApp*, ligar em tempos de distanciamento social, ou quando em trabalho presencial, chamar para um café ou até passar um bilhete oferecendo seu telefone, por exemplo. Algumas pessoas preferem não denunciar o assediador, então, você pode incentivar a pessoa a fazer isso, explicando os benefícios dessa ação, por exemplo. Outra forma de ajudar diante de uma situação de assédio que você presencie é confrontar o assediador e falar para ele que aquilo é assédio e todas as consequências que aquele comportamento trará. Ofereça informações: você pode enviar vídeos sobre o assunto tanto para o assediador se conscientizar sobre o tema, como para o assediado se sentir incentivado a tomar uma atitude diante de tal situação. Você pode sempre perguntar qual é a melhor forma de ajudar ou como a pessoa deseja ser amparada.

Buscar apoio institucional para o problema: comunicar ao superior hierárquico do assediador ou denunciar para o órgão responsável, como a Corregedoria ou comissão de ética instituída.

Disponibilizar-se como testemunha: seja solidário, coloque-se à disposição para testemunhar. Isso trará segurança.

INSTITUIÇÕES

Como posso ajudar a evitar esse tipo de situação?

O primeiro passo é declarar que assédio e violência não são tolerados e agir em conformidade com essa declaração. Em seguida, é informar. Por isso, promover palestras, oficinas e cursos sobre o assunto, realizar treinamentos constantes de funcionários e gestores, com a finalidade de sensibilizá-los e conscientizá-los a respeito do problema e seus impactos, é fundamental.

Não é não! Como foi apresentado, um grande motivo de a vítima não conseguir reagir ao assédio é o medo da retaliação. Uma política de gestão clara neste sentido, que avance no debate e na educação dos servidores, é capaz de naturalizar o não, a postura de enfrentamento às atitudes nocivas e indesejadas.

Abaixo estão listadas algumas ações que os Tribunais de Contas podem realizar para prevenção do assédio:

- elaborar normativo de prevenção e combate ao assédio;
- instituir o código de ética da instituição e criar uma cultura ética;
- estabelecer, em atos normativos internos, canais oficiais para denúncias e procedimentos para seu processamento;
- criar Comissão Permanente de Prevenção e Enfrentamento ao Assédio, ou atribuir competência expressa para as Corregedorias ou Comissões de Ética para prevenção e enfrentamento das situações de assédio;
- criar espaço permanente para recebimento de situações que gerarem desconfortos, mesmo que ainda não caracterizem assédio ou prática de discriminação, mas que contribuam para um ambiente de trabalho tóxico;
- desenvolver mecanismos que busquem, além da punição do agressor, reparar o dano às vítimas, reconhecer a existência de um problema a ser corrigido e restaurar o ambiente de trabalho;
- realizar avaliação de riscos sobre violência e assédio no ambiente de trabalho;
- estimular relações de trabalho saudáveis, com tolerância e cooperativismo;

- observar o aumento repentino e "injustificado" de ausências no trabalho e atentar para as mudanças de comportamento dos trabalhadores;
- coletar e divulgar dados sobre violência e assédio no mundo do trabalho, desagregados por sexo, forma de violência e assédio;
- conscientizar os líderes da instituição e capacitá-los para não cometer e para identificar, prevenir e combater situações de assédio;
- avaliar periodicamente o ambiente de trabalho.

Uma vez ocorrido o assédio, é importante:
- investigar o caso e seguir os procedimentos de forma sigilosa;
- patrocinar práticas restaurativas na resolução de conflitos e promover ferramentas como a Comunicação Não Violenta;
- oferecer apoio e acolhimento com profissionais da área da saúde e orientação às pessoas que se julguem vítimas de assédio;
- ter um espaço propício para recebimento das denúncias ou dúvidas sobre o assunto, e servidor, preferencialmente do gênero feminino, disponível e capacitado para acolher e ouvir sem julgamentos;
- acolher e investigar os casos, preferencialmente por meio de comissão de ética instituída ou da Corregedoria;
- responsabilizar os agressores e disponibilizar aconselhamento ou outras medidas, quando apropriado, com vistas a prevenir a recorrência de violência e assédio, e facilitar sua reintegração no trabalho.

ASSÉDIO É CRIME

O assédio afronta o princípio da dignidade da pessoa humana, o valor social do trabalho, a proibição de todas as formas de discriminação e o direito à saúde e à segurança no trabalho, todos dispostos na Constituição da República de 1988, nos artigos 1º, inc. III e IV; 3º, IV; 6º; 7º, inc. XXII; 37 e 39, §3º; 170, *caput*.

O assédio sexual viola o direito à liberdade sexual, à intimidade, à vida privada, à igualdade de tratamento e é caracterizado como crime tipificado no art. 216 A do Código Penal Brasileiro.

Quanto ao assédio moral, embora ainda não esteja tipificado como crime, está em tramitação no Senado Federal o Projeto de Lei n. 4742/2001, aprovado pela Câmara dos Deputados em março de 2019, que prevê a inclusão do assédio moral no Código Penal, punível com pena de detenção de um a dois anos e multa.

A prova do assédio

O assédio, na maioria das vezes, se dá de forma oculta, especialmente o assédio sexual. O assediador se aproveita de momentos reservados com a vítima para agir, o que torna a infração difícil de ser comprovada. Quando o ato envolve testemunhas, muitas vezes, estão em posição de vulnerabilidade e se sentem, assim como a vítima, intimidadas, ao considerarem prestar informações.

Ainda que a unidade correcional deva buscar todos os meios de provas possíveis, considerando o caráter excepcional desse tipo de infração, **a palavra da vítima tem especial valor**, principalmente no assédio sexual, podendo por si só (observado o contraditório e a ampla defesa), gerar algum tipo de sancionamento ao acusado.[2]

Outras provas que podem ser reunidas são bilhetes, mensagens por aplicativos e *e-mails*. Em alguns casos, gravações também podem ser admitidas.

A unidade correcional, ou outra a que for designada tal competência, deve acolher e instruir a vítima, orientando quanto às medidas a serem tomadas, à necessidade de a vítima se preparar e fortalecer, com acompanhamento médico e psicológico, à necessidade

---

[2] *Vide* informativo da Controladoria-Geral da União: "Apuração de assédio sexual na esfera correcional". Disponível em: https://corregedorias.gov.br/noticias/apuracao-de-assedio-sexual-na-esfera-correcional.

de classificar corretamente a infração e quanto às provas necessárias para a averiguação.

É preciso conscientização, educação, amparo. O devido acolhimento e a orientação correta, capazes de fortalecer e indicar um plano de ação para a vítima, somados a um procedimento eficaz de responsabilização do ofensor, são medidas indispensáveis e eficazes, capazes de transformar a realidade de toda uma organização.

POSFÁCIO

Conheci Durval Ângelo quando chegou à Assembleia Legislativa de Minas Gerais para cumprir o seu primeiro mandato, para a Legislatura de 1995 a 1998. Naquela época, estava em meu segundo mandato como deputado estadual e exercia a Liderança do PMDB.

O Prof. Durval Ângelo chegava com a experiência de duas legislaturas na Câmara Municipal de Contagem, eleito em 1988 e reeleito em 1992. Também chegava com todo o seu comprometimento em defesa das causas sociais, fruto de sua militância na União dos Trabalhadores do Ensino (UTE), depois Sindicato Único dos Trabalhadores em Educação de Minas Gerais (Sind-UTE/MG).

Logo de início, vi no Deputado Durval Ângelo uma personalidade forte e combativa em defesa de suas convicções e ideologia. Muitas vezes, isso nos levou a posicionamentos opostos em votações. Entretanto, mesmo divergindo, construímos uma relação de respeito mútuo. Através do diálogo, muitas vezes, buscamos a convergência, em várias votações importantes para Minas Gerais. Dessa convergência e respeito, surgiu uma forte amizade.

Em agosto de 2018, Durval Ângelo chegou ao Tribunal de Contas do Estado de Minas Gerais, onde nos reencontramos. Naquele momento, eu exercia a Vice-presidência do Tribunal e me preparava para assumir a presidência, em fevereiro de 2019.

Durval Ângelo logo foi se inteirando sobre os procedimentos, funcionamento e Regimento Interno do Tribunal. Trouxe sua larga experiência parlamentar e, com ela, o conhecimento da fragilidade da gestão nos pequenos municípios mineiros. Um ponto que novamente nos unia.

Meu Plano de Gestão para o biênio 2019-2020 estava sendo construído sobre um tripé: fortalecimento do controle interno do jurisdicionado, apoio ao incremento das receitas próprias do jurisdicionado e o fortalecimento do controle social através dos aplicativos "Lupa de Minas" e "Na Ponta do Lápis". Além desse tripé, um projeto pessoal: a reestruturação tecnológica da Escola de Contas e Capacitação Prof. Pedro Aleixo.

Logo, o Conselheiro Durval Ângelo abraçou esse tripé e, já como Conselheiro Ouvidor do Tribunal, deu importante contribuição à minha gestão presidencial. Por sua vez, o educador Durval Ângelo viu na reestruturação da Escola um eixo fundamental para realizar e promover eventos voltados às Ouvidorias, Corregedorias e ao controle social.

Sua experiência e visão o levaram a construir votos importantíssimos para a administração pública mineira, tais como a contratação de advogados por Inexigibilidade de Licitação — um tema complexo e sobre o qual não havia um consenso no Tribunal. Cito, também, a auditoria educacional no município de Arapuá e os votos sobre os repasses de recursos para as APACs (Associações de Proteção e Assistência aos Condenados) e sobre a prescrição ressarcitória, que foi um importante marco para o Tribunal de Contas.

No exercício do cargo de Conselheiro Corregedor do Tribunal, eu o vejo perfeitamente adaptado e crescendo nacionalmente, através de seu bom relacionamento e aproximação junto aos demais Tribunais de Contas. Esse crescimento é fruto de sua imensa capacidade de estar atento e bem-informado sobre tudo o que acontece nos julgados pelo Supremo Tribunal Federal, por Tribunais Superiores, demais Tribunais de Contas e sobre a legislação aplicada ao seguimento.

Hoje, no exercício de meu segundo mandato na presidência do TCEMG, tenho no Conselheiro Durval Ângelo um parceiro leal, sensato e articulador. Características que muito contribuem para a gestão interna e o bom relacionamento entre os membros do Tribunal.

Mauri José Torres Duarte
Conselheiro e presidente do Tribunal de Contas
do Estado de Minas Gerais (TCE-MG).

Esta obra foi composta em fonte Palatino Linotype, corpo 10
e impressa em papel Pólen Bold 70g (miolo) e Supremo 250g (capa)
pela Gráfica Formato Certa, em Belo Horizonte/MG.